དམངས་འཚོར་དོ་སྣང་། ཁྲིམས་ལུགས་ཁྱབ་གདལ།

དམངས་དོན་ཁྲིམས་གཞུང་ལས་
དབང་གནོད་འགན་འཁྲིའི་སྐོར་གྱི་དྲི་བ་དྲིས་ལན།

ཀྲུང་གོ་ཁྲིམས་ལུགས་དཔེ་སྐྲུན་ཁང་གིས་བསྒྲིགས།
ཛོ་སྦྱིས་ཚེ་རིང་རྡོ་རྗེ་དང་དཔལ་ལྡན་ལྷུན་གྲུབ་ཀྱིས་བསྒྱུར།

XZCB བོད་ལྗོངས་མི་དམངས་དཔེ་སྐྲུན་ཁང་།

民族文字出版资金资助项目

图书在版编目（CIP）数据

民法典侵权责任编热点问题百问：藏文 / 中国法制出版社编：才让多杰、边旦伦珠译 .-- 拉萨：西藏人民出版社，2023.5

（阳光普法丛书）

ISBN 978-7-223-06873-4

Ⅰ. ①民… Ⅱ. ①中… ②才… Ⅲ. ①侵权法－中国——问题解答—藏语 Ⅳ. ① D923.75

中国版本图书馆 CIP 数据核字（2021）第 132204 号

民法典侵权责任编热点问题百问

策　　划	巴桑旺庆
编　　著	中国法制出版社
翻　　译	道帏·才让多杰　边旦伦珠
责任编辑	巴桑旺庆
封面设计	格桑罗布
责任印制	拉姆曲珍
出版发行	西藏人民出版社（拉萨市林廓北路 20 号）
印　　刷	西藏新华印刷有限责任公司
开　　本	880×1230 1/32
印　　张	6.625
字　　数	126 千
版　　次	2023 年 6 月第 1 版
印　　次	2023 年 6 月第 1 次印刷
印　　数	01-2,000
书　　号	ISBN 978-7-223-06873-4
定　　价	38.00 元

发行部联系电话（传真）：0891-6826115

འགོ་བརྗོད།

《ཀྲུང་ཧྭ་མི་དམངས་སྤྱི་མཐུན་རྒྱལ་ཁབ་ཀྱི་དམངས་དོན་ཁྲིམས་གཞུང་》ནི་ཀྲུང་གོ་གསར་པ་དབུ་བརྙེས་པ་ནས་བཟུང་ཁྲིམས་གཞུང་གི་མིང་ཐོག་ནས་གཏན་ལ་ཕབ་པའི་བཅའ་ཁྲིམས་དང་པོ་ཡིན་པ་དང་། དེ་ནི་དུས་རབས་གསར་པའི་སྤྱི་ཚོགས་རིང་ལུགས་ཀྱི་ཁྲིམས་སྐྱོང་འཛུགས་སྐྲུན་གྱི་གྲུབ་འབྲས་གལ་ཆེན་ཞིག་ཡིན། དམངས་དོན་ཁྲིམས་གཞུང་ནང་ཀྲུང་གོ་གསར་པ་དབུ་བརྙེས་ནས་ལོ་ངོ་70ལྷག་གི་དུས་ཡུན་རིང་པོའི་ལག་ལེན་ཁྲོད་ཆགས་པའི་དམངས་དོན་བཅའ་ཁྲིམས་ཚད་དང་ལྡན་པ་ཁག་བརྒྱུད་རིམ་ལྡན་པའི་ངང་བསྡུས་པ་མ་ཟད། ཀྲུང་ཧྭ་མི་རིགས་ཀྱི་ལོ་ངོ་ལྔ་སྟོང་ལྷག་གི་ཞུལ་བྱུང་བཅའ་ཁྲིམས་རིག་གནས་ཀྱི་སྙིང་པོ་བླངས་པའི་ཁར་མིའི་རིགས་ཀྱི་ཁྲིམས་སྐྱོང་ཤེས་དཔལ་འཕེལ་རྒྱས་ཁྲོད་ཀྱི་ཕན་ཡོད་གྲུབ་འབྲས་ལའང་དཔྱད་གཞིར་བཟུང་སྟེ། ཚེ་སྲོག་བདེ་ཐང་དང་། རྒྱུ་ནོར་བདེ་འཇགས། ཉོ་ཚོང་སྟབས་བདེ། འཚོ་བ་བདེ་སྐྱིད། མི་གཤིས་ལ་རྒྱ་ལྡན་པ་སོགས་ཐད་ཀྱི་ཁེ་དབང་འདྲ་མཉམ་དང་སྲུང་སྐྱོང་བྱ་རྒྱུ་མཚོན་པའི་དམངས་དོན་ཁྲིམས་གཞུང་ཞིག་ཡིན།

དམངས་དོན་ཁྲིམས་གཞུང་དྲིལ་བསྒྲགས་སློབ་གསོར་ཤུགས་སྣོན་རྒྱག་པ་དང་། དམངས་དོན་ཁྲིམས་གཞུང་གསལ་པོ་ཤེས་ནས་ལག་ལེན་ཡག་པོ་བསྟར་ཐུབ་པ་དང་། དམངས་དོན་ཁྲིམས་གཞུང་དེ་མང་ཚོགས་ཁྲོད་ཁྱབ་པ་དང་མང་ཚོགས་ཀྱི་སེམས་ལ་ཟུག་ཐུབ་པ་བྱ་ཆེད། ང་ཚོས་ནུས་ཤུགས་སྒྲིག་འཛུགས་བྱས་ནས《ཉི་འོད་ཁྲིམས་ལུགས་ཤེས་བྱ་ཁྱབ་གདལ་》དཔེ་ཚོགས་བསྒྲིགས་ཏེ་དྲི་བ་དྲིས་ལན་དང་རི་མོ་ཟུང་དུ་འབྲེལ་བའི་ཐོག་ནས་དམངས་དོན་ཁྲིམས་གཞུང་ཁྲོད་དམངས་འཚོ་དང་འབྲེལ་བའི་གླེང་ཆ་ཆེ་བའི་གནད་དོན་དང་ཁྲིམས་བཟོའི་ཐད་ཀྱི་བཀྲག་མདངས་འཚེར་སར་འགྲེལ་བཤད་བརྒྱབ་སྟེ། རྒྱ་ཆེའི་ཀློག་པ་པོས་དམངས་དོན་ཁྲིམས་གཞུང་ཁྲོད་ཀྱི་གཏན་འབེབས་གསར་པ་དང་། ཐ་སྙད་གསར་པ། དགོངས་གཞི་གསར་པར་གོ་བ་འཕྲུལ་མར་ལོན་རྒྱུར་རོགས་རམ་ཐུབ་པ་བྱ་རྒྱུ་ཡིན།

དེབ་འདི་དཔེ་སྐྲུན་བྱས་རྗེས་རྒྱ་ཆེའི་མང་ཚོགས་ཀྱི་དོ་ཁུར་ཐོབ་པ་དང་དམངས་དོན་ཁྲིམས་གཞུང་གི་ཤེས་བྱ་ཁྱབ་གདལ་ཐུབ་ནས་ཚང་མས་དམངས་དོན་ཁྲིམས་གཞུང་འདི་ཉིད་རང་ཉིད་ཀྱི་ཁེ་དབང་སྲུང་སྐྱོང་བྱེད་པའི་བཙའ་ཁྲིམས་ཤིག་ལ་ངོས་འཛིན་ཡོང་བ་དང་། སྤྱི་ཚོགས་ཀྱི་ཁོངས་མི་ཡོངས་ཀྱིས་གཞི་འཛིན་ས་ཚད་ལྡན་ཞིག་ཏུ་ཆགས་ནས་གནད་དོན་འཕྲད་ཚེ་ཁྲིམས་ལ་གཞི་འཛོག་པའི་གོམས་གཤིས་བཟང་པོ་འཛུགས་ཏེ་གནད་དོན་ཐག་གཅོད་བྱེད་པར་ཁྲིམས་ལ་བརྟེན་པའི་འདུ་ཤེས་དང་འཛིན་ཐང་བསྐྱེད་ཐུབ་རྒྱུའི་རེ་བ་ཡོད།

རྩོམ་སྒྲིག་པས།

༢༠༢༣ལོའི་ཟླ་༥པར།

དཀར་ཆག

སྟོད་ཆ། རི་མོའི་ལམ་ནས་ཁྲིམས་ལུགས་སློང་།

1.རང་འདོད་ཀྱིས་རིག་གནས་དང་ལུས་རྩལ་བྱེད་སྒོར་ཞུགས་ཏེ་རྨས་སྐྱོན་ཕོག་ན། སུས་དབང་གནོད་ཁག་འགན་འཁུར་དགོས་སམ། / 3

2.ཁྲིམས་མཐུན་ཁེ་དབང་ལ་གནོད་འཚེ་ཕོག་ཡོད་ཚེ། གནོད་འཚེ་ཕོག་མཁན་གྱིས་རང་འགྲུལ་བྱ་སྤྱོད་སྤེལ་ཆོག་གམ། / 5

3.ཁྲིམ་རྒྱུད་རྒྱུ་ནོར་མི་གཞན་གྱིས་ཊང་བཙུགས་ནས་གཏོར་སྐྱོན་བཏང་ན་བསམ་པར་གནོད་སྐྱོན་ཕོག་པའི་གུན་གསབ་འཇལ་རེ་ཞུས་ཆོག་གམ། / 7

4.ཚེད་ཁེའི་ཐོན་རྫས་ལ་མི་གཞན་གྱིས་འདྲ་བཟོ་དང་དབང་གནོད་བྱས་ན། ཚད་གཅོད་རང་བཞིན་གྱི་གུན་གསབ་འཇལ་རྒྱུའི་རེ་བ་ཞུ་ཆོག་གམ། / 9

5.མི་གཞན་ལ་ལྟ་སྐྱོང་བྱེད་དུ་འཇུག་སྐབས་ཕྲུ་གུས་མི་གཞན་ལ་རྨས་སྐྱོན་བཏང་ན། ཁེ་དབང་ལ་གནོད་སྐྱོན་བཏང་བའི་ཁག་འགན་སུས་འཁུར་དགོས་སམ། / 11

6.དྲ་རྒྱའི་དབང་གནོད་བྱ་སྤྱོད་ཐད་དྲ་ཚིགས་ནས་དུས་ཐོག་ཏུ་དགོས་ངེས་ཀྱི་བྱ་ཐབས་སྤྱད་ནས་བཀག་འགོག་མ་བྱས་ཚེ་འགན་འཁྲི་འཁུར་དགོས་སམ། / 13

7.ཐོན་རྫས་ཚོང་རར་བཏོན་རྗེས་སྐྱོན་ཆ་ཡོད་ན། ཉོ་མཁན་ལ་ཐོན་སྐྱེད་བྱེད་མཁན་དང་འཚོང་མཁན་ལ་ཐོན་རྫས་ཕྱིར་སྡུད་བསྡུ་དགོས་པའི་བླང་བྱ་འདོན་དབང་ཡོད་དམ། / 15

8.རླངས་འཁོར་གཡར་ནས་ཁ་ལོ་བསྒྱུར་བར་འཕྲིམ་འགྲུལ་དོན་རྐྱེན་བྱུང་ན། རླངས་འཁོར་གཡར་མཁན་དང་རླངས་འཁོར་བདག་པོ་སུས་སྐྱིན་ཚབ་སྤྲོད་འགན་འཁུར་དགོས་སམ། / 17

9.རིན་མེད་པར་རླངས་འཁོར་དུ་ཞུགས་ནས་རྨས་སྐྱོན་ཕོག་ན། ཁ་ལོ་བས་རྨས་སྐྱོན་ཕོག་མཁན་ལ་སྐྱིན་ཚབ་འཇལ་དགོས་སམ། / 19

10.སྨན་དོན་མི་སྣས་སྨན་བཅོས་བྱེད་པའི་བརྒྱུད་རིམ་ཁྲོད་ངེས་པར་དུ་ནད་པར་གསལ་བཤད་བྱེད་པའི་འོས་འགན་འཁུར་དགོས་སམ། / 20

11.སྨན་ཁང་གིས་ནད་པའི་གསང་བ་དང་མི་སྒེར་གྱི་ཆ་འཕྲིན་ཕྱིར་གྱུར་ན་ཁེ་དབང་ལ་གནོད་པའི་ཁག་འགན་འཁུར་དགོས་སམ། / 22

12.སྨན་ཁང་དུ་ཁྲིམས་འགལ་གྱི་ཟིང་ཆ་བསླངས་ན་བཅའ་ཁྲིམས་ཀྱི་འགན་འཁྲི་འཁུར་དགོས་སམ། / 24

13.ཁོར་ཡུག་ལ་སྦག་བཙོག་དང་སྐྱེ་ཁམས་གཏོར་བརླག་གཏོང་བའི་བྱ་སྤྱོད་ལ་གནོད་འཚེ་གཏོང་མཁན་གྱིས་ཁག་འགན་ཅི་ཞིག་འཁུར་དགོས། / 26

14.གསོ་སྐྱོང་བྱས་པའི་གཅེས་ཉར་སྲོག་ཆགས་ཀྱིས་ཁྱིམ་མཚེས་ལ་རྨུགས་ན། དབང་གནོད་ཁག་འགན་སུས་འཁུར་དགོས་སམ། / 28

15.ཡུལ་སྐོར་བས་ཉེན་བརྡའི་སྦྱར་ཚིག་དང་བཀའ་སྡོམ་ལ་སྣང་མེད་བཏང་ནས་སྲོག་ཆགས་ཀྱིས་འཇབ་རྒོལ་ཕོག་པར། སྲོག་ཆགས་ར་བས་དབང་གནོད་འགན་འཁྲི་འཁུར་དགོས་སམ། /30

16.བར་སྣང་ནས་དངོས་པོ་གཡུགས་ནས་རྨས་སྐྱོན་བཟོས་རིགས་ཐད་སུ་བཙལ་ནས་གུན་གསབ་ལེན་དགོས་སམ། / 31

སྐད་ཆ། དྲིས་ལན་ཐོག་ནས་ཁྲིམས་གཞུང་འགྲེལ།

ལེའུ་དང་པོ། སྤྱིར་བཏང་གི་གཏན་འབེབས། / 35

1.གང་ཞིག་ལ་ནོར་འཁྲུལ་འོས་འགན་གྱི་རྩ་དོན་ཟེར་རམ། / 35

2.གང་ཞིག་ལ་ནོར་འཁྲུལ་མེད་པའི་འགན་འཁྲིའི་རྩ་དོན་ཟེར། / 36

3.དམངས་དོན་ཁྲིམས་གཞུང་གིས་གནོད་སྐྱེལ་རེ་ཞུའི་འགན་དབང་མཚམས་འཛོག་ཇི་ལྟར་བྱས་ཡོད་དམ། / 37

4.དམངས་དོན་ཁྲིམས་གཞུང་གིས་གཅིག་ལ་གཅིག་འབྲེལ་གྱི་འགན་འཁྲི་འཁུར་དགོས་པའི་གནས་ཚུལ་གང་དག་ཡོད་དམ། / 38

5.མི་གཞན་ལ་ངན་སྐུལ་བྱས་ཏེ་དབང་གནོད་བྱ་སྤྱོད་སྤེལ་མཁན་གྱིས་འགན་འཁྲི་འཁུར་དགོས་སམ། / 42

6.མི་གཉིས་ཡན་གྱིས་མི་གཞན་ལ་ཉེན་ཁ་བཟོ་བའི་བྱ་སྤྱོད་སྤེལ་ན་འགན་འཁྲི་ཇི་འདྲ་འཁུར་དགོས་སམ། / 44

7.མི་གཉིས་ཡན་ཁག་སོ་སོས་དབང་གནོད་བྱ་སྤྱོད་སྤེལ་ནས་གནོད་འཚེ་གཅིག་མཚུངས་བཏང་ན། མི་སོ་སོའི་དབང་གནོད་བྱ་སྤྱོད་ཀྱིས་གནོད་འཚེ་ཡོངས་རྫོགས་བཟོ་ཐུབ་པས། བྱ་སྤྱོད་སྤེལ་མཁན་གྱིས་འགན་འཁྲི་ཇི་ལྟར་འཁུར་དགོས་སམ། / 45

8.མི་གཉིས་ཡན་སོ་སོས་དབང་གནོད་བྱ་སྤྱོད་སྤེལ་ནས་གནོད་འཚེ་གཅིག་མཚུངས་བཟོས་པར་འགན་འཁྲི་ཆེ་ཆུང་གཏན་འཁེལ་ཐུབ་ན། དབང་གནོད་འགན་འཁྲི་གང་འདྲ་འཁུར་དགོས་སམ། / 46

9.གནས་ཚུལ་གང་འདྲ་ཞིག་གི་འོག་ཏུ་དབང་གནོད་མི་སྣའི་འགན་འཁྲི་ཡང་དུ་བཏང་ཆོག་གམ། / 47

10.གནས་ཚུལ་གང་འདྲ་ཞིག་གི་འོག་དབང་གནོད་བྱ་སྤྱོད་སྤེལ་མཁན་གྱིས་འགན་འཁྲི་འཁུར་མི་དགོས་སམ། / 47

11.གནས་ཚུལ་གང་འདྲ་ཞིག་གི་འོག་ཏུ་ཕྱུང་གསུམ་པས་དབང་གནོད་འགན་འཁྲི་འཁུར་དགོས་སམ། / 48

12.ཉེན་ཁ་ངེས་ཅན་ལྡན་པའི་རིག་རྩལ་གྱི་བྱེད་སྒོར་རང་མོས་ཀྱིས་ཞུགས་སྐབས། དབང་གནོད་འགན་འཁྲི་སུས་འཁུར་དགོས་སམ། / 49

13.ཁྲིམས་མཐུན་ཁེ་དབང་ལ་གནོད་འཚེ་ཕོག་བཞིན་པའི་སྐབས། གནོད་འཚེ་ཕོག་མཁན་གྱི་མིས་རང་སྲུང་གི་བྱ་སྤྱོད་སྤེལ་ཆོག་གམ། / 50

14.《དམངས་དོན་ཁྲིམས་གཞུང་》དང་བཅའ་ཁྲིམས་གཞན་དག་ནང་འགན་འཁྲི་འཁུར་མི་དགོས་པའམ་ཡང་ན་འགན་འཁྲི་ཡང་དུ་གཏོང་དགོས་པའི་གནས་ཚུལ་གཏན་འབེབས་ཡོགས་སུ་བྱུས་ཡོད་ན་ཐག་གཅོད་ཇི་ལྟར་བྱེད་དགོས། / 52

ལེའུ་གཉིས་པ། གནོད་འཚེའི་གུན་གསབ། / 53

15.མི་གཞན་ལ་གནོད་འཚེ་བཏང་ནས་མིའི་ལུས་ཁམས་ལ་གནོད་སྐྱོན་བཟོས་པར་སྐྱིན་ཚབ་སྤྲོད་འགན་གང་དག་འཁུར་དགོས། / 53

16.དབང་གནོད་བྱ་སྤྱོད་གཅིག་གིས་མི་མང་པོ་ཤི་རུ་བཅུག་ན། སྐྱིན་ཚབ་འཛལ་དངུལ་ཇི་ལྟར་གཏན་འཁེལ་བྱ་དགོས་སམ། / 55

17. དབང་ཆར་གནོད་འཚེ་ཕོག་མཁན་ཤི་རྗེས། དེའི་གཉེན་ཉེ་ལ་དབང་ཆར་གནོད་འཚེ་གཏོང་མཁན་ལ་སྐྱིན་ཚབ་སྤྲོད་རོགས་ཞུ་དབང་ཡོད་དམ། / 56

18.མི་གཞན་གྱི་ལུས་ཁམས་ཀྱི་བདེ་ཐང་ལ་གནོད་འཚེ་བཏང་ནས་རྒྱུ་ནོར་ལ་གྱོང་གུན་བཟོས་ན་སྐྱིན་ཚབ་ཇི་ལྟར་འཇལ་དགོས་སམ། / 57

19.གནས་ཚུལ་གང་དག་གི་འོག་ཏུ་དབང་གནོད་ཕོག་མཁན་མི་སྐྱར་བསམ་པའི་གུན་གསབ་འཇལ་བའི་རེ་འདུན་ཞུ་དབང་ཡོད་དམ། / 59

20.དབང་ཆར་བཙན་གནོད་ཕོག་མཁན་གྱི་རྒྱུ་ནོར་གྱི་གྱོང་གུན་ཇི་ལྟར་བརྩི་དགོས་སམ། / 60

21.ཆེད་ཁེའི་ཐོན་རྫས་ལ་མི་གཞན་གྱིས་འདྲ་བཟོ་དབང་གནོད་བྱུང་ན། ཆད་གཅོད་རང་བཞིན་གྱི་གུན་གསབ་འཇལ་རྒྱུའི་རེ་བ་ཞུས་ཆོག་གམ། / 61

22.གནོད་འཚེ་ཕོག་མཁན་དང་བྱ་སྤྱོད་སྤེལ་མཁན་གཉིས་ཀར་གནོད་སྐྱོན་བྱུང་བའི་ཐད་ནོར་འཁྲུལ་མེད་ན། གྱོང་གུན་ཇི་ལྟར་འགྱུར་དགོས། / 63

23. དུས་ཁག་བགོས་ནས་སྐྱིན་ཚབ་སྤྲོད་པའི་སྐབས། དབང་ཆར་གནོད་འཚེ་ཕོག་མཁན་ལ་བབ་མཚུངས་ཀྱི་ཁག་ཐེག་འདོན་སྤྲོད་བྱ་དགོས་ཞེས་རེ་འདུན་ཞུས་ཆོག་གམ། / 64

ལེའུ་གསུམ་པ། འགན་འཁྲུར་བྱེད་པོའི་དམིགས་བསལ་གཏན་འབེབས་སྐོར། / 65

24.ནར་མ་སོན་པའི་སྐྱེ་བོས་གཞན་ལ་གནོད་འཚེ་བཏང་ན། ལྟ་སྐྱོང་བྱེད་མཁན་གྱིས་ཁག་འགན་འཁུར་དགོས་སམ། / 65

25. མི་གཞན་ལ་ལྟ་སྐྱོང་བྱེད་དུ་འཇུག་སྐབས་ཕྲུ་གུས་མི་གཞན་ལ་རྒྱས་སྐྱོན་བཏང་ན་ཁེ་དབང་ལ་བཙན་གནོད་བཏང་བའི་ཁག་འགན་སུས་འཁུར་དགོས། / 67

26.ཆང་གིས་བཟི་ནས་མི་གཞན་ལ་གནོད་སྐྱོན་བཟོས་ན་དབང་གནོད་ཁག་འགན་འཁུར་དགོས་སམ། / 68

27.ལས་འགན་བསྐུལ་བས་པའི་དབང་གིས་མི་གཞན་ལ་གནོད་སྐྱོན་བཟོས་རིགས། སུ་ཡིས་

དབང་གནོད་ཁག་འགན་འཁུར་དགོས་སམ། / 69

28. འགན་ལེན་མཁན་གྱིས་ལས་ཀ་སྒྲུབ་པའི་གོ་རིམ་ཁྲོད་མི་གཞན་ལ་གནོད་སྐྱོན་བཟོས་ན། འགན་མངགས་མཁན་གྱིས་ཀྱང་ཁག་འགན་འཁུར་དགོས་སམ། / 71

29. དྲ་བ་སྤྱོད་མཁན་གྱིས་དྲ་བ་སྤྱད་དེ་དབང་གནོད་བྱས་ན། དབང་གནོད་ཁག་འགན་འཁུར་དགོས་སམ། / 71

30. དྲ་རྒྱའི་ཞབས་ཞུ་སྤྱད་ནས་དབང་གནོད་ཀྱི་བྱ་སྤྱོད་སྤེལ་བར་དབང་གནོད་ཀྱི་འགན་འཁྲི་འཁུར་དགོས་སམ། / 73

31. དྲ་རྒྱའི་ཐོག་ནས་དབང་ཆར་གནོད་འཚེ་ཕོག་སྐབས་དབང་ཆར་གནོད་འཚེ་ཕོག་མཁན་གྱིས་དབང་ཆར་ཇི་ལྟར་སྲུང་སྐྱོང་བྱེད་དགོས་སམ། / 74

32. དྲ་རྒྱའི་དབང་གནོད་བྱེད་སྤྱོད་ཐད་དྲ་ཚོགས་ཀྱིས་དུས་ཐོག་ཏུ་དགོས་ངེས་ཀྱི་བྱ་ཐབས་སྤྱད་ནས་བཀག་འགོག་མ་བྱས་ཚེ་འགན་འཁྲི་འཁུར་དགོས་སམ། / 76

33. དྲ་ཐོག་ཞབས་ཞུ་མཁོ་འདོན་བྱེད་མཁན་གྱིས་བརྡ་ཐོ་འབྱོར་རྗེས། དགོས་ངེས་ཀྱི་བྱེད་ཐབས་གང་དག་སྤྱོད་དགོས་སམ། / 77

34. དྲ་རྒྱའི་ཞབས་ཞུ་མཁོ་འདོན་བྱེད་མཁན་གྱིས་གསལ་བརྡ་འབྱོར་རྗེས། དགོས་ངེས་ཀྱི་བྱ་སྤྱོད་གང་སྤེལ་དགོས། / 78

35. ཚོང་རས་བདེ་འཇགས་འགན་སྲུང་གི་ངོས་འགན་མ་འཁུར་བར་མགྲོན་ལ་རྨས་སྐྱོན་ཕོག་ན་འགན་འཁྲི་ཅི་ཞིག་འཁུར་དགོས་སམ། / 79

36. བྱིས་པ་བུ་བཙོལ་ཁང་དུ་རྨས་ཕོག་ན། བྱིས་གསོ་ཁང་གིས་ངེས་པར་དུ་འགན་ཁུར་དགོས་སམ། / 81

37. དམའ་རིམ་སློབ་འབྲིང་གི་སློབ་མ་སློབ་གྲྭར་རྨས་སྐྱོན་བྱུང་བར། སློབ་གྲྭས་ངེས་པར་

ཏུ་འགན་འཁུར་དགོས་སམ། / 82

38.བུ་བཙོལ་ཁང་དང་། སློབ་གྲྭ། ཡང་ན་སློབ་གསོའི་ལས་ཁུངས་གཞན་དག་བཅས་ཕྱུད་པའི་ཕྱུང་གསུམ་པས་རང་ལུས་ལ་གནོད་སྐྱོན་བཟོས་ན། སུས་དབང་གནོད་ཁག་འགན་འཁུར་དགོས་སམ། / 83

ལེའུ་བཞི་པ། ཐོན་རྫས་ཀྱི་འགན་འཁྲིའི་སྐོར། / 85

39.ཐོན་རྫས་ལ་སྐྱོན་ཆ་ཡོད་པས་མི་གཞན་ལ་གནོད་སྐྱོན་བཟོས་ན་སུ་ཞིག་གིས་ཁག་འགན་འཁུར་དགོས་སམ། / 85

40.སྐྱོན་ཆ་ཡོད་པའི་ཐོན་རྫས་ཉོས་ནས་རྨས་སྐྱོན་ཕོག་ན་སུ་ལ་སྐྱིན་ཚབ་བདའ་འདེད་གཏོང་དགོས་སམ། / 85

41.སྐྱེལ་འདྲེན་མཁན་དང་། གསོག་ཉར་མཁན་སོགས་ཕྱོགས་གསུམ་པའི་ནོར་འཛོལ་གྱིས་ཐོན་རྫས་ལ་སྐྱོན་ཆ་བྱུང་ནས་མི་གཞན་ལ་གནོད་སྐྱོན་བཟོས་ན་སུ་ཡིས་སྐྱིན་ཚབ་འཇལ་དགོས། / 86

42.ཐོན་རྫས་ཀྱི་སྐྱོན་ཆས་མིའི་ལུས་ཁམས་དང་རྒྱུ་ནོར་ལ་གནོད་འཚེ་བཏང་ཚེ་གནོད་འཚེ་ཕོག་བྱེད་མཁན་གྱིས་ཐོན་སྐྱེད་མཁལ་དང་ཕྱིར་འཚོང་མཁན་ལ་འགན་འཁྲི་འཁུར་དུ་འཇུག་པའི་ཐབས་ལམ་གང་ཡོད་དམ། / 87

43.ཐོན་རྫས་ཚོང་རར་བཏོན་རྗེས་སྐྱོན་ཆ་ཡོད་ན། ཉོ་མཁན་གྱིས་ཐོན་སྐྱེད་བྱེད་མཁན་དང་ཕྱིར་འཚོང་བྱེད་མཁན་ལ་ཐོན་རྫས་ཕྱིར་སྡུད་བྱ་རྒྱུའི་བླང་བྱ་འདོན་དབང་ཡོད་དམ། / 88

44. ཚོང་ཟོག་ལ་སྐྱོན་ཆ་ཡོད་པ་ཤེས་བཞིན་དུ་ད་དུང་ཕྱིར་འཚོང་བྱས་ནས་མི་གཞན་ལ་ཀྱོང་གུན་བཟོས་པ་ཡིན་ན། དབང་ཆར་གནོད་འཚེ་ཕོག་མཁན་གྱིས་ཀྱོང་གུན་ལྷབ་འགྱུར་

གྱིས་གསལ་རྒྱུའི་རེ་བ་ཞུས་ཚིག་གསམ། / 90

ལེའུ་ལྔ་པ། འཕྲུལ་སྒུལ་འཁོར་ལོའི་འགྲིམ་འགྲུལ་དོན་རྐྱེན་གྱི་འགན་འཁྲིའི་སྐོར། / 91

45.སྒུལ་སྐྱོད་རླངས་འཁོར་ལ་འགྲིམ་འགྲུལ་དོན་རྐྱེན་བྱུང་ན། སྐྱིན་ཚབ་འཇལ་བའི་འགན་འཁུར་ཇི་ལྟར་འཁུར་དགོས་སམ། / 91

46.རླངས་འཁོར་གཡར་ནས་འགྲིམ་འགྲུལ་དོན་རྐྱེན་བྱུང་ན། དོན་དངོས་ཀྱི་ཁ་ལོ་བ་དང་རླངས་འཁོར་བདག་པོ་སུས་སྐྱིན་ཚབ་སྤྲོད་འགན་འཁུར་དགོས་སམ། / 92

47.མི་གཞན་ལ་བཙོངས་ཟིན་ཀྱང་ཐོ་འགོད་བྱས་མེད་པའི་སྒུལ་སྐྱོད་རླངས་འཁོར་ལ་རླངས་འཁོར་དོན་རྐྱེན་བྱུང་ན། འགན་སུས་འཁུར་དགོས་སམ། / 93

48.ཟུར་བརྟེན་རྣམ་པའི་ཐོག་ནས་གཞུང་ལམ་སྐྱེལ་འདྲེན་གྱི་བྱེད་སྒོ་སྤེལ་བའི་འཕྲུལ་སྒུལ་འཁོར་ལོར་འགྲིམ་འགྲུལ་དོན་རྐྱེན་བྱུང་ཚེ་སུས་ཁག་འགན་འཁུར་དགོས་སམ། / 94

49. གཞན་གྱི་རླངས་འཁོར་གཏོང་བའི་ཆོག་མཆན་མ་ཐོབ་པར་རླངས་འཁོར་བཏང་ནས་རླངས་འཁོར་གྱི་ཆག་སྒོ་བྱུང་ན། སུས་ཁག་འགན་འཁུར་དགོས་སམ། / 94

50.འགྲིམ་འགྲུལ་བྱུར་ཉེས་ཁྲོད་དུ་སྒུལ་སྐྱོད་རླངས་འཁོར་ཕྱོགས་དེའི་འགན་འཁུར་དུ་གཏོགས་ན། འགན་བཙོལ་ཀུང་སིས་སྐྱིན་ཚབ་ཇི་ལྟར་འཇལ་དགོས་སམ། / 96

51.སྒྲིག་སྒྱུར་བྱས་པའི་རླངས་འཁོར་རམ་ཡང་ན་བེད་མེད་ཀྱི་རླངས་འཁོར་ལ་འགྲིམ་འགྲུལ་དོན་རྐྱེན་བྱུང་ཚེ་སུ་ལ་ཁག་འགན་བདའ་འདེད་བྱ་དགོས་སམ། / 97

52.བརྐུས་པའི་རླངས་འཁོར་ལ་འགྲིམ་འགྲུལ་དོན་རྐྱེན་བྱུང་ན། རླངས་འཁོར་བདག་པོས་ཁག་འགན་འཁུར་དགོས་སམ། / 98

53. སྒུལ་སྐྱོད་རླངས་འཁོར་གྱི་ཁ་ལོ་བས་ཆག་སྒོ་བསླངས་ནས་བྲོས་བྱོལ་ཕྱིན་པར་འགྲིམ་

འགྲུལ་བཙན་ཤེད་འགག་སྲུང་བརྒྱུད་དེ་སྐྱིན་ཚབ་འཇལ་ཚོག་གམ། / 99

54.འགྲིམ་འགྲུལ་བཙན་འདོམས་འགག་བཅོལ་དུ་ཞུགས་མེད་པའི་སྒྱུལ་སྐྱོད་རླངས་འཁོར་གྱིས་འགྲིམ་འགྲུལ་དོན་རྐྱེན་ལ་ཇི་ལྟར་སྐྱིན་ཚབ་འཇལ་དགོས་སམ། / 100

55.རིན་མེད་རླངས་འཁོར་ལ་བསྡད་ནས་རྨས་སྐྱོན་ཕོག་ན། ཁ་ལོ་པས་གནོད་འཚེ་ཐེབས་མཁན་ལ་སྐྱིན་ཚབ་འཇལ་དགོས་སམ། / 101

ལེའུ་དྲུག་པ། /103

56.སྨན་དོན་མི་སྣས་ལས་འཛོལ་ཤོར་བའི་དབང་གིས་ནད་པར་སྨན་བཅོས་བྱེད་པའི་ཁྲོད་གནོད་འཚེ་ཕོག་ཚེ་སྨན་ཁང་ལ་འགན་འཁྲི་བདའ་འདེད་གཏོང་ཆོག་གམ། / 103

57.སྨན་བཅོས་མི་སྣས་སྨན་བཅོས་བྱེད་པའི་བརྒྱུད་རིམ་ཁྲོད་ངེས་པར་དུ་ནད་པར་གསལ་བཤད་བྱེད་པའི་འོས་འགན་འཁུར་དགོས་སམ། / 103

58. སྨན་ཁང་གིས་འཆི་ཐག་ཉེ་བའི་ནད་པ་སྐྱོབ་པའི་ཐག་གཅོད་བྱེད་དབང་ཡོད་དམ། / 105

59.སྨན་པས་སྐབས་དེའི་སྨན་བཅོས་ཚུ་ཚད་དང་འཚམ་པའི་སྨན་བཅོས་འོས་འགན་བསྒྲུབས་ཐུབ་མེད་པས་ནད་པར་གནོད་འཚེ་ཕོག་ན། སུ་ལ་འགན་འཁྲི་བདའ་འདེད་གཏོང་དགོས་སམ། / 106

60.འོས་སྦྱོར་གཏན་འཁེལ་བྱས་པའི་སྨན་བཅོས་སྡེ་ཁག་ལ་ནོར་འཁྲུལ་ཡོད་པའི་གནས་ཚུལ་གང་དག་ཡོད་དམ། / 107

61. ཚད་མི་ལོན་པའི་སྨན་བཅོས་ཡོ་བྱད་སྤྱད་ནས་ནད་པར་གནོད་སྐྱོན་བཟོས་རིགས་སུ་ལ་འགན་འཁྲི་བདའ་འདེད་གཏོང་དགོས་སམ། / 108

62.ནད་པས་སྨན་བཅོས་ལ་གཞོགས་འདེགས་མ་བྱས་པས་རྨས་སྐྱོན་ཕོག་ན། སྨན་ཁང་གིས་

འགན་འཁྲི་འཁུར་དགོས་སམ། / 110

63. སྲོག་ཉེན་ལ་ཐུག་པའི་ནད་པར་གང་ཐུབ་ཀྱིས་སྨན་བཅོས་བྱས་མོད། འོན་ཀྱང་ནད་བརྟག་སྨན་བཅོས་བྱེད་རིང་ནད་པར་གནོད་སྐྱོན་ཕོག་ན། སྨན་ཁང་གིས་ཁག་འགན་འཁུར་དགོས་སམ། / 111

64. སྐབས་དེའི་སྨན་བཅོས་ཆུ་ཚད་ཀྱི་རྐྱེན་པས་ནད་པར་གནོད་འཚེ་ཕོག་ན། སྨན་ཁང་གིས་སྐྱིན་ཚབ་སྤྲོད་འགན་འཁུར་དགོས་སམ། / 112

65. ནད་པས་སྨན་ཁང་དུ་སོང་ནས་སྨན་པའི་མངག་བཅོལ་བརྩི་སྲུང་མ་ཞུས་པར་གནོད་འཚེ་ཕོག་ན་སྨན་ཁང་གིས་སྐྱིན་ཚབ་སྤྲོད་འགན་འཁུར་དགོས་སམ། / 113

66. ནད་པར་རང་ཉིད་ཀྱི་གཤགས་བཅོས་ནད་ཐོ་ཀློག་བཤེར་དང་བསྐྱར་དཔར་བྱེད་པའི་དབང་ཆ་ཡོད་དམ། / 113

67. སྨན་ཁང་གིས་ནད་པའི་མི་སྒེར་གྱི་ཆ་འཕྲིན་ལ་གསང་བ་བྱ་དགོས་སམ། / 114

68. སྨན་པར་དགོས་མེད་ཀྱི་ནད་པར་བརྟག་དཔྱད་བྱེད་པའི་དབང་ཆ་ཡོད་དམ། / 115

69. སྨན་ཁང་དུ་ཁྲིམས་འགལ་གྱི་ཟིང་ཆ་བསླངས་ན་བཙའ་ཁྲིམས་ཀྱི་འགན་འཁྲི་འཁུར་དགོས་སམ། / 116

ལེའུ་བདུན་པ། ཁོར་ཡུག་སྦགས་བཙོག་དང་སྐྱེ་ཁམས་གཏོར་སྐྱོན་བཏང་རིགས་ཀྱི་འགན་འཁྲིའི་སྐོར། / 118

70. བཟོ་གྲྭས་བཙོག་ཆུ་ཕྱིར་གཏོང་ནས་ཉེ་འགྲམ་གྱི་སྡོད་དམངས་ལ་ན་ཚ་ཕོག་ན། བཟོ་གྲྭས་དབང་གནོད་ཁག་འགན་འཁུར་དགོས་སམ། / 118

71. ཁོར་ཡུག་སྦག་བཙོག་བཟོས་པའི་གནོད་སྐྱོན་གྱིས་སྐྱིན་ཚབ་སྤྲོད་པའི་དཔང་རྟགས་

འདོན་འགན་ནི་ཇི་ལྟར་བགོ་དགོས་སམ། / 119

72.སྨག་བཙོག་བཟོ་མཁན་གཉིས་ཡན་གྱིས་ཁོར་ཡུག་བཙོག་པས་སྨགས་ནས་གནོད་སྐྱོན་བཟོས་རིགས་ཀྱི་ཁག་འགན་ཇི་ལྟར་བགོ་དགོས་སམ། / 120

73.བསམ་བཞིན་དུ་ཁོར་ཡུག་ལ་སྨག་བཙོག་བཟོས་ནས་མཇུག་འབྲས་ཚབས་ཆེན་བཟོས་རིགས་ལ་ཆད་པ་ནན་པོ་གཅོད་དགོས་པའི་སྣང་བ་བརྟན་ཚོག་གམ། / 121

74.ཕྱུང་གསུམ་པའི་ནོར་འཛོལ་གྱིས་ཁོར་དུ་ཡུག་ལ་གནོད་འཚེ་ཐེབས་ན། དབང་གནོད་ཐོག་མཁན་གྱིས་སུ་ལ་སྐྱིན་ཚབ་སྤྲོད་དུ་འཇུག་དགོས་སམ། / 122

75.སྐྱེ་ཁམས་ཁོར་ཡུག་ལ་གནོད་འཚེ་བཏང་ཚེ་ཉམས་གསོའི་འགན་འཁྲི་ཇི་ལྟར་འཁུར་དགོས་སམ། / 123

76.སྐྱེ་ཁམས་ཁོར་ཡུག་ལ་གནོད་སྐྱོན་བཟོས་པར་སྐྱིན་ཚབ་སྤྲོད་འགན་གང་དག་འཁུར་དགོས་སམ། / 125

ལེའུ་བརྒྱད་པ། ཉེན་ཁ་ཚབས་ཆེའི་འགན་འཁྲིའི་སྐོར། / 127

77.ཉེན་ཁ་ཤིན་ཏུ་ཆེ་བའི་ལས་ཀ་བྱས་ནས་མི་གཞན་ལ་གནོད་སྐྱོན་བཟོས་ན་འགན་འཁྲི་འཁུར་དགོས་སམ། / 127

78.དམངས་སྤྱོད་རྟུལ་ཕྲན་སྒྲིག་བཀོད་ཐད་ལས་འཛོལ་ཐོན་ཚེ་གནོད་འཚེ་ཐོག་མཁན་གྱིས་སུ་ལ་འགན་འཁྲི་བདའ་འདེད་གཏོང་དགོས་སམ། / 128

79. མཁའ་འགྲུལ་ལས་འཛོལ་གྱིས་འགྲུལ་པར་རྨས་སྐྱོན་བཟོས་ན་འགན་འཁྲི་སུས་འཁུར་དགོས་སམ། / 129

80.ཉེན་ཆེའི་དངོས་རྫས་འཕྲོག་བཅོམ་བྱས་རྗེས་མི་གཞན་ལ་ཤི་རྨས་བྱུང་ན་སུ་ཞིག་གིས་

འགན་འཁྲི་འཁུར་དགོས་སམ། / 130

81.འགྲུལ་པས་བསམ་བཞིན་དུ་ལྟུགས་ལམ་བརྒྱུད་དེ་རང་ཤི་བརྒྱབ་ན་ལྟུགས་ལམ་གཉེར་སྐྱོང་མཁན་གྱིས་འགན་འཁྲི་འཁུར་དགོས་སམ། / 132

82.ཉེན་ཚབ་ཆེ་བའི་དངོས་པོ་བོར་བརླག་ཏུ་སོང་ནས་མི་གཞན་ལ་གནོད་འཚེ་ཕོག་ན། སུས་འགན་འཁུར་དགོས། / 133

83.དངོས་ཟས་ཉེན་ཁ་ཅན་སྐྱེ་བོ་གཞན་ལ་སྤྲད་དེ་དོ་དམ་བྱེད་དུ་བཅུག་ནས་གནོད་སྐྱོན་བཟོས་ན་སུས་ཁག་འགན་འཁུར་དགོས་སམ། / 134

84. ཉེན་ཁ་ཏ་ཅང་ཆེ་བའི་དངོས་རིགས་ཀྱི་བདག་པོས་ཚད་མཐོའི་དོ་སྣང་བྱེད་པའི་འགན་འཁྲི་མ་འཁུར་བར་སྐྱེ་བོ་གཞན་ལ་གནོད་སྐྱོན་བཟོས་པར་ཡང་འགན་འཁྲི་བདའ་འདེད་གཏོང་དགོས་སམ། / 136

85. ཚོག་མཆན་མ་ཐོབ་པར་ཚད་མཐོའི་ཉེན་ཁ་ཆེ་བའི་ལས་ཡུལ་དུ་གནོད་འཚེ་ཕོག་ན། དོ་དམ་པས་ངེས་པར་དུ་འགན་འཁྲི་འཁུར་དགོས་སམ། / 137

86. རང་རྒྱལ་གྱི་བཅའ་ཁྲིམས་ནང་ཉེན་ཁ་ཏ་ཅང་ཆེ་བའི་ཁག་འགན་འཁུར་རྒྱུའི་བཅའ་ཁྲིམས་གཞིར་བཟུང་སྐྱིན་ཚབ་སྤྲོད་རྒྱུའི་བཅད་གྲངས་གཏན་འབེབས་ཇི་ལྟར་བྱས་ཡོད་དམ། / 138

ལེའུ་དགུ་པ། གསོ་ཚགས་བྱེད་པའི་སྒྲོག་ཆགས་ཀྱིས་གནོད་འཚེ་བཏང་བའི་འགན་འཁྲིའི་སྐོར། / 141

87. གསོ་ཚགས་སྒྲོག་ཆགས་ཁྱིས་ཁྱིམ་མཆོས་ལ་བརྒྱུགས་ཚེ། དབང་གནོད་ཁག་འགན་སུས་འཁུར་དགོས་སམ། / 141

88. ཁྱི་མ་བཏགས་པར་སློད་ནས་མི་ལ་བརྒྱུགས་ཚེ། ཁྱིའི་བདག་པོས་འགན་ཁུར་དགོས་

སམ། / 142

89. ཁྱི་ངར་པོས་མི་ལ་བརྒྱུགས་ཚེ། ཁྱིའི་བདག་པོས་འགན་འཁྲི་འཁུར་དགོས་སམ། / 143

90. ཡུལ་སྐོར་བས་བཀག་སྡོམ་བསྟན་བྱ་སྣང་མེད་དུ་བཞག་ནས་སྒྲིག་ཆགས་ཀྱིས་འཇབ་རྐོལ་བྱས་ཚེ། སྒྲིག་ཆགས་སྒྲིང་གིས་དབང་གནོད་འགན་འཁྲི་འཁུར་དགོས་སམ། / 144

91. བདག་མེད་སྒྲིག་ཆགས་རྣམས་ན་སུ་ཞིག་གིས་འགན་འཁྲི་འཁུར་དགོས་སམ། / 145

92. ཕུང་གསུམ་པའི་ནོར་འཁྲུལ་དབང་གིས་སྒྲིག་ཆགས་ཀྱིས་མི་གཞན་ལ་གནོད་སྐྱོན་བཟོས་ན་སུ་ལ་ཁག་འགན་བདའ་འདེད་བྱ་དགོས་སམ། / 146

93. སྒྲིག་ཆགས་གསོ་མཁན་གྱིས་གཏན་འཕེལ་གང་དག་ལ་བརྩི་སྲུང་བྱེད་དགོས་སམ། / 147

ལེའུ་བཅུ་པ། ཨར་སྐྲུན་དངོས་པོ་དང་དངོས་རྫས་ཀྱིས་གནོད་སྐྱོན་བཟོས་པའི་འགན་འཁྲིའི་སྐོར། / 149

94. ཨར་སྐྲུན་དངོས་པོའི་ཡོག་སྟེ་མི་གཞན་ལ་གནོད་སྐྱོན་བཟོས་ན། སུས་ཁག་འགན་འཁུར་དགོས་སམ། / 149

95. ཨར་སྐྲུན་དངོས་པོའི་གྱང་པགས་གོག་ནས་ལམ་འགྲོ་པར་རྨས་སྐྱོན་བཟོས་ན་སུ་ཞིག་གིས་འགན་འཁྲི་འཁུར་དགོས་སམ། / 151

96. མཐོ་ས་ནས་དངོས་པོ་འཕངས་ཏེ་རྨས་སྐྱོན་ཕོག་ན་སུ་བཙལ་ནས་གྱོང་གུན་གསབ་ལེན་བྱེད་དགོས་སམ། / 152

97. སྤུངས་དངོས་ཡོག་ནས་གཞན་ལ་གནོད་སྐྱོན་བཟོས་ན། སྤུངས་མཁན་གྱིས་འགན་འཁྲི་འཁུར་དགོས་སམ། / 154

98. སྤྱི་པའི་འགྲོ་ལམ་དུ་འགོག་རྐྱེན་བཟོ་བའི་དངོས་རྫས་སྤུངས་འཇོག་དང་། འབོ་བ། ལྷུང་པ་

བཅས་བྱས་ནས་སྐྱེ་བོ་གཞན་ལ་གནོད་སྐྱོན་བཟོས་ན་སུ་ཞིག་གིས་ཁག་འགན་འཁུར་དགོས་སམ། / 155

99. ལྡོན་ཤིང་ཆག་ནས་རྨས་སྐྱོན་ཕོག་མཁན་ལ་འགན་འཁྲི་བདའ་འདེད་གཏོང་དགོས་སམ། / 156

100. བགྲོད་ལམ་སྟེང་ས་འོག་སྒྲིག་ཆས་སྒོག་འདོན་དང་ཞིག་གསོ་བྱས་ནས་སྒྲིག་སྦྱོར་བྱེད་པ་སོགས་ཀྱིས་མི་གཞན་ལ་གནོད་སྐྱོན་ཕོག་ན། ཨར་ལས་བྱེད་མཁན་གྱིས་ཁག་འགན་འཁུར་དགོས་སམ། / 157

ཟུར་བཀོད།

ཀྲུང་ཧྭ་མི་དམངས་སྤྱི་མཐུན་རྒྱལ་ཁབ་ཀྱི་དམངས་དོན་ཁྲིམས་གཞུང་། (ཚན་བདུན།) / 159

སྟོད་ཆ།

རི་མོར་ལམ་ནས་ཁྲིམས་ལུགས་སླེང་།

1. རང་འདོད་ཀྱིས་རིག་གནས་དང་ལུས་རྩལ་བྱེད་སྒོར་ཞུགས་ཏེ་རྨས་སྐྱོན་ཕོག་ན། སུས་དབང་གནོད་ཁག་འགན་འཁུར་དགོས་སམ།

《ཀྲུང་ཧྭ་མི་དམངས་སྤྱི་མཐུན་རྒྱལ་ཁབ་ཀྱི་དམངས་དོན་ཁྲིམས་གཞུང་།》

དོན་ཚན་ཆིག་སྟོང་ཆིག་བརྒྱ་དང་དོན་དྲུག་པ། ཉེན་ཁ་ངེས་ཅན་ལྡན་པའི་རིག་རྩལ་གྱི་བྱེད་སྒོར་རང་མོས་ཀྱིས་ཞུགས་སྐབས་དེའི་ནང་ཞུགས་མཁན་གཞན་དག་གི་བྱ་སྤྱོད་ཀྱི་དབང་གིས་གནོད་འཚེ་ཕོག་ན། གནོད་འཚེ་ཕོག་མཁན་གྱིས་དེའི་ནང་ཞུགས་མཁན་གཞན་དག་ལ་དབང་གནོད་ཀྱི་འགན་འཁྲི་འཁུར་དགོས་པའི་རེ་འདུན་ཞུས་མི་ཆོག འོན་ཀྱང་དེའི་ནང་ཞུགས་མཁན་གཞན་དག་གིས་བསམ་བཞིན་དུ་བྱས་པའམ་ལས་འཛོལ་ཚབས་ཆེན་ཤོར་བའི་དབང་གིས་གནོད་འཚེ་བྱུང་བའི་རིགས་འདིའི་ཁོངས་སུ་མི་ཚུད།

བྱེད་སྒོ་སྒྲིག་འཛུགས་བྱེད་མཁན་གྱི་འགན་འཁྲིའི་ཐད་ལ་བཅའ་ཁྲིམས་འདིའི་དོན་ཚན་ཆིག་སྟོང་ཆིག་བརྒྱ་དང་གོ་བརྒྱད་པ་ནས་དོན་ཚན་ཆིག་སྟོང་ཉིས་བརྒྱ་དང་དང་པོའི་བར་གྱི་གཏན་འབེབས་སྤྱོད་འཐུས།།

ཁྲིམས་ལུགས་འཆད་སྟེགས།

འགྲན་རྩོལ་རང་བཞིན་ཅུང་ཆེ་བའི་རིག་གནས་ལུས་རྩལ་བྱེད་སྒོར་ཞུགས་ན་གནོད་འཚེ་ཕོག་སླ་མོད། འོན་ཀྱང་བྱེད་སྒོའི་ནང་ཞུགས་མཁན་གྱིས་རང་མོས་ངང་བྱེད་སྒོར་ཞུགས་ཡོད་པས་བྱེད་སྒོ་དེ་དག་གི་ཉེན་ཁའི་རང་བཞིན་ལ་ངོས་འཛིན་གང་ལེགས་ཐུབ་པ་དགོས་པ་དང་། དེའི་ཁྲོད་ལྷག་པའི་རྐྱེན་གཏན་རང་བཞིན་གྱི་ཉེན་ཁ་ཡང་བྱེད་སྒོའི་ནང་ཞུགས་མཁན་རང་ཉིད་ཀྱིས་འགན་འཁུར་དགོས། དེ་ནི"རང་འདོད་ཉེན་ཁའི"རྩ་དོན་ཡིན། གལ་ཏེ་འགྲན་བསྡུར་ནང་ཕྱོགས་གཅིག་ལ་ཕྱོགས་གཞན་པའི་འགྲན་ཞུགས་པས་རྐང་བཙུགས་ནས་མིན་པའམ། ནོར་འཛོལ་ཚབས་ཆེན་གྱིས་གནོད་འཚེ་ཅུང་ཕོག་ན། གནོད་འཚེ་ཕོག་མཁན་ནས་འགྲན་ཞུགས་མཁན་གཞན་ལ་དབང་གནོད་ཀྱི་འགན་འཁྲི་འཁུར་རྒྱུའི་རེ་བ་འདོན་མི་ཆོག འོན་ཀྱང་བྱེད་སྒོ་སྒྲིག་འཛུགས་བྱེད་མཁན་གྱིས་བདེ་འཇགས་འགན་སྲུང་ཐུབ་མེད་ན་སྣང་བཞིན་དབང་གནོད་ཁག་འགན་འཁུར་དགོས།

2. ཁྲིམས་མཐུན་ཁེ་དབང་ལ་གནོད་འཚེ་ཐོག་ཡོད་ཚེ། གནོད་འཚེ་ཐོག་མཁན་གྱིས་རང་འགུལ་བྱ་སྤྱོད་སྤེལ་ཆོག་གམ།

《གྲུང་ཏྲུ་མི་དམངས་སྤྱི་མཐུན་རྒྱལ་ཁབ་ཀྱི་དམངས་དོན་ཁྲིམས་གཞུང་།》

དོན་ཚན་ཅིག་སྟོང་ཅིག་བརྒྱ་དང་དོན་བདུན་པ། ཁྲིམས་མཐུན་ཁེ་དབང་ལ་གནོད་འཚེ་ཐོག་ཅིང་། གནས་ཚུལ་ཛ་དྲག་ཆེ་ལ་དུས་ཐོག་ཏུ་རྒྱལ་ཁབ་ལས་ཁུངས་ཀྱི་སྲུང་སྐྱོང་ཐུབ་མེད་པར། འཕྲལ་མར་བྱེད་ཐབས་མ་སྤྱད་ན་དེའི་ཁྲིམས་མཐུན་ཁེ་དབང་ལ་གསབ་ཐབས་བྲལ་བའི་གནོད་འཚེ་ཐོག་སྲིད་པའི་རིགས། གནོད་འཚེ་ཐོག་མཁན་གྱིས་རང་ཉིད་ཀྱི་ཁྲིམས་མཐུན་ཁེ་དབང་སྲུང་སྐྱོང་བྱེད་པའི་དགོས་ངེས་ཀྱི་ཁྱབ་ཁོངས་ནང་དབང་ཆར་གནོད་འཚེ་གཏོང་མཁན་གྱི་རྒྱུ་དངོས་སྐྱེར་ཉར་བྱེད་པ་སོགས་ལུགས་མཐུན་གྱི་བྱེད་ཐབས་སྤྱད་ཆོག འོན་ཀྱང་འཕྲལ་མར་རྒྱལ་ཁབ་ཀྱི་འབྲེལ་ཡོད་ལས་ཁུངས་ལ་ཐག་གཅོད་བྱེད་རོགས་ཞུ་དགོས།

གནོད་འཚེ་ཐོག་མཁན་གྱིས་ཚུལ་མིན་བྱེད་ཐབས་སྤྱད་པས་མི་གཞན་པར་གནོད་འཚེ་བཏང་ན། དབང་གནོད་ཀྱི་འགན་འཁྲི་འཁུར་དགོས།

ཁྲིམས་ལུགས་འཆད་སྟེགས།

རང་བྱུང་མི་རང་ཉིད་ཀྱི་ཁྲིམས་མཐུན་ཁེ་དབང་ལ་གནོད་འཚེ་ཕོག་ནས་རྒྱལ་ཁབ་ལས་ཁུངས་ལ་སྲུང་སྐྱོབ་བྱ་རྒྱུའི་རེ་འདུན་ཞུ་ཁོམ་མ་བྱུང་བའི་གནས་ཚུལ་འོག རང་ཉིད་ཀྱིས་དགོས་ངེས་ཀྱི་བྱེད་ཐབས་སྤྱད་དེ་ཁེ་དབང་སྲུང་སྐྱོབ་བྱས་ཆོག གནས་ཚུལ་འདི་འདྲའི་འོག་ཏུ་རང་བྱུང་མིས་རང་སྲུང་བྱ་སྤྱོད་ལ་འགན་འཁུར་མི་དགོས། “རང་སྲུང་བྱ་སྤྱོད”ལ་འགན་འཁུར་མི་དགོས་པའི་ལམ་ལུགས་ཀྱིས་རང་བྱུང་མི་ལ་ཆ་རྐྱེན་ངེས་ཅན་ཞིག་གི་འོག་ཏུ་རང་ཉིད་ལ་སྲུང་སྐྱོབ་བྱེད་པའི་དབང་ཆ་སྤྲད་ཡོད་པས། དེ་ནི་རྒྱལ་ཁབ་ལས་ཁུངས་ཀྱིས་སྲུང་སྐྱོབ་བྱེད་པའི་ཁ་གསབ་ནུས་ལྡན་ཞིག་ཡིན། “རང་སྲུང་བྱ་སྤྱོད”ལ་འགན་འཁུར་མི་དགོས་པའི་ལམ་ལུགས་ཁ་གསལ་གཏན་འབེབས་བྱས་ཡོད་པ་དེས་རང་བྱུང་མིའི་མི་ལུས་དང་རྒྱུ་ནོར་དབང་ཆར་སྲུང་སྐྱོབ་བྱེད་པར་དངོས་ཡོད་ཀྱི་དོན་སྙིང་ཆེན་པོ་ལྡན་ཡོད་ལ་བྱ་སྤྱོད་དེ་རིགས་ཚད་ལྡན་དུ་གཏོང་རྒྱུར་ཡང་ཕན་པ་ཡོད།

3. ཁྲིམས་རྒྱུད་རྒྱུ་ནོར་མི་གཞན་གྱིས་རྐང་བཙུགས་ནས་གཏོར་སྐྱོན་བཏང་ན་བསམ་པར་གནོད་སྐྱོན་ཕོག་པའི་གུན་གསབ་འཇལ་རེ་ཞུས་ཆོག་གམ།

《གྲུང་རྟ་མི་དམངས་ཁྱི་མཐུན་རྒྱལ་ཁབ་ཀྱི་དམངས་དོན་ཁྲིམས་གཞུང་།》

དོན་ཚན་ཆིག་སྟོང་ཆིག་བརྒྱ་དང་གྱ་གསུམ་པ། རང་བྱུང་མིའི་མི་ལུས་ཁེ་དབང་ལ་གནོད་འཚེ་བཏང་བས་དེའི་བསམ་པར་གནོད་སྐྱོན་ཚབས་ཆེན་བཟོས་ན། དབང་ཆར་གནོད་འཚེ་ཕོག་མཁན་ལ་བསམ་པའི་གནོད་སྐྱོན་གུན་གསབ་སྤྲོད་དགོས་ཞེས་རེ་འདུན་ཞུ་དབང་ཡོད།

བསམ་བཞིན་དུ་བྱས་པའམ་ལས་འཛོལ་ཚབས་ཆེན་ཤོར་བའི་དབང་གིས་རང་བྱུང་མིའི་མི་ལུས་སམ་དོན་སྙིང་ལྡན་པའི་དམིགས་བསལ་རྫས་ལ་གནོད་འཚེ་བཏང་བས་དེའི་བསམ་པར་གནོད་སྐྱོན་ཚབས་ཆེན་བཟོས་ན། དབང་ཆར་གནོད་འཚེ་ཕོག་མཁན་ལ་བསམ་པའི་གནོད་སྐྱོན་གུན་གསབ་སྤྲོད་དགོས་ཞེས་རེ་འདུན་ཞུ་དབང་ཡོད།

ཁྲིམས་ལུགས་འཆད་སྟེགས།

《དམངས་དོན་ཁྲིམས་གཞུང་》ནང་ཁ་སྐོན་བྱས་པའི་གཏན་འབེབས་འདིས་བསམ་པའི་གུན་གསབ་འཇལ་ཁོངས་རྒྱ་ཆེར་བཏང་ཡོད། བསམ་བཞིན་དུ་འམ་ཡང་ན་ལས་འཛོལ་ཚབས་ཆེན་ཤོར་བའི་དབང་གིས་སྐྱེ་བོ་གཞན་ལ་ལུས་ཁམས་ཀྱི་དོན་སྙིང་ལྡན་པའི་དམིགས་བསལ་གྱི་དངོས་རྫས་ཏེ། དཔེར་ན་མི་གཞན་གྱི་ཁྱིམ་ནོར་དང་། གཉེན་སྒྲིག་དུས་གསོའི་འདྲ་པར། གཤིན་པོའི་འདྲ་པར། ཕྲུ་གུའི་མངལ་གྱི་སྤུ་སྐྱག་（མངལ་གྱི་སྤུ་སྐྱག་ཅེས་པ་ནི་ཕྲུ་གུ་བཙས་རྗེས་ཐོག་མའི་སྐྲ་ཡིས་རྗེས་དྲན་ཕྱིར་བཟོས་པའི་སྤུ་སྐྱག་ལ་ཟེར། — སྤྱར་སྒྲིག་པས།）དང་སློབ་ཐོན་ལག་ཁྱེར་སོགས་ལ་གཏོར་སྐྱོན་བཏང་ནས་བསམ་པའི་ཐོག་གནོད་སྐྱོན་ཚབས་ཆེན་བཟོས་ཚེ། དངོས་ཟོག་རང་གི་ཚོང་རའི་རིན་གོང་ལྟར་སྐྱིན་ཚབ་འཇལ་དགོས་པར་མ་ཟད། ད་དུང་དངོས་བདག་ལ་བཟོས་པའི་བསམ་པའི་ཐོག་ཐུག་གི་སྐྱིན་ཚབ་འཇལ་དགོས། འདིར་དོ་སྣང་བྱེད་དགོས་པ་ཞིག་ལ་གཏན་འབེབས་འདི་ནི་དབང་ཆར་གནོད་འཚེ་བཟོ་མཁན་གྱིས་བསམ་བཞིན་དུ་བྱས་པའམ་ཡང་ན་ལས་འཛོལ་ཚབས་ཆེན་ཤོར་ནས་དངོས་པོར་གཏོར་སྐྱོན་ཚབས་ཆེན་བཟོས་པའི་གནས་ཚུལ་འོག་ཏུ་གཟོད་སྤྱད་ན་འཐུས། དབང་གནོད་མཁན་གྱིས་སྤྱིར་བཏང་ནོར་འཛོལ་གྱི་གནས་ཚུལ་འོག་ཏུ་དོན་ཚན་འདིའི་གཏན་འབེབས་ཁག་བཀོལ་སྤྱོད་མི་ཆོག

4. ཆེད་ཁེའི་ཐོན་རྫས་ལ་མི་གཞན་གྱིས་འདྲ་བཟོ་དང་དབང་གནོད་བྱས་ན། ཚད་གཅོད་རང་བཞིན་གྱི་གྲུན་གསབ་འཇལ་རྒྱུའི་རི་བ་ཞུ་ཆོག་གམ།

《ཀྲུང་ཧྭ་མི་དམངས་སྤྱི་མཐུན་རྒྱལ་ཁབ་ཀྱི་དམངས་དོན་ཁྲིམས་གཞུང་།》

དོན་ཚན་ཆིག་སྟོང་ཆིག་བརྒྱ་དང་གྱ་ལྔ་པ། སྐྱེ་བོ་གཞན་གྱི་ཤེས་བྱའི་ཐོན་དངོས་བདག་དབང་ལ་བསམ་བཞིན་དུ་གནོད་འཚེ་བཏང་བ་དང་། གནས་ཚུལ་ཚབས་ཆེན་ཡིན་རིགས། དབང་ཆར་གནོད་འཚེ་ཐོག་མཁན་ལ་བབ་མཚུངས་ཀྱི་ཚད་གཅོད་རང་བཞིན་གྱི་སྐྱིན་ཚབ་འཇལ་དགོས་ཞེས་རེ་འདུན་ཞུ་དབང་ཡོད།

འགྲན་རྩོད་ཁེ་ལས་ཀྱིས་ང་ཚོའི་ཆེད་ཁེའི་ཐོན་རྫས་ལ་རྐང་བཙུགས་ནས་འདྲ་བཟོ་བྱས་ནས་འགྲན་རྩོད་བྱས་པ་དང་། ཁྲོམ་རའི་ཐོག་ཁེ་ཕན་མང་པོ་བླངས་པས་ང་ཚོས་གང་འདྲ་བྱེད་དགོས་སམ།
འདི་ནི་ཁྱེད་ཚོའི་ཤེས་བྱའི་ཐོན་དངོས་བདག་དབང་ལ་གནོད་འཚེ་བཏང་བའི་བྱ་སྤྱོད་ཅིག་ཡིན་པས། ཚད་གཅོད་རང་བཞིན་གྱི་སྐྱིན་ཚབ་སྤྲོད་རོགས་ཞུས་ཆོག

ཁྲིམས་ལུགས་འཆད་སྟེགས།

ཤེས་བྱའི་ཐོན་རྫས་བདག་དབང་ནི་ཤེས་རིག་གི་གྲུབ་འབྲས་ཤིག་ཡིན་ཞིང་། དེ་ལ་མངོན་མེད་ཀྱི་རང་བཞིན་ལྡན་ཡོད་པས། གནོད་འཚེ་ཐོག་རྗེས་སྐྱོང་གྲུན་དངོས་གཏན་འཁེལ་བྱེད་དཀའ་བ་རེད། མ་ཟད་ཤེས་བྱའི་ཐོན་རྫས་བདག་དབང་ལ་གནོད་འཚེ་ཐེབས་ཚེ་སྔར་གྱི་རྣམ་པ་སླར་གསོ་བྱེད་དཀའ། དེས་ན་ཆད་གཅོད་རང་བཞིན་གྱི་གནོད་འཚེ་ཐེབས་མཁན་ལ་སྐྱིན་ཚབ་འཇལ་དགོས་པ་མ་ཟད། ཁེ་དབང་ལ་གནོད་འཚེ་གཏོང་མཁན་ལ་ཆད་པ་གཅོད་དགོས། ཤེས་བྱའི་ཐོན་དངོས་བདག་དབང་སྲུང་སྐྱོང་བྱེད་ཤུགས་ཆེ་རུ་གཏོང་ཕྱིར་དང་། ཤེས་བྱའི་ཐོན་རྫས་བདག་དབང་ལ་བཙན་གནོད་བྱེད་པའི་ཁྲིམས་འགལ་གྱི་མ་གནས་མངོན་གསལ་ཇེ་མཐོར་གཏོང་སླད། བཅའ་ཁྲིམས་ཀྱི་ཟིལ་གནོན་ནུས་པ་འདོན་སྤེལ་གང་ལེགས་བཅས་བྱེད་དགོས། 《དམངས་དོན་ཁྲིམས་གཞུང་》ནང་ཤེས་བྱའི་ཐོན་རྫས་བདག་དབང་ལ་གནོད་འཚེ་བཏང་བའི་ཆད་གཅོད་རང་བཞིན་གྱི་གྲུན་གསབ་ལམ་ལུགས་གཏན་འབེབས་བྱས་ཡོད། དེ་ནི་དོ་བདག་གིས་ཚོག་འཛུགས་བཀོལ་སྤྱོད་ཀྱི་བྱེད་ཐབས་སྤྱད་དེ་ཤེས་བྱའི་ཐོན་རྫས་བདག་དབང་སྤྱོད་པར་སྐྱུལ་མ་གཏོང་བ་དང་གསར་གཏོད་ལ་བསྔགས་བརྗོད་བྱེད་པར་ཕན་པ་མ་ཟད། ཁེ་ལས་ཀྱིས་ཤེས་བྱའི་བདག་དབང་སྲུང་སྐྱོང་བྱེད་པའི་ཡིད་ཆེས་བརྟན་དུ་བཏང་ནས་རང་རྒྱལ་གྱི་གསར་གཏོད་ཁོར་ཡུག་དང་ཚོང་གཉེར་ཁོར་ཡུག་བཟང་པོ་གཏོད་རྒྱུར་ཕན་ཐོགས་ཆེན་པོ་ཡོད།

5. མི་གཞན་ལ་ལྟ་སྐྱོང་བྱེད་དུ་འཇུག་སྐབས་ཕྲུ་གུས་མི་གཞན་ལ་རྨས་སྐྱོན་བཏང་ན། ཁེ་དབང་ལ་གནོད་སྐྱོན་བཏང་བའི་ཁག་འགན་སུས་འཁུར་དགོས་སམ།

《ཀྲུང་ཧྭ་མི་དམངས་སྤྱི་མཐུན་རྒྱལ་ཁབ་ཀྱི་དམངས་དོན་ཁྲིམས་གཞུང་།》

དམངས་དོན་བྱ་སྤྱོད་ཀྱི་ནུས་པ་མེད་པའམ་དམངས་དོན་བྱ་སྤྱོད་ཀྱི་ནུས་པར་ཚོད་འཛིན་ཐེབས་པའི་མིས་གཞན་ལ་གྱོང་གུན་བཟོས་ན། ལྟ་སྐྱོང་པས་ལྟ་སྐྱོང་གི་འགན་འཁྲི་མི་གཞན་ལ་སྤྲད་པའི་རིགས་ཡིན་ཚེ། ལྟ་སྐྱོང་པས་དབང་གནོད་འགན་འཁྲི་འཁུར་དགོས་པ་དང་། ལྟ་སྐྱོང་བྱེད་ཕྱོགས་ཀྱི་ནོར་འཁྲུལ་ཡིན་ན་བབ་མཚུངས་ཀྱི་འགན་འཁྲི་འཁུར་དགོས།

བྱིས་པ་རྡུང་རེས་བྱས་ཀྱང་ཁྱོད་ཀྱིས་འགྲམ་དུ་ཁ་པར་རྩེད་བཞིན་བསྡད། ཁོས་རྩེད་ཆས་འཕྲོག་ཆེད་ངའི་ཕྲུ་གུར་རྨས་སྐྱོན་བཏང་སོང་། ཁྱོད་ཀྱིས་ཤོད་དང་སྨན་ཚབ་ཇི་ལྟར་འཇལ་དགོས་སམ།
ང་ནི་བྱིས་པ་འདིའི་ཨ་ཕ་ཡིན། གནས་སྐབས་སུ་ཁོ་ཁྲིད་ནས་རྩེད་མོ་བརྩེ་རུ་ཡོང་བ་ཡིན། སྨན་ཚབ་ཐད་བྱིས་པའི་ཕ་མ་གཉིས་བཙལ་ནས་འཇལ་དགོས།

ཁྲིམས་ལུགས་འཆད་སྟེགས།

ལྟ་སྐྱོང་པས་དམངས་དོན་གྱི་བྱ་སྤྱོད་སྤྱིལ་ནུས་མེད་མཁན་དང་དམངས་དོན་གྱི་བྱ་སྤྱོད་སྤྱིལ་ནུས་ཆ་ཚང་མེད་མཁན་ལ་སློབ་གསོ་དང་ཁྲིད་སྟོན་བྱེད་འགན་འཁུར་དགོས། དམངས་དོན་གྱི་བྱ་སྤྱོད་སྤྱིལ་ནུས་མེད་མཁན་དང་དམངས་དོན་གྱི་བྱ་སྤྱོད་སྤྱིལ་ནུས་ཆ་ཚང་མེད་མཁན་གྱིས་སྐྱེ་བོ་གཞན་ལ་གནོད་སྐྱོན་བཟོས་ན། ལྟ་སྐྱོང་པས་དབང་གནོད་ཁག་འགན་འཁུར་དགོས། ལྟ་སྐྱོང་པས་ལྟ་སྐྱོང་གི་འགན་འཁྲི་མི་གཞན་ལ་མངག་བཅོལ་བྱེད་པའི་གནས་ཚུལ་འོག སྔར་བཞིན་ལྟ་སྐྱོང་བྱེད་མཁན་གྱིས་དབང་གནོད་ཁག་འགན་འཁུར་དགོས། འོན་ཀྱང་མངགས་བཅོལ་ལེན་མཁན་ལ་ནོར་འཁྲུལ་ཡོད་པའི་ར་སྤྲོད་བྱེད་ཐུབ་ན་མངགས་བཅོལ་ལེན་མཁན་གྱིས་ཀྱང་བབ་མཚུངས་ཀྱི་ཁག་འགན་འཁུར་དགོས། དེ་ནི་མངགས་བཅོལ་དང་ལེན་བྱེད་མཁན་གྱིས་དེ་མཚུངས་ཀྱི་ལྟ་སྐྱོང་འགན་འཁྲི་འཁུར་བར་ཤུགས་སྟོན་རྒྱུག་རྒྱུར་ཕན་ཐོགས་ཡོད་པ་དང་། ཁོང་ཚོས་ལས་འགན་སྒྲུབ་པར་སྣང་ཆུང་གིས་དབང་གནོད་ཀྱི་བྱེད་སྤྱོད་དེ་བས་མང་བ་ཐོན་རྒྱུར་བཀག་འགོག་ཐུབ་ཕྱིར་ཡིན།

6. ནད་རྒྱུའི་དབང་གནོད་བྱ་སྤྱོད་ཐད་ནད་ཚོགས་ནས་དུས་ཐོག་ཏུ་དགོས་ངེས་ཀྱི་བྱ་ཐབས་སྤྱད་ནས་བཀག་འགོག་མ་བྱས་ཚེ་འགན་འཁྲི་འཁུར་དགོས་སམ།

《ཀྲུང་ཧྭ་མི་དམངས་སྤྱི་མཐུན་རྒྱལ་ཁབ་ཀྱི་དམངས་དོན་ཁྲིམས་གཞུང་།》

དོན་ཚན་ཆིག་སྟོང་ཆིག་བརྒྱ་དང་གོ་ལྔ་པ། ནད་སྲེལ་སྤྱོད་མཁན་གྱིས་ནད་སྲེལ་ཞབས་ཞུ་ལ་བརྟེན་ནས་དབང་གནོད་བྱ་སྤྱོད་སྤེལ་ན། ཁེ་དབང་འཛིན་མཁན་གྱིས་ནད་སྲེལ་ཞབས་ཞུ་མཁོ་འདོན་བྱེད་མཁན་ལ་བསྒྲུབ་པ་དང་། འགེབས་པ། འབྲེལ་མཐུད་གཅོད་པ་སོགས་དགོས་ངེས་ཀྱི་བྱེད་ཐབས་སྤྱོད་དགོས་པའི་བརྗོད་པོ་བཏང་ཆོག བརྗོད་པོའི་ནང་དབང་གནོད་གྲུབ་པའི་ཐོག་མའི་དཔང་རྟགས་དང་ཁེ་དབང་འཛིན་མཁན་གྱི་ཐོབ་ཐང་ངོ་མའི་ཆ་འཕྲིན་ཚུད་དགོས།

ནད་སྲེལ་ཞབས་ཞུ་མཁོ་འདོན་བྱེད་མཁན་གྱིས་བརྗོད་པོ་འབྱོར་རྗེས། བརྗོད་པོ་དེ་དུས་ཐོག་ཏུ་འབྲེལ་ཡོད་ཀྱི་ནད་སྲེལ་སྤྱོད་མཁན་ལ་བརྒྱུད་གཏོང་བྱ་དགོས་པ་མ་ཟད། དབང་གནོད་གྲུབ་པའི་ཐོག་མའི་དཔང་རྟགས་དང་ཞབས་ཞུའི་རིགས་ལ་གཞིགས་ནས་དགོས་ངེས་ཀྱི་བྱེད་ཐབས་ཀྱང་སྤྱོད་དགོས། དུས་ཐོག་ཏུ་དགོས་ངེས་ཀྱི་བྱེད་ཐབས་མ་སྤྱད་ན། གནོད་འཚེ་ཆེ་རུ་ཕྱིན་པའི་ཆའི་ཐད་ལ་ནད་སྲེལ་སྤྱོད་མཁན་དེ་ཉིད་དང་ལྷན་དུ་གཅིག་ལ་གཅིག་འབྲེལ་གྱི་འགན་འཁྲི་འཁུར་དགོས།

ཁེ་དབང་འཛིན་མཁན་གྱིས་ནོར་འཁྲུལ་གྱི་བརྗོད་པོ་བཏང་བའི་རྐྱེན་གྱིས་ནད་སྲེལ་སྤྱོད་མཁན་ནམ་ནད་སྲེལ་ཞབས་ཞུ་མཁོ་འདོན་བྱེད་མཁན་ལ་གནོད་འཚེ་བཏང་ན། དབང་གནོད་ཀྱི་འགན་འཁྲི་འཁུར་དགོས། བཅའ་ཁྲིམས་ཐོག་ལོགས་སུ་གཏན་འབེབས་བྱས་ཡོད་རིགས་གཏན་འབེབས་དེར་གཞིགས་དགོས།

ངའི་བརྩམས་སྒྲུང་དེ་དྲ་གྲོགས་ཤིག་གིས་ཁྲིམས་འགལ་ངང་བརྒྱུད་འགོད་བྱས་འདུག་པར། ངས་བརྒྱུད་བཀོད་དྲ་ཚིགས་ལ་བརྡ་ཐོ་བཏང་ནས་བསུབ་རྒྱུའི་རེ་བ་བཏོན་ཡང་ཁོ་ཚོས་དུས་ཐོག་ཏུ་ངའི་ཁེ་དབང་སྲུང་སྐྱོང་བྱེད་ཀྱི་མི་འདུག
དྲ་ཚོགས་ཀྱིས་དུས་ཐོག་ཏུ་དགོས་ངེས་ཀྱི་བྱ་ཐབས་མ་སྤྱད་ན་འང་དེ་མཚུངས་ཀྱི་འགན་འཁྲི་འཁུར་དགོས།

ཁྲིམས་ལུགས་འཆད་སྟེགས།

དྲ་སྒྲིལ་འཕེལ་རྒྱས་མྱུར་པོ་འགྲོ་བ་དང་བསྟུན་ནས་དྲ་རྒྱའི་དབང་ཆར་གནོད་འཚེ་གཏོང་པའི་བྱ་སྤྱོད་སྔར་བས་རྙོག་འཛིང་ཆེ་རུ་འགྲོ་བཞིན་ཡོད། ཁེ་དབང་འཛིན་མཁན་གྱི་ཁེ་ཕན་སྲུང་སྐྱོང་སྔར་ལས་ལེགས་པ་དང་། དྲ་སྒྲིལ་སྤྱོད་མཁན་དང་དྲ་སྒྲིལ་ཞབས་ཞུ་མཁོ་འདོན་བྱེད་མཁན་བར་གྱི་ཁེ་ཕན་དོ་མཉམ་ཡོང་ཆེད། 《དམངས་དོན་ཁྲིམས་གཞུང་》ནང་གཏན་འབེབས་གསལ་པོ་བྱས་དོན། དྲ་རྒྱ་སྤྱོད་མཁན་གྱི་དབང་ཆར་གནོད་འཚེ་ཐེབས་པའི་ཁེ་དབང་འཛིན་མཁན་གྱིས་ཐོག་མའི་དཔང་རྟགས་དང་རང་ཉིད་ཀྱི་ཐོབ་ཐང་དངོས་ཀྱི་ཆ་འཕྲིན་གོང་འབུལ་ཞུས་རྗེས་དྲ་རྒྱའི་ཞབས་ཞུ་མཁོ་འདོན་བྱེད་མཁན་ལ་བསུབ་པ་དང་། སྒྲིབ་པ། སྦྲེལ་མཐུད་གཅོད་པ་སོགས་དགོས་ངེས་ཀྱི་བྱ་ཐབས་སྤྱོད་དགོས་པའི་བརྡ་ཐོ་བཏང་ཆོག དྲ་སྒྲིལ་ཞབས་ཞུ་མཁོ་འདོན་བྱེད་མཁན་ལ་བརྡ་ཐོ་འབྱོར་རྗེས། དུས་ཐོག་ཏུ་བརྡ་ཐོ་དེ་འབྲེལ་ཡོད་དྲ་སྒྲིལ་སྤྱོད་མཁན་ལ་བརྒྱུད་སྤྲོད་བྱ་དགོས་པ་མ་ཟད། དབང་གནོད་གྲུབ་པའི་ཐོག་མའི་དཔང་རྟགས་དང་ཞབས་ཞུའི་རིགས་ལ་གཞིགས་ནས་དགོས་ངེས་ཀྱི་བྱེད་ཐབས་ཀྱང་སྤྱོད་དགོས། དུས་ཐོག་ཏུ་བྱ་ཐབས་མ་སྤྱད་པའི་རིགས། གནོད་སྐྱོན་མང་བའི་ཆ་དེའི་ཐད་ལ་དྲ་རྒྱ་སྤྱོད་མཁན་གྱིས་གཅིག་འབྲེལ་གྱི་འགན་འཁྲི་འཁུར་དགོས། འོན་ཀྱང་ཁེ་དབང་འཛིན་མཁན་གྱིས་བརྡ་ཐོ་ནོར་འཁྲུལ་ཅན་བཏང་བའི་དབང་གིས་དྲ་སྒྲིལ་སྤྱོད་མཁན་ནམ་དྲ་སྒྲིལ་ཞབས་ཞུ་མཁོ་འདོན་བྱེད་མཁན་ལ་གནོད་སྐྱོན་བཟོས་པ་ཡིན་ན། དབང་གནོད་ཁག་འགན་འཁུར་དགོས།

7. ཐོན་རྫས་ཚོང་རར་བཏོན་རྗེས་སྐྱོན་ཆ་ཡོད་ན། ཉོ་མཁན་ལ་ཐོན་སྐྱེད་བྱེད་མཁན་དང་འཚོང་མཁན་ལ་ཐོན་རྫས་ཕྱིར་སྡུད་བསྐུ་དགོས་པའི་བླང་བྱ་འདོན་དབང་ཡོད་དམ།

《ཀྲུང་ཧྭ་མི་དམངས་སྤྱི་མཐུན་རྒྱལ་ཁབ་ཀྱི་དམངས་དོན་ཁྲིམས་གཞུང་།》

དོན་ཚན་ཆིག་སྟོང་ཉིས་བརྒྱ་དང་དྲུག་པ། ཐོན་རྫས་འཁོར་རྒྱུག་ཏུ་བཏང་རྗེས་ཆད་སྐྱོན་ཡོད་པ་ཤེས་ཚེ། ཐོན་སྐྱེད་བྱེད་མཁན་དང་འཚོང་མཁན་གྱིས་དུས་ཐོག་ཏུ་འཚོང་མཚམས་འཛོག་པ་དང་ཉེན་བརྡ་གཏོང་བ། ཕྱིར་བསྡུ་བ་སོགས་གསབ་བཅོས་བྱེད་ཐབས་སྤྱོད་དགོས། དུས་ཐོག་ཏུ་གསབ་བཅོས་བྱེད་ཐབས་མ་སྤྱད་པའམ་གསབ་བཅོས་བྱེད་ཐབས་ནུས་ལྡན་མ་ཡིན་པའི་རྐྱེན་གྱིས་གནོད་འཚེ་ཆེ་རུ་ཕྱིན་ན། གནོད་འཚེ་ཆེ་རུ་ཕྱིན་པའི་ཐད་ལའང་དབང་གནོད་ཀྱི་འགན་འཁྲི་འཁུར་དགོས།

གོང་གསལ་ནང་གསེས་དོན་ཚན་གྱི་གཏན་འབེབས་ལྟར་ཕྱིར་བསྡུ་བའི་བྱེད་ཐབས་སྤྱད་ན། གནོད་འཚེ་ཕོག་མཁན་གྱིས་དེའི་ཆེད་དུ་བཏང་བའི་དགོས་ངེས་ཀྱི་འགྲོ་སྒྲོན་དག་ཐོན་སྐྱེད་བྱེད་མཁན་དང་འཚོང་མཁན་གྱིས་གཏོང་འགན་འཁུར་དགོས།

ཁྲིམས་ལུགས་འཆད་སྟེགས།

ཐོན་རྫས་ལ་སྐྱོན་ཡོད་པའི་དབང་གིས་སྐྱེ་བོ་གཞན་ལ་གནོད་སྐྱོན་བཟོས་རིགས་བྱུང་ན། དབང་ཆར་གནོད་འཚེ་ཕོག་མཁན་གྱིས་ཐོན་རྫས་ཐོན་སྐྱེད་བྱེད་མཁན་ལ་སྐྱིན་ཚབ་སྤྲོད་དགོས་པའི་རེ་བ་ཞུས་ཆོག་ལ། ཐོན་རྫས་ཕྱིར་འཚོང་བྱེད་མཁན་ལའང་སྐྱིན་ཚབ་སྤྲོད་དགོས་པའི་རེ་བ་ཞུས་ཆོག དེ་དང་འདྲ་བར་ཐོན་རྫས་འཁོར་རྒྱུག་ཏུ་བཏང་རྗེས་སྐྱོན་ཡོད་པ་ཤེས་ཚེ། ཐོན་སྐྱེད་བྱེད་མཁན་དང་ཕྱིར་འཚོང་བྱེད་མཁན་གྱིས་དུས་ཐོག་ཏུ་ཕྱིར་འཚོང་བྱེད་མཚམས་འཇོག་པ་དང་། ཉེན་བརྡ་གཏོང་བ། ཕྱིར་བསྡུ་སོགས་གསབ་བཅོས་བྱེད་ཐབས་སྤྱོད་དགོས། དུས་ཐོག་ཏུ་སྒྲོང་གྲུབ་མ་གསབ་པའམ་སྒྲོང་གྲུབ་གསབ་ཐབས་ཡག་པོ་མ་བྱུས་པའི་རྐྱེན་གྱིས་གནོད་སྐྱོན་ཆེན་པོ་བཏང་ན། ཐོན་སྐྱེད་བྱེད་མཁན་དང་ཕྱིར་འཚོང་བྱེད་མཁན་གྱིས་ཀྱང་གནོད་སྐྱོན་ཐེབས་རིགས་བཞིན་དབང་གནོད་ཁག་འགན་འཁུར་དགོས། དེས་མ་ཟད། 《དམངས་དོན་ཁྲིམས་གཞུང་》ནང་གཏན་འབེབས་ཁ་སྣོན་བྱས་ཏེ། ཕྱིར་བསྡུ་བྱེད་ཐབས་སྤྱད་པ་ཡིན་ན། ཐོན་སྐྱེད་བྱེད་མཁན་དང་ཕྱིར་འཚོང་བྱེད་མཁན་གྱིས་དབང་ཆར་གནོད་འཚེ་ཕོག་མཁན་ལ་དེའི་རྐྱེན་ལས་བཏང་བའི་དགོས་ངེས་ཀྱི་འགྲོ་གྲོན་གཏོང་འགན་འཁུར་དགོས།

8. རླངས་འཁོར་གཡར་ནས་ཁ་ལོ་བསྒྱུར་བར་འགྲིམ་འགྲུལ་དོན་རྐྱེན་བྱུང་ན། རླངས་འཁོར་གཡར་མཁན་དང་རླངས་འཁོར་བདག་པོ་སུས་སྐྱིན་ཚབ་སྤྲོད་འགན་འཁུར་དགོས་སམ།

《ཀྲུང་ཧྭ་མི་དམངས་སྤྱི་མཐུན་རྒྱལ་ཁབ་ཀྱི་དམངས་དོན་ཁྲིམས་གཞུང་།》

དོན་ཚན་ཆིག་སྟོང་ཉིས་བརྒྱ་དང་དགུ་པ། ཐོགས་གཏོང་དང་གཡར་བ་སོགས་ཀྱི་གནས་ཚུལ་གྱི་དབང་གིས་རླངས་འཁོར་གྱི་བདག་པོ་དང་དོ་དམ་པ། དེ་བཞིན་བཀོལ་སྤྱོད་བྱེད་མཁན་མི་གཅིག་མིན་པའི་སྐབས། འགྲིམ་འགྲུལ་དོན་རྐྱེན་བྱུང་སྟེ་གཏོར་སྐྱོན་བཟོས་པ་གང་ཞིག་རླང་འཁོར་ཕྱོགས་གཅིག་ཕྱུའི་འགན་འཁྲི་ཡིན་ཚེ་རླངས་འཁོར་གྱི་བདག་པོ་དང་དོ་དམ་པས་གནོད་འཚེ་ཐོག་རིགས་ལ་ནོར་འཁྲུལ་ཡོད་ཚེ་བབ་མཚུངས་ཀྱི་ཁྲུན་གསབ་འགན་འཁྲི་འཁུར་དགོས།

འདི་ནི་ངས་གཡར་བའི་རླངས་འཁོར་ཡིན། འདིའི་སྐྱིན་ཚབ་སྤྲོད་འགན་ངས་འཁུར་དགོས་སམ་ཡང་ན་རླངས་འཁོར་གྱི་དོ་བདག་གིས་འཁུར་དགོས།
ཁྱེད་རང་ནི་དངོས་སུ་བེད་སྤྱོད་བྱེད་མཁན་ཡིན་པས་ད་ཐེངས་ཀྱི་དོན་རྐྱེན་འདི་ཡང་ཁྱེད་ཀྱི་འགན་འཁྲི་ཡིན་པས་ཁྱེད་རང་གིས་ཁྲུན་གསབ་འགན་འཁྲི་འཁུར་དགོས། ཁྱོད་ཀྱིས་སྔོན་ལ་འགན་བཙོལ་ཀྱང་སི་ལ་བཟ་ཞིག་ཐོངས་དང་།

ཁྲིམས་ལུགས་འཆད་སྟེགས།

ལམ་དུ་སྐྱོད་བཞིན་པའི་རླངས་འཁོར་ལ་འཁྲིམ་འགྲུལ་དོན་རྐྱེན་བྱུང་རྗེས། ཐོག་མར་འགན་བཅོལ་ཀུང་སིས་རླངས་འཁོར་འཁྲིམ་འགྲུལ་དོན་རྐྱེན་བཙན་ཤེད་འགན་འཁྲིའི་འགན་བཅོལ་འགན་འཁུར་ཚད་བཀག་ཁྲོད། འགན་བཅོལ་བྱས་པའི་རླངས་འཁོར་གྱི་མི་ཤི་ལུས་རྨས་དང་རྒྱུ་ནོར་གྱོང་གུན་ཐོག་པར་སྤྲིན་ཚབ་འཇལ་དགོས། མི་འདང་བའི་ཆ་དེར་རླངས་འཁོར་ཚོང་ལས་ཉེན་འགོག་འགན་ལེན་བྱེད་འགན་འཁུར་མཁན་གྱིས་ཉེན་འགོག་འགན་ལེན་གྱི་གན་རྒྱའི་ནང་ཁ་ཆད་བཞག་པ་ལྟར་སྤྲིན་ཚབ་སྤྲོད་དགོས། སྔར་བཞིན་མི་འདང་བའམ་ཡང་ན་སྐྲུལ་སྐྱོད་རླངས་འཁོར་གྱི་ཚོང་ལས་ཉེན་སྲུང་དུ་ཞུགས་མེད་ན། 《དམངས་དོན་ཁྲིམས་གཞུང་》གྱི་གཏན་འབེབས་ལྟར་དབང་གནོད་མཁན་གྱི་སྤྲིན་ཚབ་འཇལ་བའི་འགན་འཁུར་གཏན་ཁེལ་བྱ་དགོས།

མི་གཞན་པའི་སྐྲུལ་སྐྱོད་རླངས་འཁོར་ཐོགས་མར་གཏོང་ལེན་དང་གཡར་སྤྱོད་བྱས་ཏེ། འཁྲིམ་འགྲུལ་དོན་རྐྱེན་བྱུང་ན། དངོས་སུ་བཀོལ་སྤྱོད་བྱེད་མཁན་དང་སྐྲུལ་སྐྱོད་རླངས་འཁོར་གྱི་བདག་པོ། དོ་དམ་པ་གཉིས་མི་གཅིག་པ་མིན་ཞིང་། གལ་ཏེ་སྐྲུལ་སྐྱོད་རླངས་འཁོར་དེའི་ཕྱོགས་ཀྱི་འགན་ཡིན་ན། སྐྲུལ་སྐྱོད་རླངས་འཁོར་བཀོལ་སྤྱོད་བྱེད་མཁན་གྱིས་སྤྲིན་ཚབ་འཇལ་བའི་འགན་འཁུར་དགོས། འོན་ཀྱང་། གལ་ཏེ་སྐྲུལ་སྐྱོད་རླངས་འཁོར་གྱི་བདག་པོ་དང་། དོ་དམ་པར་གྱོང་གུན་ཐོག་པའི་ནོར་འཛོལ་ཡོད་རིགས། དཔེར་ན། མཁོ་འདོན་བྱས་པའི་རླངས་འཁོར་ལ་སྐྱོན་བྱས་ནས་འཁྲིམ་འགྲུལ་དོན་རྐྱེན་བཟོས་པ་དང་། རླངས་འཁོར་དེ་སྐྲུལ་སྐྱོད་རླངས་འཁོར་གྱི་ཁ་ལོ་བའི་འཛིན་ཡིག་མེད་པའི་མི་དང་། ཆང་གིས་བཟི་བའི་བཀོལ་སྤྱོད་མཁན་སོགས་ལ་གཡར་བའི་གནས་ཚུལ་ཡོད་ན། དེས་ཀྱང་དེར་བསྟུན་གྱི་སྤྲིན་ཚབ་འཇལ་བའི་འགན་འཁུར་དགོས།

9. རིན་མེད་པར་རླངས་འཁོར་དུ་ཞུགས་ནས་རྐྱེན་ཤོར་ཡོད་ན། ཁ་ལོ་བས་རྐྱེན་ཤོར་པོགས་བཞན་ལ་སྤྲོ་ཆབ་ཞལ་དགོས་སམ།

《ཀྲུང་ཧྭ་མི་དམངས་སྤྱི་མཐུན་རྒྱལ་ཁབ་ཀྱི་དམངས་དོན་ཁྲིམས་གཞུང་།》

དོན་ཚན་ཆིག་སྟོང་ཉིས་བརྒྱ་དང་བཅུ་བདུན་པ། ལས་གཉེར་དང་སྐྱེལ་འདྲེན་མི་བྱེད་པའི་འཕྲུལ་སྐྱལ་འཁོར་རིགས་ལ་འགྲིམ་འགྲུལ་གྱི་དོན་རྐྱེན་བྱུང་སྟེ་རིན་དོད་མི་དགོས་པའི་རླངས་འཁོར་སྟོད་མཁན་ལ་གནོད་འཚེ་ཐོག་པར། འཕྲུལ་སྐྱལ་འཁོར་རིགས་ཀྱི་འགན་འཁྲི་ཡིན་ན། དེའི་སྐྱིན་ཚབ་སྤྲོད་འགན་ཡང་དུ་གཏོང་དགོས། འོན་ཀྱང་འཕྲུལ་སྐྱལ་འཁོར་ལོ་བེད་སྤྱོད་བྱེད་མཁན་གྱིས་བསམ་བཞིན་དུ་བྱས་པའམ་ལས་འཛོལ་ཚབས་ཆེན་ཤོར་རིགས་འདིའི་ནང་མི་ཚུད།

ཁྲིམས་ལུགས་འཆད་སྟེགས།

གཞན་ལ་ཕན་བདེ་སྒྲུབ་རྒྱུར་དགའ་བ་ནི་ཀྲུང་ཧྭ་མི་རིགས་ཀྱི་སྲོལ་རྒྱུན་སྤྱོད་བཟང་ཞིག་ཡིན། གནོད་འཚེ་ཐོག་མཁན་གྱི་ཁེ་ཕན་ལ་སྲུང་སྐྱོབ་བྱེད་ཆེད་དང་། གཞན་ཕན་གྱི་བྱ་བ་སྒྲུབ་པར་སྐུལ་མ་གཏོང་བའི་ཆེད་དུ། 《དམངས་དོན་ཁྲིམས་གཞུང་》ནང་སྐྱེལ་འདྲེན་རླངས་འཁོར་མ་ཡིན་པའི་རིགས་ཀྱི་རིན་དོད་མེད་པར་འགྲུལ་པ་བསྐྱལ་ནས་གནོད་སྐྱོན་བཟོས་པའི་འགན་འཁྲི་ཁུར་སྲོལ་ཁ་སྣོན་བརྒྱབ་ཡོད། རིན་དོད་མེད་པར་འགྲུལ་པ་བསྐྱལ་ནས་འགྲིམ་འགྲུལ་བྱུར་ཉེས་བྱུང་སྟེ་རིན་མེད་དུ་འཁྱེར་པའི་མིར་གནོད་སྐྱོན་བཟོས་རིགས། རླངས་འཁོར་དེ་གའི་ཕྱོགས་ཀྱི་ཁག་འགན་ཡིན་ན། དེའི་སྐྱིན་ཚབ་སྤྲོད་འགན་ཡང་དུ་གཏོང་དགོས། འོན་ཀྱང་རླངས་འཁོར་སྤྱོད་མཁན་གྱིས་བསམ་བཞིན་དུ་བྱས་པའམ་ཡང་ན་ལས་འཛོལ་ཚབས་ཆེན་ཤོར་བའི་གནས་ཚུལ་ཡིན་ཚེ་འདིའི་ཁོངས་སུ་མི་ཚུད།

10. སྨན་དོན་མི་སྣས་སྨན་བཅོས་བྱེད་པའི་བརྒྱུད་རིམ་ཁྲོད་ངེས་པར་དུ་ནད་པར་གསལ་བཤད་བྱེད་པའི་འོས་འགན་འཁུར་དགོས་སམ།

《ཀྲུང་ཧྭ་མི་དམངས་སྤྱི་མཐུན་རྒྱལ་ཁབ་ཀྱི་དམངས་དོན་ཁྲིམས་གཞུང་།》

དོན་ཚན་ཆིག་སྟོང་ཉིས་བརྒྱ་དང་བཅུ་དགུ་པ། སྨན་བཅོས་བརྒྱུད་རིམ་ཁྲོད་དུ་སྨན་བཅོས་མི་སྣས་ནད་པར་ནད་བབ་དང་སྨན་བཅོས་བྱེད་ཐབས་གསལ་བཤད་བྱ་དགོས། གཤགས་བཅོས་དང་། དམིགས་བསལ་གྱི་བརྟག་དཔྱད། དམིགས་བསལ་གྱི་སྨན་བཅོས་བཅས་བྱ་དགོས་ཚེ། སྨན་བཅོས་མི་སྣས་སྨན་བཅོས་ཀྱི་ཉེན་ཁ་དང་ཚབ་བྱེད་སྨན་བཅོས་འཆར་གཞི་སོགས་ཀྱི་གནས་ཚུལ་དུས་ཐོག་ཏུ་ནད་པར་གསལ་བཤད་བྱ་དགོས་པ་དང་འབྲེལ། དེའི་མོས་མཐུན་ཁ་གསལ་ཐོབ་དགོས། ནད་པར་གསལ་བཤད་བྱེད་མི་ཐུབ་པའམ་མི་འོས་པའི་རིགས་བྱུང་ན། ནད་པའི་གཉེན་ཉེར་གསལ་བཤད་བྱ་དགོས་པ་དང་འབྲེལ་དེའི་མོས་མཐུན་ཁ་གསལ་ཐོབ་དགོས།

སྨན་བཅོས་མི་སྣས་གོང་གསལ་ནང་གསེས་དོན་ཚན་གྱི་འོས་འགན་མ་བསྒྲུབས་པར་ནད་པར་གནོད་འཚེ་ཐེབས་རིགས་བྱུང་ན། སྨན་བཅོས་ལས་ཁུངས་ཀྱིས་སྐྱིན་ཚབ་སྤྲོད་འགན་འཁུར་དགོས།

ཡིན་ནའི་མིག་སྔའི་སྨན་བཅོས་བྱེད་ཐབས་འདི་ཕན་འབྲས་དེ་བས་ལེགས་ཨང་།
སྨན་བཅོས་ཇུས་གཞི་འདིའི་རིགས་འབབ་ཧ་ཅང་མཐོ་བ་མ་ཟད་རིན་གོང་མཆོན་པའི་ཚབ་བྱེད་ཇུས་གཞི་གཞན་གདམ་ག་བྱེད་ཆོག ཁྱོད་ཚོས་སྔོན་ལ་ང་ཚོར་གསལ་བཤད་མ་བྱེད་པའི་རྒྱུ་མཚན་གང་ཡིན་ནམ།

ཁྲིམས་ལུགས་འཆད་སྟེགས།

ནད་པའི་གནས་ཚུལ་ཤེས་རྟོགས་དང་སེམས་མཐུན་བྱེད་དབང་ལ་འགན་སྲུང་བྱེད་ཆེད། 《དམངས་དོན་ཁྲིམས་གཞུང་》ནང་སྨན་དོན་མི་སྣས་གསལ་བཤད་བྱེད་པའི་འོས་འགན་ལ་གཏན་འབེབས་གསལ་པོ་བྱས་ཡོད། སྨན་བཅོས་མི་སྣས་ནད་དཔྱད་སྨན་བཅོས་བྱེད་རིང་ནད་པར་ནད་གཞི་དང་སྨན་བཅོས་བྱེད་ཐབས་གསལ་བཤད་བྱ་དགོས། གཤགས་བཅོས་དང་དམིགས་བསལ་གྱི་བརྟག་དཔྱད། དམིགས་བསལ་གྱི་སྨན་བཅོས་བཅས་བྱ་དགོས་ཚེ། སྨན་དོན་མི་སྣས་དུས་ཐོག་ཏུ་ནད་པར་སྨན་བཅོས་ཀྱི་ཉེན་ཁ་དང་ཚབ་བྱེད་སྨན་བཅོས་ཀྱི་རྟུས་གཞི་སོགས་ཀྱི་གནས་ཚུལ་གསལ་བཤད་ཞིབ་ཕྲ་བྱ་དགོས་པ་མ་ཟད། དེར་ནད་པའི་སེམས་མཐུན་ཁ་གསལ་ཐོབ་པ་བྱ་དགོས། ནད་པར་གསལ་བཤད་བྱེད་མི་ཐུབ་པའམ་བྱེད་མི་འོས་པ་ཡིན་ན། ནད་པའི་གཉེན་ཉེར་གསལ་བཤད་བྱེད་དགོས་པ་མ་ཟད། དེར་ནད་པའི་གཉེན་ཉེའི་སེམས་མཐུན་ཁ་གསལ་ཡང་ཐོབ་དགོས། ནད་པར་རིན་གོང་ཅུང་མཐོ་བའི་དམིགས་བསལ་གྱི་སྨན་བཅོས་བྱེད་སྐབས། སྨན་བཅོས་སྡེ་ཁག་གིས་ནད་པར་ཚབ་བྱེད་རང་བཞིན་གྱི་རྟུས་གཞི་གཞན་དག་རྣམས་རང་གི་དཔལ་འབྱོར་གནས་ཚུལ་དང་། རྩིས་ཐོག་པའི་གནས་ཚུལ་ལ་གཞིགས་ནས་རང་སེམས་ཀྱིས་གདམ་གསེས་བྱེད་ཆོག་པ་མ་བཤད་པར། ནད་པའི་གནས་ཚུལ་རྒྱུས་ལོན་དང་སེམས་མཐུན་བྱེད་དབང་ལ་གནོད་འཚེ་བཏང་སྟེ། ནོར་འཁྲུལ་ཤོར་ནས་ནད་པར་དཔལ་འབྱོར་རྒྱོང་གུན་ཚད་བརྒལ་བཟོས་ན། སྨན་བཅོས་སྡེ་ཁག་གིས་སྐྱིན་ཚབ་སྤྲོད་འགན་འཁུར་དགོས།

11. སྨན་ཁང་གིས་ནད་པའི་གསང་བ་དང་མི་སྒེར་གྱི་ཆ་འཕྲིན་ཕྱིར་གྱུར་ན་ཁེ་དབང་ལ་གནོད་པའི་ཁག་འགན་འཁུར་དགོས་སམ།

《ཀྲུང་ཧྭ་མི་དམངས་སྤྱི་མཐུན་རྒྱལ་ཁབ་ཀྱི་དམངས་དོན་ཁྲིམས་གཞུང་།》

དོན་ཚན་ཆིག་སྟོང་ཉིས་བརྒྱ་དང་ཉེར་དྲུག་པ། སྨན་བཅོས་ལས་ཁུངས་དང་དེའི་སྨན་བཅོས་མི་སྣས་ནད་པའི་གསང་དོན་དང་མི་སྒེར་གྱི་ཆ་འཕྲིན་བསྲུང་དགོས། ནད་པའི་གསང་དོན་དང་མི་སྒེར་གྱི་ཆ་འཕྲིན་ཕྱིར་བསྒྲགས་བྱས་པའམ་ནད་པའི་མོས་མཐུན་མ་བྱུང་བར་དེའི་ནད་ཐོའི་ཡིག་རིགས་སྤྱི་བསྒྲགས་བྱས་ན་ནད་པའི་ཁེ་དབང་ལ་གནོད་པའི་འགན་འཁྲི་འཁུར་དགོས།

ཁྲིམས་ལུགས་འཆད་སྟེགས།

སྨན་བཅོས་ལས་ཁུངས་དང་སྨན་དོན་མི་སྣར་ནད་པའི་མི་སྒེར་གྱི་ཆ་འཕྲིན་གསང་རྒྱུའི་འོས་འགན་ཡོད་པ་དང་། ནད་པའི་གསང་བ་དང་མི་སྒེར་གྱི་ཆ་འཕྲིན་ཕྱིར་བསྒྲགས་པའམ་ཡང་ན་ནད་པའི་ནད་ཐོའི་དཔྱད་ཡིག་རང་དགར་ཡོངས་བསྒྲགས་བྱེད་པ་ནི་ཅུང་ཚབས་ཆེ་བའི་དབང་ཆར་བཙན་གནོད་བྱེད་པ་ཞིག་ཡིན་པས་ནད་པའི་ལས་ཀ་དང་། སློབ་སྦྱོང་། འཚོ་བ་བཅས་ལ་ཤུགས་རྐྱེན་ཆེན་པོ་བཟོ་སྲིད། བྱ་སྤྱོད་དེ་རིགས་བཀག་འགོག་བྱ་ཆེད། 《དམངས་དོན་ཁྲིམས་གཞུང་》ནང་ནད་པའི་གསང་བ་དང་མི་སྒེར་གྱི་ཆ་འཕྲིན་ནམ་ཡང་ན་ནད་ཐོའི་དཔྱད་ཡིག་ཕྱིར་བསྒྲགས་བྱས་ན། བྱ་སྤྱོད་དེས་ནད་པར་གནོད་འཚེ་བཟོས་མིན་ལ་མ་བལྟོས་པར་སྨན་བཅོས་སྒྲིག་གཞི་དང་དེའི་སྨན་དོན་མི་སྣས་དབང་ཆར་བཙན་གནོད་བྱེད་པའི་འགན་འཁྲི་འཁུར་དགོས་པའི་གཏན་འབེབས་བྱས་ཡོད། ནད་པར་དབང་གནོད་བྱེད་ལས་འདིའི་རིགས་ཀྱི་གནོད་འཚེ་ཐེབས་རིགས། འབྲེལ་ཡོད་ཀྱི་དཔང་རྟགས་འཚོལ་བསྡུ་བྱས་ནས་ཁྲིམས་ཁང་ལ་གཏུག་བཤེར་བྱས་ཆོག

12. སྨན་ཁང་དུ་ཁྲིམས་འགལ་གྱི་ཟིང་ཆ་བསླངས་ན་བཅའ་ཁྲིམས་ཀྱི་འགན་འཁྲི་འཁུར་དགོས་སམ།

《ཀྲུང་ཧྭ་མི་དམངས་སྤྱི་མཐུན་རྒྱལ་ཁབ་ཀྱི་དམངས་དོན་ཁྲིམས་གཞུང་།》

དོན་ཚན་ཆིག་སྟོང་ཉིས་བརྒྱ་དང་ཉེར་བརྒྱད་པ། སྨན་བཅོས་ལས་ཁུངས་དང་སྨན་བཅོས་མི་སྣའི་ཁྲིམས་མཐུན་ཁེ་དབང་ལ་བཅའ་ཁྲིམས་ཀྱིས་སྲུང་སྐྱོང་བྱ་རྒྱུ།

སྨན་བཅོས་སྒྲིག་ལམ་ལ་གནོད་སྐྱོན་བ་དང་། སྨན་བཅོས་མི་སྣའི་ལས་ཀ་དང་འཚོ་བར་འགོག་རྐྱེན་བཟོ་བ། སྨན་བཅོས་མི་སྣའི་ཁྲིམས་མཐུན་ཁེ་དབང་ལ་གནོད་འཚེ་གཏོང་བའི་རིགས་བྱུང་ན་ཁྲིམས་ལྟར་ཁྲིམས་འབྲེལ་འགན་འཁྲི་འཁུར་དགོས།

ཁྲིམས་ལུགས་འཆད་སྟེགས།

"སྨན་ཁང་དུ་ཟིང་སློང་" བྱེད་པོ་ནི་སྤྱིར་བཏང་དུ་ནད་པ་དང་། ནད་པའི་ནང་མི། དེ་བཞིན་གཉེན་ཉེ་སྤུན་མཆེད་བཅས་ཡིན། རྒྱུན་མཐོང་གི་ "སྨན་བཅོས་ཟིང་སློང་" བྱེད་སྟངས་ལ་གཙོ་བོ་སྨན་དོན་མི་སྣའི་ལུས་ཁམས་བདེ་འཇགས་ལ་གནོད་འཚེ་གཏོང་བ་དང་ (སྨན་དོན་མི་སྣར་ཉེས་བརྡུང་གཏོང་བ་དང་སྨན་དོན་མི་སྣར་རྗེས་འདེད་གཏོང་བ་སོགས།) སྨན་བཅོས་བྱ་ཡུལ་དུ་གཤིན་པོ་དུར་སྐྱེལ་གྱི་བྱེད་སྒོ་སྤེལ་བ (སྨན་ཁང་དུ་གདུང་ཁང་འཛུགས་པ་དང་། སྒྲིག་སྲོལ་ལས་འགལ་ཏེ་ཕུང་པོ་འཇོག་པ། ཤོག་རོ་བསྲེགས་པ། འདས་མཆོད་ཀྱི་མེ་ཏོག་ཕྲེང་བ་བཤམས་པ་སོགས) སྨན་བཅོས་བྱ་ཡུལ་གྱི་སྒྲིག་ཆས་གཏོར་བཤིག་གཏོང་བ (རྒྱུ་དངོས་གཏོར་བ་དང་སྨན་བཅོས་སྒྲིག་ཆས་གཏོར་བཤིག་གཏོང་བ།) སྨན་བཅོས་བྱ་གནས་སུ་ཡུན་རིང་དུ་སྡོད་པ (སྨན་ཁང་དང་སྨན་པ་དཀའ་བཙུ་པའི་གཞུང་ལས་ཁང་དང་འགོ་ཁྲིད་གཞུང་ལས་ཁང་དུ་སྡོད་པ། མི་གཞན་གྱིས་སྨན་པ་བསྟེན་པར་བཀག་འགོག་བྱེད་པ་སོགས) སོགས་ཡིན། "སྨན་ཁང་དུ་ཟིང་སློང་བའི" བྱ་སྤྱོད་ཀྱིས་གལ་ཏེ་སྨན་བཅོས་ལས་ཁུངས་ཀྱི་སྨན་བཅོས་སྒྲིག་ཆས་དང་སྤྱི་པའི་སྒྲིག་བཀོད་སོགས་ཀྱི་རྒྱུ་དངོས་ལ་གཏོར་སྐྱོན་བཟོས་པ་དང་དེ་བཞིན་སྨན་དོན་མི་སྣའི་ལུས་ཁམས་བདེ་འཇགས་ལ་གནོད་འཚེ་བཟོས་ཚེ། སྐབས་དེར་ཟིང་ཆ་སློང་མཁན་གྱིས་ཉེས་དོན་འགན་འཁྲི་འཁུར་རྒྱུ་ཕུད་ད་དུང་དམངས་དོན་ཁྲུན་གསབ་ཀྱི་འགན་འཁྲི་འཁུར་དགོས། སྨན་བཅོས་ལས་ཁུངས་ཀྱི་རྒྱུན་ལྡན་གྱི་ནད་བརྟག་སྨན་བཅོས་སྒྲིག་ལམ་དཀྲུག་པ་དང་། སྨན་བཅོས་མི་སྣའི་ལུས་ཁམས་བདེ་འཇགས་ལ་གནོད་འཚེ་གཏོང་བའི་བྱ་སྤྱོད་གང་ཞིག་སྤེལ་རུང་ཚང་མར་བཅའ་ཁྲིམས་ཀྱི་ཆད་པ་ཕོག་གི་ཡོད།

13. ཁོར་ཡུག་ལ་སྦག་བཙོག་དང་སྐྱེ་ཁམས་གཏོར་བརླག་གཏོང་བའི་བྱ་སྤྱོད་ལ་གནོད་འཚེ་གཏོང་མཁན་གྱིས་ཁག་འགན་ཅི་ཞིག་འཁུར་དགོས།

《ཀྲུང་ཧྭ་མི་དམངས་སྤྱི་མཐུན་རྒྱལ་ཁབ་ཀྱི་དམངས་དོན་ཁྲིམས་གཞུང་།》

དོན་ཚན་ཆིག་སྟོང་ཉིས་བརྒྱ་དང་སོ་བཞི་པ། རྒྱལ་ཁབ་ཀྱི་གཏན་འབེབས་དང་འགལ་ནས་སྐྱེ་ཁམས་ཁོར་ཡུག་ལ་གནོད་འཚེ་བཏང་སོད། སྐྱེ་ཁམས་ཁོར་ཡུག་ཉམས་གསོ་བྱེད་ཐུབ་ན། རྒྱལ་ཁབ་ཀྱིས་གཏན་ལ་ཕབ་པའི་ལས་ཁུངས་སམ་བཅའ་ཁྲིམས་ནང་དུ་འཁོད་པའི་རྩ་འཛུགས་ལ་དབང་ཆར་གནོད་འཚེ་གཏོང་མཁན་གྱིས་ལུགས་མཐུན་གྱི་དུས་བཀག་ནང་ཉམས་གསོའི་འགན་འཁྲི་འཁུར་དགོས་ཞེས་རེ་འདུན་ཞུ་དབང་ཡོད། དབང་ཆར་གནོད་འཚེ་གཏོང་མཁན་གྱིས་དུས་བཀག་ནང་ཉམས་གསོ་མ་བྱས་ན། རྒྱལ་ཁབ་ཀྱིས་གཏན་ལ་ཕབ་པའི་ལས་ཁུངས་སམ་བཅའ་ཁྲིམས་ནང་དུ་འཁོད་པའི་རྩ་འཛུགས་ཀྱིས་རང་འགུལ་གྱིས་སམ་སྐྱེ་བོ་གཞན་ལ་ལས་བཅོལ་གྱིས་ཉམས་གསོ་བྱས་ཆོག དེར་མཁོ་བའི་གྲོན་དངུལ་དག་ནི་དབང་ཆར་གནོད་འཚེ་གཏོང་མཁན་གྱིས་གཏོང་དགོས།

བཟོ་གྲྭ་འདིས་ཕྱོག་ཏུ་བཙོག་ཆུ་ཕྱིར་འབུད་ནས། ཆུ་ཁུངས་བཙོག་པ་བཟོ་གི་འདུག
ང་ཚོས་བཟོ་གྲྭའི་སྦགས་བཙོག་ཆུ་རྒྱུན་གྱི་འགན་འཁྲི་བདའ་འདེད་གཏོང་དགོས་ཤིང་། ད་དུང་ཁོ་ཚོར་སྐྱེ་ཁམས་ཁོར་ཡུག་བཟང་པོ་སླར་གསོ་བྱ་དགོས་པའི་བླང་བྱ་འདོན་དགོས།

ཁྲིམས་ལུགས་འཆད་སྟེགས།

ཁོར་ཡུག་སྡུག་བཙོག་དང་སྐྱེ་ཁམས་ལ་གཏོར་བརླག་བཏང་བའི་རྐྱེན་གྱིས་སྐྱེ་བོ་གཞན་ལ་གནོད་སྐྱོན་བཟོས་རིགས་བྱུང་ན། དབང་ཆར་གནོད་འཚེ་གཏོང་མཁན་གྱིས་དབང་གནོད་ཁག་འགན་འཁུར་དགོས། འགན་འཁྲི་འདི་ནི་ནོར་འཁྲུལ་མེད་པའི་འགན་འཁྲི་ཡིན་ཏེ། དབང་གནོད་མཁན་ལ་རང་ངོས་ཀྱི་ནོར་འཁྲུལ་ཡོད་མེད་གང་ཡིན་རུང་། དེས་ཁོར་ཡུག་སྡུག་བཙོག་དང་སྐྱེ་ཁམས་གཏོར་བརླག་གི་བྱ་སྤྱོད་སྤེལ་བ་མ་ཟད། ཕྱོགས་གུན་བཟོས་ན་དབང་གནོད་གུན་གསབ་ཀྱི་འགན་འཁྲི་འཁུར་དགོས། སྐྱེ་ཁམས་སྲུང་སྐྱོང་བྱེད་ཤུགས་ཆེ་རུ་གཏོང་ཆེད། 《དམངས་དོན་ཁྲིམས་གཞུང་》ནང་ད་དུང་སྐྱེ་ཁམས་ཁོར་ཡུག་ལ་གནོད་སྐྱོན་བཏང་བར་ཆད་གཅོད་རང་བཞིན་གྱི་གུན་གསབ་ལམ་ལུགས་དང་། སྐྱེ་ཁམས་ཁོར་ཡུག་ལ་གནོད་སྐྱོན་བཏང་བར་ཉམས་གསོ་དང་གུན་གསབ་བྱེད་པའི་ལམ་ལུགས་གཏན་འབེབས་ཁ་སྣོན་བྱས་ཡོད་པ་སྟེ། ཁེ་དབང་ལ་བཙན་གནོད་བྱེད་མཁན་གྱིས་གུན་གསབ་འཇལ་དགོས་པ་མ་ཟད། གལ་ཏེ་གཏོར་བརླག་བཏང་བའི་སྐྱེ་ཁམས་ཉམས་གསོ་བྱེད་ཐུབ་ན། ད་དུང་ཉམས་གསོའི་འགན་འཁྲི་འཁུར་དགོས། གལ་ཏེ་སྐྱེ་ཁམས་ལ་གཏོར་བརླག་བཏང་བའི་མཇུག་འབྲས་ཚབས་ཆེན་ཡིན་ན། གནོད་འཚེ་ཕོག་མཁན་གྱིས་ད་དུང་ཆད་གཅོད་རང་བཞིན་གྱི་སྐྱིན་ཚབ་སྤྲོད་རྒྱུའི་རེ་ཞུ་ཕུལ་ཆོག

14. གསོ་སྐྱོང་བྱས་པའི་གཅེས་ཉར་སྲོག་ཆགས་ཀྱིས་ཁྲིམས་མཆོས་ལ་རྨུགས་ན། དབང་གནོད་ཁག་འགན་སུས་འཁུར་དགོས་སམ།

《ཀྲུང་ཧྭ་མི་དམངས་སྤྱི་མཐུན་རྒྱལ་ཁབ་ཀྱི་དམངས་དོན་ཁྲིམས་གཞུང་།》

དོན་ཚན་ཆིག་སྟོང་ཉིས་བརྒྱ་དང་ཞེ་ལྔ་པ། གསོ་ཚགས་བྱེད་པའི་སྲོག་ཆགས་ཀྱིས་མི་གཞན་ལ་གནོད་འཚེ་བཏང་ན། སྲོག་ཆགས་གསོ་མཁན་ནམ་དོ་དམ་པས་དབང་གནོད་ཀྱི་འགན་འཁྲི་འཁུར་དགོས། ཡིན་ནའང་གནོད་འཚེ་དེ་ནི་གནོད་འཚེ་ཕོག་མཁན་གྱིས་བསམ་བཞིན་དུ་བཟོས་པའམ་དེའི་ལས་འཛོལ་ཚབས་ཆེན་གྱི་དབང་གིས་བཟོས་པ་ཡིན་ལུགས་ར་སྤྲོད་བྱེད་ཐུབ་ན་འགན་འཁྲི་འཁུར་མི་དགོས་པའམ་འགན་འཁྲི་ཡང་དུ་བཏང་ཆོག

དོན་ཚན་ཆིག་སྟོང་ཉིས་བརྒྱ་དང་ཞེ་བདུན་པ། གསོ་ཚགས་བྱེད་མི་ཆོག་པའི་ཁྱི་དངར་པོ་སོགས་ཉེན་ཁ་ཆེ་བའི་སྲོག་ཆགས་ཀྱིས་སྐྱེ་བོ་གཞན་ལ་གནོད་འཚེ་བཏང་ན། སྲོག་ཆགས་གསོ་མཁན་ནམ་དོ་དམ་པས་དབང་གནོད་ཀྱི་འགན་འཁྲི་འཁུར་དགོས།

ཁྱེད་ཚང་གི་བྱིས་པ་གང་བྱུང་ཀུ་རེ་མ་རྩེད་དུ་འཇུག་མི་ཆོག་ཟེར་ན་ཉན་གྱི་མ་རེད། ད་སོ་བརྒྱབ་སོང་ག
ཁྱེད་ཚོའི་ཁྱི་འདི་ནི་གསོ་ཉར་བྱེད་མི་ཆོག་པའི་གཉིས་ཀ་སྐྱོང་བའི་ཁྱི་ཞིག་རེད། ཕྱི་ལ་ཁྲིད་ན་མི་ལ་གནོད་སྐྱེལ་སྲིད།

ཁྲིམས་ལུགས་འཆད་སྟེགས།

གསོ་ཚོགས་བྱེད་པའི་སྲོག་ཆགས་ཀྱིས་མི་གཞན་ལ་གནོད་སྐྱོན་བཟོས་ན། སྲོག་ཆགས་གསོ་མཁན་ནམ་དོ་དམ་བྱེད་མཁན་གྱིས་དབང་གནོད་ཁག་འགན་འཁུར་དགོས། འོན་ཀྱང་གནོད་སྐྱོན་དེ་ནི་དབང་ཆར་གནོད་འཚེ་ཕོག་མཁན་གྱིས་བསམ་བཞིན་དུ་བཟོས་པའམ་ཡང་ན་ལས་འགོལ་ཚབས་ཆེན་ཤོར་བ་ལས་བྱུང་བ་ཡིན་པའི་ར་སྤྲོད་ཐུབ་ན། ཁག་འགན་འཁུར་མི་དགོས་པའམ་ཡང་ན་ཁག་འགན་ཡང་དུ་བཏང་ཆོག དེར་བརྟེན་གནོད་འཚེ་ཕོག་མཁན་གྱིས་གཙེས་ཉར་སྲོག་ཆགས་གསོ་ཚོགས་བྱེད་མཁན་གྱི་དྲན་སྐུལ་ལ་མི་བལྟོས་པར་རང་འགུལ་ངང་སྲོག་ཆགས་ལ་བརྙས་བཅོ་བ་དང་སྲོག་ཆགས་ལ་ཀུ་རེ་རྩེད་པའི་རྐྱེན་གྱིས་བཟོས་པའི་གནོད་འཚེ་ལ་གཙེས་ཉར་སྲོག་ཆགས་གསོ་ཚོགས་བྱེད་མཁན་ནམ་དོ་དམ་བྱེད་མཁན་གྱིས་འགན་འཁྲི་འཁུར་མི་དགོས་པའམ་ཡང་ན་འགན་འཁྲི་ཡང་དུ་གཏོང་དགོས། དམིགས་བསལ་གྱི་གནས་ཚུལ་ཞིག་ནི་གསོ་ཚོགས་བྱེད་མི་ཆོག་པའི་ཁྱི་སོགས་ཉེན་ཁ་ཆེ་བའི་སྲོག་ཆགས་ཀྱིས་མི་གཞན་ལ་གནོད་སྐྱོན་བཏང་ན། གནོད་སྐྱོན་ཕོག་མཁན་གྱིས་རྐང་བཙུགས་ནས་གྱོང་གུན་བཟོས་པའམ་ཡང་ན་ལས་འགོལ་ཚབས་ཆེན་བྱུང་ཡོད་མེད་ལ་མ་བལྟོས་པར་སྲོག་ཆགས་གསོ་མཁན་ནམ་དོ་དམ་བྱེད་མཁན་གྱིས་དབང་གནོད་ཁག་འགན་འཁུར་དགོས།

15. ཡུལ་སྐོར་བས་ཉེན་བརྡའི་སྦྱར་ཚིག་དང་བཀག་སྡོམ་ལ་སྣང་མེད་བཏང་ནས་སྒོག་ཆགས་ཀྱིས་འཇབ་རྒོལ་ཐོག་པར། སྒོག་ཆགས་རྭ་བས་དབང་གནོད་འགན་འཁྲི་འཁུར་དགོས་སམ།

《ཀྲུང་ཧྭ་མི་དམངས་སྤྱི་མཐུན་རྒྱལ་ཁབ་ཀྱི་དམངས་དོན་ཁྲིམས་གཞུང་།》

དོན་ཚན་ཆིག་སྟོང་ཉིས་བརྒྱ་དང་ཞེ་བརྒྱད་པ། སྒོག་ཆགས་གླིང་གའི་སྒོག་ཆགས་ཀྱིས་མི་གཞན་ལ་གནོད་འཚེ་བཏང་ན། སྒོག་ཆགས་གླིང་གས་དབང་གནོད་ཀྱི་འགན་འཁྲི་འཁུར་དགོས། ཡིན་ནའང་དོ་དམ་གྱི་འགན་འཁྲི་བསྒྲུབས་ཡོད་ལུགས་ར་སྤྲོད་བྱེད་ཐུབ་ན་འགན་འཁྲི་འཁུར་མི་དགོས།

ཁྲིམས་ལུགས་འཆད་སྙེགས།

ཡུལ་སྐོར་བས་སྒོག་ཆགས་རྭ་བའི་ཉེན་བརྡ་སྣང་མེད་དུ་བཏང་བ་དང་གླིང་ཁུལ་གྱི་གཏན་འཁེལ་ལ་བརྩི་སྲུང་མ་ཞུས་པར་སྒོག་ཆགས་ཀྱིས་འཇབ་རྒོལ་ཐོག་ནས་གནོད་འཚེ་བྱུང་བར། སྒོག་ཆགས་རྭ་བའི་ཕྱོགས་ཀྱིས་དོ་དམ་གྱི་འགན་འཁྲི་བསྒྲུབས་པ་ར་སྤྲོད་ཐུབ་ཚེ་དབང་ཆར་བཙན་གནོད་ཀྱི་འགན་འཁྲི་འཁུར་མི་དགོས།

16. བར་སྣང་ནས་དངོས་པོ་གཡུགས་ནས་རྨས་སྐྱོན་བཟོས་རིགས་ཐད་སུ་བཙལ་ནས་གྲུན་གསབ་ལེན་དགོས་སམ།

《ཀྲུང་ཧྲ་མི་དམངས་སྤྱི་མཐུན་རྒྱལ་ཁབ་ཀྱི་དམངས་དོན་ཁྲིམས་གཞུང་།》

དོན་ཚན་ཆིག་སྟོང་ཉིས་བརྒྱ་དང་ང་བཞི་པ། བཟོ་སྐྲུན་དངོས་པོ་ནས་དངོས་རྫས་མར་འཕངས་མི་ཆོག བཟོ་སྐྲུན་དངོས་པོ་ནས་དངོས་རྫས་མར་འཕངས་པའམ་བཟོ་སྐྲུན་དངོས་པོའི་ཐོག་ནས་མར་ལྷུངས་པའི་དངོས་པོས་མི་གཞན་ལ་གནོད་སྐྱོན་བཟོས་ན། དབང་ཆར་གནོད་འཚེ་གཏོང་མཁན་གྱིས་ཁྲིམས་ལྟར་དབང་གནོད་ཀྱི་འགན་འཁྲི་འཁུར་དགོས། བརྟག་དཔྱད་བྱས་པ་བརྒྱུད་དབང་ཆར་གནོད་འཚེ་གཏོང་མཁན་ངོ་མ་སུ་ཡིན་མིན་གཏན་འཁེལ་བྱེད་མི་ཐུབ་པའི་སྐབས། རང་ཉིད་དབང་ཆར་གནོད་འཚེ་བཏང་མཁན་མིན་ལུགས་ར་སྤྲོད་བྱེད་ཐུབ་པ་ཕུད། གནོད་འཚེ་གཏོང་སྲིད་པའི་བཟོ་སྐྲུན་དངོས་པོ་སྤྱོད་མཁན་གྱིས་སྐྱིན་གསབ་སྤྲོད་དགོས། གནོད་འཚེ་གཏོང་སྲིད་པའི་བཟོ་སྐྲུན་དངོས་པོ་སྤྱོད་མཁན་གྱིས་སྐྱིན་གསབ་སྤྲད་རྗེས། དབང་ཆར་གནོད་འཚེ་གཏོང་མཁན་གྱིས་ནས་སྐྱིན་ཚབ་བདའ་འདེད་བྱེད་དབང་ཡོད།

སྡེ་ལས་ཞབས་ཞུའི་ཁེ་ལས་སོགས་བཟོ་སྐྲུན་དངོས་པོའི་དོ་དམ་པས་ངེས་པར་དུ་དགོས་ངེས་ཀྱི་ཉེན་ཟོན་བྱེད་ཐབས་སྤྱད་དེ་གོང་གསལ་ནང་གསེས་དོན་ཚན་དུ་གཏན་འབེབས་བྱས་པའི་གནས་ཚུལ་མི་ཐོན་པ་བྱ་དགོས། དགོས་ངེས་ཀྱི་ཉེན་མེད་བྱེད་ཐབས་མ་སྤྱད་ན། ཁྲིམས་ལྟར་ཉེན་ཟོན་འོས་འགན་མ་བསྒྲུབས་པའི་དབང་གནོད་ཀྱི་འགན་འཁྲི་འཁུར་དགོས།

གཏན་འབེབས་འདིའི་ནང་གསེས་དོན་ཚན་དང་པོའི་ནང་འཁོད་པའི་གནས་ཚུལ་བྱུང་ན། སྤྱི་བདེ་ལས་ཁུངས་སོགས་ཀྱིས་ཁྲིམས་ལྟར་དུས་ཐོག་ཏུ་བརྟག་དཔྱད་བྱས་ནས་འགན་འཁྲི་འཁུར་དགོས་མཁན་རྩད་གཅོད་གསལ་པོ་བྱ་དགོས།

ང་ཚོས་ཤེལ་དམ་གཡུགས་མཁན་བཙལ་ནས་གུན་གསབ་ལེན་དགོས།

ཁྲིམས་ལུགས་འཆད་སྟེགས།

མི་དམངས་མང་ཚོགས་ཀྱི་“མགོ་ཐོག་གི་བདེ་འཇགས་”ལ་འགན་སྲུང་བྱེད་ཆེད། 《དམངས་དོན་ཁྲིམས་གཞུང་》ནང་དུ་མཁའ་ཐོག་ནས་དངོས་པོ་གཡུག་པའི་འགན་འཁྲིའི་འགྱུར་སྲོལ་སྔར་བས་འཐུས་ཚང་དུ་བཏང་ཡོད། ཐོག་མར། བཟོ་སྐྲུན་དངོས་པོའི་ཐོག་ནས་དངོས་པོ་གཡུག་མི་ཆོག་པའི་གཏན་ཁེལ་གསལ་པོ་བྱས་ཡོད། དེ་ནས། གཡུགས་པའི་དངོས་རྫས་སམ་གཡང་སར་གཡུག་ནས་མི་གཞན་ལ་གནོད་སྐྱོན་བཟོས་ན། དབང་ཆར་གནོད་འཚེ་གཏོང་མཁན་གྱིས་བཅའ་ཁྲིམས་ལྟར་དབང་གནོད་ཁག་འགན་འཁུར་དགོས། དབང་ཆར་གནོད་འཚེ་གཏོང་མཁན་སུ་ཡིན་པ་གཏན་འཁེལ་བྱེད་མི་ཐུབ་ཚེ། གནོད་འཚེ་གཏོང་སྲིད་སླམ་པའི་འཛུགས་སྐྲུན་ཁང་པ་བེད་སྤྱོད་བྱེད་མཁན་གྱིས་སྐྱིན་ཚབ་སྤྲོད་དགོས། དེའི་རྗེས་ནས་དབང་ཆར་གནོད་འཚེ་གཏོང་མཁན་ཡོད་པ་ཤེས་ཚེ། དབང་ཆར་གནོད་འཚེ་གཏོང་མཁན་ལ་སྐྱིན་ཚབ་བདའ་འདེད་གཏོང་དབང་ཡོད། མཇུག་ཏུ་སྡོ་བདེ་ལས་ཁུངས་སོགས་ཀྱིས་མཁའ་ཐོག་ནས་དངོས་རྫས་གཡུག་པའི་དོན་རྐྱེན་ལ་དུས་ཐོག་བརྟག་དཔྱད་དང་འགན་འཁྲི་ཡོད་མཁན་ལ་ཞིབ་བཤེར་གསལ་པོ་བྱ་རྒྱུའི་གཏན་འབེབས་ཁ་སྣོན་རྒྱག་དགོས། ཁག་འགན་ཡོད་མཁན་གཏན་ཁེལ་བྱས་རྗེས། ཁག་འགན་ཡོད་མཁན་གྱིས་བཅའ་ཁྲིམས་ལྟར་དབང་གནོད་ཁག་འགན་འཁུར་དགོས། མཐའ་མར་ད་དུང་སྡེ་ལས་ཞབས་ཞུའི་ཁེ་ལས་སོགས་འཛུགས་སྐྲུན་དོ་དམ་པས་དགོས་ངེས་ཀྱི་བདེ་འཇགས་འགན་སྲུང་བྱེད་ཐབས་སྤྱད་དེ་བྱ་སྤྱོད་དེ་རིགས་ལྷག་རྒྱུར་སྔོན་འགོག་བྱེད་དགོས། དེ་འདྲ་མ་བྱས་ཚེ་ཁྲིམས་ལྟར་བབ་མཚུངས་ཀྱི་དབང་ཆར་བཙན་གནོད་ཀྱི་འགན་འཁྲི་འཁུར་དགོས།

སྨད་ཆ།
དྲིས་ལན་ཐོག་ནས་ཁྲིམས་གཞུང་འགྲེལ།

ལེའུ་དང་པོ། སྤྱིར་བཏང་གི་གདན་འབེབས།

1. གང་ཞིག་ལ་ནོར་འཁྲུལ་འོས་འགན་གྱི་རྩ་དོན་ཟེར་རམ།

《དམངས་དོན་ཁྲིམས་གཞུང་》གི་དོན་ཚན་ཆིག་སྟོང་ཆིག་བརྒྱ་དང་རེ་ལྔའི་གདན་འབེབས་ལྟར། བྱ་སྤྱོད་སྤེལ་མཁན་གྱིས་རང་གི་ནོར་འཁྲུལ་གྱི་དབང་གིས་མི་གཞན་གྱི་དམངས་དོན་ཁེ་དབང་ལ་གནོད་འཚེ་བཏང་ན་དབང་གནོད་ཀྱི་འགན་འཁྲི་འཁུར་དགོས།

བཅའ་ཁྲིམས་ནང་འཁོད་པའི་གདན་འབེབས་ལྟར་བྱ་སྤྱོད་སྤེལ་མཁན་ལ་ནོར་འཁྲུལ་ཡོད་པ་དཔག་རྗེས། དེས་རང་ཉིད་ལ་ནོར་འཁྲུལ་མེད་ལུགས་ར་སྤྲོད་མི་ཐུབ་ན་དབང་གནོད་ཀྱི་འགན་འཁྲི་འཁུར་དགོས། ནོར་འཁྲུལ་འོས་འགན་ཞེས་པ་ནི་གཞན་ལ་གནོད་འཚེ་བཏང་ཡང་དབང་གནོད་ཀྱི་འགན་འཁྲི་འཁུར་བའི་ངེས་པ་མེད་པར། བྱ་སྤྱོད་སྤེལ་མཁན་གྱིས་ནོར་ཡོད་མེད་ལ་ལྟ་དགོས། གལ་ཏེ་བྱ་སྤྱོད་སྤེལ་མཁན་གྱིས་ནོར་ཡོད་ཚེ། དབང་གནོད་ཀྱི་འགན་འཁྲི་ཁུར་དགོས་པ་དང་། གལ་ཏེ་ནོར་མེད་ཚེ། དབང་གནོད་འགན་འཁྲི་འཁུར་མི་དགོས། གལ་སྲིད་བྱ་སྤྱོད་སྤེལ་མཁན་གྱིས་ལུགས་མཐུན་བཞིན་ཡིད་གཟབ་བྱ་དགོས་ལུགས་ཀྱི་འོས་བབ་སྲུང་ཐུབ་ཚེ། ནོར་འཁྲུལ་ཐོན་མེད་ལ། ཁེ་ཕན་ལ་གནོད་འཚེ་བཏང་བའི་འགན་འཁྲི་མེད་པར་བཟོས་ཆོག ནོར་འཁྲུལ་འོས་འགན་གྱི་རྩ་དོན་ཞེས་པ་ནི་ཁེ་ཕན་ལ་གནོད་འཚེ་བཏང་བའི་འགན་འཁྲི་ལས་རྩ་བའི་འགན་འཁུར་རྩ་དོན་ཞིག་ཡིན་ཏེ། སྤྱི་འབངས་དང་ཁྲིམས་ཆད་ཁྲིམས་མཐུན་ཁེ་ཕན་སྲུང་སྐྱོབ་དང་། སྤྱི་འབངས། ཁྲིམས་ཆད་དེ་བས་ཁྲིམས་སྲུང་དང་སྤྱི་ཚོགས་ཀྱི་སྤྱི་པའི་སྤྱོད་བཟང་

སྲུང་རྐྱར་སློབ་གསོ། གནོད་འཚེ་ལྷག་རྐྱར་ཡང་སྔོན་འགོག་དང་ཉུང་དུ་གཏོང་བ། སྤྱི་ཚོགས་ཀྱི་རྙོག་འཛིང་མེད་པར་བཟོས་ཏེ་ཞི་མཐུན་བརྟན་ལྷིང་ཡོང་བར་སྐུལ་འདེད་གཏོང་ཐུབ།

2. གང་ཞིག་ལ་ནོར་འཁྲུལ་མེད་པའི་འགན་འཁྲིའི་རྩ་དོན་ཟེར།

《དམངས་དོན་ཁྲིམས་གཞུང་》གི་དོན་ཚན་ཆིག་སྟོང་ཆིག་བརྒྱ་དང་རེ་དྲུག་པར་གཏན་འབེབས་བྱས་པ་ལྟར། བྱ་སྤྱོད་སྤྱེལ་མཁན་གྱིས་མི་གཞན་གྱི་དམངས་དོན་ཁེ་དབང་ལ་གནོད་འཚེ་བཏང་ན། བྱ་སྤྱོད་སྤྱེལ་མཁན་གྱིས་ནོར་འཁྲུལ་ཤོར་ཡོད་མེད་ལ་མི་ལྟ་བར་བཅའ་ཁྲིམས་ནང་དུ་དབང་གནོད་ཀྱི་འགན་འཁྲི་འཁུར་དགོས་ཞེས་གཏན་ལ་ཕབ་ཡོད་ན་བྱ་སྤྱོད་སྤྱེལ་མཁན་ལ་ནོར་འཁྲུལ་ཡོད་མེད་ལ་མ་བལྟོས་པར་གཏན་འབེབས་དེར་གཞིགས་དགོས།

ནོར་འཁྲུལ་ཤོར་མེད་པའི་འོས་འགན་ཞེས་པ་ནི་བྱ་སྤྱོད་སྤྱེལ་མཁན་གྱི་ནོར་འཁྲུལ་ཤོར་བ་དེ་ཆ་རྐྱེན་གལ་ཆེན་དུ་མི་འཛིན་པར། བྱ་སྤྱོད་དང་དོ་དམ་མི་སྣའམ་དངོས་པོ་གང་ཞིག་གིས་མི་གཞན་གྱི་དམངས་དོན་གྱི་ཁེ་དབང་ལ་གནོད་འཚེ་བཏང་ན། ཁྲིམས་གསལ་ལྟར་འགན་འཁུར་མི་དགོས་པའི་རྒྱུ་མཚན་ཡོད་ན་མ་གཏོགས། བྱ་སྤྱོད་སྤྱེལ་མཁན་གྱིས་དབང་གནོད་ཀྱི་འགན་འཁྲི་འཁུར་དགོས། ཁྲིམས་བཞིན་གཏན་འཁེལ་བྱས་པའི་ནོར་འཁྲུལ་ཤོར་མེད་པའི་འོས་འགན་འཁུར་བའི་སྐབས། བྱ་སྤྱོད་སྤྱེལ་མཁན་གྱིས་ནོར་འཁྲུལ་ཤོར་ཡོད་མེད་ལ་ལྟ་མི་དགོས་ལ། བྱ་སྤྱོད་སྤྱེལ་མཁན་གྱིས་རང་ཉིད་ལ་ནོར་འཁྲུལ་མེད་ལུགས་ཀྱི་རེ་ཞུ་རྒྱུ་མཚན་དུ་བྱས་ཏེ་འོས་འགན་མེད་པར་བཟོས་མི་ཆོག བྱ་སྤྱོད་སྤྱེལ་མཁན་གྱི་བྱ་སྤྱོད་དང་ལྷག་པའི་གནོད་འཚེའི་དབར་རྒྱུ་འབྲས་ཀྱི་འབྲེལ་བ་ཡོད་མེད་ཞིབ་དཔྱད་བྱས་རྗེས་བྱ་སྤྱོད་སྤྱེལ་མཁན་གྱིས་དེ་འབྲེལ་གྱི་དབང་གནོད་འགན་འཁྲི་འཁུར་དགོས།

ནོར་འཕྲུལ་ཤོར་མེད་པའི་ཁོས་འགན་འཁུར་བའི་དོན་སྙིང་གཙོ་བོ་ནི་དུས་ཐོག་ཏུ་གནོད་འཚེ་ཕོག་མཁན་ལ་ཀྲུད་སྐྱོབ་ཡོང་བར་བྱས་ཏེ། ཀུན་གསལ་རེ་ཞུ་དེ་བས་མངོན་འགྱུར་ཡོང་ཕྱིར་ཡིན།

3. དམངས་དོན་ཁྲིམས་གཞུང་གིས་གནོད་སྐྱེལ་རེ་ཞུའི་འགན་དབང་མཚམས་འཛོག་ཇི་ལྟར་བྱས་ཡོད་དམ།

《དམངས་དོན་ཁྲིམས་གཞུང་》གི་དོན་ཚན་ཆིག་སྟོང་ཆིག་བརྒྱ་དང་རེ་བདུན་པར་གཏན་འབེབས་བྱས་པ་ལྟར། དབང་གནོད་བྱ་སྤྱོད་ཀྱིས་མི་གཞན་གྱི་ལུས་ཁམས་དང་རྒྱུ་ནོར་གྱི་བདེ་འཇགས་ལ་གནོད་འཚེ་བཏང་ན། དབང་ཆར་གནོད་འཚེ་ཕོག་མཁན་ལ་དབང་ཆར་གནོད་འཚེ་གཏོང་མཁན་གྱིས་གནོད་འཚེ་གཏོང་མཚམས་འཛོག་པ་དང་། གནོད་རྐྱེན་མེད་པར་བཟོ་བ། ཉེན་ཁ་སེལ་བ་སོགས་ཀྱི་དབང་གནོད་ཀྱི་འགན་འཁྲི་འཁུར་དགོས་ཞེས་རེ་འདུན་ཞུ་དབང་ཡོད།

དོན་ཚན་དེར་གཏན་འཁེལ་བྱས་པའི་"ཉེན་ཁར་ཐུག་པ"ཞེས་པ་ནི་དབང་གནོད་བྱ་སྤྱོད་སྤེལ་བཞིན་པའམ་མུ་མཐུད་སྤེལ་ཏེ་མཚམས་འཛོག་མ་བྱས་པ་དང་། དབང་གནོད་བྱ་སྤྱོད་ཀྱིས་དབང་ཆར་གནོད་འཚེ་ཕོག་མཁན་གྱི་ཚེ་སྲོག་དང་རྒྱུ་ནོར་གྱི་བདེ་འཇགས་ཐད་ཉེན་ཁ་འཕྲད་སྲིད་པ་ལས་ཉེན་ཁ་མེད་པ་མི་སྲིད། དབང་གནོད་བྱ་སྤྱོད་ནི་དབང་གནོད་མི་སྣའི་བྱ་སྤྱོད་ཀྱིས་ཡིན་པ་ལ། རང་བྱུང་གི་རྒྱུ་རྐྱེན་གྱིས་གནོད་འཚེ་བཟོས་པ་ཡིན་མི་སྲིད། མི་གཞན་གྱི་ཚེ་སྲོག་དང་རྒྱུ་ནོར་བདེ་འཇགས་ལ་ཉེན་ཁ་ཐུག་པའི་དབང་གནོད་བྱ་སྤྱོད་ལྷག་པའི་སྣང་ཚུལ་འོག དབང་ཆར་གནོད་འཚེ་ཕོག་མཁན་གྱིས་གནོད་འཚེ་གཏོང་མཁན་གྱིས་གནོད་འཚེ་གཏོང་མཚམས་འཛོག་པ་དང་། གནོད་རྐྱེན་མེད་པར་བཟོ་བ། ཉེན་ཁ་སེལ་བ་སོགས་ཀྱི་རེ་ཞུ་བྱ་དགོས། གནོད་སྐྱེན་མེད་པར་བཟོ་བ་ཞེས་པ་ནི་དབང་

ཆར་གནོད་འཚེ་ཕོག་བཞིན་པའི་སྐབས་དབང་ཆར་གནོད་འཚེ་ཕོག་མཁན་གྱིས་ཁྲིམས་ལྟར་གནོད་རྐྱེན་འགོག་པའི་རེ་ཞུ་བྱེད་ཆོག གནོད་འཚེ་མཚམས་འཛོག་བྱེད་དབང་ནི་གནོད་འཚེ་གཏོང་བཞིན་པའི་བྱ་འགུལ་ཁག་ལ་སྲུང་ཆོག་པ་ལས། གནོད་འཚེ་མཚམས་འཛོག་ཟིན་པའམ་ལག་བསྐྱར་བྱས་མེད་པའི་དབང་གནོད་བྱ་སྤྱོད་ཁག་ནི་གནོད་འཚེ་མཚམས་འཛོག་བྱེད་རྒྱུ་སྤྱོད་མི་རིག་པའི་དམངས་དོན་གྱི་འགན་འཁྲིའི་ཐབས་ལམ་ཞིག་ཡིན། གནོད་རྐྱེན་མེད་པར་བཟོ་བ་ཞེས་པ་ནི་དབང་ཆར་གནོད་འཚེ་གཏོང་མཁན་གྱི་མིས་བྱ་ཐབས་ཤིག་གི་ཐོག་ནས་མི་གཞན་གྱི་རྒྱུན་གཏན་འགན་དབང་ཁེ་ཕན་ལ་གནོད་རྐྱེན་བཟོ་བའམ། མི་གཞན་གྱི་ཁྲིམས་མཐུན་ཁེ་ཕན་ལ་གནོད་རྐྱེན་བཟོ་བར་ཟེར། དབང་ཆར་གནོད་འཚེ་ཕོག་མཁན་གྱིས་མི་དམངས་ཁྲིམས་ཁང་ལ་དབང་གནོད་མི་སྣའི་དབང་གནོད་བྱ་སྤྱོད་ཀྱི་གནོད་རྐྱོན་མེད་པར་བཟོ་རྒྱུའི་རེ་ཞུ་བྱ་དགོས། ཉེན་ཁ་མེད་པར་བཟོ་བ་ཞེས་པ་ནི་འགན་འཁྲི་ཡོད་པའི་མིས་བཀོལ་སྤྱོད་བྱས་པའི་དངོས་པོས་མི་གཞན་གྱི་ཚེ་སྲོག་དང་རྒྱུ་ནོར་བདེ་འཇགས་ཐད་གནོད་འཚེ་བཟོས་པའམ། ཡང་ན་མི་གཞན་གྱི་ཚེ་སྲོག་དང་རྒྱུ་ནོར་མངོན་འགྱུར་ཡོང་བར་གནོད་རྐྱོན་བཟོ་བའི་གནས་ཚུལ་འོག གནོད་འཚེ་ཕོག་མཁན་གྱིས་ཁྲིམས་ཁང་ལ་གནོད་འཚེ་གཏོང་ཚད་ལོན་པའི་འོས་འགན་མི་སྣར་ནུས་ལྡན་བྱ་ཐབས་སྤྱད་དེ་མི་གཞན་གྱི་ཚེ་སྲོག་གམ་རྒྱུ་ནོར་ལ་ཉེན་ཁ་མེད་པར་བཟོ་བའི་བཀའ་ཕབ་རྒྱུའི་རེ་བ་ཞུ་བ་དང་། རེ་ཞུ་དོན་སྙིན་ཡོང་བའི་དམངས་དོན་གྱི་འགན་འཁྲིའི་ཁས་ལེན་བྱ་ཐབས་ཤིག་ཡིན།

4. དམངས་དོན་ཁྲིམས་གཞུང་གིས་གཅིག་ལ་གཅིག་འབྲེལ་གྱི་འགན་འཁྲི་འཁུར་དགོས་པའི་གནས་ཚུལ་གང་དག་ཡོད་དམ།

《དམངས་དོན་ཁྲིམས་གཞུང་》གི་གཅིག་ལ་གཅིག་འབྲེལ་གྱི་འགན་འཁྲི་

འཁུར་དགོས་པའི་གནས་ཚུལ་ཁག་བདུན་ཙམ་གཏན་འབེབས་བྱས་ཡོད་པ་སྟེ།

(1) དབང་གནོད་བྱ་སྤྱོད་མཉམ་དུ་སྤེལ་བའི་གཅིག་ལ་གཅིག་འབྲེལ་གྱི་འགན་འཁྲི།

《དམངས་དོན་ཁྲིམས་གཞུང་》གི་དོན་ཚན་ཆིག་སྟོང་ཆིག་བརྒྱ་དང་རེ་བརྒྱད་པར་གཏན་འབེབས་གནང་བ་ལྟར། མི་གཉིས་ཡན་གྱིས་དབང་གནོད་བྱ་སྤྱོད་མཉམ་དུ་སྤེལ་ནས་མི་གཞན་ལ་གནོད་འཚེ་བཏང་ན་གཅིག་ལ་གཅིག་འབྲེལ་གྱི་འགན་འཁྲི་འཁུར་དགོས།

(2)སྐྱེ་བོ་གཞན་ལ་ངན་སྐུལ་དང་རོགས་རམ་བྱས་ན་བྱ་སྤྱོད་སྤེལ་མཁན་དང་མཉམ་དུ་གཅིག་ལ་གཅིག་འབྲེལ་གྱི་འགན་འཁྲི་འཁུར་དགོས།

《དམངས་དོན་ཁྲིམས་གཞུང་》གི་དོན་ཚན་ཆིག་སྟོང་ཆིག་བརྒྱ་དང་རེ་དགུ་པར་གཏན་འབེབས་བྱས་པ་ལྟར། མི་གཞན་ལ་ངན་སྐུལ་དང་རོགས་རམ་བྱས་ནས་དབང་གནོད་བྱ་སྤྱོད་སྤེལ་དུ་བཅུག་ན། བྱ་སྤྱོད་སྤེལ་མཁན་དང་མཉམ་དུ་གཅིག་ལ་གཅིག་འབྲེལ་གྱི་འགན་འཁྲི་འཁུར་དགོས།

དམངས་དོན་བྱ་སྤྱོད་སྤེལ་ནུས་མེད་པའི་མི་དང་དམངས་དོན་བྱ་སྤྱོད་སྤེལ་ནུས་ཆ་ཚང་མེད་པའི་མི་ལ་ངན་སྐུལ་དང་རོགས་རམ་བྱས་ནས་དབང་གནོད་བྱ་སྤྱོད་སྤེལ་དུ་བཅུག་ན། དབང་གནོད་ཀྱི་འགན་འཁྲི་འཁུར་དགོས། དམངས་དོན་བྱ་སྤྱོད་སྤེལ་ནུས་མེད་པའི་སྐྱེ་བོ་དང་དམངས་དོན་བྱ་སྤྱོད་སྤེལ་ནུས་ཆ་ཚང་མེད་པའི་མི་སྣའི་ལྟ་སྐྱོང་པས་ལྟ་སྐྱོང་བྱེད་འགན་ལེགས་པར་མ་ཁུར་ན། བབ་མཚུངས་ཀྱི་འགན་འཁྲི་འཁུར་དགོས།

(3) ཉེན་ཁའི་བྱ་སྤྱོད་སྤེལ་མཁན་གྱི་གཅིག་ལ་གཅིག་འབྲེལ་གྱི་འགན་འཁྲི།

《དམངས་དོན་ཁྲིམས་གཞུང་》གི་དོན་ཚན་ཆིག་སྟོང་ཆིག་བརྒྱ་དང་བདུན་ཅུ་པར་གཏན་འབེབས་བྱས་པ་ལྟར། མི་གཉིས་ཡན་གྱིས་མི་གཞན་གྱི་ལུས་ཁམས་དང་རྒྱུ་ནོར་གྱི་བདེ་འཇགས་ལ་ཉེན་ཁ་བཟོ་བའི་བྱ་སྤྱོད་སྤེལ་ཞིང་། དེའི་ཁྲོད་

ཀྱི་མི་གཅིག་གམ་མི་ཁ་ཤས་ཀྱི་བྱ་སྤྱོད་ཀྱིས་མི་གཞན་ལ་གནོད་འཚེ་བཏང་བར། དབང་ཆར་གནོད་འཚེ་གཏོང་མཁན་སུ་ཡིན་པ་གཏན་འཁེལ་ཐུབ་ཚེ། དབང་ཆར་གནོད་འཚེ་གཏོང་མཁན་གྱིས་འགན་འཁྲི་འཁུར་དགོས། དབང་ཆར་གནོད་འཚེ་གཏོང་མཁན་སུ་ཡིན་པ་གཏན་འཁེལ་མི་ཐུབ་ཚེ་བྱ་སྤྱོད་སྤེལ་མཁན་དག་གིས་གཅིག་ལ་གཅིག་འབྲེལ་གྱི་འགན་འཁྲི་འཁུར་དགོས།

(4) ཁག་སོ་སོར་བྱས་པའི་དབང་གནོད་བྱ་སྤྱོད་ནི་ཕྱོགས་ཡོངས་ནས་དབང་གནོད་བྱ་སྤྱོད་སྤེལ་མཁན་དུ་གྲུབ་པའི་གཅིག་ལ་གཅིག་འབྲེལ་གྱི་འགན་འཁྲི།

《དམངས་དོན་ཁྲིམས་གཞུང་》གི་དོན་ཚན་ཆིག་སྟོང་ཆིག་བརྒྱ་དང་དོན་གཅིག་པར་གཏན་འབེབས་བྱས་པ་ལྟར། མི་གཉིས་ཡན་སོ་སོས་དབང་གནོད་བྱ་སྤྱོད་སྤེལ་ནས་གནོད་འཚེ་གཅིག་མཚུངས་བཏང་བ་དང་། སོ་སོའི་དབང་གནོད་བྱ་སྤྱོད་ཀྱིས་གནོད་འཚེའི་མཇུག་འབྲས་མཐའ་དག་བཟོ་ཐུབ་པའི་རིགས། བྱ་སྤྱོད་སྤེལ་མཁན་གྱིས་གཅིག་ལ་གཅིག་འབྲེལ་གྱི་འགན་འཁྲི་འཁུར་དགོས།

(5) དྲ་བའི་ཞབས་ཞུ་མཁོ་འདོན་པ་དང་དྲ་བ་བེད་སྤྱོད་མཁན་གཅིག་ལ་གཅིག་འབྲེལ་གྱི་འགན་འཁྲི། 《དམངས་དོན་ཁྲིམས་གཞུང་》གི་དོན་ཚན་ཆིག་སྟོང་ཆིག་བརྒྱ་དང་གོ་ལྔ་པའི་ནང་ཚན་དང་པོ་དང་གཉིས་པར་གཏན་འབེབས་གནང་བ་ལྟར། དྲ་སྦྲེལ་སྤྱོད་མཁན་གྱིས་དྲ་སྦྲེལ་ཞབས་ཞུ་ལ་བརྟེན་ནས་དབང་གནོད་བྱ་སྤྱོད་སྤེལ་ན། ཁེ་དབང་འཛིན་མཁན་གྱིས་དྲ་སྦྲེལ་ཞབས་ཞུ་མཁོ་འདོན་བྱེད་མཁན་ལ་བསྒྲུབ་པ་དང་། འགེབས་པ། འབྲེལ་མཐུད་གཅོད་པ་སོགས་དགོས་ངེས་ཀྱི་བྱེད་ཐབས་སྤྱོད་དགོས་པའི་བརྡ་ཐོ་བཏང་ཆོག བརྡ་ཐོའི་ནང་དབང་གནོད་གྲུབ་པའི་ཐོག་མའི་དཔང་རྟགས་དང་ཁེ་དབང་འཛིན་མཁན་གྱི་ཐོབ་ཐང་ངོ་མའི་ཆ་འཕྲིན་ཚུད་དགོས།

དྲ་སྦྲེལ་ཞབས་ཞུ་མཁོ་འདོན་བྱེད་མཁན་གྱིས་བརྡ་ཐོ་འབྱོར་རྗེས། བརྡ་ཐོ་དེ་དུས་ཐོག་ཏུ་འབྲེལ་ཡོད་ཀྱི་དྲ་སྦྲེལ་སྤྱོད་མཁན་ལ་བརྒྱུད་གཏོང་བྱ་དགོས་པ་མ་

ཟད། དབང་གནོད་གྲུབ་པའི་ཐོག་མའི་དཔང་རྟགས་དང་ཞབས་ཞུའི་རིགས་ལ་གཞིགས་ནས་དགོས་ངེས་ཀྱི་བྱེད་ཐབས་ཀྱང་སྤྱོད་དགོས། དུས་ཐོག་ཏུ་དགོས་ངེས་ཀྱི་བྱེད་ཐབས་མ་སྤྱད་ན། གནོད་འཚེ་ཆེ་རུ་ཕྱིན་པའི་ཆའི་ཐད་ལ་དྲ་སྒྲིལ་སྤྱོད་མཁན་དེ་ཉིད་དང་ལྷན་དུ་གཅིག་ལ་གཅིག་འབྲེལ་གྱི་འགན་འཁྲི་འཁུར་དགོས།

(6)ཉེན་ཁ་ཆེན་པོ་ལྡན་པའི་དངོས་ཟས་དོ་བདག་དང་དོ་དམ་པ། ཁྲིམས་དང་མི་མཐུན་པར་བདག་དབང་བྱེད་མིའི་གཅིག་ལ་གཅིག་འབྲེལ་གྱི་འགན་འཁྲི་འཁུར་དགོས།

《དམངས་དོན་ཁྲིམས་གཞུང་》གི་དོན་ཚན་ཆིག་སྟོང་ཉིས་བརྒྱ་དང་ཞེ་གཅིག་པར་གཏན་འབེབས་བྱས་པ་ལྟར། ཉེན་ཁ་ཆེན་པོ་ལྡན་པའི་དངོས་ཟས་བོར་བ་དང་དོར་ནས་མི་གཞན་ལ་གནོད་འཚེ་བཏང་རིགས་བྱུང་ན། དེའི་བདག་པོས་དབང་གནོད་ཀྱི་འགན་འཁྲི་འཁུར་དགོས། བདག་པོས་ཉེན་ཁ་ཆེན་པོ་ལྡན་པའི་དངོས་ཟས་མི་གཞན་ལ་རྩིས་སྤྲོད་བྱས་ནས་དོ་དམ་བྱེད་དུ་བཅུག་ན། དོ་དམ་པས་དབང་གནོད་ཀྱི་འགན་འཁྲི་འཁུར་དགོས། བདག་པོར་ནོར་འཁྲུལ་ཡོད་ན་དོ་དམ་པ་དང་མཉམ་དུ་གཅིག་ལ་གཅིག་འབྲེལ་གྱི་འགན་འཁྲི་འཁུར་དགོས།

《དམངས་དོན་ཁྲིམས་གཞུང་》གི་དོན་ཚན་ཆིག་སྟོང་ཉིས་བརྒྱ་དང་ཞེ་གཉིས་པའི་དོན་ཚན་དང་པོར་གཏན་འབེབས་བྱས་པ་ལྟར། ཉེན་ཁ་ཆེན་པོ་ལྡན་པའི་དངོས་ཟས་ཁྲིམས་དང་མི་མཐུན་པར་བདག་བཟུང་བྱས་ནས་མི་གཞན་ལ་གནོད་འཚེ་བཏང་ན། ཁྲིམས་དང་མི་མཐུན་པར་བདག་བཟུང་བྱེད་མཁན་གྱིས་དབང་གནོད་ཀྱི་འགན་འཁྲི་འཁུར་དགོས། བདག་པོ་དང་དོ་དམ་པས་ཁྲིམས་དང་མི་མཐུན་པར་བདག་བཟུང་བྱེད་རིགས་སྔོན་འགོག་བྱེད་པར་དོ་སྣང་ཆེན་པོ་བྱེད་པའི་འོས་འགན་བསྒྲུབས་ཚུལ་ར་སྤྲོད་བྱེད་མི་ཐུབ་ན། ཁྲིམས་དང་མི་མཐུན་པར་བདག་བཟུང་བྱེད་མཁན་དང་མཉམ་དུ་གཅིག་ལ་གཅིག་འབྲེལ་གྱི་འགན་འཁྲི་འཁུར་དགོས།

(7) འཛུགས་སྐྲུན་ཚན་ཁག་དང་ཨར་ལས་སྡེ་ཚན་གྱི་གཅིག་ལ་གཅིག་འབྲེལ་གྱི་འགན་འཁྲི།

《དམངས་དོན་ཁྲིམས་གཞུང་》གི་དོན་ཚན་ཆིག་སྟོང་ཉིས་བརྒྱ་དང་ང་གཉིས་པར་གཏན་འབེབས་བྱས་པ་ལྟར། ཨར་སྐྲུན་དངོས་པོ་དང་། བཟོ་བཀོད་དངོས་པོའམ་སྒྲིག་བཀོད་གཞན་དག་ཡོག་པ་དང་བརྡིབས་པའི་རྐྱེན་གྱིས་མི་གཞན་ལ་གནོད་སྐྱོན་བཟོས་ན། འཛུགས་སྐྲུན་སྡེ་ཚན་དང་ཨར་ལས་སྡེ་ཚན་གྱིས་མཉམ་དུ་གཅིག་ལ་གཅིག་འབྲེལ་གྱི་འགན་འཁྲི་འཁུར་དགོས། འོན་ཀྱང་འཛུགས་སྐྲུན་སྡེ་ཚན་དང་ཨར་ལས་སྡེ་ཚན་གྱིས་ཐུས་ཚད་ལ་སྐྱོན་མེད་ལུགས་ར་སྤྲོད་བྱེད་ཐུབ་རིགས་ཕུད་རྒྱུ། འཛུགས་སྐྲུན་སྡེ་ཚན་དང་ཨར་ལས་སྡེ་ཚན་གྱིས་ཀྱོང་གུན་གསབ་རྗེས། འགན་འཁྲི་འཁུར་དགོས་མཁན་གཞན་ཡོད་ན་དེར་སྐྱིན་ཚབ་བདའ་འདེད་བྱེད་དབང་ཡོད།

5. མི་གཞན་ལ་ངན་སླུལ་བྱས་ཏེ་དབང་གནོད་བྱ་སྤྱོད་སྤེལ་མཁན་གྱིས་འགན་འཁྲི་འཁུར་དགོས་སམ།

《དམངས་དོན་ཁྲིམས་གཞུང་》གི་དོན་ཚན་ཆིག་སྟོང་ཆིག་བརྒྱ་དང་རེ་དགུ་པར་གཏན་འབེབས་བྱས་པ་ལྟར། མི་གཞན་ལ་ངན་སླུལ་དང་རོགས་རམ་བྱས་ནས་དབང་གནོད་བྱ་སྤྱོད་སྤེལ་དུ་བཅུག་ན། བྱ་སྤྱོད་སྤེལ་མཁན་དང་མཉམ་དུ་གཅིག་ལ་གཅིག་འབྲེལ་གྱི་འགན་འཁྲི་འཁུར་དགོས།

དམངས་དོན་བྱ་སྤྱོད་སྤེལ་ནུས་མེད་པའི་མི་དང་དམངས་དོན་བྱ་སྤྱོད་སྤེལ་ནུས་ཆ་ཚང་མེད་པའི་མི་ལ་ངན་སླུལ་དང་རོགས་རམ་བྱས་ནས་དབང་གནོད་བྱ་སྤྱོད་སྤེལ་དུ་བཅུག་ན། དབང་གནོད་ཀྱི་འགན་འཁྲི་འཁུར་དགོས། དམངས་དོན་བྱ་སྤྱོད་སྤེལ་ནུས་མེད་པའི་མི་དང་དམངས་དོན་བྱ་སྤྱོད་སྤེལ་ནུས་ཆ་ཚང་མེད་

པའི་མིའི་ལྷ་སྐྱོང་པས་ལྷ་སྐྱོང་བྱེད་འགན་ལེགས་པར་མ་འཁུར་ན། བབ་མཚུངས་ཀྱི་འགན་འཁྲི་འཁུར་དགོས།

གཞན་ལ་ངན་སྐྱུལ་བྱེད་མཁན་དང་རོགས་རམ་གྱིས་དབང་གནོད་བྱེད་མཁན་གྱིས་གཞན་ལ་ངན་སྐྱུལ་དང་རོགས་རམ་གྱིས་དབང་གནོད་བྱེད་པའི་ཁྲིམས་གསལ་མཇུག་འབྲས་ནི་གཞན་ལ་ངན་སྐྱུལ་བྱེད་མཁན་དང་རོགས་རམ་གྱིས་དབང་གནོད་བྱ་སྤྱོད་སྤྱིལ་མཁན་གྱིས་གཅིག་ལ་གཅིག་བརྟེན་གྱི་འགན་འཁྲི་འཁུར་དགོས། གནོད་འཚེ་ཕོག་མཁན་གྱིས་ངན་སྐྱུལ་བྱེད་མཁན་དང་རོགས་རམ་གྱིས་དབང་གནོད་བྱ་མཁན་མི་གཅིག་གམ་མི་མང་པོར་གནོད་ཕོག་ཀུན་གསབ་ཡོངས་རྫོགས་འཇལ་དགོས་པའི་རེ་ཞུ་བྱ་ཆོག 《དམངས་དོན་ཁྲིམས་གཞུང་》དུ་ངན་སྐྱུལ་དང་རོགས་རམ་གྱིས་དབང་གནོད་བྱ་ཡུལ་ནི་དམངས་དོན་གྱི་བྱ་སྤྱོད་སྤྱིལ་ནུས་མེད་མཁན་ནམ་དམངས་དོན་གྱི་བྱ་སྤྱོད་སྤྱིལ་ནུས་བཀག་སྡོམ་བྱས་པའི་མི་སྣ་དམིགས་བསལ་གྱི་གནད་འབེབས་བྱས་ཡོད། ངན་སྐྱུལ་དང་རོགས་རམ་གྱིས་དབང་གནོད་བྱ་མཁན་གྱིས་དབང་གནོད་བྱ་ཡུལ་ནི་དམངས་དོན་གྱི་བྱ་སྤྱོད་སྤྱིལ་ནུས་མེད་མཁན་ནམ་དམངས་དོན་གྱི་བྱ་སྤྱོད་སྤྱིལ་ནུས་བཀག་སྡོམ་བྱས་པའི་མི་སྣ་ཡིན་པ་ཧ་གོ་ན་ཡང་། གཞན་ལ་ངན་སྐྱུལ་དང་རོགས་རམ་གྱིས་དབང་གནོད་བྱེད་པའི་བྱ་སྤྱོད་སྤྱིལ་ན་དབང་གནོད་འགན་འཁྲི་འཁུར་དགོས། དབང་གནོད་ཀྱི་ངལ་སྐྱུལ་པ་དང་རོགས་རམ་པས་རང་ངོས་ནས་ངན་སྐྱུལ་དང་དབང་གནོད་བྱ་ཡུལ་ནི་དམངས་དོན་གྱི་བྱ་སྤྱོད་སྤྱིལ་རྒྱུ་མེད་མཁན་ནམ་དམངས་དོན་གྱི་བྱ་སྤྱོད་སྤྱིལ་ནུས་བཀག་སྡོམ་བྱས་པའི་མི་སྣ་ཡིན་པ་མ་ཤེས་ན་ཡང་གནད་འབེབས་འདི་བཞིན་ངན་སྐྱུལ་དང་རོགས་རམ་བྱ་མཁན་གྱིས་དབང་གནོད་འགན་འཁྲི་འཁུར་དགོས། གལ་ཏེ་དམངས་དོན་གྱི་བྱ་སྤྱོད་སྤྱིལ་ནུས་མེད་མཁན་ནམ་དམངས་དོན་གྱི་བྱ་སྤྱོད་སྤྱིལ་རྒྱུ་བཀག་སྡོམ་བྱས་པའི་དབང་གནོད་མི་སྣའི་ལྷ་སྐྱོང་བས་ལྷ་སྐྱོང་གི་འགན་འཁྲི་

འགྱུར་ཐུབ་མེད་ཚེ། དེ་འབྲེལ་གྱི་འགན་འཁྲི་འཁུར་དགོས། གལ་ཏེ་ལྟ་སྐྱོང་མི་སྣས་ལྟ་སྐྱོང་བྱ་ཡུལ་གྱི་མི་སྣར་སློབ་གསོ་རྒྱག་པ་སོགས་ལྟ་སྐྱོང་འགན་འཁྲི་འཁུར་ཐུབ་མེད་ཚེ། ལྟ་སྐྱོང་བྱ་ཡུལ་མི་སྣས་མི་གཞན་ལ་གནོད་འཚེ་བཟོས་པར་ལྟ་སྐྱོང་པས་དབང་གནོད་འགན་འཁྲི་འཁུར་དགོས།

6. མི་གཉིས་ཡན་གྱིས་མི་གཞན་ལ་ཉེན་ཁ་བཟོ་བའི་བྱ་སྤྱོད་སྤེལ་ན་འགན་འཁྲི་ཇི་འདྲ་འཁུར་དགོས་སམ།

《དམངས་དོན་ཁྲིམས་གཞུང་》གི་དོན་ཚན་ཆིག་སྟོང་ཆིག་བརྒྱ་དང་བདུན་ཅུ་པར་གཏན་འབེབས་བྱས་པ་ལྟར། མི་གཉིས་ཡན་གྱིས་མི་གཞན་གྱི་ལུས་ཁམས་དང་རྒྱུ་ནོར་གྱི་བདེ་འཇགས་ལ་ཉེན་ཁ་བཟོ་བའི་བྱ་སྤྱོད་སྤེལ་ཞིང་། དེའི་ཁྲོད་ཀྱི་མི་གཅིག་གམ་མི་ཁ་ཤས་ཀྱི་བྱ་སྤྱོད་ཀྱིས་མི་གཞན་ལ་གནོད་འཚེ་བཏང་བས་དབང་ཆར་གནོད་འཚེ་གཏོང་མཁན་སུ་ཡིན་པ་གཏན་ཁེལ་ཐུབ་ཚེ། དབང་ཆར་གནོད་འཚེ་གཏོང་མཁན་གྱིས་འགན་འཁྲི་འཁུར་དགོས། དབང་ཆར་གནོད་འཚེ་གཏོང་མཁན་སུ་ཡིན་པ་གཏན་ཁེལ་མི་ཐུབ་ཚེ་བྱ་སྤྱོད་སྤེལ་མཁན་དག་གིས་གཅིག་ལ་གཅིག་འབྲེལ་གྱི་འགན་འཁྲི་འཁུར་དགོས།

མི་མང་པོར་ཉེན་ཁ་བཟོ་བའི་བྱ་སྤྱོད་ཅེས་པ་ནི་མི་མང་པོའི་ཁྲིམས་འགལ་བྱ་སྤྱོད་ཀྱིས་མི་གཞན་གྱི་ཁྲིམས་མཐུན་ཁེ་དབང་ལ་གནོད་འཚེ་བཟོས་པར་ཟེར། ཡིན་ན་ཡང་དོན་དངོས་ཐོག་གནོད་འཚེ་གཏོང་མཁན་སུ་ཡིན་མིན་གསལ་པོ་ཤེས་རྟོགས་བྱེད་མི་ཐུབ། ཁྲིམས་ཁང་གིས་གནོད་འཚེ་ཕོག་མཁན་གྱི་ཁེ་ཕན་ལ་སྲུང་སྐྱོབ་བྱ་ཕྱིར་ཞིབ་ཕྲའི་ཉེན་ཁ་བཟོ་མཁན་གཏན་འཁེལ་མི་ཐུབ་ཚེ། བྱ་སྤྱོད་སྤེལ་མི་མི་མང་པོ་ཞིག་དབང་གནོད་བྱ་སྤྱོད་སྤེལ་མཁན་དུ་ངོས་འཛིན་ནས་བྱ་སྤྱོད་སྤེལ་མཁན་དག་གིས་གཅིག་ལ་གཅིག་འབྲེལ་གྱི་འགན་འཁྲི་འཁུར་དགོས།

ཡང་གཅིག་བཤད་ན་ཁྲིམས་འགལ་བྱ་སྤྱོད་སྤེལ་མཁན་སུ་ཡིན་གཏན་འཁེལ་བྱུང་ན་དེ་མིན་བྱ་སྤྱོད་སྤེལ་མཁན་གྱི་ཉེས་པ་མེད་པར་བཟོས་ཆོག

7. མི་གཉིས་ཡན་ཁག་སོ་སོས་དབང་གནོད་བྱ་སྤྱོད་སྤེལ་ནས་གནོད་འཚེ་གཅིག་མཚུངས་བཏང་ན། མི་སོ་སོའི་དབང་གནོད་བྱ་སྤྱོད་ཀྱིས་གནོད་འཚེ་ཡོངས་རྫོགས་བཟོ་ཐུབ་པས། བྱ་སྤྱོད་སྤེལ་མཁན་གྱིས་འགན་འཁྲི་ཇི་ལྟར་འཁུར་དགོས་སམ།

《དམངས་དོན་ཁྲིམས་གཞུང་》གི་དོན་ཚན་ཆིག་སྟོང་ཆིག་བརྒྱ་དང་དོན་གཅིག་པར་གཏན་འབེབས་བྱས་པ་ལྟར། མི་གཉིས་ཡན་སོ་སོས་དབང་གནོད་བྱ་སྤྱོད་སྤེལ་ནས་གནོད་འཚེ་གཅིག་མཚུངས་བཏང་བ་དང་། སོ་སོའི་དབང་གནོད་བྱ་སྤྱོད་ཀྱིས་གནོད་འཚེའི་མཇུག་འབྲས་མཐའ་དག་བཟོ་ཐུབ་པའི་རིགས། བྱ་སྤྱོད་སྤེལ་མཁན་གྱིས་གཅིག་ལ་གཅིག་འབྲེལ་གྱི་འགན་འཁྲི་འཁུར་དགོས།

གཅིག་ལ་གཅིག་འབྲེལ་གྱི་འགན་འཁྲི་འཁུར་དགོས་པའི་གཏན་འབེབས་ཁྲིད་གྲུབ་ཆ་གསུམ་ཚུད་ཡོད་དེ། “ཁག་སོ་སོ”ཞེས་པ་ནི་དབང་གནོད་བྱ་སྤྱོད་སྤེལ་མཁན་གྱི་མི་མང་པོའི་བྱ་སྤྱོད་དབར་རང་དོས་ཐད་ནས་འབྲེལ་བའི་རང་བཞིན་དེ་ཙམ་མེད་པར། དབང་གནོད་བྱ་སྤྱོད་ཚང་མ་ཁེར་རྐྱང་ཡིན་པ། བྱ་སྤྱོད་སྤེལ་མཁན་སོ་སོས་དབང་གནོད་བྱ་སྤྱོད་མ་སྤེལ་གོང་དང་བྱ་སྤྱོད་སྤེལ་བཞིན་པའི་ཁྲིད་བྱ་སྤྱོད་སྤེལ་མཁན་གཞན་དང་དོན་སྙིང་ལྡན་པའི་འབྲེལ་བ་མེད་ལ། ད་དུང་མི་གཞན་གྱིས་ཀྱང་འདི་ལྟའི་བྱ་སྤྱོད་སྤེལ་གྱིན་ཡོད་པ་ཚོར་ཤེས་ཐུབ་མེད། “གནོད་འཚེ་གཅིག་མཚུངས་བཏང་བ”ནི་གནོད་འཚེའི་ངོ་བོ་གཅིག་པ་ཡིན་ཏེ་གཟུགས་པོར་གནོད་སྐྱོན་ནམ་དཔལ་འབྱོར་ལ་གྱོང་གུན་བཏང་བ་མ་ཟད། གནོད་འཚེ་བཟོས་པའི་ནང་དོན་ཐད་འབྲེལ་བའི་རང་བཞིན་ཡོད་པའི་མི་མང་པོའི་དབང་གནོད་བྱ་སྤྱོད་ཅིག་ཡིན། ཡོངས་རྫོགས་ཞེས་པ་ནི་དོན་དངོས་ཐོག་དབང་

གཉོད་བྱ་སྤྱོད་ཚང་མས་གཉོད་འཚེའི་མཇུག་འབྲས་ཡོངས་རྫོགས་བཟོ་ཐུབ་པ་མ་ཡིན་པར། དབང་གཉོད་བྱ་སྤྱོད་གཞན་གྱི་ནུས་པ་མེད་པའི་འོག ཁེར་རྐྱང་གི་བྱ་སྤྱོད་ཀྱིས་ཀྱང་གཉོད་འཚེའི་མཇུག་འབྲས་ཡོངས་རྫོགས་བཟོ་ཐུབ། དོན་ཚན་འདིར་གཏན་འབེབས་བྱས་པའི་གྲུབ་ཆ་གསུམ་པོ་ཚང་ཡོད་ན་མི་མང་པོའི་བྱ་སྤྱོད་ཀྱིས་བཟོས་པའི་མཇུག་འབྲས་ལ་གཅིག་ལ་གཅིག་འབྲེལ་གྱི་འགན་འཁྲི་འཁུར་དགོས།

8. མི་གཉིས་ཡན་སོ་སོས་དབང་གཉོད་བྱ་སྤྱོད་སྤེལ་ནས་གཉོད་འཚེ་གཅིག་མཚུངས་བཟོས་པར་འགན་འཁྲི་ཆེ་ཆུང་གཏན་འཁེལ་ཐུབ་ན། དབང་གཉོད་འགན་འཁྲི་གང་འདྲ་འཁུར་དགོས་སམ།

《དམངས་དོན་ཁྲིམས་གཞུང་》གི་དོན་ཚན་ཆིག་སྟོང་ཆིག་བརྒྱ་དང་དོན་གཉིས་པར་གཏན་འབེབས་བྱས་པ་ལྟར། མི་གཉིས་ཡན་སོ་སོས་དབང་གཉོད་བྱ་སྤྱོད་སྤེལ་ནས་གཉོད་འཚེ་གཅིག་མཚུངས་པར་འགན་འཁྲི་ཆེ་ཆུང་གཏན་ཁེལ་ཐུབ་ན། སོ་སོས་བབ་མཚུངས་ཀྱི་འགན་འཁྲི་འཁུར་དགོས། འགན་འཁྲི་ཆེ་ཆུང་གཏན་ཁེལ་མི་ཐུབ་ན། འགན་འཁྲི་ཆ་སྙོམས་ཀྱིས་འཁུར་དགོས།

ཡང་གཅིག་བཤད་ན་མི་གཉིས་ཡན་གྱིས་ཐུན་མོང་ངན་སྐུལ་དང་ཐུན་མོང་འགལ་འཛོལ་མེད་ཀྱང་། སོ་སོས་དབང་གཉོད་བྱ་སྤྱོད་སྤེལ་བའི་བྱ་སྤྱོད་དབར་མི་མང་པོའི་གཉོད་འཚེ་གཅིག་མཚུངས་བཟོས་པའི་མཇུག་འབྲས་ཐོན་ཚེ། འགལ་འཛོལ་ཆེ་ཆུང་དང་རྒྱུ་མཚན་གྱི་དེ་བག་ལ་གཞིགས་ཏེ་སོ་སོས་དེ་འབྲེལ་གྱི་གྲུབ་གསབ་འགན་འཁྲི་འཁུར་དགོས།

9. གནས་ཚུལ་གང་འདྲ་ཞིག་གི་འོག་ཏུ་དབང་གཙོད་མི་སྣའི་འགན་འཁྲི་ཡང་དུ་བཏང་ཆོག་གམ།

《དམངས་དོན་ཁྲིམས་གཞུང་》གི་དོན་ཚན་ཆིག་སྟོང་ཆིག་བརྒྱ་དང་དོན་གསུམ་པར་གཏན་འབེབས་བྱས་པ་ལྟར། གསོད་འཚོ་གཅིག་འདྲ་བྱུང་བའམ་རྒྱ་ཆེར་བཏང་བའི་ཐད་དབང་ཆར་གསོད་འཚོ་ཐོག་མཁན་ལ་ནོར་འཛོལ་ཡོད་ན། དབང་ཆར་གསོད་འཚོ་གཏོང་མཁན་གྱི་འགན་འཁྲི་ཡང་དུ་བཏང་ཆོག

ཁེ་དབང་ལ་གནོད་འཚེ་ཐོག་པའི་མིའི་གནོད་འཚེའི་ཐོག་ཚད་ལའང་བྱས་འཛོལ་བྱུང་བའི་གནས་ཚུལ་འོག དབང་གནོད་མཁན་གྱི་དབང་གནོད་འགན་འཁྲི་ཡོངས་རྫོགས་འཁུར་བར་ཀུན་གྱི་འདོད་པ་སྣང་དཀའ། དེར་བརྟེན་དམངས་དོན་ཁྲིམས་གཞུང་ལས་དབང་གནོད་མཁན་གྱིས་དབང་གནོད་ཐོག་མཁན་གྱི་ནོར་འཛོལ་རྒྱུ་མཚན་དུ་བྱས་ཏེ་དག་འབུད་བྱས་ནས་རང་ཉིད་ཀྱི་དབང་གནོད་འགན་འཁྲི་ཡང་དུ་ཡོང་བའི་རེ་ཞུ་འབུལ་ཆོག་པའི་གཏན་འབེབས་བྱས་ཡོད།

10. གནས་ཚུལ་གང་འདྲ་ཞིག་གི་འོག་དབང་གནོད་བྱ་སྤྱོད་སྤེལ་མཁན་གྱིས་འགན་འཁྲི་འཁུར་མི་དགོས་སམ།

《དམངས་དོན་ཁྲིམས་གཞུང་》གི་དོན་ཚན་ཆིག་སྟོང་ཆིག་བརྒྱ་དང་དོན་བཞི་པར་གཏན་འབེབས་བྱས་པ་ལྟར། གནོད་འཚེ་ནི་གནོད་འཚེ་ཐོག་མཁན་གྱིས་རྐང་བཙུགས་ནས་བཟོས་པ་ཡིན་ན། བྱ་སྤྱོད་སྤེལ་མཁན་གྱིས་འགན་འཁྲི་འཁུར་མི་དགོས།

གནོད་འཚེ་ཐོག་མཁན་གྱིས་བསམ་བཞིན་དུ་གནོད་འཚེ་བཟོས་པ་ཞེས་པ་ནི་གནོད་འཚེ་ཐོག་མཁན་གྱིས་རང་ཉིད་ཀྱི་བྱ་སྤྱོད་ཀྱིས་རང་ཉིད་ལ་གནོད་འཚེ་ཡོང་བ་གསལ་པོར་ཤེས་ཀྱང་། མཇུག་འབྲས་དེ་ལྟ་བུ་ཡོང་རྒྱུར་རེ་སྒུག་བྱེད་ཅིང་། གནོད་

འཚོ་ཐོག་མཁན་གྱིས་བསམ་བཞིན་པར་ཐད་ཀའི་བསམ་བཞིན་པ་དང་བར་བརྒྱུད་ཀྱི་བསམ་བཞིན་པ་གཉིས་ཡོད།

ཐད་ཀའི་བསམ་བཞིན་པ་ཞེས་པ་ནི་གནོད་འཚོ་ཐོག་མཁན་གྱིས་རང་ངོས་ནས་རང་ཉིད་ལ་གནོད་འཚེ་ཡོང་བའི་མཇུག་འབྲས་ལ་རེ་ལྟོས་བཅངས་པ་ཞིག་སྟེ། མཐོ་གནོན་གློག་སྐུད་ལ་ལག་པ་འཆང་སྟེ་རང་ཤི་རྒྱུག་ཏུ་བཅུག་པ་ལྟ་བུ་དང་། བར་བརྒྱུད་ཀྱི་བསམ་བཞིན་དུ་ཞེས་པ་ནི་གནོད་འཚོ་ཐོག་མཁན་གྱིས་རང་ཉིད་ཀྱི་བྱ་སྤྱོད་ཀྱིས་རང་ཉིད་ལ་གནོད་པའི་མཇུག་འབྲས་གང་ཡིན་སྔོན་དཔག་ཐུབ་ཀྱང་། མཚམས་འཛོག་མི་བྱེད་པར་གནོད་འཚེའི་མཇུག་འབྲས་ཐོན་རྒྱུ་སྣང་མེད་དུ་གཏོང་བ་ཞིག་སྟེ། མཐོ་གནོན་གློག་སྐུད་བཀུ་རུ་ཕྱིན་ནས་རང་ཉིད་ལ་རྨས་སྐྱོན་ཐོག་པ་ལྟ་བུ། གཏན་འབེབས་དབང་གནོད་མི་སྣའི་འགན་འཁྲི་མེད་པར་བཟོ་བ་ཞེས་པ་ནི། གནོད་འཚེ་ནི་གནོད་འཚེ་ཐོག་མཁན་གྱིས་བསམ་བཞིན་དུ་གནོད་འཚེ་བཟོས་པ་ཞིག་སྟེ་གནོད་འཚེ་ཐོག་མཁན་གྱིས་བསམ་བཞིན་གྱི་བྱ་སྤྱོད་ནི་གནོད་འཚེ་ལྷག་སྲིད་པའི་རྒྱུ་རྐྱེན་ཉག་ཅིག་ཡིན།

11. གནས་ཚུལ་གང་འདྲ་ཞིག་གི་འོག་ཏུ་ཕྱུང་གསུམ་པས་དབང་གནོད་འགན་འཁྲི་འཁུར་དགོས་སམ།

《དམངས་དོན་ཁྲིམས་གཞུང་》གི་དོན་ཚན་ཆིག་སྟོང་ཆིག་བརྒྱ་དང་དོན་ལྔ་པར་གཏན་འབེབས་བྱས་པ་ལྟར། གནོད་འཚེ་ནི་ཕྱུང་གསུམ་པའི་རྐྱེན་གྱིས་བཟོས་པ་ཡིན་ན། ཕྱུང་གསུམ་པས་དབང་གནོད་ཀྱི་འགན་འཁྲི་འཁུར་དགོས།

ཕྱུན་གསུམ་པའི་འགལ་འཛོལ་གྱི་ཐ་སྙད་ནི་ཞུ་གཏུག་ཁྲིད་མངོན་ཡོང་གི་ཡོད་དེ། གནོད་འཚེ་ཐོག་མཁན་གྱིས་ཞུ་སྐྱོར་ཕྱི་མ་ཁྲིམས་ལ་གཏུག་རྗེས། ཞུ་སྐྱོར་ཕྱི་མས་གནོད་འཚེ་འདི་འདྲ་འདིའི་ཆ་ཤས་ནི་རང་ཉིད་ཀྱིས་བཟོས་མེད་པར་ཕྱུང་གསུམ་པའི་འགལ་འཛོལ་གྱིས་བཟོས་ལུགས་སྨྲ་སྟེ། རང་ཉིད་ཀྱི་འགན་འཁྲི་མེད་

པར་བཟོ་བའམ་འགན་འཁྲི་ཡང་དུ་གཏོང་ཐབས་བྱེད་པའི་དག་འབུད་གནད་དོན་ཞིག་ཡིན། ཕྱུང་གསུམ་པའི་ནོར་འཁྲུལ་ནི་རང་ངོས་ནས་དང་འགལ་འཛོལ་རིགས་གཉིས་ཡོད། གང་ཟག་གསུམ་པ་ནི་ཞུ་སྐྱོར་ཕྱི་མ་དང་ཁོངས་གཏོགས་ཀྱི་འབྲེལ་བ་གང་ཡང་མེད་པ་ཞིག་ཡིན། དཔེར་ན་མི་དགོས་མཁན་ལས་ཁུངས་ཀྱི་ལས་དོན་མི་སྣས་ལས་དོན་སྒྲུབ་བཞིན་པའི་སྐབས་མི་གཞན་ལ་གནོད་འཚེ་བཟོས་ན། མི་དགོས་མཁན་ལས་ཁུངས་ཀྱིས་ལས་དོན་མི་སྣ་ཕྱུང་གསུམ་པར་ངོས་འཛིན་ཏེ་ཕྱུང་གསུམ་པའི་ནོར་འཁྲུལ་གྱི་དག་འབུད་གླེང་མི་ཆོག མི་དགོས་མཁན་ལས་ཁུངས་ཀྱིས་ལས་དོན་མི་སྣས་བཟོས་པའི་གནོད་འཚེ་དག་ལ་ཚབ་བྱེད་འགན་འཁྲི་འཁུར་དགོས།

12. ཉེན་ཁ་ཅེས་ཅན་ལྡན་པའི་རིག་རྩལ་གྱི་བྱེད་སྒོར་རང་མོས་ཀྱིས་ཞུགས་སྐབས། དབང་གནོད་འགན་འཁྲི་སུས་འཁུར་དགོས་སམ།

《དམངས་དོན་ཁྲིམས་གཞུང་》གི་དོན་ཚན་ཆིག་སྟོང་ཆིག་བརྒྱ་དང་དོན་དྲུག་པར་གཏན་འབེབས་བྱས་པ་ལྟར། ཉེན་ཁ་ངེས་ཅན་ལྡན་པའི་རིག་རྩལ་གྱི་བྱེད་སྒོར་རང་མོས་ཀྱིས་ཞུགས་སྐབས་དེའི་ནང་ཞུགས་མཁན་གཞན་དག་གི་བྱ་སྤྱོད་ཀྱི་དབང་གིས་གནོད་འཚེ་ཕོག་ན། གནོད་འཚེ་ཕོག་མཁན་གྱིས་དེའི་ནང་ཞུགས་མཁན་གཞན་དག་ལ་དབང་གནོད་ཀྱི་འགན་འཁྲི་འཁུར་དགོས་པའི་རེ་འདུན་ཞུས་མི་ཆོག འོན་ཀྱང་དེའི་ནང་ཞུགས་མཁན་གཞན་དག་གིས་བསམ་བཞིན་དུ་བྱས་པའམ་ལས་འཛོལ་ཚབས་ཆེན་ཤོར་བའི་དབང་གིས་གནོད་འཚེ་བྱུང་བའི་རིགས་འདིའི་ཁོངས་སུ་མི་ཚུད།

བྱེད་སྒོ་སྒྲིག་འཛུགས་བྱེད་མཁན་གྱི་འགན་འཁྲིའི་ཐད་ལ་བཅའ་ཁྲིམས་འདིའི་དོན་ཚན་ཆིག་སྟོང་ཆིག་བརྒྱ་དང་གོ་བརྒྱད་པ་ནས་དོན་ཚན་ཆིག་སྟོང་ཉིས་བརྒྱ་དང་གཅིག་བར་གྱི་གཏན་འབེབས་སྤྱད་ན་འཐུས།

ལུས་རྩལ་འགྲན་བསྡུར་ནང་རང་འགུལ་གྱིས་ཞུགས་པ་ནི་ཉེན་ཁ་ངེས་ཅན་

ལྡན་པའི་བྱ་འགུལ་ཞིག་ཡིན་པས། བྱེད་སྒོའི་སྐབས་འགྲན་ཞུགས་པ་གཞན་གྱི་རྐང་བཙུགས་ནས་མིན་པའི་བྱ་སྤྱོད་ཀྱིས་གནོད་འཚེ་ཕྲན་བུ་ཕོག་དུས། གནོད་འཚེ་ཕོག་མཁན་གྱིས་འགྲན་ཞུགས་པ་གཞན་གྱིས་དབང་གནོད་འགན་འཁྲི་འཁུར་རྒྱུའི་རེ་ཞུ་བྱས་མི་ཆོག 《དམངས་དོན་ཁྲིམས་གཞུང་》གིས་རང་མོས་ཀྱིས་རིག་རྩལ་གྱི་བྱེད་སྒོར་གཞིགས་ཏེ་ཉེན་ཁ་ངེས་ཅན་ལྡན་པའི་ཚད་གཞི་གསལ་པོར་གཏན་འབེབས་བྱས་པ་ནི་རིག་རྩལ་གྱི་བྱེད་སྒོ་འགའི་ཁྱད་ཆོས་དང་གཅིག་མཐུན་བྱུང་ཡོད་ལ། ནོར་འཁྲུལ་ཅན་གྱི་འགན་འཁྲིའི་རྩ་དོན་དང་མཐུན་ཡོད། ཤུགས་ཚད་ཆེ་བའི་ལུས་རྩལ་འགྲན་བསྡུར་ཁྲོད། ལུས་པོ་ཐུག་པ་དང་འགྲན་རྒོལ་བྱ་རྒྱུ་ནི་ལུས་རྩལ་བྱེད་སྒོའི་ཁྱད་ཆོས་ཤིག་ཡིན་ལ་ལུས་རྩལ་འགྲན་བསྡུར་གྱི་ཡིད་དབང་འཕྲོག་ས་དང་ཁྱད་ཆོས་མངོན་ས་དེ་ཡིན། ཁ་གཏད་ཕྱོགས་ཀྱི་བྱ་འགུལ་ནི་ཚུལ་མཐུན་རྩ་དོན་གྱི་ཁས་ལེན་པའི་ཁྱབ་ཁོངས་སུ་ཡོད་ཅིང་། གལ་ཏེ་རང་འགུལ་གྱིས་འགྲན་ཞུགས་པར་གཏུག་རྒོལ་དང་འགོག་རྒོལ། འབད་ཐབས་སོགས་སུ་རྨས་སྐྱོན་ཕོག་ན། དེ་ནི་ཐོལ་བྱུང་གིས་རྨས་པ་ལས་དབང་གནོད་བྱ་སྤྱོད་མིན་པས། ཁ་གཏད་ཕྱོགས་ཀྱིས་ནོར་འཁྲུལ་མིན་ལ་གནོད་འཚེ་གུན་གསབ་ཀྱི་འགན་ཡང་འཁུར་མི་དགོས། ཕྱོགས་གཅིག་གིས་བསམ་བཞིན་དུ་ཡིན་པའམ་འགལ་འཛོལ་ཆེན་པོ་ཐོན་པ་སྟེ། གནག་སེམས་ཀྱིས་སྒྲིག་འགལ་དང་མི་ལ་གནོད་འཚེ་བཏང་ནས་འགལ་འཛོལ་ཐོན་ཚེ། དབང་གནོད་འགན་འཁྲི་འཁུར་དགོས།

13.ཁྲིམས་མཐུན་ཁེ་དབང་ལ་གནོད་འཚེ་ཕོག་བཞིན་པའི་སྐབས། གནོད་འཚེ་ཕོག་མཁན་གྱི་མིས་རང་སྲུང་གི་བྱ་སྤྱོད་སྤེལ་ཆོག་གམ།

《དམངས་དོན་ཁྲིམས་གཞུང་》གི་དོན་ཚན་ཆིག་སྟོང་ཆིག་བརྒྱ་དང་དོན་བདུན་པར་གཏན་འབེབས་བྱས་པ་ལྟར། ཁྲིམས་མཐུན་ཁེ་དབང་ལ་གནོད་འཚེ་ཕོག་ཅིང་།

གནས་ཚུལ་ཛ་དྲག་ཆེ་ལ་དུས་ཐོག་ཏུ་རྒྱལ་ཁབ་ལས་ཁུངས་ཀྱི་སྲུང་སྐྱོང་འཐོབ་མི་ཐུབ་པར། འཕྲལ་མར་བྱེད་ཐབས་མ་སྤྱད་ན་དེའི་ཁྲིམས་མཐུན་ཁེ་དབང་ལ་གསབ་ཐབས་བྲལ་བའི་གནོད་འཚེ་ཕོག་སྲིད་པའི་རིགས། གནོད་འཚེ་ཕོག་མཁན་གྱིས་རང་ཉིད་ཀྱི་ཁྲིམས་མཐུན་ཁེ་དབང་སྲུང་སྐྱོང་བྱེད་པའི་དགོས་ངེས་ཀྱི་ཁྱབ་ཁོངས་ནང་དབང་ཆར་གནོད་འཚེ་གཏོང་མཁན་གྱི་རྒྱུ་དངོས་བཀག་ཉར་བྱེད་པ་སོགས་ལུགས་མཐུན་གྱི་བྱེད་ཐབས་སྤྱད་ཆོག འོན་ཀྱང་འཕྲལ་མར་རྒྱལ་ཁབ་ཀྱི་འབྲེལ་ཡོད་ལས་ཁུངས་ལ་ཐག་གཅོད་བྱེད་རོགས་ཞུ་དགོས།

གནོད་འཚེ་ཕོག་མཁན་གྱིས་ཚུལ་མིན་བྱེད་ཐབས་སྤྱད་པས་མི་གཞན་པར་གནོད་འཚེ་བཏང་ན། དབང་གནོད་ཀྱི་འགན་འཁྲི་འཁུར་དགོས།

རང་བྱུང་མིས་རང་ཉིད་ཀྱི་ཁྲིམས་མཐུན་ཁེ་དབང་ལ་གནོད་འཚེ་ཕོག་ཚེ། རྒྱལ་ཁབ་ལས་ཁུངས་ལ་སྲུང་སྐྱོབ་བྱ་རྒྱུའི་རེ་འདུན་ཞུ་ཁོམ་མ་བྱུང་བའི་གནས་ཚུལ་འོག རང་ཉིད་ཀྱིས་དགོས་ངེས་ཀྱི་བྱེད་ཐབས་སྤྱད་དེ་ཁེ་དབང་སྲུང་སྐྱོབ་བྱས་ཆོག གནས་ཚུལ་འདི་འདྲའི་འོག རང་བྱུང་མིའི་རང་འགུལ་གྱི་བྱ་སྤྱོད་ལ་འགན་འཁུར་མི་དགོས། "རང་འགུལ་གྱི་བྱ་སྤྱོད"ལ་འགན་འཁུར་མི་དགོས་པའི་ལམ་ལུགས་ཀྱིས་རང་བྱུང་མི་ལ་ཆ་རྐྱེན་ངེས་ཅན་ཞིག་གི་འོག་ཏུ་རང་ཉིད་སྲུང་སྐྱོབ་བྱེད་པའི་དབང་ཆ་སྤྲད་ཡོད་པས། དེ་ནི་རྒྱལ་ཁབ་ལས་ཁུངས་ཀྱིས་སྲུང་སྐྱོབ་བྱེད་པའི་ཁ་གསབ་ནུས་ལྡན་ཞིག་ཡིན། "རང་འགུལ་བྱ་སྤྱོད"ལ་འགན་འཁུར་མི་དགོས་པའི་ལམ་ལུགས་གཏན་འབེབས་ཁ་གསལ་བྱ་རྒྱུ་དེ་སྤྱི་དམངས་ཀྱི་མི་ལུས་དང་རྒྱུ་ནོར་གྱི་ཁེ་དབང་སྲུང་སྐྱོང་བྱ་རྒྱུར་དངོས་ཡོད་ཀྱི་དོན་སྙིང་ལྡན་ཡོད་ལ་བྱ་སྤྱོད་དེ་རིགས་ཚད་ལྡན་དུ་གཏོང་རྒྱུར་ཡང་ཕན་པ་ཡོད།

14.《དམངས་དོན་ཁྲིམས་གཞུང་》དང་བཅའ་ཁྲིམས་གཞན་དག་ནང་འགན་འཁྲི་འཁུར་མི་དགོས་པའམ་ཡང་ན་འགན་འཁྲི་ཡང་དུ་གཏོང་དགོས་པའི་གནས་ཚུལ་གཏན་འབེབས་ཡོགས་སུ་བྱས་ཡོད་ན་ཐག་གཅོད་ཇི་ལྟར་བྱེད་དགོས།

《དམངས་དོན་ཁྲིམས་གཞུང་》གི་དོན་ཚན་ཆིག་སྟོང་ཆིག་བརྒྱ་དང་དོན་བརྒྱད་པར་གཏན་འབེབས་བྱས་པ་ལྟར། བཅའ་ཁྲིམས་འདི་དང་བཅའ་ཁྲིམས་གཞན་དག་ནང་འགན་འཁྲི་འཁུར་མི་དགོས་པའམ་འགན་འཁྲི་ཡང་དུ་གཏོང་རྒྱུའི་གནས་ཚུལ་ཐད་ཡོགས་སུ་གཏན་འབེབས་བྱས་ཡོད་ན། གཏན་འབེབས་དེར་གཞིགས་དགོས།

དོན་ཚན་འདི་ནི་《དམངས་དོན་ཁྲིམས་གཞུང་》དང་བཅའ་ཁྲིམས་གཞན་དག་འགན་འཁྲི་འཁུར་རྒྱུའི་ཐད་འབྲེལ་མཐུད་བྱ་རྒྱུའི་སྐོར་གྱི་གཏན་འབེབས་ཡིན།

རང་རྒྱལ་གྱི་དབང་གནོད་འགན་འཁྲི་ཚད་ལྡན་དུ་གཏོང་བའི་བཅའ་ཁྲིམས་ལ་རིམ་པ་གཉིས་ཡོད་དེ། གཅིག་ནི་《དམངས་དོན་ཁྲིམས་གཞུང་》ཁེ་དབང་ལ་བཙན་གནོད་བཏང་བའི་འགན་འཁྲིའི་ལེ་ཚན་ཡིན། གཞི་རྩའི་བཅའ་ཁྲིམས་ཀྱི་ངོས་ནས་དབང་གནོད་འགན་འཁྲིའི་ཐད་ནས་གཏན་འབེབས་བྱས་ཡོད། རིམ་པ་གཉིས་པ་ནི་འབྲེལ་ཡོད་བཅའ་ཁྲིམས་ཡིན་ཞིང་། ཁེར་སྒྱུར་བཅའ་ཁྲིམས་མང་པོ་ཞིག་གིས་རང་ངོས་ཀྱི་ལེགས་སྐྱིག་ཁྱབ་ཁོངས་ཀྱི་ནུར་ཚད་ཐོག་ནས་དབང་གནོད་ཁག་འགན་ཐད་གཏན་འབེབས་གཅིག་གམ་དུ་མ་བྱས་ཡོད།

ལེའུ་གཉིས་པ། གནོད་འཚེའི་སྐྱིན་གསབ།

15. མི་གཞན་ལ་གནོད་འཚེ་བཏང་ནས་མིའི་ལུས་ཁམས་ལ་གནོད་སྐྱོན་བཟོས་པར་སྐྱིན་ཆབ་སྤྲོད་འགན་གང་དག་འཁུར་དགོས།

《དམངས་དོན་ཁྲིམས་གཞུང་》གི་དོན་ཚན་ཆིག་སྟོང་ཆིག་བརྒྱ་དང་དོན་དགུ་པ། མི་གཞན་ལ་གནོད་འཚེ་བཏང་ནས་མི་ལུས་ལ་གནོད་སྐྱོན་བཟོས་ན། སྨན་བཅོས་གྲོན་དཔྱལ་དང་། ནད་གཡོག་གླ་གྲོན། འགྲིམ་འགྲུལ་གྲོན་དཔྱལ། འཚོ་བཅུད་གྲོན་དཔྱལ། སྨན་ཁང་དུ་སྡོད་རིང་གི་བཟའ་བཅུད་རོགས་དཔྱལ་སོགས་སྨན་བཅོས་དང་ལུས་གསོའི་ཆེད་དུ་བཏང་བའི་ལུགས་མཐུན་གྱི་འགྲོ་གྲོན་དང་། ལས་ཐེབས་ཆག་ནས་ཉུང་དུ་ཕྱིན་པའི་ཡོང་སྒོ་བཅས་ཀྱི་གྱོང་གུན་གསབ་དགོས། དབང་པོར་སྐྱོན་བཟོས་ན། ཞོར་འདེགས་ཡོ་ཆས་ཀྱི་འགྲོ་གྲོན་དང་དབང་པོར་སྐྱོན་བཟོས་པའི་གསབ་དཔྱལ་ཡང་འཇལ་དགོས། ཤི་སྐྱོན་བཟོས་ན། འདས་འཇུག་འགྲོ་གྲོན་དང་ཤི་སྐྱོན་བཟོས་པའི་གསབ་དཔྱལ་ཡང་འཇལ་དགོས།

མི་ལུས་ལ་གནོད་འཚེ་ཐེབས་པའི་སྐྱིན་ཆབ་ཅེས་པ་ནི་རང་བྱུང་མིའི་ཚེ་སྲོག་དང་། བདེ་ཐང་། ལུས་ཁམས་བཅས་ལ་ཁྲིམས་འགལ་གྱི་གནོད་འཚེ་ཕོག་ནས་རྨས་སྐྱོན་དང་། དབང་པོ་སྐྱོན་ཅན། ཤི་སྐྱོན་བཅས་དང་དེ་བཞིན་བསམ་པའི་གནོད་སྐྱོན་བཟོས་པར་སྐྱིན་ཆབ་འཇལ་དགོས་པའི་འོས་འགན་འཁུར་མཁན་གྱིས་རྒྱུ་ནོར་ལ་བརྟེན་ནས་སྐྱིན་ཆབ་འཇལ་དགོས་པའི་བླང་བྱ་འདོན་པའི་ཁེ་དབང་ལ་བཙན་གནོད་གཏོང་བའི་བཅའ་ཁྲིམས་ལམ་ལུགས་ལ་ཟེར། མི་

ལུས་ལ་གནོད་འཚེ་ཐེབས་པའི་རྒྱུ་རྐྱེན་ལ་གཞིགས་ནས་དབྱེ་ན། སྤྱིར་བཏང་གི་དབང་གནོད་ཀྱི་མི་ལུས་ལ་གནོད་འཚེ་གཏོང་བ་དང་། དམིགས་བསལ་གྱི་དབང་གནོད་ཀྱི་མི་ལུས་ལ་གནོད་འཚེ་གཏོང་བ། ཐོན་རྫས་ལ་གནོད་འཚེ་གཏོང་བ། འགྲིམ་འགྲུལ་དོན་རྐྱེན་གྱི་གནོད་འཚེ་གཏོང་བ། སྨན་བཅོས་ལ་གནོད་འཚེ་གཏོང་བ། ཁོར་ཡུག་སྦག་བཙོག་གི་གནོད་འཚེ་གཏོང་བ། ཉེན་ཁ་ཆེན་པོའི་ལས་སྒྲུབ་ལ་གནོད་འཚེ་གཏོང་བ། གསོ་ཚོགས་བྱེད་པའི་སྒྲིག་ཆགས་ལ་གནོད་འཚེ་གཏོང་བ། ལས་རྨས་ཀྱི་གནོད་འཚེ་གཏོང་བ། དངོས་གཟུགས་ལ་གནོད་འཚེ་གཏོང་བ། བསམ་ཡུལ་ལས་འདས་པའི་དོན་རྐྱེན་བཟོས་ནས་གནོད་འཚེ་གཏོང་བ་བཅས་རིགས་བཅུ་གཅིག་ཏུ་དབྱེ་ཆོག མིའི་ལུས་ཁམས་ལ་གནོད་སྐྱོན་བྱུང་བར་སྐྱིན་ཚབ་སྤྲོད་པའི་ཁྱབ་ཁོངས་སུ། སྨན་བཅོས་གྲོན་དཔྱལ། ལས་ཐེབས་ཆག་པའི་འགྲོ་གྲོན། ནད་གཡོག་དང་། འགྲིམ་འགྲུལ་གྲོན་དཔྱལ། ཞག་སྡོད་གྲོན་དཔྱལ། སྨན་ཁང་དུ་སྡོད་པའི་འཚོ་བའི་གསབ་དཔྱལ། དགོས་ངེས་ཀྱི་འཚོ་བཅུད་གྲོན་དཔྱལ། དབང་པོ་སྐྱོན་ཅན་གྱི་གསབ་དཔྱལ། དབང་པོ་སྐྱོན་ཅན་གྱི་རོགས་འདེགས་ཡོ་བྱད་གྲོན་དཔྱལ། གསོ་སྐྱོང་བྱ་ཡུལ་གྱི་འཚོ་བའི་གྲོན་དཔྱལ། ལུས་གསོའི་གྲོན་དཔྱལ། ནད་གཡོག་གྲོན་དཔྱལ། རྗེས་མཐུད་ཀྱི་སྨན་བཅོས་གྲོན་དཔྱལ། འདས་པོའི་གྲོན་དཔྱལ། གནོད་འཚེ་ཐེབས་མཁན་གྱི་གཉེན་ཉེ་ཡིས་འདས་མཆོད་སྒྲུབ་པའི་འགྲིམ་འགྲུལ་གྲོན་དཔྱལ་དང་། སྡོད་ཁང་གི་གྲོན་དཔྱལ། ལས་ཐེབས་ཆག་པའི་གྱོང་གུན་སོགས་ལུགས་མཐུན་གྱི་གྲོན་དཔྱལ་དང་། བསམ་པའི་གནོད་སྐྱོན་གྱི་གཟིགས་སྐྱོང་གྲོན་དཔྱལ་གཞན་དག་བསྡུ་དཔྱལ་བཅས་ཡོད།

16.དབང་གནོད་བྱ་སྤྱོད་གཅིག་གིས་མི་མང་པོ་ཤི་རྨ་བཟུག་ན། སྐྱིན་ཚབ་འཇལ་དངུལ་ཇི་ལྟར་གཏན་འཁེལ་བྱ་དགོས་སམ།

《དམངས་དོན་ཁྲིམས་གཞུང་》གི་དོན་ཚན་ཆིག་སྟོང་ཆིག་བརྒྱ་དང་བརྒྱད་ཅུ་པར་གཏན་འབེབས་བྱས་པ་ལྟར། དབང་གནོད་བྱ་སྤྱོད་གཅིག་གིས་མི་མང་པོར་ཤི་རྐྱེན་བཟོས་ན། ཤི་སྐྱོན་བཟོས་པའི་གསབ་དངུལ་སྤྲོད་གྲངས་གཅིག་མཚུངས་གཏན་ཁེལ་བྱས་ཆོག

གནོད་འཚེ་ཕོག་མཁན་ལ་གནོད་འཚེ་ཕོག་ནས་ཚེ་ལས་འདས་པ་ཡིན་ན། སྐྱིན་ཚབ་འཇལ་མཁན་གྱིས་མྱུར་སྐྱོབ་སྨན་བཅོས་ཀྱི་གནས་ཚུལ་ལ་གཞིགས་ནས་སྨན་བཅོས་གྲོན་དངུལ་དང་། ལས་ཐེབས་ཆག་པའི་གྲོན་དངུལ། ནད་གཡོག་གྲོན་དངུལ་སོགས་འབྲེལ་ཡོད་ཀྱི་གྲོན་དངུལ་སྤྲོད་དགོས་པ་མ་ཟད། ད་དུང་འདས་མཆོད་འབུལ་གྲོན་དངུལ་དང་། གསོ་སྐྱོང་བྱ་ཡུལ་གྱི་འཚོ་བའི་གྲོན་དངུལ། ཚེ་ལས་འདས་པའི་གསབ་དངུལ། གནོད་འཚེ་ཕོག་མཁན་གྱི་གཉེན་ཉེ་ཡིས་འདས་མཆོད་སྒྲུབ་པའི་འགྲིམ་འགྲུལ་གྲོན་དངུལ་དང་། སྡོད་ཁང་གི་གྲོན་དངུལ། ལས་ཐེབས་ཆག་པའི་གྲོང་གུན་སོགས་ལུགས་མཐུན་གྱི་གྲོན་དངུལ་གཞན་དག་ཀྱང་སྐྱིན་ཚབ་སྤྲོད་དགོས།

ཤི་ཟིན་པའི་སྐྱིན་ཚབ་དངུལ་གྱི་གྲངས་ཀ་གཅིག་འདྲའི་གཏན་འཁེལ་བྱེད་པ་ནི་ཤི་ཟིན་པའི་སྐྱིན་ཚབ་དངུལ་སྤྲོད་པའི་ཐབས་ལམ་སྣ་གཅིག་དེ་མ་ཡིན། གལ་ཏེ་སོ་སོར་ཤི་ཟིན་པའི་སྐྱིན་ཚབ་དངུལ་བརྩི། བྱེད་ཐབས་འདི་མ་སྤྱད་ནའང་ཆོག གཅིག་མཚུངས་ཀྱི་གྲངས་ཚད་ལ་བརྟེན་ནས་ཤི་སྐྱོན་བྱུང་བའི་སྐྱིན་ཚབ་འཇལ་དངུལ་གཏན་འཁེལ་བྱེད་པའི་རྩ་དོན་ཐད་ཁེ་དབང་ལ་བཙན་གནོད་བཏང་བའི་བྱ་སྤྱོད་གཅིག་གི་རྐྱེན་ལས་མི་མང་པོ་ཤི་བའི་གྱོད་གཞི་ཁོ་ནར་སྤྱད་ན་འཐུས། དབང་གནོད་བྱ་སྤྱོད་གཅིག་གིས་མི་མང་པོར་ཤི་སྐྱོན་བཟོས་རིགས་ཐད། "བྱས་

ཚིག"ཅེས་པར་བརྗེན་ནས་ཞི་བའི་གསལ་དཔྱད་གཏན་ཁེལ་བྱ་རྒྱུ་ལས། དབང་གནོད་བྱ་སྤྱོད་གཅིག་གིས་མི་མང་པོར་ཤི་སྐྱོན་བཟོས་རིགས། "ངེས་པར་དུ"དང་"ངེས་པར་དུ་བྱེད་དགོས།"ཞེས་པར་བརྗེན་ནས་ཞི་བའི་གསལ་དཔྱད་ཀྱི་གྲངས་ཀ་གཅིག་མཚུངས་ཀྱིས་གཏན་ཁེལ་བྱ་རྒྱུ་མིན།

17.དབང་ཆར་གནོད་འཚེ་ཕོག་མཁན་ཤི་རྗེས། དེའི་གཉེན་ཉེ་ལ་དབང་ཆར་གནོད་འཚེ་གཏོང་མཁན་ལ་སྐྱིན་ཚབ་སྤྲོད་རྩོགས་ཞུ་དབང་ཡོད་དམ།

《དམངས་དོན་ཁྲིམས་གཞུང་》གི་དོན་ཚན་ཆིག་སྟོང་ཆིག་བརྒྱ་དང་གྱ་གཅིག་པར་གཏན་འབེབས་བྱས་པ་ལྟར། དབང་ཆར་གནོད་འཚེ་ཕོག་མཁན་ཤི་ན། དེའི་གཉེན་ཉེ་དག་ལ་དབང་ཆར་གནོད་འཚེ་གཏོང་མཁན་གྱིས་དབང་གནོད་ཀྱི་འགན་འཁྲི་འཁུར་དགོས་ཞེས་རེ་འདུན་ཞུ་དབང་ཡོད། དབང་ཆར་གནོད་འཚེ་ཕོག་མཁན་དེ་རྩ་འཛུགས་ཡིན་ཞིང་། རྩ་འཛུགས་དེ་ཁ་ཁར་བཙུགས་ཤིང་ཟླ་སྒྲིལ་བཏང་ཡོད་ན། ཁེ་དབང་རྒྱུན་འཛིན་བྱེད་མཁན་རྩ་འཛུགས་ལ་དབང་ཆར་གནོད་འཚེ་གཏོང་མཁན་གྱིས་དབང་གནོད་ཀྱི་འགན་འཁྲི་འཁུར་དགོས་ཞེས་རེ་འདུན་ཞུ་དབང་ཡོད།

དབང་ཆར་གནོད་འཚེ་ཕོག་མཁན་ཤི་ན། དབང་ཆར་གནོད་འཚེ་ཕོག་མཁན་གྱི་སྨན་བཅོས་འགྲོ་སོང་དང་དུར་འཇུག་འགྲོ་སོང་སོགས་ལུགས་མཐུན་གྱི་འགྲོ་སོང་བཏང་མཁན་ལ་དབང་ཆར་གནོད་འཚེ་གཏོང་མཁན་གྱིས་འགྲོ་སོང་སྐྱིན་ཚབ་སྤྲོད་དགོས་ཞེས་རེ་འདུན་ཞུ་དབང་ཡོད། ཡིན་ན་ཡང་དབང་ཆར་གནོད་འཚེ་གཏོང་མཁན་གྱིས་འགྲོ་སོང་དེ་དག་བཏང་ཡོད་རིགས་འདིའི་ནང་མི་ཚུད།

དབང་ཆར་གནོད་འཚེ་ཕོག་མཁན་ཞེས་པ་ནི་དབང་ཆར་བཙན་གནོད་བྱེད་པའི་བཅའ་ཁྲིམས་ཀྱི་འབྲེལ་བའི་ནང་དབང་ཆར་བཙན་གནོད་བྱེད་པའི་བྱ་

སྤྱོད་ཀྱི་གནོད་འཚེའི་མཇུག་འབྲས་ཐད་ཀར་འཁུར་མཁན་ལ་ཟེར། དེ་ནི་དབང་ཆར་བཙན་གནོད་བྱེད་པའི་བྱ་སྤྱོད་ཀྱི་དབང་གིས་དམངས་དོན་ཁེ་དབང་ལ་གནོད་འཚེ་ཕོག་མཁན་ལ་ཟེར། དབང་ཆར་གནོད་འཚེ་ཕོག་མཁན་ལ་རང་བྱུང་མི་དང་། ཁྲིམས་ཚན། ཁྲིམས་ཚན་མིན་པའི་རྩ་འཛུགས་བཅས་ཚུད་ཡོད། དབང་ཆར་གནོད་འཚེ་ཕོག་མཁན་གྱི་ཐོབ་ཐང་ནི་དེ་ལ་དམངས་དོན་གྱི་བྱ་སྤྱོད་སྤེལ་ནུས་ཡོད་མེད་ལ་ཐུག་མེད་སོད། འོན་ཀྱང་དམངས་དོན་གྱི་བྱ་སྤྱོད་སྤེལ་ནུས་ཡོད་མེད་ལ་དེ་ནི་རང་ཉིད་ཀྱིས་དབང་ཆར་གནོད་འཚེ་གཏོང་མཁན་ལ་དབང་གནོད་ཁག་འགན་འཁུར་དགོས་པའི་རེ་ཞུ་བྱེད་པའི་དབང་ཆ་རང་ཉིད་ཀྱིས་སྤྱོད་ཆོག་མིན་ལ་ཐུག་ཡོད། དམངས་དོན་གྱི་བྱ་སྤྱོད་སྤེལ་ནུས་ཆ་ཚང་ཡོད་པའི་དབང་ཆར་གནོད་འཚེ་ཕོག་མཁན་གྱིས་རང་ཉིད་ཀྱིས་རེ་འདུན་ཞུ་དབང་སྤེལ་ནས་དབང་གནོད་མཁན་གྱིས་དབང་གནོད་འགན་འཁྲི་འཁུར་རྒྱུའི་རེ་བ་ཞུས་ཆོག་པ་དང་དམངས་དོན་བྱེད་ལས་སྤེལ་ནུས་མེད་པའམ་（གལ་ཏེ་ལོ་ན་བརྒྱད་ལ་མ་སོན་པའི་ནར་མ་སོན་པའི་མི་ལྟ་བུ）ཡང་ན་དམངས་དོན་བྱེད་ལས་སྤེལ་ནུས་ལ་ཚོད་འཛིན་ཐེབས་པའི་（དཔེར་ན་ལོ་བརྒྱད་ཡན་གྱི་ལོ་ན་མ་སོན་པའི་མི་ལྟ་བུ）དབང་གནོད་ཐེབས་པའི་མི་དེ་རིགས། རང་ཉིད་ཀྱིས་རེ་འདུན་ཞུ་དབང་སྤེལ་མི་ཐུབ་པར་གྱུར་ན། ཁྲིམས་བཀོད་ལས་ཚབ་པས་དེའི་ཚབ་བྱས་ནས་རེ་འདུན་ཞུ་དབང་སྤྱོད་དགོས།

18. མི་གཞན་གྱི་ལུས་ཁམས་ཀྱི་བདེ་ཐང་ལ་གནོད་འཚེ་བཏང་ནས་རྒྱུ་ནོར་ལ་གྱོང་གུན་བཟོས་ན་སྐྱིན་ཆབ་ཇི་ལྟར་འཇལ་དགོས་སམ།

《དམངས་དོན་ཁྲིམས་གཞུང་》གི་དོན་ཚན་ཆིག་སྟོང་ཆིག་བརྒྱ་དང་གྱ་གཉིས་པར་གཏན་འབེབས་བྱས་པ་ལྟར། མི་གཞན་གྱི་མི་ལུས་ཁེ་དབང་ལ་གནོད་

འཚོ་བཏང་ནས་རྒྱུ་ནོར་ལ་གྱོང་གུན་ཐེབས་ན། དབང་ཆར་གནོད་འཚེ་ཕོག་མཁན་ལ་དེའི་རྐྱེན་ལས་ཐེབས་པའི་གྱོང་གུན་དང་ཡང་ན་དབང་ཆར་གནོད་འཚེ་གཏོང་མཁན་ལ་དེའི་རྐྱེན་ལས་ཐོབ་པའི་ཁེ་ཕན་དང་བསྡུན་ནས་སྐྱིན་ཚབ་སྤྲོད་དགོས། དབང་ཆར་གནོད་འཚེ་ཕོག་མཁན་ལ་དེའི་རྐྱེན་ལས་ཐེབས་པའི་གྱོང་གུན་དང་ཡང་ན་དབང་ཆར་གནོད་འཚེ་གཏོང་མཁན་ལ་དེའི་རྐྱེན་ལས་ཐོབ་པའི་ཁེ་ཕན་གཏན་ཁེལ་གསལ་པོ་བྱེད་དཀའ་བ་དང་། དབང་ཆར་གནོད་འཚེ་ཕོག་མཁན་དང་དབང་ཆར་གནོད་འཚེ་གཏོང་མཁན་དབར་སྐྱིན་ཚབ་སྤྲོད་གྲངས་ཐད་གྲོས་ཁ་མ་མཐུན་པས་མི་དམངས་ཁྲིམས་ཁང་ལ་ཞུ་གཏུག་བྱས་ན། མི་དམངས་ཁྲིམས་ཁང་གིས་གནས་ཚུལ་དངོས་ལ་གཞིགས་ནས་སྐྱིན་ཚབ་སྤྲོད་གྲངས་གཏན་ཁེལ་བྱ་དགོས།

སྤྱི་དམངས་ཀྱི་ལུས་ཁམས་ཁེ་དབང་ནི་སྤྱི་དམངས་ཀྱི་ཆེས་གཞི་རྩར་གྱུར་པའི་ཁེ་དབང་ཡིན། གཙོ་བོ་མིའི་ཚེ་སྲོག་གི་དབང་ཆ་དང་། བདེ་ཐང་གི་དབང་ཆ། ལུས་པོའི་དབང་ཆ། རུས་མིང་གི་དབང་ཆ། མཚན་བསྟོད་ཐོབ་དབང་། འདྲ་པར་གྱི་བདག་དབང་། མིང་གྲགས་ཐོབ་དབང་། གསང་དོན་གྱི་བདག་དབང་། ལྷ་སྐྱོང་བྱེད་དབང་། མི་ལུས་ཀྱི་རང་དབང་སོགས་མི་ལུས་དང་ཐད་ཀར་འབྲེལ་བ་ཡོད་པའི་ཁེ་དབང་ལ་ཟེར། མི་གཞན་གྱི་ལུས་ཁམས་ཁེ་དབང་ལ་གནོད་འཚེ་བཏང་བར་ཁྲིམས་ལྟར་དབང་གནོད་ཁག་འགན་འཁུར་དགོས། 《དམངས་དོན་ཁྲིམས་གཞུང་》ནང་མི་ལུས་ཀྱི་ཁེ་དབང་ལ་གནོད་འཚེ་བཏང་ནས་རྒྱུ་ནོར་ལ་གྱོང་གུན་བཟོས་པར་སྐྱིན་ཚབ་འཇལ་བའི་གྲངས་འབོར་གཏན་འཁེལ་བྱས་ཡོད་དེ། གཅིག་ནི་དབང་གནོད་མཁན་ལ་ཁེ་ཕན་ཐོབ་མེད་པའམ་ཡང་ན་ཁེ་ཕན་ཐོབ་པ་རྩིས་རྒྱག་དཀའ་བའི་གནས་ཚུལ་འོག དོ་བདག་གིས་གུན་ཚབ་ཀྱི་གྲངས་ཀ་གྲོས་མོལ་བྱས་ཆོག་པ། གཉིས་ནི་དབང་ཆར་གནོད་འཚེ་ཕོག་པའི་མིར་གུན་ཚབ་ཐོབ་པའི་རེ་ཞུ་བྱེད་དབང་སྤྲོད་དགོས། དབང་གནོད་མཁན་གྱིས་ཁེ་ཕན་ཐོབ་མེད་པའམ་ཡང་ན་ཁེ་ཕན་ཐོབ་པ་མ་ཡིན་རྩིས་རྒྱག་དཀའ་བའི་དབང་གིས་གུན་གསན་འགན་འཁྲི་འཁུར་

མི་དགོསཔ་མ་ཡིན། གསུམ་ནས་སྐྱིན་ཚབ་ཀྱི་དངུལ་གྲངས་ཇི་ལྟར་གཏན་འཁེལ་བྱ་རྒྱུ་ནི། ཁྲིམས་ཁང་གིས་དབང་གནོད་མཁན་གྱི་ནོར་འཇོལ་གྱི་ཚད་དང་། དབང་གནོད་བྱེད་ལས་དང་རྣམ་པ། བཟོས་པའི་མཇུག་འབྲས་དང་ཤུགས་རྐྱེན་སོགས་ལ་གཞིགས་ནས་གཏན་ཁེལ་བྱ་དགོས།

19. གནས་ཚུལ་གང་དག་གི་འོག་ཏུ་དབང་གནོད་ཐོག་མཁན་མི་སྣར་བསམ་པའི་གུན་གསབ་འཇལ་བའི་རེ་འདུན་ཞུ་དབང་ཡོད་དམ།

《དམངས་དོན་ཁྲིམས་གཞུང་》གི་དོན་ཚན་ཆིག་སྟོང་ཆིག་བརྒྱ་དང་གྱ་གསུམ་པར་གཏན་འབེབས་བྱས་པ་ལྟར། རང་བྱུང་མིའི་མི་ལུས་ཁེ་དབང་ལ་གནོད་འཚེ་བཏང་བས་དེའི་བསམ་པར་གནོད་སྐྱོན་ཚབས་ཆེན་བཟོས་ན། དབང་ཆར་གནོད་འཚེ་ཐོག་མཁན་ལ་བསམ་པའི་གནོད་སྐྱོན་གུན་གསབ་སྤྲོད་དགོས་ཞེས་རེ་འདུན་ཞུ་དབང་ཡོད།

བསམ་བཞིན་དུ་བྱས་པའམ་ལས་འཇོལ་ཚབས་ཆེན་ཤོར་བའི་དབང་གིས་རང་བྱུང་མིའི་མི་ལུས་ལ་དོན་སྙིང་ལྡན་པའི་ཆེད་བཀོད་རྒྱུ་ནོར་ལ་གནོད་འཚེ་བཏང་བས་དེའི་བསམ་པར་གནོད་སྐྱོན་ཚབས་ཆེན་བཟོས་ན། དབང་ཆར་གནོད་འཚེ་ཐོག་མཁན་ལ་བསམ་པའི་གནོད་སྐྱོན་གུན་གསབ་སྤྲོད་དགོས་ཞེས་རེ་འདུན་ཞུ་དབང་ཡོད།

《དམངས་དོན་ཁྲིམས་གཞུང་》ནང་ཁ་སྔོན་བྱས་པའི་གཏན་འབེབས་འདིས་བསམ་པའི་གུན་གསབ་འཇལ་ཁོངས་རྒྱ་ཆེར་བཏང་ཡོད། བསམ་བཞིན་དུའམ་ཡང་ན་ལས་འཇོལ་ཚབས་ཆེན་བྱུང་ནས་མི་གཞན་གྱི་ལུས་ཁམས་ལ་དོན་སྙིང་ལྡན་པའི་དམིགས་བསལ་གྱི་དངོས་རྫས་ལ་གནོད་འཚེ་བཏང་བ་དཔེར་ན། མི་གཞན་གྱི་གཉེན་སྒྲིག་དྲན་གསོའི་ལག་ཁྱེར་དང་། འདས་པོའི་པར་སྒྲོམ། ཕྲུ་གུའི་

སྤྲུལ་བུའི་སྤུ་སྨྱུག་དང་སློབ་ཐོན་ལག་ཁྱེར་སོགས་གཏོར་བརླག་བཏང་ནས་དངོས་ཟོས་བདག་པོར་བསམ་པའི་ཐོག་གནོད་སྐྱོན་ཚབས་ཆེན་བཟོས་པར་དངོས་ཟོས་དེ་ཉིད་ཀྱི་ཚོང་རའི་རིན་གོང་ལྟར་སྙིན་ཚབ་འཇལ་དགོས་པ་མ་ཟད། དངོས་ཟོས་བདག་པོས་བཟོས་པའི་བསམ་པའི་གནོད་སྐྱོན་ལའང་སྙིན་ཚབ་འཇལ་དགོས། འདིར་དོ་སྣང་བྱེད་དགོས་པ་ཞིག་ནི། གཏན་འབེབས་འདི་ནི་ངེས་པར་དུ་ཁེ་དབང་ལ་བཙན་གནོད་བྱེད་མཁན་གྱིས་ཤེས་བཞིན་དུ་བྱས་པའམ་ཡང་ན་ལས་འཛོལ་ཚབས་ཆེན་ཤོར་ནས་དངོས་པོའི་བདག་པོར་བསམ་པའི་ཐོག་གནོད་སྐྱོན་ཚབས་ཆེན་བཟོས་པའི་གནས་ཚུལ་འོག་ད་གཟོད་སྤྱོད་འཐུས། དབང་གནོད་མཁན་གྱིས་སྤྱིར་བཏང་གི་ནོར་འཛོལ་ལྟ་བུའི་གནས་ཚུལ་འོག་ཏུ་དོན་ཚན་འདིའི་གཏན་འབེབས་བཀོལ་སྤྱོད་མི་བྱེད།

20. དབང་ཆར་བཙན་གནོད་ཐོག་མཁན་གྱི་རྒྱུ་ནོར་གྱི་གྱོང་གུན་ཇི་ལྟར་བརྩི་དགོས་སམ།

《དམངས་དོན་ཁྲིམས་གཞུང་》གི་དོན་ཚན་ཆིག་སྟོང་ཆིག་བརྒྱ་དང་གྱ་བཞི་པའི་གཏན་འབེབས་ལྟར། མི་གཞན་གྱི་རྒྱུ་ནོར་ལ་གནོད་འཚེ་བཏང་བ་ཡིན་ན། རྒྱུ་ནོར་ལ་གྱོང་གུན་བྱུང་དུས་ཀྱི་ཚོང་རའི་རིན་གོང་ངམ་ལུགས་མཐུན་གྱི་བྱེད་སྟངས་གཞན་དག་ལ་བརྟེན་ནས་རྩིས་རྒྱག་རྒྱུ།

རྒྱུ་ནོར་ལ་གནོད་སྐྱོན་གཏོང་བ་ཞེས་པ་ནི་སྤྱིར་བཏང་དུ་མི་གཞན་ལ་གནོད་འཚེ་བཏང་ནས་བཟོས་པའི་ཐད་ཀའི་གནོད་འཚེ་དང་། མི་གཞན་གྱི་རྒྱུ་ནོར་ལ་གནོད་འཚེ་བཏང་སྟེ་རྒྱུ་ནོར་རང་ལ་གྱོང་གུན་བཟོས་པ་ཕུད། ད་དུང་བར་བརྒྱུད་ཀྱི་གྱོང་གུན་དང་དཔལ་འབྱོར་གྱི་གྱོང་གུན་ཁོ་ན་ཡང་ཡིན་སྲིད། བར་བརྒྱུད་ཀྱི་གྱོང་གུན་ཞེས་པ་ནི་ཐོབ་ཆོག་པའི་ཁེ་ཕན་ཇུང་དུ་འགྲོ་བ་ཡིན་ཞིང་། དེ་

ནི་དབང་ཆར་གནོད་འཚེ་གཏོང་མཁན་གྱིས་མི་གཞན་གྱི་རྒྱུ་ནོར་ལ་གནོད་འཚེ་བཏང་བའི་བྱ་སྤྱོད་ལ་བརྟེན་ནས། དབང་ཆར་གནོད་འཚེ་ཐོག་མཁན་གྱིས་ཁྱབ་ཁོངས་ངེས་ཅན་ཞིག་གི་ནང་དུ་རྒྱུ་ནོར་དང་འབྲེལ་བ་ཡོད་པའི་འགྱུར་འགྲུར་གྱི་ཁེ་ཕན་ལ་གྱོང་གུན་ཐོག་པར་ཟེར།

མི་གཞན་གྱི་ཤེས་བྱའི་བདག་དབང་ལ་གནོད་འཚེ་བཏང་ན་གནོད་འཚེ་ཐོག་མཁན་གྱི་རྒྱུ་ནོར་ལ་གྱོང་གུན་བཟོ་སྲིད། ཤེས་ཡོན་གྱི་ཐོན་དབང་ནི་གཟུགས་མེད་ཀྱི་རྒྱུ་ནོར་བདག་དབང་ཞིག་དང་། རིག་སྟོབས་གསར་གཏོད་རང་བཞིན་གྱི་བྱེད་སྒོ་སྤེལ་ནས་གྲུབ་འབྲས་ཐོབ་རྗེས་ཁྲིམས་ལྟར་ལོངས་སྤྱོད་བྱེད་པའི་དབང་ཆ་ཞིག་རེད། ཤེས་ཡོན་གྱི་ཐོན་དངོས་བདག་དབང་ནི་རྒྱུ་ནོར་དང་མི་ལུས་ཀྱི་ཁེ་དབང་ཟུང་འབྲེལ་བྱེད་པའི་མཉམ་འདུས་རང་བཞིན་གྱི་ཁེ་དབང་ཞིག་ཡིན། རྒྱུ་ནོར་བདག་དབང་གི་ངོ་བོ་ནི་ཤེས་ཡོན་གྱི་ཐོན་དངོས་བདག་དབང་གི་ནང་དོན་གལ་ཆེན་ཞིག་ཡིན། ཤེས་ཡོན་གྱི་ཐོན་དངོས་བདག་དབང་ལ་གནོད་འཚེ་བཏང་བའི་རྐྱེན་གྱིས་རྒྱུ་ནོར་ལ་གནོད་སྐྱོན་བྱུང་བ་ཡིན་ན། དབང་ཆར་གནོད་འཚེ་གཏོང་མཁན་གྱིས་བབ་མཚུངས་ཀྱི་སྐྱིན་ཚབ་སྤྲོད་འགན་འཁུར་དགོས། དེ་མིན་མ་ཐང་བྱེད་དབང་ལ་གནོད་འཚེ་བཏང་ནས་རྒྱུ་ནོར་ལ་གྱོང་གུན་བཟོས་ན། ཀྲུང་སིའི་བཅའ་ཁྲིམས་སོགས་འབྲེལ་ཡོད་བཅའ་ཁྲིམས་ཀྱི་གཏན་འབེབས་ལྟར་དམངས་དོན་གྱི་སྐྱིན་ཚབ་སྤྲོད་འཁན་འཁུར་དགོས།

21. ཚེད་ཁེའི་ཐོན་རྫས་ལ་མི་གཞན་གྱིས་འདྲ་བཟོ་དབང་གནོད་བྱུང་ན། ཚད་གཅོད་རང་བཞིན་གྱི་གྲུན་གསབ་འཛམ་རྒྱུའི་རེ་བ་ཞུས་ཆོག་གམ།

《དམངས་དོན་ཁྲིམས་གཞུང་》གི་དོན་ཚན་ཆིག་སྟོང་ཆིག་བརྒྱ་དང་གྱ་ལྔ་པའི་གཏན་འབེབས་ལྟར། མི་གཞན་གྱི་ཤེས་ཡོན་གྱི་ཐོན་དངོས་བདག་དབང་ལ་

བསམ་བཞིན་དུ་གནོད་འཚེ་བཏང་བ་དང་། གནས་ཚུལ་ཚབས་ཆེན་ཡིན་རིགས། དབང་ཆར་གནོད་འཚེ་ཕོག་མཁན་ལ་བབ་མཚུངས་ཀྱི་ཆད་གཅོད་རང་བཞིན་གྱི་གུན་གསབ་སྤྲོད་དགོས་ཞེས་རེ་འདུན་ཞུ་དབང་ཡོད།

ཤེས་བྱའི་ཐོན་ལས་བདག་དབང་ནི་རིག་སྟོབས་ཀྱི་གྲུབ་འབྲས་ཁོངས་སུ་གཏོགས་ཤིང་། དེར་གཟུགས་མེད་རང་བཞིན་ལྡན་ཡོད་སྟབས་གནོད་འཚེ་ཕོག་ཚེ་དོན་དངོས་ཀྱི་གྱོང་གུན་གཏན་འཁེལ་བྱེད་དཀའ་བ་ཡོད། མ་ཟད་ཤེས་བྱའི་ཐོན་དངོས་བདག་དབང་ལ་གནོད་འཚེ་ཕོག་ཚེ་སྔར་བཞིན་བསྐྱར་བཟོ་ཐུབ་དཀའ་བས་ཆད་གཅོད་རང་བཞིན་ལ་བརྟེན་ནས་གནོད་འཚེ་ཕོག་མཁན་ལ་གུན་གསབ་འཇལ་དུ་འཇུག་པ་དང་གནོད་འཚེ་བཟོ་མཁན་ལ་ཉེས་ཆད་གཏོང་བའི་དགོས་པ་ཡོད། དེར་བརྟེན་ཤེས་བྱའི་ཐོན་དངོས་བདག་དབང་གི་སྲུང་སྐྱོབ་ལ་ཤུགས་སྣོན་ལེགས་པོ་ཐུབ་པ་དང་། དབང་གནོད་ཁྲིམས་འགལ་གྱི་མ་གནས་མངོན་གསལ་དོད་པོས་མཐོར་འདེགས་ཡོང་བ། བཙའ་ཁྲིམས་ཀྱི་ཟིལ་ཤུགས་ནུས་པ་འདོན་སྤེལ་གང་ལེགས་ཐུབ་ཆེད་དམངས་དོན་ཁྲིམས་གཞུང་གིས་ཤེས་ཡོན་ཐོན་དངོས་བདག་དབང་ལ་གནོད་འཚེ་བཏང་ཚེ་ཆད་གཅོད་རང་བཞིན་གྱི་གུན་གསབ་འཇལ་བའི་ལམ་ལུགས་གཏན་འབེབས་བྱས་ཡོད་ཅིང་། དེས་དོ་བདག་གིས་བེད་སྤྱོད་ལུགས་མཐུན་གྱི་ཐོག་ནས་ཤེས་བྱའི་ཐོན་དངོས་བདག་དབང་བེད་སྤྱོད་པར་སྐུལ་འདེད་ཀྱི་ནུས་པ་ཐོན་ལ། གསར་གཏོད་ལ་སྐུལ་སྤེལ་དང་ཁེ་ལས་ཀྱིས་ཤེས་བྱའི་ཐོན་དངོས་བདག་དབང་སྲུང་སྐྱོང་བྱེད་པའི་ཚོད་སེམས་ཇེ་ཆེར་གཏོང་རྒྱུར་ཡང་ནུས་པ་ལྡན་ཡོད། དེ་ནས་རང་རྒྱལ་གྱི་གསར་གཏོད་ཁོར་ཡུག་ལེགས་འགྱུར་དང་ཡང་དག་པའི་ཚོང་གཉེར་ཁོར་ཡུག་བསྐྲུན་ཐུབ་པོ།།

22. གསོད་འཚེ་ཕོག་མཁན་དང་བྱ་སྤྱོད་སྤེལ་མཁན་གཉིས་ཀར་གསོད་སྐྱོན་བྱུང་བའི་ཐད་ནོར་འཁྲུལ་མེད་ན། སྐྱོང་གུན་ཇི་ལྟར་འཁུར་དགོས།

《དམངས་དོན་ཁྲིམས་གཞུང་》གི་དོན་ཚན་ཆིག་སྟོང་ཆིག་བརྒྱ་དང་གྱ་དྲུག་པའི་གཏན་འབེབས་ལྟར། གསོད་འཚེ་ཕོག་མཁན་དང་བྱ་སྤྱོད་སྤེལ་མཁན་གཉིས་ཀར་གསོད་འཚེ་བྱུང་བར་ནོར་འཁྲུལ་མེད་ན། བཅའ་ཁྲིམས་ནང་གསལ་གཏན་འབེབས་ལ་གཞིགས་ནས་ཕྱོགས་གཉིས་ཀས་སྐྱོང་གུན་མཉམ་འཁུར་བྱེད་དགོས།

དབང་གསོད་འགན་འཁྲི་འཁུར་ཚུལ་ནི་བྱ་སྤྱོད་སྤེལ་མཁན་གྱི་ནོར་འཁྲུལ་གཞི་རྩའི་རྒྱུ་རྐྱེན་དུ་གྲུབ་པ་དང་། བྱ་སྤྱོད་སྤེལ་མཁན་ལ་གསོད་འཚེ་གཏོང་བའི་ནོར་འཁྲུལ་མེད་ཚེ་བཅའ་ཁྲིམས་ཀྱིས་གཏན་འབེབས་བྱས་པའི་ནོར་འཁྲུལ་མེད་པའི་འགན་འཁུར་ཕུད་སྤྱིར་བཏང་འགན་འཁྲི་འཁུར་མི་དགོས། འོན་ཀྱང་དོན་དངོས་འཚོ་བའི་ཁྲོད། གསོད་འཚེ་འགའ་རེའི་གནས་ཚུལ་ནི་མ་གཞི་བྱ་སྤྱོད་སྤེལ་མཁན་ལ་ནོར་འཁྲུལ་མེད་ཀྱང་འདིའི་རྐྱེན་ལས་བྱུང་བ་ཞིག་ཡིན་སྐབས། གལ་ཏེ་ནོར་འཁྲུལ་མེད་པ་སྟེ་འགན་འཁྲི་མེད་པའི་རྩ་དོན་གཞིར་བཟུང་ཐག་གཅོད་བྱས་ཚེ་གསོད་འཚེ་ཕོག་མཁན་གྱིས་སྐྱོང་གུན་འཁུར་དགོས་ཀྱི་ཡོད་པས། དེས་དྲང་གཞག་ཉམས་ལ་འཆམ་མཐུན་གྱི་མིའི་འབྲེལ་འདྲིས་འཛུགས་སྐྲུན་ལ་ཕན་ཐོགས་མེད། དེར་བརྟེན《དམངས་དོན་ཁྲིམས་གཞུང་》གིས་གསོད་འཚེ་བྱུང་བར་གསོད་འཚེ་ཕོག་མཁན་དང་གསོད་འཚེ་གཏོང་མཁན་གཉིས་ཀར་ནོར་འཁྲུལ་མེད་ཚེ་དོན་དངོས་གནས་ཚུལ་གཞིར་བཟུང་ཕྱོགས་གཉིས་ཀས་སྐྱོང་གུན་ཁག་བགོས་ཀྱིས་འགན་འཁྲི་འཁུར་དགོས་པའི་གཏན་འབེབས་བྱས་ཡོད།

23. དུས་ཁག་བགོས་ནས་སྐྱིན་ཆབ་སྤྲོད་པའི་སྐབས། དབང་ཆར་གནོད་འཚེ་ཕོག་མཁན་ལ་བབ་མཚུངས་ཀྱི་ཁག་ཐེག་འདོན་སྤྲོད་བྱ་དགོས་ཞེས་རེ་འདུན་ཞུས་ཆོག་གམ།

《དམངས་དོན་ཁྲིམས་གཞུང་》གི་དོན་ཚན་ཆིག་སྟོང་ཆིག་བརྒྱ་དང་གྱ་བདུན་པའི་གཏན་འབེབས་ལྟར། གནོད་འཚེ་བྱུང་རྗེས། དོ་བདག་དབར་སྐྱིན་གསབ་འཇལ་དངུལ་སྤྲོད་སྟངས་སྐོར་གྲོས་མོལ་བྱས་ཆོག གྲོས་ཁ་གཅིག་མཐུན་མ་བྱུང་ན། སྐྱིན་གསབ་འཇལ་དངུལ་ཐེངས་གཅིག་གིས་སྤྲོད་དགོས། ཐེངས་གཅིག་གིས་སྤྲོད་པར་དངོས་གནས་དཀའ་ཁག་ཡོད་ན། དུས་བགོས་ཏེ་སྤྲད་ཆོག ཡིན་ནའང་དབང་ཆར་གནོད་འཚེ་ཕོག་མཁན་ལ་བབ་མཚུངས་ཀྱི་ཁག་ཐེག་འདོན་སྤྲོད་བྱ་དགོས་ཞེས་རེ་འདུན་ཞུ་དབང་ཡོད།

དངོས་ཡོད་འཚོ་བའི་དཀའ་ངལ་རྐྱེན་པས་ཐེངས་གཅིག་རང་བཞིན་གྱིས་གཏོང་སྤྲོད་མི་ཐུབ་པའི་གནས་ཚུལ་དང་། གནོད་འཚེ་ཕོག་མཁན་གྱི་གྲོང་གུན་ལ་ཁ་གསབ་ཐུབ་པ་དང་སྲུགས་དབང་གནོད་མི་སྣའི་ཁྲིམས་མཐུན་གྱི་ཁེ་ཕན་ལ་ཕན་ཚུན་ལྟ་རྟོག་བྱེད་པར་གཞིགས་ནས་གལ་ཏེ་དབང་གནོད་མི་སྣའི་ཡོང་འབབ་ཉུང་བའི་རྐྱེན་གྱིས་ཐེངས་གཅིག་རང་བཞིན་གྱིས་སྐྱིན་གསབ་འཇལ་དངུལ་སྤྲོད་མི་ཐུབ་ཚེ་གནོད་འཚེ་ཕོག་མཁན་གྱི་ནང་མི་དང་འཇལ་ཐབས་གྲོས་མོལ་བྱེད་དགོས་པ་དང་། ནང་མིའི་མོས་མཐུན་ཐོབ་ཚེ་དབང་གནོད་མི་སྣས་དུས་ཚོད་བགོས་ནས་འཇལ་ན་ཆོག དུས་ཚོད་བགོས་ནས་འཇལ་བའི་སྐབས་ཕྱོགས་གཉིས་ཀས་ཞིབ་ཕྲའི་གནད་དོན་ལ་གཅིག་མཐུན་དགོས་པ་སྟེ། དུས་ཁག་ཇི་ཙམ་བགོས་པ་དང་། དུས་ཁག་རེར་ཇི་ཙམ་འཇལ་དགོས་པ། སྐྱིད་ཀ་དགོས་མིན་དང་སྐྱིད་ཀ་ཇི་ལྟར་རྩིས་དགོས་མིན་སོགས་ཀྱི་ནང་དོན་ཚུད་ཡོད་ལ། གནོད་འཚེ་ཕོག་མཁན་ལ་ཡང་དགོས་ངེས་ཀྱི་ཁག་ཐེག་རེ་ཞུ་བྱེད་པའི་དབང་ཆ་ཡོད།

ལེའུ་གསུམ་པ། འགན་འཁུར་བྱེད་པོའི་དམིགས་བསལ་གཏན་འབེབས་སྐོར།

24. ནར་མ་སོན་པའི་སྐྱེ་བོས་གཞན་ལ་གནོད་འཚེ་བཏང་ན། ལྟ་སྐྱོང་བྱེད་མཁན་གྱིས་ཁག་འགན་འཁུར་དགོས་སམ།

《དམངས་དོན་ཁྲིམས་གཞུང་》གི་དོན་ཚན་ཆིག་སྟོང་ཆིག་བརྒྱ་དང་གྱ་བརྒྱད་པའི་གཏན་འབེབས་ལྟར། དམངས་དོན་བྱ་སྤྱོད་སྤྱེལ་ནུས་མེད་པའི་སྐྱེ་བོ་དང་དམངས་དོན་བྱ་སྤྱོད་སྤྱེལ་ནུས་ཆ་ཚང་མེད་པའི་མིས་མི་གཞན་ལ་གནོད་འཚེ་བཏང་ན། ལྟ་སྐྱོང་པས་དབང་གནོད་ཀྱི་འགན་འཁྲི་འཁུར་དགོས། ལྟ་སྐྱོང་པས་ལྟ་སྐྱོང་གི་འགན་འཁྲི་ཁུར་ཡོད་ན། དེའི་དབང་གནོད་ཀྱི་འགན་འཁྲི་ཡང་དུ་བཏང་ཆོག

རྒྱུ་ནོར་ཡོད་ཅིང་དམངས་དོན་བྱ་སྤྱོད་སྤྱེལ་ནུས་མེད་པའི་མི་དང་དམངས་དོན་བྱ་སྤྱོད་སྤྱེལ་ནུས་ཆ་ཚང་མེད་པའི་མིས་མི་གཞན་ལ་གནོད་འཚེ་བཏང་ན། དེའི་རྒྱུ་ནོར་ཁྲོད་ནས་གུན་གསབ་གྲོན་དངུལ་སྤྲོད་དགོས། མི་འདང་བའི་ཆ་དེ་ལྟ་སྐྱོང་བྱེད་མཁན་གྱིས་གུན་གསབ་སྤྲོད་དགོས།

དམངས་དོན་གྱི་བྱ་སྤྱོད་སྤྱེལ་ནུས་མེད་མཁན་ལ་ལོ་བརྒྱད་མི་ལོན་པའི་ནར་མ་སོན་པའི་མི་དང་རང་གི་བྱ་སྤྱོད་དབྱེ་འབྱེད་ངོས་འཛིན་མི་ཐུབ་པའི་ནར་སོན་པའི་མི་བཅས་ཚུད་ཡོད། དམངས་དོན་གྱི་བྱ་སྤྱོད་སྤྱེལ་ནུས་ཚད་བཀག་ཡོད་མཁན་ལ་ལོ་བརྒྱད་ཡན་ལོན་པའི་ནར་མ་སོན་པའི་མི་དང་རང་གི་བྱ་སྤྱོད་དབྱེ་འབྱེད་ངོས་འཛིན་ཆ་ཚང་མི་ཐུབ་པའི་མི་བཅས་ཚུད་ཡོད་ཅིང་། འདི་གཉིས་ནི་གཙོ་

བོའི་ཐོབ་ཐང་གི་ཚད་བཀག་དབང་གིས་དམངས་དོན་གྱི་འགན་འཁྲི་འཁུར་ཐབས་མེད། མ་གཞི་དམངས་དོན་གྱི་བྱ་སྤྱོད་སྒྲིལ་ནུས་མེད་མཁན་དང་དམངས་དོན་གྱི་བྱ་སྤྱོད་སྒྲིལ་ནུས་ལ་ཚད་བཀག་ཡོད་མཁན་གཉིས་ཀྱིས་འགན་འཁྲི་འཁུར་མི་དགོས་པའམ་འགན་འཁུར་ལ་ཚད་བཀག་བཟོས་ཡོད་ཀྱང་ཁོང་ཚོས་གཞན་གྱི་ཁེ་དབང་ངམ་ཁེ་ཕན་ལ་གནོད་འཚེ་གཏོང་སྐབས་ཐད་ཀར་གནོད་འཚེ་ཐོག་གི་ཡོད་པས་ཁོང་ཚོའི་ལྟ་སྐྱོང་མི་སྣས་ཁྲིམས་ལྟར་དབང་གནོད་ཀྱི་འགན་འཁྲི་འཁུར་དགོས།

ནར་མ་སོན་པའི་མིས་བཟོས་པའི་ཉེན་ཁའི་བྱ་སྤྱོད་ལས་ཐོན་པའི་མཇུག་འབྲས་ནི་དོས་འཛིན་གསལ་པོ་མི་བྱུང་བས་ལྷག་པ་ཞིག་ཡིན་སྐབས་ཁྱིམ་བདག་གིས་ལྟ་སྐྱོང་གི་འོས་འགན་འཁུར་དགོས་ལ་ཉེན་རེའི་འཚོ་བའི་ནང་འཕྲད་པའི་ཉེན་ཁའི་རྒྱུ་རྐྱེན་སེལ་ཞིང་ལུས་ཁམས་དང་རྒྱུ་ནོར་གྱི་བདེ་འཇགས་སྲུང་སྐྱོབ་བྱེད་དགོས་པ་མ་ཟད། ནར་མ་སོན་པའི་མིའི་བདེ་འཇགས་ཀྱི་སློབ་གསོར་ཤུགས་སྣོན་བརྒྱབ་ནས་བདེ་འཇགས་ཀྱི་འདུ་ཤེས་ཇི་མཐོར་བཏང་སྟེ་རང་ངོས་ཀྱི་བདེ་འཇགས་ལ་སྲུང་སྐྱོབ་ཐུབ་པ་བྱེད་དགོས། དུས་མཚུངས་མི་གཞན་གྱི་ཉེན་ཁའི་ནང་བཙུག་མི་རུང་། གལ་ཏེ་ནར་མི་སོན་པའི་མིས་གནོད་འཚེ་བཟོས་པའི་གནས་ཚུལ་ཐོན་ཚེ་དབང་གནོད་ཕྱོགས་ཀྱི་ཁྱིམ་བདག་ནི་ལྟ་སྐྱོང་ཡིན་པའི་ངོས་ནས་ཁྲིམས་ལྟར་གུན་གསབ་འཇལ་བའི་འགན་འཁྲི་འཁུར་དགོས་ལ་དོན་དངོས་བྱ་སྤྱོད་ལ་བརྟེན་ནས་ཕྲུ་གུར་འགན་འཁྲི་འཁུར་དགོས་པའི་སློབ་གསོ་རྒྱག་དགོས།

25. མི་གཞན་ལ་ལྟ་སྐྱོང་བྱེད་དུ་འཇུག་སྐབས་ཕྲུ་གུས་མི་གཞན་ལ་རྨས་སྐྱོན་བཏང་ན་ཁེ་དབང་ལ་བཙན་གནོད་བཏང་བའི་ཁག་འགན་སུས་འཁུར་དགོས།

《དམངས་དོན་ཁྲིམས་གཞུང་》གི་དོན་ཚན་ཅིག་སྟོང་ཅིག་བརྒྱ་དང་དགུ་དགུ་པའི་གཏན་འབེབས་ལྟར། དམངས་དོན་བྱ་སྤྱོད་སྒྲིལ་ནུས་མེད་པའི་མི་དང་

དམངས་དོན་བྱ་སྤྱོད་སྤེལ་ནུས་ཆ་ཚང་མེད་པའི་མིས་མི་གཞན་ལ་གནོད་འཚེ་བཏང་ཚེ། ལྟ་སྐྱོང་བྱེད་མཁན་གྱིས་ལྟ་སྐྱོང་བྱེད་འགན་མི་གཞན་ལ་མངག་བཅོལ་བྱས་ཡོད་ན། ལྟ་སྐྱོང་བྱེད་མཁན་གྱིས་དབང་གནོད་ཀྱི་འགན་འཁྲི་འཁུར་དགོས། མངག་བཅོལ་ལེན་མཁན་ལ་ནོར་འཁྲུལ་ཡོད་ན་བབ་མཚུངས་ཀྱི་འགན་འཁྲི་འཁུར་དགོས།

ལྟ་སྐྱོང་མི་སྣས་དམངས་དོན་གྱི་བྱ་སྤྱོད་སྤེལ་ནུས་མེད་མཁན་དང་དམངས་དོན་གྱི་བྱ་སྤྱོད་སྤེལ་ནུས་ཚད་བཀག་ཡོད་མཁན་ལ་སློབ་གསོ་དང་མཇུབ་སྟོན་གྱི་འགན་འཁུར་དགོས་པ་དང་། ཁོང་ཚོས་མི་གཞན་ལ་གནོད་འཚེ་བཏང་ཚེ་ལྟ་སྐྱོང་མཁན་གྱིས་དབང་གནོད་ཀྱི་འགན་འཁྲི་འཁུར་དགོས། དེ་བཞིན་ལྟ་སྐྱོང་མཁན་གྱིས་ལྟ་སྐྱོང་འགན་འཁྲི་གཞན་ལ་མངག་བཅོལ་བྱས་པའི་གནས་ཚུལ་འོག་ལྟ་སྐྱོང་མཁན་གྱིས་སྔར་བཞིན་དབང་གནོད་ཀྱི་འགན་འཁྲི་འཁུར་དགོས། འོན་ཀྱང་གལ་ཏེ་མངག་བཅོལ་དང་ལེན་བྱེད་མཁན་ལ་ནོར་འཁྲུལ་ཡོད་པའི་ར་སྤྲོད་ཐུབ་ན་མངག་བཅོལ་དང་ལེན་བྱེད་མཁན་གྱིས་ཀྱང་བབ་མཐུན་གྱི་འགན་འཁྲི་འཁུར་དགོས། འདིས་མངག་བཅོལ་དང་ལེན་བྱེད་མཁན་གྱིས་ལྟ་སྐྱོང་གི་འགན་འཁུར་ལེགས་པར་བསྒྲུབ་རྒྱུར་ཕན་ཐོགས་པ་དང་། ཁོང་ཚོས་འགན་འཁྲི་ལྷོད་གཡེང་ཤོར་ནས་དེ་ལས་མང་བའི་དབང་གནོད་ཀྱི་གནས་ཚུལ་ལྷག་རྒྱུར་གཡོལ་ཐབས་བྱེད་ཐུབ།

26. ཆང་གིས་བཟི་ནས་མི་གཞན་ལ་གནོད་སྐྱོན་བཟོས་ན་དབང་གནོད་ཁག་འགན་འཁུར་དགོས་སམ།

《དམངས་དོན་ཁྲིམས་གཞུང་》གི་དོན་ཚན་ཅིག་སྟོང་ཅིག་བརྒྱ་དང་དགུ་བཅུ་པའི་གཏན་འབེབས་ལྟར། དམངས་དོན་བྱ་སྤྱོད་སྤེལ་ནུས་ཆ་ཚང་ཡོད་པའི་

སྐྱེ་བོས་གནས་སྐབས་ཤིག་རང་གི་བྱ་སྤྱོད་ཀྱི་ཚོར་ཤེས་ཉམས་པའམ་རང་གཙུག་མ་ཐུབ་པས་མི་གཞན་ལ་གནོད་འཚེ་བཏང་ནས་ནོར་འཕྲུལ་བྱུང་ན། དབང་གནོད་ཀྱི་འགན་འཁྲི་འཁུར་དགོས། ནོར་འཁྲུལ་མེད་ན། བྱ་སྤྱོད་སྤྱིལ་མཁན་གྱི་དཔལ་འབྱོར་གྱི་གནས་ཚུལ་ལ་གཞིགས་ནས་གནོད་འཚེ་ཕོག་མཁན་ལ་གུན་གསབ་འོས་འཚམ་སྤྲོད་དགོས།

དམངས་དོན་བྱ་སྤྱོད་སྤྱིལ་ནུས་ཚ་ཚང་ཡོད་པའི་མིས་ཆང་གིས་བཟི་བ་དང་སྦྲིད་སྨན་ནམ་ཀླད་རྩའི་སྨན་གང་དགར་བསྟེན་ནས་དུས་ཐུང་ནང་རང་ཉིད་ཀྱི་བྱ་སྤྱོད་ཐད་ཀྱི་ཚོར་ཤེས་ཉམས་པའམ་རང་གཙུག་མ་ཐུབ་པས་མི་གཞན་ལ་གནོད་འཚེ་བཏང་ན། དབང་གནོད་ཀྱི་འགན་འཁྲི་འཁུར་དགོས།

དབང་གནོད་ཀྱི་བྱ་སྤྱོད་འགའ་རེ་བྱ་སྤྱོད་སྤྱིལ་མཁན་ར་བཟི་བ་དང་གང་བྱུང་དུ་སྦྲིད་སྨན་ནམ་ཀླད་རྩའི་སྨན་བེད་སྤྱད་པ་ལས་བྱུང་བ་ཞིག་རེད། ལྷག་པར་དུ་འགྲིམ་འགྲུལ་དོན་རྐྱེན་ནང་། མ་གཞི་གཞུང་ལམ་འགྲིམ་འགྲུལ་བདེ་འཇགས་ཀྱི་བཅའ་ཁྲིམས་ལྟར་ན་ཆང་རག་བཏུངས་པ་དང་རྒྱལ་ཁབ་ཀྱིས་བཀག་སྡོམ་བྱས་པའི་ཀླད་རྩའི་སྨན་ནམ་སྦྲིད་སྨན་བཟས་ནས་འཕྲུལ་འཁོར་གཏོང་མི་ཚོག་པའི་གཏན་འབེབས་བྱས་ཡོད་ཀྱང་ལོ་ལྟར་རྒྱལ་ཡོངས་ཀྱི་འགྲིམ་འགྲུལ་དོན་རྐྱེན་ནང་ཆང་རག་བཏུངས་རྗེས་ཏྲངས་འཁོར་བཏང་ནས་ལྷག་པའི་ལས་འཛོལ་མི་ཉུང་བ་ཡོད་ཅིང་། 《དམངས་དོན་ཁྲིམས་གཞུང་》ནང་བྱ་སྤྱོད་སྤྱིལ་མཁན་གྱི་གནས་ཚུལ་འདི་རིགས་ལ་དབང་གནོད་ཀྱི་འགན་འཁྲི་འཁུར་དགོས་པའི་གཏན་འབེབས་ཁ་གསལ་བྱས་ཡོད། དམངས་དོན་གྱི་བྱ་སྤྱོད་སྤྱིལ་ནུས་ཚ་ཚང་ཡོད་མཁན་ངོས་ནས་ར་བཟི་བ་དང་སྦྲིད་སྨན་ནམ་ཀླད་རྩའི་སྨན་གང་བྱུང་དུ་སྤྱད་ན་རང་གི་བྱ་སྤྱོད་ཚོད་འཛིན་བྱེད་དཀའ་བ་དང་སྤྱི་པའི་བདེ་འཇགས་དང་གཞན་གྱི་ཚེ་སྲོག་ལ་གནོད་འཚེ་གཏོང་སྲིད་པ་སྟོན་ནས་ཤེས་རྟོགས་ཐུབ་ཀྱང་། བྱ་སྤྱོད་སྤྱིལ་མཁན་གྱིས་མཇུག་འབྲས་ལ་བསམ་བློ་མི་གཏོང་བར་སྟར་བཞིན་ཏྲངས

འཁོར་གཏོང་བའམ་ཐབས་ལམ་གཞན་གྱིས་མི་གཞན་གྱི་ཚེ་སྲོག་དང་རྒྱུ་ནོར་ལ་གནོད་འཚེ་བཟོ་གི་ཡོད། མ་གཞི་དབང་གནོད་ཀྱི་གནས་ཚུལ་ལྡག་སྐབས་སུ་བྱ་སྤྱོད་སྤེལ་མཁན་གྱི་འདུ་ཤེས་ཉམས་ནས་སྤྱིར་“ནོར་འཁྲུལ་”ཞེས་པ་བརྗོད་ཐབས་མེད། འོན་ཀྱང་བྱ་སྤྱོད་རང་ངོས་ལ་ཁྲིམས་འགལ་རང་བཞིན་ལྡན་ཡོད་པས་སྐབས་དེར་ཐོན་པའི་དབང་གནོད་ཀྱི་བྱ་སྤྱོད་ལ་འགན་འཁྲི་འཁུར་དགོས།

27. ལས་འགན་བསྒྲུབས་པའི་དབང་གིས་མི་གཞན་ལ་གནོད་སྐྱོན་བཟོས་རིགས། སུ་ཡིས་དབང་གནོད་ཁག་འགན་འཁུར་དགོས་སམ།

《དམངས་དོན་ཁྲིམས་གཞུང་》གི་དོན་ཚན་ཆིག་སྟོང་ཆིག་བརྒྱ་དང་གོ་གཅིག་པའི་གཏན་འབེབས་ལྟར། མི་སྤྱོད་མཁན་སྡེ་ཚན་གྱི་ལས་བྱེད་མི་སྣས་ལས་ཀའི་ལས་འགན་སྒྲུབ་པའི་རྐྱེན་གྱིས་མི་གཞན་ལ་གནོད་འཚེ་བཏང་ན། མི་སྤྱོད་མཁན་སྡེ་ཚན་གྱིས་དབང་གནོད་ཀྱི་འགན་འཁྲི་འཁུར་དགོས། མི་སྤྱོད་མཁན་སྡེ་ཚན་གྱིས་དབང་གནོད་ཀྱི་འགན་འཁྲི་ཁུར་རྗེས་བསམ་བཞིན་དུ་བྱས་པའམ་ལས་འཛོལ་ཚབས་ཆེན་ཤོར་བའི་ལས་བྱེད་མི་སྣར་གུན་གསབ་བདའ་འདེད་བཏང་ཆོག

ངལ་ནུས་པ་མངག་གཏོང་བྱེད་རིང་། མངག་གཏོང་བྱ་ཡུལ་ལས་བྱེད་མི་སྣས་ལས་ཀའི་ལས་འགན་སྒྲུབ་པའི་རྐྱེན་གྱིས་མི་གཞན་ལ་གནོད་འཚེ་བཏང་ན། མངག་གཏོང་ངལ་ལས་པ་དང་ལེན་བྱེད་པའི་མི་སྤྱོད་མཁན་སྡེ་ཚན་གྱིས་དབང་གནོད་ཀྱི་འགན་འཁྲི་འཁུར་དགོས། ངལ་ནུས་པ་མངག་གཏོང་བྱེད་མཁན་སྡེ་ཚན་ལ་ནོར་འཁྲུལ་ཡོད་ན། དེས་བབ་མཚུངས་ཀྱི་འགན་འཁྲི་འཁུར་དགོས།

《དམངས་དོན་ཁྲིམས་གཞུང་》གི་དོན་ཚན་ཆིག་སྟོང་ཆིག་བརྒྱ་དང་གོ་གཉིས་པའི་གཏན་འབེབས་ལྟར། མི་སྒེར་དབར་ངལ་ནུས་པ་གཏོང་ལེན་གྱི་འབྲེལ་བ་ཆགས་རྗེས། ངལ་ནུས་པ་མགོ་འདོན་བྱེད་མཁན་ཕྱོགས་ཀྱིས་ངལ་ནུས་ཀྱི་རྐྱེན་

གྱིས་མི་གཞན་ལ་གནོད་འཚེ་བཏང་ན། ངལ་ནུས་པ་དང་ལེན་བྱེད་མཁན་ཕྱོགས་ཀྱིས་དབང་གནོད་ཀྱི་འགན་འཁྲི་འཁུར་དགོས། ངལ་ནུས་པ་དང་ལེན་བྱེད་མཁན་ཕྱོགས་ཀྱིས་དབང་གནོད་ཀྱི་འགན་འཁྲི་ཁུར་རྗེས། བསམ་བཞིན་དུ་བྱས་པའམ་ལས་འཛོལ་ཚབས་ཆེན་ཤོར་བའི་ངལ་ནུས་པ་མགོ་འདོན་བྱེད་མཁན་ཕྱོགས་ལ་གུན་གསབ་བདའ་འདེད་བྱས་ཆོག ངལ་ནུས་པ་མགོ་འདོན་བྱེད་མཁན་ཕྱོགས་ལ་ངལ་ནུས་ཀྱི་རྐྱེན་པས་གནོད་འཚེ་ཕོག་ན། གཏོང་ལེན་བྱེད་མཁན་ཕྱོགས་གཉིས་ཀས་སོ་སོའི་ནོར་འཁྲུལ་ལ་གཞིགས་ནས་བབ་མཚུངས་ཀྱི་འགན་འཁྲི་འཁུར་དགོས།

ངལ་ནུས་པ་མགོ་འདོན་བྱེད་རིང་ཕྱུང་གསུམ་པའི་བྱ་སྤྱོད་ཀྱི་རྐྱེན་གྱིས་ངལ་ནུས་པ་མགོ་འདོན་བྱེད་མཁན་ཕྱོགས་ལ་གནོད་འཚེ་བཏང་ན། ངལ་ནུས་པ་མགོ་འདོན་བྱེད་མཁན་ཕྱོགས་ལ་ཕྱུང་གསུམ་པས་དབང་གནོད་ཀྱི་འགན་འཁྲི་འཁུར་དགོས་ཞེས་རེ་འདུན་ཞུ་དབང་ཡོད་ལ། ངལ་ནུས་པ་དང་ལེན་བྱེད་མཁན་ཕྱོགས་ཀྱིས་གུན་གསབ་སྤྲོད་དགོས་ཞེས་རེ་འདུན་ཞུ་དབང་ཡང་ཡོད། ངལ་ནུས་པ་དང་ལེན་བྱེད་མཁན་ཕྱོགས་ཀྱིས་གུན་གསབ་སྤྲད་རྗེས་ཕྱུང་གསུམ་པར་གུན་གསབ་བདའ་འདེད་བྱས་ཆོག

28. འགན་ལེན་མཁན་གྱིས་ལས་ཀ་སྒྲུབ་པའི་གོ་རིམ་ཁྲོད་མི་གཞན་ལ་གནོད་སྐྱོན་བཟོས་ན། འགན་མངགས་མཁན་གྱིས་ཀྱང་ཁག་འགན་འཁུར་དགོས་སམ།

《དམངས་དོན་ཁྲིམས་གཞུང་》གི་དོན་ཚན་ཆིག་སྟོང་ཆིག་བརྒྱ་དང་གོ་གསུམ་པའི་གཏན་འབེབས་ལྟར། དང་ལེན་བྱེད་མཁན་གྱིས་ལས་དོན་ལེགས་འགྲུབ་བྱེད་རིམ་ནང་ཕྱུང་གསུམ་པར་གནོད་འཚེ་བཏང་བའམ་རང་ཉིད་ལ་གནོད་འཚེ་བཟོས་ན། མངག་སྐུལ་བྱེད་མཁན་གྱིས་དབང་གནོད་ཀྱི་འགན་འཁྲི་

འགྱུར་མི་དགོས། འོན་ཀྱང་མངག་བཅོ་བྱེད་མཁན་ལ་མངག་བཅོ་དང་། མཇུབ་སྟོན་ནམ་འདེམས་བསྐོ་བཅས་བྱེད་པར་ནོར་འཁྲུལ་བྱུང་ན་བབ་མཚུངས་ཀྱི་འགན་འཁྲི་འགྱུར་དགོས།

སྣ་པ་སྣས་པའི་རྐྱེན་གྱིས་གན་རྒྱ་ལས་ཐོན་པའི་སྣ་པའི་འབྲེལ་བ་དང་མི་འདྲ་བར། གན་རྒྱ་འགན་སྲུབ་བྱེད་སྐབས་ཕྱོགས་གཉིས་པོའི་དོ་བདག་ཡོངས་སུ་རང་ཚུགས་ཏེ་ཉོ་ཚོང་གི་གན་རྒྱ་དང་ཆ་འདྲ་བ་ཡོད་པ་དང་། ཕྱོགས་གཅིག་གི་དབང་གནོད་བྱ་སྤྱོད་ཀྱིས་རྒྱུ་ནོར་དང་ལུས་ཁམས་གང་རུང་ལ་གནོད་འཚེ་ཐོག་ཀྱང་འགན་སྲུབ་བྱེད་མཁན་གྱིས་འགན་འགྱུར་དགོས། འོན་ཀྱང་མངག་བཅོ་བྱེད་མཁན་གྱིས་མངག་བཅོ་དང་མཇུབ་ཁྲིད། ཡང་ན། འདེམས་སྐོར་ལ་ནོར་འཁྲུལ་ཡོད་ཚེ་མངག་བཅོ་བྱེད་མཁན་གྱིས་བབ་མཐུན་གྱི་དབང་གནོད་འགན་འཁྲི་འགྱུར་དགོས།

29. ཐྲ་བ་སྤྱོད་མཁན་གྱིས་ཐྲ་བ་སྤྲད་དེ་དབང་གནོད་བྱུས་ན། དབང་གནོད་ཁག་འགན་འཁུར་དགོས་སམ།

《དམངས་དོན་ཁྲིམས་གཞུང་》གི་དོན་ཚན་ཆིག་སྟོང་ཆིག་བརྒྱ་དང་གོ་བཞི་པའི་གཏན་འབེབས་ལྟར། ཐྲ་སྒྲིལ་སྤྱོད་མཁན་དང་ཐྲ་སྒྲིལ་ཞབས་ཞུ་མཁོ་འདོན་བྱེད་མཁན་གྱིས་ཐྲ་སྒྲིལ་ལ་བརྟེན་ནས་མི་གཞན་གྱི་དམངས་དོན་ཁེ་དབང་ལ་གནོད་འཚེ་བཏང་ན། དབང་གནོད་ཀྱི་འགན་འཁྲི་འགྱུར་དགོས། བཅའ་ཁྲིམས་ནང་ལོགས་སུ་གཏན་འབེབས་བྱས་ཡོད་རིགས་གཏན་འབེབས་དེར་གཞིགས་དགོས།

དེང་དུས་ཐྲ་རྒྱ་ནི་ཆ་འཕྲིན་ཐོབ་ལམ་གལ་ཆེན་ཞིག་ཏུ་འགྱུར་ཟིན་པས་དེར་རྒྱ་ཆེ་བའི་ཁྲོམ་ར་དང་སྟོབས་ཆེ་བའི་མངོན་མིན་ནུས་པ་ཤུགས་མངོན་བཞིན་ཡོད། འོན་ཀྱང་ཆ་འཕྲིན་ཐྲ་རྒྱའི་དབང་གནོད་ཀྱི་བྱ་སྤྱོད་ཀྱང་ཇེ་མང་དུ་འགྲོ་

བཞིན་ཡོད་པས་མི་མང་པོའི་ཁྲིམས་མཐུན་གྱི་ཁེ་ཕན་ལ་གནོད་འཚེ་ཕོག་གི་ཡོད། དེ་ཡང་དྲ་རྒྱའི་དབང་གནོད་ལ་གཙོ་བོ་རིགས་མི་འདྲ་བ་འགའ་ཞས་ཡོད་དེ། (1)དྲ་རྒྱར་བརྟེན་ནས་མི་གཞན་གྱི་མཚན་སྙན་དང་གསང་དོན། ཉུས་མིང་། འདྲ་པར་རམ་བརྙས་བཅོས། གཞན་ལ་སྐུར་འདེབས་སོགས་མི་གཤིས་དབང་ཆར་གནོད་འཚེ་བཟོ་བའི་བྱ་སྤྱོད། (2)དྲ་རྒྱར་བརྟེན་ནས་ཤེས་བྱའི་ཐོན་ལས་བདག་དབང་ལ་གནོད་འཚེ་བཟོ་བའི་བྱ་སྤྱོད། (3)ཧེག་པས་གཞན་གྱི་གྲངས་མཛོད་ལ་བཙན་འཛུལ་བྱས་ཏེ་འབྲེལ་ཡོད་ཆ་འཕྲིན་བརྐུ་འཁྱེར་རམ་དྲ་རྒྱར་བརྟེན་ནས་ནད་དུག་བརྒྱུད་སྤེལ་བྱས་ཏེ་གཞན་གྱི་གྲངས་མཛོད་དང་མཉེན་ཆས། ཐ་ན་མཁྲེགས་ཆས་ཀྱི་སྒྲིག་ཆས་སོགས་ལ་གནོད་འཚེ་བཟོས་ཏེ་ཁྲིམས་དང་མི་མཐུན་པའི་བཙན་འཛུལ་དང་བརྐུ་འཁྱེར། རྒྱུ་ནོར་ལ་གནོད་སྐྱོན་བཟོ་བའི་བྱ་སྤྱོད་སོགས་ཡོད། འོན་ཏེ་དྲ་རྒྱ་ནི་ཁྲིམས་མེད་ཡུལ་སྤྱོད་བྱེད་པའི་གནས་ཤིག་མིན་པར་སྤྱི་དམངས་ཀྱི་གསང་དོན་དང་མཚན་སྙན། རྩོམ་གྱི་བདག་དབང་བཅས་ཁོངས་ཀྱི་ལུས་ཁམས་དང་རྒྱུ་ནོར་གྱི་ཁེ་དབང་རེ་རེ་ལ་བཅའ་ཁྲིམས་ཀྱིས་སྲུང་སྐྱོབ་བྱེད་ཀྱི་ཡོད་ལ། དྲ་རྒྱ་སྤྱོད་མཁན་དང་དྲ་རྒྱའི་ཞབས་ཞུ་མཁོ་འདོན་པས་དྲ་རྒྱ་སྲུད་དེ་མི་གཞན་གྱི་དམངས་དོན་ཁེ་ཕན་ལ་གནོད་འཚེ་བཏང་ཚེ་ཁྲིམས་ལྟར་དབང་གནོད་ཀྱི་འགན་འཁྲི་འཁུར་དགོས།

30. དྲ་རྒྱའི་ཞབས་ཞུ་སྲུད་ནས་དབང་གནོད་ཀྱི་བྱ་སྤྱོད་སྤེལ་བར་དབང་གནོད་ཀྱི་འགན་འཁྲི་འཁུར་དགོས་སམ།

《དམངས་དོན་ཁྲིམས་གཞུང་》གི་དོན་ཚན་ཆིག་སྟོང་ཆིག་བརྒྱ་དང་གོ་བཞི་པའི་གཏན་འབེབས་ལྟར། དྲ་སྦྲེལ་སྤྱོད་མཁན་དང་དྲ་སྦྲེལ་ཞབས་ཞུ་མཁོ་འདོན་བྱེད་མཁན་གྱིས་དྲ་སྦྲེལ་ལ་བརྟེན་ནས་མི་གཞན་གྱི་དམངས་དོན་ཁེ་དབང་ལ་

གནོད་འཚེ་བཏང་ན། དབང་གནོད་ཀྱི་འགན་འཁྲི་འཁུར་དགོས། བཅའ་ཁྲིམས་ནང་ལོགས་སུ་གཏན་འབེབས་བྱས་ཡོད་རིགས་གཏན་འབེབས་དེར་གཞིགས་དགོས།

དྲ་རྒྱ་སྤྱོད་མཁན་གྱིས་དྲ་རྒྱའི་ཞབས་ཞུ་སྤྱད་དེ་དབང་གནོད་ཀྱི་བྱ་སྤྱོད་སྤེལ་ཚེ་དབང་གནོད་ཕོག་མཁན་གྱིས་དྲ་རྒྱ་མཁོ་འདོན་པར་བརྡ་ཐོ་བཏང་སྟེ་བསུབ་པ་དང་སྒྲིབ་པ། སྒྲིལ་མཐུད་གཅོད་པ་སོགས་དགོས་ངེས་ཀྱི་བྱ་ཐབས་སྤེལ་དུ་བཅུག་པའི་དབང་ཆ་ཡོད་པ་དང་། དྲ་རྒྱའི་ཞབས་ཞུ་མཁོ་འདོན་པས་བརྡ་ཐོ་འབྱོར་རྗེས་དུས་ཐོག་ཏུ་དགོས་ངེས་ཀྱི་བྱ་ཐབས་མ་སྤེལ་བའི་རྐྱེན་གྱིས་གནོད་འཚེ་ཇེ་ཆེར་ཕྱིན་པའི་ཆ་རྣམས་དྲ་རྒྱ་སྤྱོད་མཁན་དང་ཞོར་འབྲེལ་གྱི་འགན་འཁྲི་འཁུར་དགོས་སོ། །

《དམངས་དོན་ཁྲིམས་གཞུང་》གིས་དོན་ཚན་འདིར་བཀོད་པའི་གཏན་འབེབས་ནི་རང་རྒྱལ་ཁྲིམས་ཁང་གིས་དྲ་རྒྱའི་ཞབས་ཞུ་མཁོ་འདོན་པས་དབང་གནོད་བྱས་པའི་གྱོད་གཞིའི་གལ་ཆེའི་གཞི་འཛིན་ས་ཡིན་ལ། དྲ་རྒྱའི་ཞབས་ཞུ་མཁོ་འདོན་པས་དབང་གནོད་འགན་འཁྲིར་འགན་འཁུར་བའི་ཚད་ཐིག་ཀྱང་ཡིན། དོན་ཚན་འདིར་དྲ་རྒྱའི་ཞབས་ཞུ་མཁོ་འདོན་པས་ཆ་རྐྱེན་ངེས་ཅན་འོག་ཞོར་འབྲེལ་གྱི་འགན་འཁྲི་འཁུར་དགོས་པའི་གཏན་འབེབས་བྱས་ཡོད་ཅིང་། འདི་ནི་དྲ་རྒྱ་སྤྱོད་མཁན་གྱི་ཁྲིམས་མཐུན་ཁེ་དབང་སྲུང་སྐྱོབ་ནུས་ལྡན་ཐུབ་པར་ཕན་ཐོགས་ཡོད། དུས་མཚུངས་འདིས་དྲ་རྒྱའི་ཞབས་ཞུ་མཁོ་འདོན་པས་དོ་སྣང་བྱེད་པའི་འོས་འགན་ངེས་ཅན་འཁུར་དགོས་པའི་གཏན་འབེབས་བྱས་ཡོད་པ་དང་། གནོད་འཚེ་ཕོག་མཁན་གྱི་བརྡ་ཐོ་འབྱོར་རྗེས་བསུབ་པ་དང་སྒྲིབ་པ། སྒྲིལ་མཐུད་གཅོད་པ་སོགས་ཀྱི་འོས་འགན་ཡོད། དེ་ལས་ལྡོག་ན་གནོད་འཚེ་ཇེ་ཆེར་ཕྱིན་པའི་ཆ་རྣམས་ལ་ཞོར་འབྲེལ་གྱི་འགན་འཁྲི་འཁུར་དགོས། འདི་ནི་ཁྲིམས་སྐྱོང་པས་དྲ་རྒྱ་སྤྱོད་མཁན་གྱི་ཕྱོགས་ནས་གཙོ་བོ་དྲ་རྒྱའི་ཁོར་ཡུག་ཁྲོད་ཉམས་ཞན་དུ་གནས་པའི་དྲ་

རྒྱ་སྐྱོད་མཁན་གྱི་ཁེ་ཕན་ལ་སྲུང་སྐྱོང་བྱས་པ་ཞིག་རེད།

31. དྲ་རྒྱའི་ཐོག་ནས་དབང་ཆར་གནོད་འཚེ་ཕོག་སྐབས་དབང་ཆར་གནོད་འཚེ་ཕོག་མཁན་གྱིས་དབང་ཆར་ཇི་ལྟར་སྲུང་སྐྱོང་བྱེད་དགོས་སམ།

《དམངས་དོན་ཁྲིམས་གཞུང་》གི་དོན་ཚན་ཆིག་སྟོང་ཆིག་བརྒྱ་དང་གོ་ལྔ་པའི་ཁག་དང་པོའི་གཏན་འབེབས་ལྟར། དྲ་སྤྲེལ་སྤྱོད་མཁན་གྱིས་དྲ་སྤྲེལ་ཞབས་ཞུ་ལ་བརྟེན་ནས་དབང་གནོད་བྱ་སྤྱོད་སྤེལ་ན། ཁེ་དབང་འཛིན་མཁན་གྱིས་དྲ་སྤྲེལ་ཞབས་ཞུ་མཁོ་འདོན་བྱེད་མཁན་ལ་བསྒུབ་པ་དང་། འགེབས་པ། འབྲེལ་མཐུད་གཅོད་པ་སོགས་དགོས་ངེས་ཀྱི་བྱེད་ཐབས་སྤྱོད་དགོས་པའི་བརྡ་ཐོ་བཏང་ཆོག བརྡ་ཐོའི་ནང་དབང་གནོད་གྲུབ་པའི་ཐོག་མའི་དཔང་རྟགས་དང་ཁེ་དབང་འཛིན་མཁན་གྱི་ཐོབ་ཐང་ངོ་མའི་ཆ་འཕྲིན་ཚུད་དགོས།

དྲ་རྒྱའི་ཐོག་ནས་དབང་ཆར་གནོད་འཚེ་ཕོག་སྐབས། གནོད་འཚེ་ཕོག་མཁན་གྱིས་ཆ་འཕྲིན་འགྲེམ་སྤེལ་བྱ་ཡུལ་གྱི་དྲ་རྒྱའི་ཞབས་ཞུ་མཁོ་འདོན་མཁན་དང་འབྲེལ་འདྲིས་ཐོག ཆ་འཕྲིན་བསྒུབ་ནས་མུ་མཐུད་བརྒྱུད་བསྒྱུར་མི་ཡོང་བའི་རེ་བ་བཏོན་པ་ནི་རང་ཉིད་ཀྱི་ལུགས་མཐུན་ཁེ་ཕན་སྲུང་སྐྱོབ་བྱེད་པའི་ཐབས་ལམ་ནུས་ལྡན་ཞིག་ཡིན།

འདི་དང་དུས་མཚུངས། དྲ་རྒྱའི་དབང་གནོད་བྱུང་ཚེ་གནོད་འཚེ་ཕོག་མཁན་གྱིས་ལམ་སེང་དཔང་རྟགས་ཉར་ཚགས་བྱེད་དགོས་པ་དང་། ཧུར་བརྩོན་གྱིས་ཁེ་དབང་འགན་སྲུང་ཐོག་སྤྲོ་བདེ་ཚན་པར་སླན་སེང་ཞུས་ནས་རྟོག་ཞིབ་རྩད་གཅོད་ཡོང་བ་བྱེད་དགོས། གལ་ཏེ་དབང་གནོད་བཟོ་མཁན་གྱིས་ཉེས་དོན་གྱི་བྱས་ཉེས་བསགས་པ་དང་འབྲེལ་བ་ཡོད་ཚེ་སྤྲོ་བདེ་ཚན་པའི་བརྟག་དཔྱད་མཇུག་བསྒྲིལ་རྗེས་རྒྱལ་ཁབ་ཞིབ་དཔྱོད་ལས་ཁུངས་ཀྱིས་གཞུང་གཏུག་བྱས་

ཏེ་འབྲེལ་ཡོད་མི་སྣའི་ཉེས་དོན་འགན་འཁྲི་རྩད་གཅོད་བྱེད་ཆོག དྲ་རྒྱ་བརྒྱུད་དེ་སྤེལ་བའི་བརྙས་བཅོས་དང་སྐུར་འདེབས་ཚབས་ཆེན་མིན་པའི་གྱོད་གཞིའི་རིགས་ལ་གལ་ཏེ་དཔང་རྟགས་ཁ་གསལ་ཡོད་ཚེ་གནོད་འཚེ་ཕོག་མཁན་གྱིས་ཁྲིམས་ཁང་ལ་ཉེས་དོན་རང་སྐྱོར་བྱས་ཆོག

དོ་སྣང་བྱེད་དགོས་རྒྱུར། སྤྱི་བདེ་ཚན་པར་གྱོད་དོན་སྙན་སེང་ཞུས་ཀྱང་རུང་ཡང་ན་ཁྲིམས་ཁང་ལ་སྐྱེར་གྱིས་ཉེས་དོན་ཞུ་སྐྱོར་བྱས་ཀྱང་ཐོག་མར་དཔང་རྟགས་གཏན་འཇགས་བྱེད་རྒྱུ་ནི་ཏ་ཙང་གལ་ཆེ། དེའི་རྒྱུ་མཚན་ནི་དྲ་བའི་ཐོག་ལྷག་པའི་དམངས་དོན་དབང་གནོད་ཀྱི་གྱོད་གཞི་དང་སྤྱིར་བཏང་གི་དབང་གནོད་གྱོད་གཞིའི་དཔང་རྟགས་ལེན་སྟངས་མི་འདྲ་ཡང་ཚང་མའི་བྱ་སྤྱོད་ལ་ཁྲིམས་འགལ་རང་བཞིན་ལྡན་པ་དང་ཁྲིམས་འགལ་བྱ་སྤྱོད་སྤེལ་མཁན་ལ་ནོར་འཁྲུལ་ཡོད་པ། ཁྲིམས་འགལ་བྱ་སྤྱོད་དང་གནོད་འཚེ་ཕོག་པའི་དབར་རྒྱུ་འབྲས་ཀྱི་འབྲེལ་བ་ལྡན་པ་བཅས་ར་སྤྲོད་བྱེད་དགོས། གལ་ཏེ་དཔང་རྟགས་གཏན་འཇགས་ལ་དོ་སྣང་མ་བྱས་པར་དཔང་རྟགས་མེད་པ་བཟོས་རྗེས་སླར་ཡང་ཁེ་པན་འདོད་ཚུལ་ཐུབ་པར་དཀའ།

32. དྲ་རྒྱའི་དབང་གནོད་བྱེད་སྤྱོད་ཐད་དྲ་ཚིགས་ཀྱིས་དུས་ཐོག་ཏུ་དགོས་ངེས་ཀྱི་བྱ་ཐབས་སྤྱད་ནས་བཀག་འགོག་མ་བྱས་ཚེ་འགན་འཁྲི་འཁུར་དགོས་སམ།

《དམངས་དོན་ཁྲིམས་གཞུང་》གི་དོན་ཚན་ཆིག་སྟོང་ཆིག་བརྒྱ་དང་གོ་ལྔ་པའི་དོན་ཚན་གཉིས་པ་དང་གསུམ་པར་གཏན་འབེབས་ལྟར། དྲ་སྤྲེལ་ཞབས་ཞུ་མགོ་འདོན་བྱེད་མཁན་གྱིས་བརྡ་ཐོ་འབྱོར་རྗེས། བརྡ་ཐོ་དེ་དུས་ཐོག་ཏུ་འབྲེལ་ཡོད་ཀྱི་དྲ་སྤྲེལ་སྤྱོད་མཁན་ལ་བརྒྱུད་གཏོང་བྱ་དགོས་པ་མ་ཟད། དབང་གནོད་གྲུབ་པའི་ཐོག་མའི་དཔང་རྟགས་དང་ཞབས་ཞུའི་རིགས་ལ་གཞིགས་ནས་དགོས་

ངེས་ཀྱི་བྱེད་ཐབས་ཀུང་སྤྱོད་དགོས། དུས་ཐོག་ཏུ་དགོས་ངེས་ཀྱི་བྱེད་ཐབས་མ་སྤྱད་ན། གནོད་འཚེ་ཆེ་རུ་ཕྱིན་པའི་ཐད་ལ་དྲ་སྦྲེལ་སྤྱོད་མཁན་དང་ལྷན་དུ་གཅིག་ལ་གཅིག་འབྲེལ་གྱི་འགན་འཁྲི་འཁུར་དགོས།

ཁེ་དབང་འཛིན་མཁན་གྱིས་ནོར་འཕྲུལ་གྱི་བརྡ་ཐོ་བཏང་བའི་རྐྱེན་གྱིས་དྲ་སྦྲེལ་སྤྱོད་མཁན་ནམ་དྲ་སྦྲེལ་ཞབས་ཞུ་མགོ་འདོན་བྱེད་མཁན་ལ་གནོད་འཚེ་བཏང་ན།དབང་གནོད་ཀྱི་འགན་འཁྲི་འཁུར་དགོས།བཅའ་ཁྲིམས་ཐོག་ལོགས་སུ་གཏན་འབེབས་བྱས་ཡོད་རིགས་གཏན་འབེབས་དེར་གཞིགས་དགོས།

དྲ་སྦྲེལ་འཕེལ་རྒྱས་མྱུར་བ་དང་བསྟུན་ནས་དྲ་རྒྱའི་དབང་གནོད་ཀྱི་བྱ་སྤྱོད་ཉོག་འཛིང་ཇེ་ཆེར་འགྲོ་བཞིན་ཡོད། དེས་ན་ཁེ་དབང་མི་སྣའི་ཁེ་ཕན་དེ་བས་ལེགས་པར་སྲུང་སྐྱོབ་ཐུབ་ཆེད་དང་དྲ་རྒྱ་སྤྱོད་མཁན་དང་དྲ་རྒྱའི་ཞབས་ཞུ་མགོ་འདོན་པའི་དབར་གྱི་ཁེ་ཕན་སྙོམས་སྒྲིག་ཡག་པོ་ཐུབ་ཆེད་དམངས་དོན་ཁྲིམས་གཞུང་གི་ཁ་གསལ་གཏན་འབེབས་ལྟར་ན། ཁེ་དབང་ལ་དབང་གནོད་ཐུང་བའི་དྲ་རྒྱ་སྤྱོད་མཁན་གྱིས་ཐོག་མའི་དཔང་རྟགས་དང་རང་ཉིད་ཀྱི་དོན་དངོས་ཆ་འཕྲིན་གོང་འབུལ་བྱེད་པ་དང་། དྲ་རྒྱ་མགོ་འདོན་པར་བསྒྲུབ་པ་དང་འགེབས་པ། འབྲེལ་མཐུད་གཅོད་པ་སོགས་ཀྱི་དགོས་ངེས་བྱ་ཐབས་སྤྱོད་དགོས་པའི་བརྡ་ཐོ་གཏོང་བའི་དབང་ཆ་ཡོད། དྲ་རྒྱའི་ཞབས་ཞུ་མགོ་འདོན་པས་བརྡ་ཐོ་འཐོར་རྗེས་དུས་ཐོག་ཏུ་འབྲེལ་ཡོད་དྲ་རྒྱ་སྤྱོད་མཁན་ལ་བརྒྱུད་སྤེལ་བྱེད་དགོས་པ་མ་ཟད། དབང་གནོད་ཕོག་པའི་ཐོག་མའི་དཔང་རྟགས་དང་ཞབས་ཞུའི་རིགས་ལ་དགོས་ངེས་ཀྱི་བྱ་ཐབས་སྤེལ་དགོས། དུས་ཐོག་ཏུ་བྱ་ཐབས་མི་སྤེལ་བའི་རྐྱེན་གྱིས་གནོད་འཚེ་ཇེ་ཆེར་སོང་ཚེ་དྲ་རྒྱ་སྤྱོད་མཁན་དང་ཞོར་འབྲེལ་གྱི་འགན་འཁྲི་འཁུར་དགོས། འོན་ཀྱང་གལ་ཏེ་ཁེ་དབང་མི་སྣའི་ནོར་འཁྲུལ་བརྡ་ཐོས་དྲ་རྒྱ་སྤྱོད་མཁན་ནམ་དྲ་རྒྱ་མགོ་འདོན་པར་གནོད་འཚེ་བཟོས་ན་ཡང་དབང་གནོད་ཀྱི་འགན་འཁྲི་འཁུར་དགོས།

33. དྲ་ཐོག་ཞབས་ཞུ་མགོ་འདོན་བྱེད་མཁན་གྱིས་བརྙ་ཐོ་འཁྱེར་རྗེས། དགོས་ངེས་ཀྱི་བྱེད་ཐབས་གང་དག་སྤྱོད་དགོས་སམ།

《དམངས་དོན་ཁྲིམས་གཞུང་》གི་དོན་ཚན་ཆིག་སྟོང་ཆིག་བརྒྱ་དང་གོ་ལྔ་པར་གཏན་འབེབས་བྱས་པ་ལྟར། དྲ་སྦྲེལ་སྤྱོད་མཁན་གྱིས་དྲ་སྦྲེལ་ཞབས་ཞུ་ལ་བརྟེན་ནས་དབང་གནོད་བྱ་སྤྱོད་སྤེལ་ན། ཁེ་དབང་འཛིན་མཁན་གྱིས་དྲ་སྦྲེལ་ཞབས་ཞུ་མགོ་འདོན་བྱེད་མཁན་ལ་བསྒྲུབ་པ་དང་། འགེབས་པ། འབྲེལ་མཐུད་གཅོད་པ་སོགས་དགོས་ངེས་ཀྱི་བྱེད་ཐབས་སྤྱོད་དགོས་པའི་བརྙ་ཐོ་བཏང་ཆོག བརྙ་ཐོའི་ནང་དབང་གནོད་གྲུབ་པའི་ཐོག་མའི་དཔང་རྟགས་དང་ཁེ་དབང་འཛིན་མཁན་གྱི་ཐོབ་ཐང་ངོ་མའི་ཆ་འཕྲིན་ཚུད་དགོས།

དྲ་སྦྲེལ་ཞབས་ཞུ་མགོ་འདོན་བྱེད་མཁན་གྱིས་བརྙ་ཐོ་འཁྱོར་རྗེས།བརྙ་ཐོ་དེ་དུས་ཐོག་ཏུ་འབྲེལ་ཡོད་ཀྱི་དྲ་སྦྲེལ་སྤྱོད་མཁན་ལ་བརྒྱུད་གཏོང་བྱ་དགོས་པ་མ་ཟད།དབང་གནོད་གྲུབ་པའི་ཐོག་མའི་དཔང་རྟགས་དང་ཞབས་ཞུའི་རིགས་ལ་གཞིགས་ནས་དགོས་ངེས་ཀྱི་བྱེད་ཐབས་ཀྱང་སྤྱོད་དགོས། དུས་ཐོག་ཏུ་དགོས་ངེས་ཀྱི་བྱེད་ཐབས་མ་སྤྱད་ན།གནོད་འཚེ་ཆེ་རུ་ཕྱིན་པའི་ཐད་ལ་དྲ་སྦྲེལ་སྤྱོད་མཁན་དེ་ཉིད་དང་ལྷན་དུ་གཅིག་ལ་གཅིག་འབྲེལ་གྱི་འགན་འཁྲི་འཁུར་དགོས།

ཁེ་དབང་འཛིན་མཁན་གྱིས་ནོར་འཁྲུལ་གྱི་བརྙ་ཐོ་བཏང་བའི་རྐྱེན་གྱིས་དྲ་སྦྲེལ་སྤྱོད་མཁན་ནམ་དྲ་སྦྲེལ་ཞབས་ཞུ་མགོ་འདོན་བྱེད་མཁན་ལ་གནོད་འཚེ་བཏང་ན། དབང་གནོད་ཀྱི་འགན་འཁྲི་འཁུར་དགོས། བཅའ་ཁྲིམས་ཐོག་ལོགས་སུ་གཏན་འབེབས་བྱས་ཡོད་རིགས་གཏན་འབེབས་དེར་གཞིགས་དགོས།

དོན་ཚན་འདི་ནི“བརྙ་ཐོ་དང་བསྒྲུ་ལེན”ལམ་ལུགས་ཀྱི་འབྲེལ་ཡོད་གཏན་འབེབས་ཤིག་རེད། “བརྙ་ཐོ་དང་བསྒྲུ་ལེན”གྱི་ལམ་ལུགས་ཞེས་པ་ནི་དབང་གནོད་ཐོག་མཁན་གྱིས་དབང་གནོད་ཀྱི་གནས་ཚུལ་ཤེས་རྗེས་ཆ་འཕྲིན་མགོ་འདོན་གསོག་

ཉར་བར་སྐྱོང་དང་ཆ་འཕྲིན་གནས་གཏན་ཞབས་ཞུའི་དྲ་རྒྱའི་ཞབས་ཞུ་མཁོ་འདོན་པར་དབང་གནོད་ཕོག་པའི་བརྡ་ཐོ་གཏོང་དགོས་པ་དང་། དྲ་རྒྱའི་ཞབས་ཞུ་མཁོ་འདོན་པས་དབང་གནོད་སྐོར་གྱི་བརྡ་ཐོ་འཕྲོར་རྗེས་གང་མགྱོགས་དབང་གནོད་ཀྱི་ཆ་འཕྲིན་འདྲི་རྟོག་གནས་སྤྱོས་སམ་བསྒྲིབ་དགོས། འདིའི་སྐོར་རང་རྒྱལ་དུ་ལག་བསྟར་བྱས་རྗེས་ཁེ་དབང་མི་སྣའི་ཁྲིམས་མཐུན་གྱི་ཁེ་ཕན་ལ་སྲུང་སྐྱོབ་ཐུབ་པ་དང་། དྲ་རྒྱའི་དབང་གནོད་ཀྱི་ཁྲིམས་འགལ་བྱ་སྤྱོད་ལ་རྡུང་རྡེག་ཐེབས་ནས་དྲ་རྒྱ་གཙང་སེལ་ཐུབ་པར་གལ་ཆེའི་ནུས་པ་ཐོན་ཡོད།

34. དྲ་རྒྱའི་ཞབས་ཞུ་མཁོ་འདོན་བྱེད་མཁན་གྱིས་གསལ་བརྡ་འཕྲོར་རྗེས་དགོས་ངེས་ཀྱི་བྱ་སྤྱོད་གང་ཐེལ་དགོས།

《དམངས་དོན་ཁྲིམས་གཞུང་》གི་དོན་ཚན་ཆིག་སྟོང་ཆིག་བརྒྱ་དང་གོ་དྲུག་པའི་གཏན་འབེབས་ལྟར། དྲ་སྤྲེལ་སྤྱོད་མཁན་ལ་བརྒྱུད་གཏོང་བྱས་པའི་བརྡ་ཐོ་འཕྲོར་རྗེས། དྲ་སྤྲེལ་ཞབས་ཞུ་མཁོ་འདོན་བྱེད་མཁན་ལ་དབང་གནོད་བྱ་སྤྱོད་སེལ་མེད་པའི་གསལ་བསྒྲགས་འདོན་སྤྲོད་བྱས་ཆོག གསལ་བསྒྲགས་ནང་དུ་དབང་གནོད་བྱ་སྤྱོད་སེལ་མེད་པའི་ཐོག་མའི་དཔང་རྟགས་དང་དེ་བཞིན་དྲ་རྒྱ་སྤྱོད་མཁན་གྱི་ཐོབ་ཐང་ངོ་མའི་ཆ་འཕྲིན་ཚུད་དགོས།

དྲ་རྒྱའི་ཞབས་ཞུ་མཁོ་འདོན་མཁན་ལ་གསལ་བརྡ་འཕྲོར་རྗེས། དེ་མུར་གསལ་བརྡ་དེ་ཁེ་དབང་མི་སྣར་བརྒྱུད་སྐུར་བྱས་ནས་འབྲེལ་ཡོད་སྡེ་ཚན་ལ་ཞུ་གཏུག་དང་མི་དམངས་ཁྲིམས་ཁང་ལ་ཞུ་སྦྲོར་ཞུ་ཚིག་པའི་གསལ་བསྒྲགས་བྱེད་དགོས། དྲ་རྒྱའི་ཞབས་ཞུ་མཁོ་འདོན་མཁན་གྱིས་གསར་བརྡ་ཁེ་དབང་མི་སྣར་འཕྲོར་མཚམས་ཀྱི་དུས་ཚོད་ན། ཁེ་དབང་མི་སྣས་ཞུ་སྦྲོར་བྱས་ཡོད་རིགས་ཀྱི་བརྡ་ཐོ་མ་འཕྲོར་ན། སེལ་བའི་བྱ་སྤྱོད་དུས་ཐོག་ཏུ་མཚམས་འཇོག་དགོས།

《དམངས་དོན་ཁྲིམས་གཞུང་》གིས་དྲ་བའི་ཞབས་ཞུ་སྒྲུབ་མཁན་ལ་རེ་བ་ནན་པོ་བཏོན་ཡོད་ཅིང་། 《དམངས་དོན་ཁྲིམས་གཞུང་》གི་དོན་ཚན་ཆིག་སྟོང་ཆིག་བརྒྱ་དང་གོ་བདུན་པའི་གཏན་འབེབས་ལྟར། དྲ་སྒྲེལ་ཞབས་ཞུ་འདོན་སྤྲོད་བྱེད་མཁན་གྱིས་དྲ་རྒྱ་སྤྱོད་མཁན་གྱིས་རང་གི་དྲ་སྒྲེལ་ཞབས་ཞུ་ལ་བརྟེན་ནས་མི་གཞན་གྱི་དམངས་དོན་ཁེ་དབང་ལ་གནོད་འཚེ་བཏང་དང་གཏོང་བཞིན་པ་ཤེས་ཡོད་མོད། དགོས་ངེས་ཀྱི་བྱེད་ཐབས་མ་སྤྱད་ན། དྲ་རྒྱ་སྤྱོད་མཁན་དེ་དང་མཉམ་དུ་གཅིག་ལ་གཅིག་འབྲེལ་གྱི་འགན་འཁྲི་འཁུར་དགོས།

35. ཚོང་རས་བདེ་འཇགས་འགན་སྲུང་གི་འོས་འགན་མ་འཁུར་བར་མགྲོན་ལ་རྨས་སྐྱོན་ཕོག་ན་འགན་འཁྲི་ཅི་ཞིག་འཁུར་དགོས་སམ།

《དམངས་དོན་ཁྲིམས་གཞུང་》གི་དོན་ཚན་ཆིག་སྟོང་ཆིག་བརྒྱ་དང་གོ་བརྒྱད་པའི་གཏན་འབེབས་ལྟར། མགྲོན་ཁང་དང་། ཚོང་ཁང་། དངུལ་ཁང་། ལྷངས་འཁོར་འབབ་ཚུགས། གནམ་གྲུ་ཐང་། ལུས་རྩལ་ཐང་། རོལ་རྩེད་གནས་ཁང་སོགས་ཚོང་གཉེར་བྱེད་ས་དང་མི་མང་འཛོམས་སའི་གཉེར་སྐྱོང་པ་དང་དོ་དམ་པ། མང་ཚོགས་རང་བཞིན་གྱི་བྱེད་སྒོ་སྒྲིག་འཛུགས་བྱེད་མཁན་གྱིས་བདེ་འཇགས་འགན་སྲུང་གི་འོས་འགན་མ་བསྒྲུབས་པའི་རྐྱེན་གྱིས་སྐྱེ་བོ་གཞན་ལ་གནོད་འཚེ་ཐོག་ཚེ་དབང་གནོད་ཀྱི་འགན་འཁྲི་འཁུར་དགོས།

ཕྱུང་གསུམ་པའི་བྱ་སྤྱོད་ཀྱི་རྐྱེན་གྱིས་མི་གཞན་ལ་གནོད་འཚེ་བཏང་ན་ཕྱུང་གསུམ་པས་དབང་གནོད་ཀྱི་འགན་འཁྲི་འཁུར་དགོས་པ་དང་། གཉེར་སྐྱོང་པ་དང་དོ་དམ་པའམ་སྒྲིག་འཛུགས་བྱེད་མཁན་གྱིས་བདེ་འཇགས་འགན་སྲུང་གི་འོས་འགན་མ་བསྒྲུབས་ན་བབ་མཚུངས་ཀྱི་ཁ་གསབ་འགན་འཁྲི་འཁུར་དགོས། གཉེར་སྐྱོང་པ་དང་དོ་དམ་པའམ་སྒྲིག་འཛུགས་བྱེད་མཁན་གྱིས་ཁ་གསབ་འགན་

འཁྲི་འབུར་རྗེས་ཕྱུང་གསུམ་པར་གྲུབ་གསབ་བདའ་འདེད་བྱས་ཆོག

མགྲོན་ཁང་དང་ཁྲོམ་ར། དངུལ་ཁང་། རླངས་འཁོར་བབ་ཚུགས། གནམ་ཐང་། ལུས་རྩལ་ཐང་ཆེན། རོལ་རྩེད་ཁང་སོགས་ལས་གཉེར་མཁན་དང་དོ་དམ་པའམ་བྱེད་སྒོའི་སྒྲིག་འཛུགས་མཁན་ནི་གནས་འདི་དག་ལ་རྒྱུན་དུ་སྐྱོད་མཁན་གྱི་འཛད་སྤྱོད་པའམ་བྱེད་སྒོར་ཞུགས་མཁན་ལས་ཉེན་ཁར་ཚོད་འཛིན་བྱེད་པའི་ནུས་པ་དེ་བས་ཆེ་བ་ལྡན་པ་སྟེ། ཁོང་ཚོས་གནས་ཡུལ་འདི་དག་གི་ཞབས་ཞུའི་སྒྲིག་ཆས་དང་སྒྲིག་ཆས་ཀྱི་ནུས་པ། གནས་ཡུལ་གྱི་དོན་དངོས་གནས་ཚུལ་བཅས་ལ་དེ་བས་རྒྱུས་མངའ་ཆེ་བ་ཡོད་ལ། ཅུང་བཟང་བའི་ཆེད་ལས་ཀྱི་ཤེས་བྱ་དང་ཆེད་ལས་ཀྱི་ནུས་པ་ལྡན་ཡོད། དེ་བས་ལྷག་སྲིད་པའི་ཉེན་ཁའམ་གནོད་འཚེར་སྔོན་དཔག་བྱེད་ཐུབ་ཅིང་། དགོས་ངེས་ཀྱི་བྱེད་ཐབས་སྤེལ་བའི་ནུས་པ་ལྡན་ཡོད།(ཉེན་བརྡ་གཏོང་བ་དང་གསལ་བཤད། ཁ་ཏ་བྱེད་པ། རོགས་སྐྱོབ་སོགས་བྱས་ཏེ་གནོད་འཚེ་ལྷག་རྒྱུར་སྔོན་འགོག་གམ་གནོད་འཚེ་ཇེ་ཆུང་དུ་གཏོང་བ་) དེར་བརྟེན་བཅའ་ཁྲིམས་ལྟར་ན། གནས་ཡུལ་འདི་དག་གི་ལས་གཉེར་མཁན་དང་དོ་དམ་པའམ་བྱེད་སྒོའི་སྒྲིག་འཛུགས་མཁན་གྱིས་བདེ་འཇགས་འགན་སྲུང་གི་འོས་འགན་འཁུར་དགོས་ཤིང་། གལ་ཏེ་འོས་འགན་འཁུར་མི་ཐུབ་པའི་རྐྱེན་གྱིས་གཞན་ལ་གནོད་འཚེ་བཟོས་ཚེ་དབང་གནོད་ཀྱི་འགན་འཁྲི་འཁུར་དགོས།

ལས་གཉེར་མཁན་ནམ་བྱེད་སྒོ་སྒྲིག་འཛུགས་བྱེད་མཁན་གྱིས་བདེ་འཇགས་འགན་སྲུང་འོས་འགན་གྱི་དཔང་རྟགས་འདོན་པའི་འགན་འཁྲི་འཁུར་དགོས། གལ་ཏེ་དབང་གནོད་ཕོག་མཁན་ནི་མི་སྣ་ཕྱུང་གསུམ་པའི་བྱ་སྤྱོད་རྐྱེན་གྱིས་གནོད་འཚེ་ཕོག་པ་དང་། ལས་གཉེར་མཁན་ནམ་མཉམ་སྡེབ་བྱེད་སྒོ་སྒྲིག་འཛུགས་བྱེད་མཁན་གྱིས་བདེ་འཇགས་འགན་སྲུང་འོས་འགན་གྱི་འགན་འཁྲིའི་ཁྱབ་ཁོངས་ནང་མ་བསྒྲུབ་ཚེ་གྲུབ་གསབ་ཁ་སྣོན་འཇལ་བའི་འགན་འཁྲི་འཁུར་དགོས།

36. བྲིས་པ་བུ་བཙོལ་ཁང་དུ་རྨས་ཐོག་ན། བྲིས་གསོ་ཁང་གིས་ངེས་པར་དུ་འགན་ཁུར་དགོས་སམ།

《དམངས་དོན་ཁྲིམས་གཞུང་》གི་དོན་ཚན་ཆིག་སྟོང་ཆིག་བརྒྱ་དང་གོ་དགུ་པའི་གཏན་འབེབས་ལྟར། དམངས་དོན་བྱ་སྤྱོད་སྤེལ་ནུས་མེད་པའི་མིས་བྱིས་གསོ་ཁང་དང་། སློབ་གྲྭའམ་སློབ་གསོའི་སྒྲིག་གཞི་གཞན་དག་ཏུ་སློབ་སྦྱོང་དང་འཚོ་བ་སྐྱེལ་རིང་དེའི་ལུས་ཁམས་ལ་གནོད་འཚེ་ཐོག་ན། བྱིས་གསོ་ཁང་དང་སློབ་གྲྭའམ་སློབ་གསོའི་སྒྲིག་གཞི་གཞན་དག་གིས་དབང་གནོད་ཀྱི་འགན་འཁྲི་འཁུར་དགོས། འོན་ཀྱང་སློབ་གསོ་དང་དོ་དམ་གྱིས་འགན་འཁྲི་བསྒྲུབས་ཡོད་ལུགས་ར་སྤྲོད་བྱེད་ཐུབ་ན་དབང་གནོད་ཀྱི་འགན་འཁྲི་འཁུར་མི་དགོས།

བྱིས་གསོ་ཁང་ནི་ནར་མ་སོན་པའི་མིའི་སློབ་གསོའི་ཚན་པ་ཞིག་ཡིན་ཞིང་། དེས་ནར་མ་སོན་པའི་མི་ལ་ཁྲིམས་ལྟར་སློབ་གསོ་གཏོང་བ་དང་དོ་དམ་བྱེད་པ། བདེ་འཇགས་སྲུང་སྐྱོབ་བྱེད་པའི་འོས་འགན་འཁུར་གྱི་ཡོད། བྱིས་གསོ་ཁང་གི་སློབ་མ་ནི་ལོ་བརྒྱད་ལ་མ་ལོན་ཞིང་། དམངས་དོན་བྱ་སྤྱོད་སྤེལ་ནུས་མེད་མཁན་གྱི་ཁོངས་སུ་གཏོགས་པས་ཁོང་ཚོའི་ཤེས་རྟོགས་ཀྱི་ནུས་པར་ཚད་བཀག་ཡོད་ལ་བདེ་འཇགས་སྔོན་འགོག་གི་འདུ་ཤེས་ཞན་སྟབས་རང་གི་བྱ་སྤྱོད་ཀྱི་མཇུག་འབྲས་ལ་སྔོན་དཔག་འདང་གི་མེད། དེར་བརྟེན། སློབ་གསོའི་ཚན་པ་གཞན་དག་དང་བསྡུར་ན་བྱིས་གསོ་ཁང་གིས་དོ་སྣང་བྱེད་དགོས་པའི་འོས་འགན་དེ་བས་ལྷི་བ་ཡོད་ལ། སློབ་གསོའི་དོ་དམ་པས་བྱེད་ཐབས་ནུས་ལྡན་སྤེལ་ནས་སློབ་མའི་བདེ་འཇགས་ལ་འགན་ལེན་བྱེད་དགོས། འོན་ཀྱང་བྱིས་གསོ་ཁང་གིས་སློབ་གསོ་དང་དོ་དམ་གྱི་འགན་འཁྲི་འཁུར་བའི་ར་སྤྲོད་ཐུབ་ན་དབང་གནོད་ཀྱི་འགན་འཁྲི་འཁུར་མི་དགོས།

37. དམའ་རིམ་སློབ་འབྲིང་གི་སློབ་མ་སློབ་གྲྭར་རྨས་སྐྱོན་ཐེབ་ན། སློབ་གྲྭས་ཇི་ཙམ་གྱི་འགན་འཁྲི་འཁུར་དགོས་སམ།

《དམངས་དོན་ཁྲིམས་གཞུང་》གི་དོན་ཚན་ཆིག་སྟོང་ཉིས་བརྒྱ་པའི་གཏན་འབེབས་ལྟར། དམངས་དོན་བྱ་སྤྱོད་སྤེལ་ནུས་ཆ་ཚང་མེད་པའི་སྐྱེ་བོ་སློབ་གྲྭའམ་སློབ་གསོའི་སྒྲིག་གཞི་གཞན་དག་ཏུ་སློབ་སྦྱོང་དང་འཚོ་བ་སྐྱེལ་རིང་། དེའི་ལུས་ཁམས་ལ་གནོད་འཚེ་ཐེབ་ན། སློབ་གྲྭའམ་སློབ་གསོའི་སྒྲིག་གཞི་གཞན་དག་གིས་སློབ་གསོ་དང་དོ་དམ་གྱི་འགན་འཁྲི་མ་བསྒྲུབས་ཚེ་དབང་གནོད་ཀྱི་འགན་འཁྲི་འཁུར་དགོས།

དམངས་དོན་བྱ་སྤྱོད་སྤེལ་ནུས་མེད་མཁན་ལ་སློབ་གྲྭའི་ནང་གནོད་འཚེ་ཐེབ་ཚེ་དེའི་ནོར་འཁྲུལ་རིགས་འདེད་བྱེད་པའི་རྩ་དོན་མི་འདྲ་ཞིང་། དམངས་དོན་བྱ་སྤྱོད་སྤེལ་ནུས་ཆ་ཚང་མེད་པའི་དོན་དངོས་གནས་ཚུལ་གཞིར་བཟུང་། 《དམངས་དོན་ཁྲིམས་གཞུང་》གིས་ནོར་འཁྲུལ་གྱི་འགན་འཁྲིའི་རྩ་དོན་བེད་སྤྱད་ཅིང་དེའི་རྒྱུ་རྐྱེན་གཙོ་བོར།

དང་པོ། དམངས་དོན་བྱ་སྤྱོད་སྤེལ་ནུས་ལ་ཚད་བཀག་ཡོད་མཁན་གྱི་མིའི་བློ་རིག་རིམ་བཞིན་འཕེལ་ནས་བྱ་དངོས་ལ་ཤེས་རྟོགས་ངེས་ཅན་དང་བརྡར་ཤ་གཅོད་ནུས་ལྡན་ཡོད་པ་དང་། བརྒྱུད་རིམ་ངེས་ཅན་ཐོག་རང་གི་བྱ་སྤྱོད་ཀྱི་མཇུག་འབྲས་ལ་རྒྱུས་ལོན་ཐུབ་ཀྱི་ཡོད། དེ་བཞིན་འཆམ་མཐུན་གྱི་འཚར་ལོངས་ཁོར་ཡུག་འཛུགས་སྐྲུན་དང་དུས་མཚུངས་རིགས་ཁག་གི་སློབ་གྲྭའི་བྱེད་སྒོ་དང་སྤྱི་ཚོགས་ཀྱི་འབྲེལ་བར་ཞུགས་ཏེ་སློབ་མའི་སློབ་སྦྱོང་དང་འཚར་ལོངས་དེ་བས་བཟང་ཞིང་ནུས་ལྡན་ཡོང་བ་བྱེད་དགོས།

གཉིས་པ། གལ་ཏེ་སློབ་གྲྭའི་སློབ་ཚན་ནི་ཅུང་ལྷོ་བའི་དཔང་རྟགས་འདོན་

སྤྱིལ་གྱི་ཁྲུར་པོར་འགྱུར་བ་དང་། བསམ་ཡུལ་ལས་འདས་པའི་དོན་རྐྱེན་མི་ལྡོག་པའི་ཆེད་དུ་སློབ་གྲྭ་འགའ་རེས་མི་འཚམ་པའི་སྔོན་འགོག་བྱེད་ཐབས་བེད་སྤྱོད་པ་དཔེར་ན་སློབ་མའི་ལུས་རྩལ་བྱེད་སྒོ་དང་ངལ་རྩོལ་ལག་ལེན་ཇེ་ཉུང་དུ་བཏང་ཞིང་། ཟས་བཅུད་གཉིད་བྲལ་རྐྱེན་གྱིས་མཐར་སློབ་མའི་འཚར་ལོངས་ལ་ཕན་ཐོགས་ཡོང་གི་མེད། དེས་ན་མིའི་ལུས་ཁམས་ཀྱི་གནོད་འཚེ་ནི་སློབ་གྲྭས་སློབ་གསོ་དང་དོ་དམ་གྱི་འགན་འཁྲི་མི་འདང་བའི་རྐྱེན་གྱིས་ཐོན་པའི་སྐབས་སུ་སློབ་གྲྭས་གཞི་ནས་ཐད་ཀར་ནོར་འབྲུལ་དང་བབ་མཐུན་གྱི་འགན་འཁྲི་འཁུར་དགོས་ཀྱི་ཡོད།

38. བྱ་བརྩོལ་ཁང་དང་། སློབ་གྲྭ། ཡང་ན་སློབ་གསོའི་ལས་ཁུངས་གཞན་དག་བཅས་ཕྱུད་པའི་ཕྱུང་གསུམ་པས་རང་ལུས་ལ་གནོད་སྐྱོན་བཟོས་ན། སུས་དབང་གནོད་ཁག་འགན་འཁུར་དགོས་སམ།

《དམངས་དོན་ཁྲིམས་གཞུང་》གི་དོན་ཚན་ཆིག་སྟོང་ཉིས་བརྒྱ་དང་དང་པོར་གཏན་འབེབས་ལྟར། དམངས་དོན་བྱ་སྤྱོད་སྤྱིལ་ནུས་མེད་པའི་མི་འམ་དམངས་དོན་བྱ་སྤྱོད་སྤྱིལ་ནུས་ཆ་ཚང་མེད་པའི་མིས་བྱིས་གསོ་ཁང་དང་སློབ་གྲྭའམ་སློབ་གསོའི་སྒྲིག་གཞི་གཞན་དག་ཏུ་སློབ་སྦྱོང་དང་འཚོ་བ་སྐྱེལ་རིང་ལ་བྱིས་གསོ་ཁང་དང་སློབ་གྲྭའམ་སློབ་གསོའི་སྒྲིག་གཞི་གཞན་དག་བཅས་ཀྱི་ཁོངས་སུ་མ་གཏོགས་པའི་ཕྱུང་གསུམ་པས་དེའི་ལུས་ཁམས་ལ་གནོད་འཚེ་བཏང་ན། ཕྱུང་གསུམ་པས་དབང་གནོད་ཀྱི་འགན་འཁྲི་འཁུར་དགོས་པ་དང་། བྱིས་གསོ་ཁང་དང་སློབ་གྲྭའམ་སློབ་གསོའི་སྒྲིག་གཞི་གཞན་དག་གིས་དོ་དམ་བྱེད་འགན་མ་བསྒྲུབས་ན་བབ་མཚུངས་ཀྱི་ཁ་གསབ་འགན་འཁྲི་འཁུར་དགོས། བྱིས་གསོ་ཁང་དང་སློབ་གྲྭའམ་སློབ་གསོའི་སྒྲིག་གཞི་གཞན་དག་གིས་ཁ་གསབ་འགན་འཁྲི་འཁུར་རྗེས་ཕྱུང་གསུམ་པར་གྱུན་གསབ་བདའ་འདེད་བྱས་ཆོག

གོང་དུ་བརྗོད་པའི་གཏན་འབེབས་ཀྱི་བཀོལ་སྤྱོད་ནང་། དམངས་དོན་བྱ་སྤྱོད་སྤྱེལ་ནུས་ཚད་བཀག་ཡོད་པ་དང་དམངས་དོན་བྱ་སྤྱོད་སྤྱེལ་ནུས་མེད་མཁན་ནི་སློབ་གསོའི་ཚན་པའི་ནང་གི་སློབ་མ་ཡིན་ཞིང་། འདི་གཉིས་སློབ་གསོའི་ཚན་པ་དང་ངེས་པར་དུ་སློབ་གསོ་དང་དོ་དམ་གྱི་འབྲེལ་བ་གྲུབ་དགོས། གལ་ཏེ་སློབ་གསོའི་ཚན་པའི་ཕྲིག་ཁོངས་ཀྱི་སློབ་མ་མིན་པར་སློབ་གསོའི་ཚན་པའི་ནང་རྩེད་མོ་རྩེ་བ་དང་ཞག་སྡོད། སློབ་སྦྱོང་བྱེད་པ་སོགས་ཀྱི་བརྒྱུད་རིམ་ནང་གནོད་འཚེ་ཕོག་ཚེ་གཏན་འབེབས་འདི་སྤྱད་དེ་གནད་དོན་ཐག་གཅོད་བྱེད་མི་ཉུང་། བྱ་སྤྱོད་སྤྱེལ་ནུས་ཚད་བཀག་ཡོད་མཁན་དང་བྱ་སྤྱོད་སྤྱེལ་ནུས་མེད་མཁན་ལ་ཕོག་པའི་གནོད་འཚེ་ནི་ངེས་པར་དུ་སློབ་གསོའི་ཚན་པའི་ནང་སློབ་སྦྱོང་དང་འཚོ་བ་རོལ་བ་ལས་ཐོན་པ་ཞིག་ཡིན་དགོས་པ་དང་། གཞན་ཡང་དེར་སློབ་གྲྭས་ཕྲིག་འཛུགས་བྱས་པའི་སློབ་ཕྱིའི་བྱེད་སྒོའི་ནང་དང་སློབ་གྲྭར་འགན་འཁྲི་ཡོད་པའི་སློབ་མའི་ཉལ་ཁང་དང་གནས་ཡུལ། དེ་མིན་གྱི་སློབ་གསོ་སློབ་ཁྲིད་དང་། འཚོ་བའི་ཕྲིག་ཆས་ནང་ལྷག་པའི་དོན་རྐྱེན་ཚུད་ཡོད་པ་ལས་སློབ་གསོའི་ཚན་པའི་ནང་ལྷག་པར་རྐྱེན་གཅིག་པུ་མིན།

ལེའུ་བཞི་པ། ཐོན་རྫས་ཀྱི་འགན་འཁྲི་སྐོར།

39. ཐོན་རྫས་ལ་སྐྱོན་ཆ་ཡོད་པས་མི་གཞན་ལ་གནོད་སྐྱོན་བཟོས་ན་སུ་ཞིག་གིས་ཁག་འགན་འཁུར་དགོས་སམ།

《དམངས་དོན་ཁྲིམས་གཞུང་》གི་དོན་ཚན་ཆིག་སྟོང་ཉིས་བརྒྱ་དང་གཉིས་པར་གཏན་འབེབས་ལྟར། ཐོན་རྫས་ལ་སྐྱོན་ཡོད་པའི་རྐྱེན་གྱིས་མི་གཞན་ལ་གནོད་འཚེ་བཏང་རིགས། ཐོན་སྐྱེད་བྱེད་མཁན་གྱིས་དབང་གནོད་ཀྱི་འགན་འཁྲི་འཁུར་དགོས།

ཐོན་རྫས་ཀྱི་འགན་འཁྲིར་ངེས་པར་ཚང་དགོས་པའི་ཆ་རྐྱེན་གསུམ་ནི། དང་པོ། ཐོན་རྫས་ལ་སྐྱོན་ཡོད་པ། གཉིས་པ། ངེས་པར་དུ་སྐྱོན་ཡོད་པའི་ཐོན་རྫས་ཀྱིས་བཟོས་པའི་གནོད་འཚེ་དོན་དངོས་ཡིན་དགོས་པ། གསུམ་པ། སྐྱོན་ཡོད་པའི་ཐོན་རྫས་དང་དོན་དངོས་གནོད་འཚེའི་དབར་རྒྱུ་འབྲས་ཀྱི་འབྲེལ་བ་ཡོད་པ་བཅས་སོ།།

40. སྐྱོན་ཆ་ཡོད་པའི་ཐོན་རྫས་ཉོས་ནས་རྒྱས་སྐྱོན་ཕོག་ན་སུ་ལ་སྐྱིན་ཚབ་བདའ་འདེད་གཏོང་དགོས་སམ།

《དམངས་དོན་ཁྲིམས་གཞུང་》གི་དོན་ཚན་ཆིག་སྟོང་ཉིས་བརྒྱ་བཅུ་མེད་གསུམ་གྱི་དོན་ཚན་དང་པོའི་གཏན་འབེབས་ལྟར། ཐོན་རྫས་ལ་སྐྱོན་ཡོད་པའི་རྐྱེན་གྱིས་མི་གཞན་ལ་གནོད་འཚེ་བཏང་རིགས། དབང་ཆར་གནོད་འཚེ་ཕོག་མཁན་གྱིས་ཐོན་རྫས་ཐོན་སྐྱེད་བྱེད་མཁན་ལ་གྱོང་གུན་གསབ་རོགས་ཞེས་ཞུས་ཆོག་ལ། ཐོན་རྫས་འཚོང་མཁན་ལའང་གྱོང་གུན་གསབ་རོགས་ཞེས་ཞུས་ཆོག

དོན་དངོས་ཁྲོད་ཐོན་ཟས་ཕྱིར་འཚོང་བྱེད་མཁན་ནི་ཐོན་སྐྱེད་བྱེད་མཁན་ལས་དེ་བས་ཐག་ཉེ་བར་བཀོལ་སྤྱོད་དམ་འཛད་སྤྱོད་པའི་དབང་གནོད་ཕོག་མཁན་དང་འབྲེལ་བ་ཡོད་ཅིང་། ཐོན་ཟས་ཀྱི་སྐྱོན་དེ་དག་ཐོན་སྐྱེད་བྱེད་མཁན་གྱིས་བཟོས་ཀྱང་གནོད་འཚེ་ཕོག་མཁན་གྱིས་རྒྱུན་དུ་ཐོན་ཟས་ཕྱིར་འཚོང་བྱེད་མཁན་ལ་གུན་གསབ་འཇལ་དགོས་པའི་རེ་ཞུ་བྱེད་ཀྱི་ཡོད། གནས་ཚུལ་འདི་རིགས་འོག་བཅའ་ཁྲིམས་ཀྱིས་ཀྱང་འབྲེལ་ཡོད་གཏན་འབེབས་བཟོས་ཏེ་དབང་གནོད་གུན་གསབ་ཀྱི་འགན་འཁྲི་ཁ་གསལ་བསྟན་ཡོད། 《དམངས་དོན་ཁྲིམས་གཞུང་》གི་དོན་ཚན་1203གྱི་ནང་དོན་2པའི་གཏན་འབེབས་ལྟར་ན། ཐོན་ཟས་ཀྱི་ཆད་སྐྱོན་ནི་ཐོན་སྐྱེད་བྱེད་མཁན་གྱིས་བཟོས་པས་ཕྱིར་འཚོང་བྱེད་མཁན་གྱིས་གུན་གསབ་འཇལ་རྗེས་ཐོན་སྐྱེད་བྱེད་མཁན་ཕྱོགས་ལ་གུན་གསབ་བདའ་འདེད་བྱེད་དབང་ཡོད་པ་དང་། དུས་མཚུངས་ཕྱིར་འཚོང་བྱེད་མཁན་གྱི་ནོར་འཁྲུལ་ལས་ཐོན་ཟས་ལ་སྐྱོན་ཡོད་ཚེ་ཐོན་སྐྱེད་བྱེད་མཁན་གྱིས་གུན་གསབ་འཇལ་རྗེས་ཕྱིར་འཚོང་བྱེད་མཁན་ཕྱོགས་ལ་གུན་གསབ་བདའ་འདེད་བྱེད་དབང་ཡོད།

41. སྐྱེལ་འདྲེན་མཁན་དང་། གསོག་ཉར་མཁན་སོགས་ཕྱོགས་གསུམ་པའི་ནོར་འཛོལ་གྱིས་ཐོན་ཟས་ལ་སྐྱོན་ཆ་བྱུང་ནས་མི་གཞན་ལ་གནོད་སྐྱོན་བཟོས་ན་སུ་ཡིས་སྐྱིན་ཆབ་འཇལ་དགོས།

ཐོན་ཟས་ཐོན་སྐྱེད་བྱས་པ་ནས་བེད་སྤྱོད་གཏོང་མཁན་དབར་ཐོན་སྐྱེད་དང་ཉར་གསོག དབོར་འདྲེན། ཕྱིར་འཚོང་སོགས་ཀྱི་གོ་རིམ་མང་པོ་བརྒྱུད་དགོས་སྟབས། སྐབས་རེ་འཛད་སྤྱོད་པས་དབོར་འདྲེན་བྱེད་མཁན་དང་ཉར་གསོག་བྱེད་མཁན་སུ་ཡིན་མིན་རྩ་བ་ནས་ཤེས་ཀྱི་མེད་ལ། ཐོན་ཟས་ཀྱི་སྐྱོན་ཆ་སུས་བཟོས་མིན་ཡང་ཤེས་ཀྱི་མེད། འཛད་སྤྱོད་པས་གནས་ཚུལ་འདི་དག་མ་ཤེས་པའི་རྐྱེན་

གྱིས་གནོད་འཚེ་ཐོག་རྗེས་གྲུབ་གསབ་འཇལ་བའི་རེ་ཞུ་སྲུ་ལ་ཞུ་དགོས་མིན་ཤེས་ཀྱི་མེད།

གནད་དོན་དེ་ཐག་གཅོད་བྱ་ཕྱིར། 《དམངས་དོན་ཁྲིམས་གཞུང་》གི་དོན་ཚན་ཆིག་སྟོང་ཉིས་བརྒྱ་དང་བཞིའི་གཏན་འབེབས་ལྟར། དབོར་འདྲེན་བྱེད་མཁན་དང་མཛོད་ཉར་བྱེད་མཁན་སོགས་ཕྱུང་གསུམ་པའི་ནོར་འཁྲུལ་གྱི་དབང་གིས་ཐོན་རྫས་ལ་ཆད་སྐྱོན་བྱུང་ནས་མི་གཞན་ལ་གནོད་འཚེ་བཏང་ན། ཐོན་རྫས་ཀྱི་ཐོན་སྐྱེད་བྱེད་མཁན་དང་འཚོང་མཁན་གྱིས་སྔོན་གྲུབ་གསབ་རྗེས་སུ་ཕྱུང་གསུམ་པའི་ས་ནས་གྲུབ་གསབ་བདའ་འདེད་བྱེད་དབང་ཡོད།

དེ་ཡང་གསལ་པོར་བརྗོད་ན། འཛད་སྤྱོད་པའི་གྲུབ་གསབ་ཀྱི་རེ་ཞུ་སྟབས་བདེ་ཡོང་ཆེད་བཅའ་ཁྲིམས་ཀྱི་གཏན་འབེབས་ལྟར་ན། འཛད་སྤྱོད་པས་སྔོན་ལ་ཐོན་རྫས་ཐོན་སྐྱེད་བྱེད་མཁན་ནམ་ཕྱིར་འཚོང་བྱེད་མཁན་བཙལ་ནས་གྲུབ་གསབ་ཀྱི་རེ་ཞུ་བྱེད་དགོས་པ་དང་། ཐོན་སྐྱེད་བྱེད་མཁན་དང་ཕྱིར་འཚོང་བྱེད་མཁན་གྱིས་གྲུབ་གསབ་འཇལ་བའི་འགན་འཁྲི་འཁུར་རྗེས་ཐོན་རྫས་ལ་སྐྱོན་བཟོ་མཁན་དབོར་འདྲེན་མཁན་དང་ཉར་གསོག་བྱེད་མཁན་སོགས་ནོར་འཁྲུལ་ཡོད་པའི་ཕྱུང་གསུམ་པར་གྲུབ་གསབ་བདའ་འདེད་བྱེད་དབང་ཡོད།

42. ཐོན་རྫས་ཀྱི་སྐྱོན་ཆས་མིའི་ལུས་ཁམས་དང་རྒྱུ་ནོར་ལ་གནོད་འཚེ་བཏང་ཚེ་གནོད་འཚེ་ཐོག་བྱེད་མཁན་གྱིས་ཐོན་སྐྱེད་མཁལ་དང་ཕྱིར་འཚོང་མཁན་ལ་འགན་འཁྲི་འཁུར་དུ་འཇུག་པའི་ཐབས་ལམ་གང་ཡོད་དམ།

《དམངས་དོན་ཁྲིམས་གཞུང་》གི་དོན་ཚན་ཆིག་སྟོང་ཉིས་བརྒྱ་དང་ལྔའི་གཏན་འབེབས་ལྟར། ཐོན་རྫས་ལ་སྐྱོན་ཡོད་པའི་རྐྱེན་གྱིས་མི་གཞན་གྱི་ལུས་ཁམས་དང་རྒྱུ་ནོར་གྱི་བདེ་འཇགས་ལ་ཉེན་ཁ་བྱུང་ན། དབང་ཆར་གནོད་འཚེ་ཐོག་མཁན་ལ་ཐོན་སྐྱེད་བྱེད་མཁན་དང་འཚོང་མཁན་གྱིས་གནོད་འཚེ་གཏོང་མཚམས་འཛོག་པ་དང་འགོག་རྐྱེན་མེད་པར་བཟོ་བ། ཉེན་ཁ་སེལ་བ་སོགས་ཀྱི་

དབང་གནོད་ཀྱི་འགན་འཁྲི་འཁུར་དགོས་ཞེས་རེ་འདུན་ཞུ་དབང་ཡོད། དམངས་དོན་ཁྲིམས་གཞུང་གིས་ཐོན་སྐྱེད་བྱེད་མཁན་དང་ཕྱིར་འཚོང་བྱེད་མཁན་སྐྱོན་ཤོར་ཐོན་ཟས་ཀྱི་འགན་འཁྲི་སྐུད་ལེན་དེ་བས་འཐུས་ཚང་དུ་བཏང་ཡོད་ལ། སྐྱོན་ཤོར་ཐོན་ཟས་ཀྱིས་ལུས་ཁམས་དང་རྒྱུ་ནོར་ལ་བཟོས་པའི་གནོད་འཚེ་ཕོག་མིས་ཐོན་སྐྱེད་བྱེད་མཁན་ནམ་ཕྱིར་འཚོང་བྱེད་མཁན་ལ་གནོད་འཚེའི་འདོད་ཚུལ་བརྗོད་སྐབས་གང་རུང་བདམས་ཆོག་ཅིང་ཐུན་མོང་དུ་གྲོད་པའི་ཁྲིམས་སྲུང་ཡང་བྱས་ཆོག ཐོན་ཟས་ཀྱི་སྐྱོན་ཆའི་འགན་འཁྲི་ནོར་འཁྲུལ་མེད་པའི་འགན་འཁྲིར་སྤྱོད་གོ་བྱེད་སྐབས"དཔང་རྟགས་འདོན་སྤེལ་གྱི་འགན་འཁྲི་གོ་ལྡོག"གི་ཚ་དོན་སྤྱོད་དགོས། གནོད་འཚེ་ཕོག་མིས་གནོད་འཚེའི་དོན་དངོས་ཙམ་ལས་ར་སྤྲོད་བྱེད་མི་ཐུབ་པའི་སྐབས་འགན་འཁྲི་དང་འོས་འགན་འཁུར་མཁན་གཙོ་བོས་ཐོན་ཟས་ལ་བཟོས་པའི་གནོད་འཚེར་ནོར་འཁྲུལ་ཡོད་པ་ར་སྤྲོད་བྱེད་མི་དགོས་པ་དང་། ཐོན་སྐྱེད་བྱེད་མཁན་གྱིས་འགན་འཁྲི་མེད་པའི་རྒྱུ་མཚན་ལྡན་པའི་དཔང་རྟགས་འདོན་སྤེལ་བྱེད་དགོས།

43. ཐོན་ཟས་ཚོང་རར་བཀྲམ་རྗེས་སྐྱོན་ཆ་ཡོད་ན། ཏོ་མཁན་གྱིས་ཐོན་སྐྱེད་བྱེད་མཁན་དང་ཕྱིར་འཚོང་བྱེད་མཁན་ལ་ཐོན་ཟས་ཕྱིར་སྡུད་བྱ་རྒྱུའི་བླང་བྱ་འདོན་དབང་ཡོད་དམ།

དབང་གནོད་ཕོག་མཁན་གྱི་ཁེ་ཕན་ལ་དེ་བས་བཟང་བའི་སྲུང་སྐྱོབ་ཐུབ་ཆེད《དམངས་དོན་ཁྲིམས་གཞུང་》གིས་འབྲེལ་ཡོད་ཐོན་ཟས་ཕྱིར་སྡུད་བྱེད་པར་ཕྱིན་པའི་དགོས་ངེས་ཀྱི་འགྲོ་གྲོན་རྣམས་ཐོན་སྐྱེད་དང་ཕྱིར་འཚོང་བྱེད་མཁན་གྱིས་འགན་འཁྲི་འཁུར་དགོས་པའི་གཏན་འབེབས་གསལ་པོ་བྱས་ཡོད།

《དམངས་དོན་ཁྲིམས་གཞུང་》གི་དོན་ཚན་ཆིག་སྟོང་ཉིས་བརྒྱ་དང་དྲུག་

པར་གཏན་འབེབས་ལྟར། ཐོན་ཟས་འཕོར་རྒྱུག་ཏུ་བཏང་རྗེས་ཚད་སྐྱོན་ཡོད་པ་ཤེས་ཚེ། ཐོན་སྐྱེད་བྱེད་མཁན་དང་འཚོང་མཁན་གྱིས་དུས་ཐོག་ཏུ་འཚོང་མཚམས་འཇོག་པ་དང་ཉེན་བརྡ་གཏོང་བ་དང་ཕྱིར་བསྡུ་བ་སོགས་གསབ་བཅོས་བྱེད་ཐབས་སྤྱོད་དགོས། དུས་ཐོག་ཏུ་གསབ་བཅོས་བྱེད་ཐབས་མ་སྤྱད་པའམ་གསབ་བཅོས་བྱེད་ཐབས་འཕེར་པོ་མེད་པའི་རྐྱེན་གྱིས་གནོད་འཚེ་ཆེ་རུ་ཕྱིན་ན། གནོད་འཚེ་ཆེ་རུ་ཕྱིན་པའི་ཆ་ལའང་དབང་གནོད་ཀྱི་འགན་འཁྲི་འཁུར་དགོས།

གོང་གསལ་ནང་གསེས་དོན་ཚན་གྱི་གཏན་འབེབས་ལྟར་ཕྱིར་བསྡུ་བའི་བྱེད་ཐབས་སྤྱད་ན། གནོད་འཚེ་ཕོག་མཁན་གྱིས་དེའི་ཆེད་དུ་བཏང་བའི་དགོས་ངེས་ཀྱི་འགྲོ་གྲོན་དག་ཐོན་སྐྱེད་བྱེད་མཁན་དང་འཚོང་མཁན་གྱིས་གཏོང་དགོས།

ཐོན་ཟས་ཀྱི་སྐྱོན་ལས་མི་གཞན་ལ་གནོད་འཚེ་བཟོས་པའི་སྐབས་དབང་གནོད་ཕོག་མིས་ཐོན་ཟས་ཐོན་སྐྱེད་བྱེད་མཁན་ལ་ཀུན་གསབ་འཛལ་དགོས་པའི་རེ་ཞུ་བྱས་ཆོག་ལ་ཐོན་ཟས་ཕྱིར་འཚོང་བྱེད་མཁན་ལ་ཡང་ཀུན་གསབ་འཛལ་དགོས་པའི་རེ་ཞུ་བྱས་ཆོག དེ་དང་འདྲ་བར་ཐོན་ཟས་འགྲོ་རྒྱུག་བྱས་རྗེས་སྐྱོན་ཡོད་པ་ཤེས་ཚེ་ཐོན་སྐྱེད་དང་ཕྱིར་འཚོང་བྱེད་མཁན་གྱིས་དུས་ཐོག་ལ་ཕྱིར་འཚོང་མཚམས་འཇོག་དང་ཉེན་བརྡ་གཏོང་བ། ཕྱིར་སྡུད་སོགས་ཀྱི་གསབ་བཅོས་བྱེད་ཐབས་སྤྱོད་དགོས། དུས་ཐོག་ལ་གསབ་བཅོས་བྱེད་ཐབས་མ་སྤེལ་བའི་གྱིས་གནོད་འཚེ་རྒྱ་བསྐྱེད་དུ་ཕྱིན་ཚེ་ཐོན་སྐྱེད་དང་ཕྱིར་འཚོང་བྱེད་མཁན་གྱིས་རྒྱ་བསྐྱེད་དུ་ཕྱིན་པའི་གནོད་འཚེའི་འགན་འཁྲི་འཁུར་དགོས། གཞན་ཡང་དམངས་དོན་ཁྲིམས་གཞུང་གིས་ཕྱིར་སྡུད་བྱེད་སྐབས་ཐོན་པའི་དགོས་ངེས་ཀྱི་འགྲོ་གྲོན་རྣམས་ཐོན་སྐྱེད་དང་ཕྱིར་འཚོང་བྱེད་མཁན་གྱིས་འགན་འཁུར་དགོས་པའི་གཏན་འབེབས་ཁ་སྣོན་བྱས་ཡོད།

44. ཚོང་ཟོག་ལ་སྐྱོན་ཆ་ཡོད་པ་ཤེས་བཞིན་དུ་ད་དུང་ཕྱིར་འཚོང་བྱས་ནས་མི་གཞན་ལ་གྱོང་གུན་བཟོས་པ་ཡིན་ན། དབང་ཆར་གནོད་འཚེ་ཐོག་མཁན་གྱིས་གྱོང་གུན་ལྷབ་འགྱུར་གྱིས་གསབ་རྒྱུའི་རེ་བ་ཞུས་ཆོག་གམ།

《དམངས་དོན་ཁྲིམས་གཞུང་》གི་དོན་ཚན་ཆིག་སྟོང་ཉིས་བརྒྱ་དང་བདུན་པའི་གཏན་འབེབས་ལྟར། ཐོན་རྫས་ལ་སྐྱོན་ཡོད་པ་ཤེས་བཞིན་དུ་སྟར་བཞིན་ཐོན་སྐྱེད་དང་ཕྱིར་འཚོང་བྱེད་པའམ་གོང་གསལ་ནང་གསེས་དོན་ཚན་གྱི་གཏན་འབེབས་ལྟར་གསབ་བཅོས་བྱེད་ཐབས་མ་སྤྱད་པས་མི་གཞན་ཤི་རྨས་སམ་བདེ་ཐང་ལ་གནོད་འཚེ་ཚབས་ཆེན་བཟོས་རིགས་བྱུང་ན། དབང་ཆར་གནོད་འཚེ་ཐོག་མཁན་ལ་བབ་མཚུངས་ཀྱི་ཆད་གཅོད་རང་བཞིན་གྱི་གུན་གསབ་སྤྲོད་དགོས་ཞེས་རེ་འདུན་ཞུ་དབང་ཡོད།

ཐོན་སྐྱེད་དང་ཕྱིར་འཚོང་བྱེད་མཁན་གྱིས་ཐོན་རྫས་ཀྱི་བདེ་འཇགས་རང་བཞིན་ལ་འགན་ལེན་བྱེད་པའི་འགན་འཁྲི་འཁུར་དགོས་ཤིང་། བདེ་འཇགས་ལ་མངོན་མེད་རྐྱེན་ངན་ཡོད་པ་ཤེས་བཞིན་དུ་སྔ་མཐུད་ཐོན་སྐྱེད་དང་ཕྱིར་འཚོང་བྱེད་དུ་བཅུག་ཚེ་མཇུག་འབྲས་ལ་བསམ་ངན་བཅངས་པར་གཏན་འཁེལ་བྱས་ཆོག གནོད་འཚེ་ཐོག་མིའི་ཁེ་ཕན་དང་སྤྱི་ཚོགས་ཀྱི་སྤྱི་ཕན་ལ་སྲུང་སྐྱོང་ཐུབ་ཆེད་གནོད་འཚེ་ཐོག་མིས་ཁྲིམས་ལྟར་ཆད་གཅོད་རང་བཞིན་གྱི་གུན་གསབ་འཇལ་དགོས་པའི་རེ་བ་བཏོན་ཆོག

ལེའུ་ལྔ་པ། འཕྲུལ་སྒྲུལ་འཁོར་ལོའི་འགྲིམ་འགྲུལ་དོན་རྐྱེན་གྱི་འགན་འཁྲིའི་སྐོར།

45. སྒྲུལ་སྐྱོད་རླངས་འཁོར་ལ་འགྲིམ་འགྲུལ་དོན་རྐྱེན་བྱུང་ན། སྐྱིན་ཚབ་འཇལ་བའི་འགན་འཁུར་ཇི་ལྟར་འཁུར་དགོས་སམ།

《དམངས་དོན་ཁྲིམས་གཞུང་》གི་དོན་ཚན་ཆིག་སྟོང་ཞིས་བརྒྱ་དང་བརྒྱད་པར་གཏན་འབེབས་ལྟར། འཕྲུལ་སྒྲུལ་འཁོར་ལོར་འགྲིམ་འགྲུལ་དོན་རྐྱེན་བྱུང་ནས་གནོད་འཚེ་བཏང་ན། གཞུང་ལམ་འགྲིམ་འགྲུལ་བདེ་འཛགས་སྐོར་གྱི་བཅའ་ཁྲིམས་དང་ཁྲིམས་འདིའི་ནང་འཁོད་འབྲེལ་ཡོད་གཏན་འབེབས་ལྟར་གུན་གསབ་སྤྲོད་འགན་འཁུར་དགོས།

གཞུང་ལམ་འགྲིམ་འགྲུལ་གྱི་དོན་རྐྱེན་ནང་གནོད་འཚེ་ཕོག་མིའི་ལུས་ཁམས་སམ་རྒྱུ་ནོར་ལ་གནོད་འཚེ་ཕོག་རྗེས་སྨན་བཅོས་བྱེད་རིང་ཕྱིན་པའི་འགྲོ་གྲོན་ཁག་དང་དེ་བཞིན་ལས་ཐེབས་ཆག་པས་ཞུང་དུ་ཕྱིན་པའི་ཡོང་འབབ། འདིའི་ནང་ལས་ཐེབས་ཆག་པ་དང་ནད་སྐྱོང་། འགྲིམ་འགྲུལ། ཞག་སྡོད། ནད་སྡོད་སྐབས་ཀྱི་བཟའ་བཅུད་ཀི་ཁ་གསབ། དགོས་ངེས་ཀྱི་འཚོ་བཅུད་རིན་པ་བཅས་ཀྱི་གྲོན་དཔྱལ་ཚད་ཡོད། འདི་དག་གི་གྲོན་དཔྱལ་རྣམས་འགྲིམ་འགྲུལ་དོན་རྐྱེན་ནང་གི་གུན་གསབ་འོས་འགན་འཁུར་མཁན་གྱིས་གུན་གསབ་བྱེད་དགོས།

46. རླངས་འཁོར་གཡར་ནས་འགྲིམ་འགྲུལ་དོན་རྐྱེན་བྱུང་ན། དོན་དངོས་ཀྱི་ཁ་ལོ་བ་དང་རླངས་འཁོར་བདག་པོ་སུས་སྐྱིན་ཆབ་སྤྲོད་འགན་འཁུར་དགོས་སམ།

《དམངས་དོན་ཁྲིམས་གཞུང་》གི་དོན་ཚན་ཆིག་སྟོང་ཉིས་བརྒྱ་དང་དགུ་པའི་གཏན་འབེབས་ལྟར། བོགས་མར་གཏོང་ལེན་དང་གཡར་སྤྲོད་སོགས་ཀྱི་གནས་ཚུལ་གྱི་རྐྱེན་གྱིས་འཕྲུལ་སྒྲུལ་འཁོར་ལོའི་བདག་པོ་དང་དོ་དམ་པ་དང་བེད་སྤྱོད་བྱེད་མཁན་བཅས་མི་གཅིག་པ་ཡིན་ཚེ། འགྲིམ་འགྲུལ་གྱི་དོན་རྐྱེན་བྱུང་ནས་གནོད་འཚེ་བཏང་རྗེས་ཀྱི་འགན་འཁྲི་དེ་འཕྲུལ་སྒྲུལ་འཁོར་ལོའི་ཕྱོགས་ཀྱིས་འཁུར་དགོས་ན། འཕྲུལ་སྒྲུལ་འཁོར་ལོ་དེ་བེད་སྤྱོད་བྱེད་མཁན་གྱིས་གུན་གསབ་སྤྲོད་འགན་འཁུར་དགོས། གནོད་འཚེ་བྱུང་བའི་ཐད་ལ་འཕྲུལ་སྒྲུལ་འཁོར་ལོའི་བདག་པོ་དང་དོ་དམ་པར་ནོར་འཁྲུལ་ཡོད་ན་དེ་གཉིས་ཀྱིས་བབ་མཚུངས་ཀྱི་གུན་གསབ་སྤྲོད་འགན་འཁུར་དགོས།

ལམ་དུ་སྐྱོད་བཞིན་པའི་འཁོར་རིགས་ལ་འགྲིམ་འགྲུལ་དོན་རྐྱེན་ལྷག་རྗེས། སྔོན་ལ་འགན་བཅོལ་ཀུང་སིས་འཕྲུལ་སྒྲུལ་འགྲིམ་འགྲུལ་དོན་རྐྱེན་གྱི་བཙན་སྒྲུལ་འགན་འཁྲིའི་འགན་བཅོལ་གྱི་འགན་འཁྲིའི་གྲངས་བཅད་ནང་འགན་བཅོལ་བྱས་པའི་འཕྲུལ་སྒྲུལ་འཁོར་རིགས་ཀྱིས། གནོད་འཚེ་བཟོས་པའི་གནོད་འཚེ་ཕོག་མི་ཤི་རྨས་བྱུང་བ་དང་རྒྱུ་ནོར་ལ་གྱོང་གུན་ཕོག་ན་གུན་གསབ་བྱེད་ཀྱི་ཡོད་པ་དང་། འགན་འཁྲིའི་གྲངས་བཅད་ལས་བརྒལ་ན《དམངས་དོན་ཁྲིམས་གཞུང་》གི་གཏན་འབེབས་ལྟར་གུན་གསབ་འགན་འཁྲི་གཏན་འཁེལ་བྱེད་དགོས།

མི་གཞན་ལ་འཕྲུལ་སྒྲུལ་འཁོར་ལོ་བོགས་མར་གཏོང་བ་དང་གཡར་རྗེས་འགྲིམ་འགྲུལ་དོན་རྐྱེན་ལྷག་ཚེ། དངོས་སུ་བཀོལ་སྤྱོད་བྱེད་མཁན་དང་འཕྲུལ་སྒྲུལ་འཁོར་ལོའི་དོ་བདག དོ་དམ་མི་སྣ་བཅས་གཅིག་མཚུངས་མིན་པའི་སྐབས་སུ་གལ་ཏེ་འཕྲུལ་སྒྲུལ་འཁོར་ལོ་དེའི་ཕྱོགས་གཅིག་གི་འགན་འཁྲིའི་ཁོངས་སུ་

གཏོགས་ན་བཀོལ་སྤྱོད་བྱེད་མཁན་གྱིས་གུན་གསབ་འགན་འཁྲི་འཁུར་དགོས། འོན་ཀྱང་འཕྲུལ་སྐྱུལ་འཁོར་ལོའི་དོ་བདག་དང་དོ་དམ་མི་སྣས་གནོད་འཚེ་ཐོག་པར་ནོར་འཁྲུལ་ཡོད་པ་དང་། མགོ་འདོན་བྱས་པའི་འཁོར་རིགས་ལ་སྐྱོན་ཡོད་པའི་རྐྱེན་གྱིས་འགྲིམ་འགྲུལ་དོན་རྐྱེན་ལྷག་པ། ལག་འཁྱེར་མེད་པའི་རིགས་ལ་གཡར་བ། ར་བཟི་ནས་ཧྲངས་འཁོར་བཏང་བ་སོགས་ཀྱི་གནས་ཚུལ་ཡོད་ཚེ་འདི་དག་དང་འབྲེལ་བའི་མིས་ཀྱང་བབ་མཐུན་གྱི་གུན་གསབ་འགན་འཁྲི་འཁུར་དགོས།

47. མི་གཞན་ལ་བཙོངས་ཟིན་ཀྱང་ཐོ་འགོད་བྱས་མེད་པའི་སྐྱུལ་སྐྱོད་འཕྲུལ་འཁོར་ལ་ཧྲངས་འཁོར་དོན་རྐྱེན་བྱུང་ན། འགན་སུས་འཁུར་དགོས་སམ།

《དམངས་དོན་ཁྲིམས་གཞུང་》གི་དོན་ཚན་ཆིག་སྟོང་ཉིས་བརྒྱ་དང་བཅུའི་གཏན་འབེབས་ལྟར། དོ་བདག་དབར་ཉོ་འཚོང་ངམ་བྱེད་ཐབས་གཞན་དག་སོགས་ཀྱི་རྣམ་པའི་ཐོག་ནས་འཕྲུལ་སྐྱུལ་འཁོར་ལོ་བཤུག་སྤྲོད་བྱས་པ་མ་ཟད་རྩིས་སྤྲོད་ཀྱང་བྱས་ཚར་མོད་ཐོ་འགོད་ཀྱི་འགྲོ་ལུགས་མ་གཉེར་བར་འགྲིམ་འགྲུལ་གྱི་དོན་རྐྱེན་བྱུང་བའི་འགན་འཁྲི་དེ་འཕྲུལ་སྐྱུལ་འཁོར་ལོའི་ཕྱོགས་ཀྱིས་འཁུར་དགོས་རིགས་ཡིན་ན། བཤུག་ལེན་བྱེད་མཁན་གྱིས་གུན་གསབ་སྤྲོད་འགན་འཁུར་དགོས།

གཞན་ལ་བཙོངས་ཟིན་ཡང་ཐོ་འགོད་མ་གཉེར་བའི་བརྒྱུད་རིམ་ནང་འཕྲུལ་སྐྱུལ་འཁོར་ལོར་འགྲིམ་འགྲུལ་དོན་རྐྱེན་ལྷག་པའི་རིགས་ལ། 《དམངས་དོན་ཁྲིམས་གཞུང་》གིས་གུན་གསབ་འགན་འཁྲིའི་འགན་འཁུར་གྱི་གྲུབ་ཆ་གཙོ་བོར་གཏན་འབེབས་གསར་པ་བྱས་ཡོད་ཅིང་། གོ་བདེར་བརྗོད་ན་གལ་ཏེ་འགྲིམ་འགྲུལ་དོན་རྐྱེན་ནང་འཕྲུལ་འཁོར་དེའི་ཕྱོགས་གཅིག་གི་འགན་འཁྲིའི་ཁོངས་སུ་གཏོགས་ན་འཕྲུལ་འཁོར་བརྒྱུད་བཤུག་ལེན་མཁན་གྱིས་གུན་གསབ་འགན་འཁྲི་འཁུར་དགོས།

48. ཟུར་བརྟེན་རྣམ་པའི་ཐོག་ནས་གཞུང་ལམ་སྐྱེལ་འདྲེན་གྱི་བྱེད་སྒོ་སྤེལ་བའི་འཕྲུལ་སྒྲུལ་འཁོར་ལོར་འགྲིམ་འགྲུལ་དོན་རྐྱེན་བྱུང་ཚེ་སུས་ཁག་འགན་འཁུར་དགོས་སམ།

《དམངས་དོན་ཁྲིམས་གཞུང་》གི་དོན་ཚན་ཆིག་སྟོང་ཉིས་བརྒྱ་དང་བཅུ་གཅིག་པའི་གཏན་འབེབས་ལྟར། ཟུར་བརྟེན་རྣམ་པའི་ཐོག་ནས་གཞུང་ལམ་འགྲིམ་འགྲུལ་ལས་ཀ་གཉེར་སྐྱོང་བྱེད་པའི་འཕྲུལ་སྒྲུལ་འཁོར་ལོར་འགྲིམ་འགྲུལ་གྱི་དོན་རྐྱེན་བྱུང་རྗེས་ཀྱི་འགན་འཁྲི་དེ་འཕྲུལ་སྒྲུལ་འཁོར་ལོའི་ཕྱོགས་ཀྱིས་འཁུར་དགོས་ན། ཟུར་བརྟེན་བྱེད་མཁན་དང་ཟུར་རྟེན་བྱ་ཡུལ་གྱིས་མཉམ་དུ་གཅིག་ལ་གཅིག་འབྲེལ་གྱི་འགན་འཁྲི་འཁུར་དགོས།

ཟུར་བརྟེན་རྣམ་པས་གཞུང་ལམ་སྐྱེལ་འདྲེན་གྱི་ལས་གཉེར་འཕྲུལ་སྒྲུལ་འཁོར་རིགས་ལ་འགྲིམ་འགྲུལ་དོན་རྐྱེན་ལྷག་སྟེ་གནོད་འཚེ་ཐོག་པའི་གནས་ཚུལ་ཁྲོད་《དམངས་དོན་ཁྲིམས་གཞུང་》གིས་གུན་གསབ་འགན་འཁྲིའི་འགན་འཁུར་གྱི་གྲུབ་ཆ་གཙོ་བོར་གཏན་འབེབས་གསར་པ་བཏོན་ཡོད་ཅིང་། གལ་ཏེ་འགྲིམ་འགྲུལ་དོན་རྐྱེན་ནང་འཕྲུལ་འཁོར་དེའི་ཕྱོགས་གཅིག་གི་འགན་འཁྲིའི་ཁོངས་སུ་གཏོགས་ན་ཟུར་བརྟེན་སལེན་མཁན་གྱིས་ཞོར་འབྲེལ་འགན་འཁྲི་འཁུར་དགོས།

49. གཞན་གྱི་རླངས་འཁོར་གཏོང་བའི་ཆོག་མཆན་མ་ཐོབ་པར་རླངས་འཁོར་བཏང་ནས་རླངས་འཁོར་གྱི་ཆག་སྒོ་བྱུང་ན། སུས་ཁག་འགན་འཁུར་དགོས་སམ།

《དམངས་དོན་ཁྲིམས་གཞུང་》གི་དོན་ཚན་ཆིག་སྟོང་ཉིས་བརྒྱ་བཅུ་གཉིས་པའི་གཏན་འབེབས་ལྟར། ཆོག་མཆན་མ་ཐོབ་པར་གཞན་གྱི་འཕྲུལ་སྒྲུལ་འཁོར་ལོ་བཏང་སྟེ་འགྲིམ་འགྲུལ་གྱི་དོན་རྐྱེན་བྱུང་རྗེས་ཀྱི་འགན་འཁྲི་དེ་འཕྲུལ་སྒྲུལ་འཁོར་ལོ་ཕྱོགས་ཀྱིས་འཁུར་དགོས་ན། འཕྲུལ་སྒྲུལ་འཁོར་ལོ་བེད་སྤྱོད་བྱེད་མཁན་གྱིས་

ཀུན་གསལ་སྒྲོད་འགན་འཁུར་དགོས། གནོད་འཚེ་བྱུང་བའི་ཐད་ལ་འཕྲུལ་སྒྱུལ་འཁོར་ལོའི་བདག་པོ་དང་དོ་དམ་པར་ནོར་འཁྲུལ་ཡོད་ན་དེ་གཉིས་ཀྱིས་བབ་མཚུངས་ཀྱི་ཀུན་གསལ་སྒྲོད་འགན་འཁུར་དགོས། འོན་ཀྱང་ལེའུ་འདིར་ལོགས་སུ་གཏན་འབེབས་བྱས་ཡོད་རིགས་འདིའི་ནང་མི་ཚུད།

དོན་དངོས་འཚོ་བའི་ནང་"མོས་མཐུན་མེད"པའི་གནས་ཚུལ་རིགས་ལ་ཀུན་མ་ཤོར་བ་དང་འཕྲོག་བཅོམ་བྱས་པའི་འཕྲུལ་སྒྱུལ་འཁོར་རིགས་འགྲོ་སྐྱོད་བྱེད་པའི་བརྒྱུད་རིམ་ནང་འགྲིམ་འགྲུལ་དོན་རྐྱེན་བྱུང་ནས་གཞན་གྱི་ཚེ་སྲོག་དང་རྒྱུ་ནོར་ལ་གནོད་འཚེ་བཏང་བ་དང་། དེ་བས་དཔེར་ན་རྒྱུན་མཐོང་དུ་བུ་ཕྲུག་གིས་འཕྲུལ་འཁོར་གྱི་དོ་བདག་གམ་དོ་དམ་མི་སྣ་ཕ་མའི་མོས་མཐུན་མེད་པར། ཕ་མའི་འཕྲུལ་འཁོར་བཏང་ནས་འགྲིམ་འགྲུལ་དོན་རྐྱེན་ལྷག་གི་ཡོད། གནས་ཚུལ་འདི་རིགས་འོག་བུ་ཕྲུག་གིས་འགན་འཁྲི་འཁུར་དགོས། གལ་ཏེ་བུ་ཕྲུག་ལོ་ན་མ་སོན་པ་དང་འདང་ངེས་ཀྱི་ཡོང་འབབ་འབྱུང་ཁུངས་མེད་ན་བུ་ཕྲུག་གི་ལྟ་སྐྱོང་བྱེད་མཁན་ཕ་མས་ཀུན་གསལ་འགན་འཁྲི་འཁུར་དགོས། "འཕྲུལ་སྒྱུལ་འཁོར་ལོའི་དོ་བདག་གམ་དོ་དམ་མི་སྣར་ནོར་འཁྲུལ་ཡོད་པ"ཞེས་པར་རྒྱུན་མཐོང་གི་གནས་ཚུལ་ནི་འཕྲུལ་འཁོར་གྱི་དོ་བདག་གམ་དོ་དམ་མི་སྣས་གཞན་གྱིས་རང་གི་འཕྲུལ་འཁོར་བཀོལ་སྤྱོད་བྱེད་འདོད་ཡོད་པ་ཤེས་བཞིན་དུ་འཕྲུལ་འཁོར་གྱི་ལྡེ་མིག་ལ་བདག་སྐྱོང་མ་བྱུང་བ་ཞིག་རེད། གལ་ཏེ་འཕྲུལ་འཁོར་གྱི་དོ་བདག་གིས་འཕྲུལ་འཁོར་ལ་བདག་སྐྱོང་མ་བྱུང་བའི་རྐྱེན་གྱིས་འཕྲུལ་འཁོར་མི་གཞན་གྱིས་བཀོལ་སྤྱོད་བྱེད་པ་དང་། ད་དུང་བཀག་འགོག་མི་བྱེད་པ་ནི་འཕྲུལ་འཁོར་བདག་པོས་བདག་སྐྱོང་བྱེད་པའི་འོས་འགན་མ་བསྒྲུབ་པར་བརྩི་ཆོག་ཅིང་ནོར་འཁྲུལ་ལྡན་ཡོད།

50. འགྲིམ་འགྲུལ་ཐུར་ཉེས་ཁྲོད་དུ་སྒྱུལ་སྐྱོད་རླངས་འཁོར་ཕྱོགས་དེའི་འགན་འཁུར་དུ་གཏོགས་ན། འགན་བཙོལ་ཀུང་སིས་སྐྱིན་ཚབ་ཇི་ལྟར་འཛལ་དགོས་སམ།

《དམངས་དོན་ཁྲིམས་གཞུང་》གི་དོན་ཚན་ཆིག་སྟོང་ཉིས་བརྒྱ་དང་བཅུ་

གསུམ་པའི་གཏན་འབེབས་ལྟར། འཕྲུལ་སྐྱུལ་འཁོར་ལོར་འགྲིམ་འགྲུལ་གྱི་དོན་རྐྱེན་བྱུང་རྗེས་ཀྱི་འགན་འཁྲི་དེ་འཕྲུལ་སྐྱུལ་འཁོར་ལོ་ཕྱོགས་ཀྱིས་འཁུར་དགོས་ན། སྔོན་ལ་འཕྲུལ་སྐྱུལ་འཁོར་ལོའི་བཙན་འདོམས་འགན་བཅོལ་འགན་ལེན་བྱེད་མཁན་གྱིས་འཕྲུལ་སྐྱུལ་འཁོར་ལོའི་བཙན་འདོམས་འགན་བཅོལ་འགན་འཁྲིའི་བཅད་གྲངས་ཀྱི་ཁྱབ་ཁོངས་ནང་གུན་གསབ་སྤྲོད་འགན་འཁུར་དགོས། མ་འདང་བའི་ཆ་དེ་འཕྲུལ་སྐྱུལ་འཁོར་ལོའི་ཚོང་ལས་འགན་བཅོལ་འགན་ལེན་བྱེད་མཁན་གྱིས་འགན་བཅོལ་གན་རྒྱའི་ཁ་ཆད་ལྟར་གུན་གསབ་སྤྲོད་འགན་འཁུར་དགོས། སྔར་བཞིན་མི་འདང་བའམ་འཕྲུལ་སྐྱུལ་འཁོར་ལོ་ཚོང་ལས་འགན་བཅོལ་ནང་ཞུགས་མེད་ན། དབང་ཆར་གནོད་འཚེ་གཏོང་མཁན་གྱིས་གུན་གསབ་སྤྲོད་འགན་འཁུར་དགོས།

གོ་བདེར་བརྗོད་ན་འགྲིམ་འགྲུལ་དོན་རྐྱེན་ནང་འཕྲུལ་འཁོར་ཕྱོགས་གཅིག་གི་འགན་འཁྲིའི་གནས་ཚུལ་འོག་སྔོན་ལ་བཙན་སྐྱུལ་འགན་བཅོལ་ལ་བརྟེན་ནས་ངེས་ཅན་གྱི་གུན་གསབ་འཇལ་དགོས་པ་དང་། ཚོང་ལས་འགན་བཅོལ་ནི་འགན་འཁྲི་ངོས་འཛིན་གྱི་གནས་ཚུལ་གཞིར་བཟུང་དངུལ་གྲངས་གུན་གསབ་བྱེད་ཀྱི་ཡོད་ཅིང་དངུལ་གྲངས་ལྷག་མ་རྣམས་ཁ་ལོ་བས་གུན་གསབ་བྱེད་དགོས་ཀྱི་ཡོད། གཞན་ཡང་གལ་ཏེ་འགན་བཅོལ་བྱས་མེད་ཚེ་འགན་འཁྲི་ཡོད་པའི་ཁ་ལོ་བས་གུན་གསབ་བྱེད་དགོས།

51. སྒྲིག་སྒྱུར་བྱས་པའི་རླངས་འཁོར་རམ་ཡང་ན་བེད་མེད་ཀྱི་རླངས་འཁོར་ལ་འགྲིམ་འགྲུལ་དོན་རྐྱེན་བྱུང་ཚེ་སུ་ལ་ཁག་འགན་བདའ་འདེད་བྱ་དགོས་སམ།

《དམངས་དོན་ཁྲིམས་གཞུང་》གི་དོན་ཚན་ཆིག་སྟོང་ཉིས་བརྒྱ་དང་བཅུ་བཞི་པའི་གཏན་འབེབས་ལྟར། སྒྲིག་སྒྱུར་བྱས་པའམ་བེད་མེད་ཟུར་འཇོག་གི་ཚད་དུ་སླེབས་ཚར་བའི་འཕྲུལ་སྐྱུལ་འཁོར་ལོ་ཉོ་འཚོང་ངམ་བྱེད་ཐབས་གཞན་པ་སོགས་

ཀྱི་རྣམ་པའི་ཐོག་ནས་བཤུག་སྤྱོད་བྱས་མཐར་འཁྲིམ་འགྲུལ་གྱི་དོན་རྐྱེན་བྱུང་ནས་གནོད་འཚེ་བཏང་རིགས་བྱུང་ན། བཤུག་སྤྱོད་བྱེད་མཁན་དང་བཤུག་ལེན་བྱེད་མཁན་གཉིས་ཀས་མཉམ་དུ་གཅིག་ལ་གཅིག་འབྲེལ་གྱི་འགན་འཁྲི་འཁུར་དགོས།

སྒྲིག་སྤྱིར་རླངས་འཁོར་དང་བེད་མེད་གཏོང་བའི་ཚད་གཞི་ཟིན་པའི་རླངས་འཁོར་ལ་རྒྱུན་དུ་ལྷུ་ལག་ཟད་གྲོན་ཆད་བརྒལ་ཕྱིན་པ་དང་སྐྱུལ་ཤུགས་སྐྱོན་ཤོར་བ། བདེ་འཇགས་ཀྱི་ནུས་པས་འགན་སྲུང་མི་ཐུབ་པ་སོགས་ཀྱི་གནད་དོན་ཡོད་ཅིང་། དེ་དང་ཕྱོགས་མཚུངས་བརྒྱུད་བཤུག་གི་རིན་གོང་ཁེ་པོ་ཡིན་སྟབས་འཁྲིམ་འགྲུལ་དོན་རྐྱེན་ཐོན་ཚེ་དོན་རྐྱེན་བཟོ་མཁན་ཕྱོགས་ཀྱིས་འགན་འཁྲི་ལས་གཡོལ་བ་དང་རླངས་འཁོར་བསྒྱུར་ནས་བྲོས་བྱོལ་དུ་འགྲོ་བའི་རྐྱེན་གྱིས་དོན་རྐྱེན་བཟོ་མཁན་རླངས་འཁོར་གྱི་དོ་བདག་ངོ་མ་དང་དོ་དམ་མི་སྣ་རྩད་གཅོད་དཀའ་བར་འགྱུར་གྱི་ཡོད། དེས་ན་གནོད་འཚེ་ཕོག་མཁན་གྱི་ཁྲིམས་མཐུན་ཁེ་དབང་འགན་སྲུང་ཐུབ་ཆེད《དམངས་དོན་ཁྲིམས་གཞུང་》གིས་སྒྲིག་སྤྱིར་རླངས་འཁོར་དང་བེད་མེད་གཏོང་བའི་ཚད་གཞི་ཟིན་པའི་རླངས་འཁོར་བརྒྱུད་བཤུག་བྱས་ཏེ་འཁྲིམ་འགྲུལ་དོན་རྐྱེན་ལྷག་ཚེ་བརྒྱུད་བཤུག་གཏོང་མཁན་དང་བརྒྱུད་བཤུག་ལེན་མཁན་གཉིས་ཀས་ཞོར་འབྲེལ་གྱི་འགན་འཁྲི་འཁུར་དགོས་པའི་གཏན་འབེབས་བྱས་ཡོད།

52. བརྐུས་པའི་རླངས་འཁོར་ལ་འཁྲིམ་འགྲུལ་དོན་རྐྱེན་བྱུང་ན། རླངས་འཁོར་བདག་པོས་ཁག་འགན་འཁུར་དགོས་སམ།

《དམངས་དོན་ཁྲིམས་གཞུང་》གི་དོན་ཚན་ཆིག་སྟོང་ཉིས་བརྒྱ་དང་བཅོ་ལྔ་པར་གཏན་འབེབས་ལྟར། རྐུ་ཁྱེར་དང་འཕྲོག་བཅོམ་མམ་བཙན་འཕྲོག་བཅས་བྱས་པའི་འཕྲུལ་སྐྱུལ་འཁོར་ལོར་འཁྲིམ་འགྲུལ་གྱི་དོན་རྐྱེན་བྱུང་ནས་གནོད་འཚེ་བཏང་

རིགས་བྱུང་ཚེ། རྐུ་ཁྲེར་བྱེད་མཁན་དང་འཕྲོག་བཅོམ་བྱེད་མཁན་ནམ་བཙན་འཕྲོག་བྱེད་མཁན་གྱིས་གུན་གསབ་སྤྲོད་འགན་འཁུར་དགོས། རྐུ་ཁྲེར་བྱེད་མཁན་དང་འཕྲོག་བཅོམ་བྱེད་མཁན་ནམ་བཙན་འཕྲོག་བྱེད་མཁན་བཅས་དང་འཕྲུལ་སྐྱུལ་འཁོར་ལོ་བེད་སྤྱོད་བྱེད་མཁན་མི་གཅིག་མིན་པར་འཕྲུལ་སྐྱུལ་འཁོར་ལོར་འགྲིམ་འགྲུལ་གྱི་དོན་རྐྱེན་བྱུང་རྗེས་གནོད་སྐྱོན་བཟོས་པའི་འགན་འཁྲི་དེ་འཕྲུལ་སྐྱུལ་འཁོར་ལོ་ཕྱོགས་ཀྱིས་འཁུར་དགོས་ན། རྐུ་ཁྲེར་བྱེད་མཁན་དང་འཕྲོག་བཅོམ་བྱེད་མཁན་ནམ་བཙན་འཕྲོག་བྱེད་མཁན་བཅས་ཀྱིས་འཕྲུལ་སྐྱུལ་འཁོར་ལོ་བེད་སྤྱོད་བྱེད་མཁན་དང་མཉམ་དུ་གཅིག་ལ་གཅིག་འབྲེལ་གྱི་འགན་འཁྲི་འཁུར་དགོས།

འགན་བཅོལ་བྱེད་མཁན་གྱིས་འཕྲུལ་སྐྱུལ་འཁོར་ལོའི་བཙན་འདོམས་འགན་བཅོལ་འགན་འཁྲིའི་བཅད་གྲངས་ཀྱི་ཁྱབ་ཁོངས་ནང་མྱུར་སྐྱོབ་གྲོན་དངུལ་སྔ་འདོན་བྱས་ན། འགྲིམ་འགྲུལ་དོན་རྐྱེན་གྱི་འགན་འཁྲི་འཁུར་དགོས་མཁན་ལ་གུན་གསབ་བདའ་འདེད་བྱས་ཆོག

《དམངས་དོན་ཁྲིམས་གཞུང་》གི་གཏན་འབེབས་ལྟར་ན། འཕྲུལ་སྐྱུལ་འཁོར་ལོའི་དོ་བདག་དང་བེད་སྤྱོད་གཏོང་མཁན་གཅིག་མཚུངས་མིན་པའི་གནས་ཚུལ་འོག་འགྲིམ་འགྲུལ་དོན་རྐྱེན་ལྷག་རྗེས་གུན་གསབ་བྱེད་པའི་རྩ་དོན་ནི་འཕྲུལ་སྐྱུལ་འཁོར་ལོར་བེད་སྤྱོད་གཏོང་མཁན་གྱིས་གུན་གསབ་བྱེད་དགོས་པ་དང་། འཕྲུལ་སྐྱུལ་འཁོར་ལོ་རྐུན་མ་ཤོར་རྗེས་རྐུ་རྐྱག་མཁན་ནི་འཕྲུལ་འཁོར་དེའི་དངོས་སུ་བེད་སྤྱོད་གཏོང་མཁན་དང་ཚོད་འཛིན་བྱེད་མཁན་ཡིན་སྟབས་འགྲིམ་འགྲུལ་དོན་རྐྱེན་ལྷག་ཚེ་དེས་གུན་གསབ་འགན་འཁྲི་འཁུར་དགོས། གལ་ཏེ་རྐུ་རྐྱག་མཁན་དང་འཕྲོག་བཅོམ་བྱེད་མཁན། དེ་བཞིན་འཕྲུལ་འཁོར་བེད་སྤྱོད་གཏོང་མཁན་གཅིག་མཚུངས་མིན་པར་འགྲིམ་འགྲུལ་དོན་རྐྱེན་ལྷག་རྗེས་འཕྲུལ་འཁོར་དེའི་ཕྱོགས་གཅིག་གིས་འགན་འཁྲི་འཁུར་དགོས་ཤིང་། རྐུ་རྐྱག་མཁན་དང་འཕྲོག་བཅོམ་བྱེད་མཁན། དེ་བཞིན་འཕྲུལ་འཁོར་བེད་སྤྱོད་གཏོང་མཁན་བཅས་ཀྱིས་ཞོར་འབྲེལ་འགན་འཁྲི་འཁུར་དགོས།

53. སྤྲུལ་སྤྱོད་རླངས་འཁོར་གྱི་ཁ་ལོ་བས་ཆག་སྒོ་བསླངས་ནས་ཐོན་ཁྱོལ་ཕྱིན་པར་འགྲིམ་འགྲུལ་བཅན་ཤེད་འགག་སྲུང་བརྒྱུད་དེ་སྐྱིན་ཆབ་འཇལ་ཆོག་གམ།

《དམངས་དོན་ཁྲིམས་གཞུང་》གི་དོན་ཚན་ཆིག་སྟོང་ཉིས་བརྒྱ་དང་བཅུ་དྲུག་པའི་གཏན་འབེབས་ལྟར། འཕྲུལ་སྐྱུལ་འཁོར་ལོའི་ཁ་ལོ་བ་འགྲིམ་འགྲུལ་གྱི་དོན་རྐྱེན་བྱུང་རྗེས་ཐོན་ཁྱོལ་དུ་སོང་མོད། འཕྲུལ་སྐྱུལ་འཁོར་ལོ་དེ་བཙན་འདོམས་འགན་བཅོལ་དུ་ཞུགས་ཡོད་ན། འགན་བཅོལ་བྱེད་མཁན་གྱིས་འཕྲུལ་སྐྱུལ་འཁོར་ལོའི་བཙན་འདོམས་འགན་བཅོལ་གྱི་འགན་འཁྲིའི་བཅད་གྲངས་ཀྱི་ཁྱབ་ཁོངས་ནང་གུན་གསབ་སྤྲོད་དགོས།

འཕྲུལ་སྐྱུལ་འཁོར་ལོར་འགྲིམ་འགྲུལ་དོན་རྐྱེན་ལྷག་རྗེས་འཕྲུལ་འཁོར་གྱི་ཁ་ལོ་བ་ཐོན་ཁྱོལ་དུ་ཕྱིན་ཆེ་རླངས་འཁོར་དེའི་བཙན་སྐྱུལ་འགན་བཅོལ་དངུལ་གྲངས་ཀྱི་ཁྱབ་ཁོངས་ནང་གུན་གསབ་འགན་འཁྲི་འཁུར་དགོས་། གོ་བདེར་བརྗོད་ན། འགྲིམ་འགྲུལ་དོན་རྐྱེན་ལྷག་པའི་འཕྲུལ་སྐྱུལ་འཁོར་ལོ་བཙན་སྐྱུལ་འགན་བཅོལ་ལ་ཞུགས་ཡོད་པ་མ་ཟད། དོན་རྐྱེན་ལྷག་རྗེས་འཕྲུལ་འཁོར་དེ་ག་ཡིན་པར་གཏན་འཁེལ་རྗེས་འགན་བཅོལ་མི་སྣས་བཙན་སྐྱུལ་འགན་བཅོལ་གྱི་དངུལ་གྲངས་ཁྱབ་ཁོངས་ནང་གུན་གསབ་འགན་འཁྲི་འཁུར་དགོས།

54. འགྲིམ་འགྲུལ་བཙན་འདོམས་འགན་བཅོལ་དུ་ཞུགས་མེད་པའི་སྤྲུལ་སྤྱོད་རླངས་འཁོར་གྱིས་འགྲིམ་འགྲུལ་དོན་རྐྱེན་ལ་ཇི་ལྟར་སྐྱིན་ཆབ་འཇལ་དགོས་སམ།

《དམངས་དོན་ཁྲིམས་གཞུང་》གི་དོན་ཚན་ཆིག་སྟོང་ཉིས་བརྒྱ་དང་བཅུ་དྲུག་པའི་གཏན་འབེབས་ལྟར། འཕྲུལ་སྐྱུལ་འཁོར་ལོའི་གནས་ཚུལ་མི་གསལ་བའམ་འཕྲུལ་སྐྱུལ་འཁོར་ལོ་དེ་བཙན་འདོམས་འགན་བཅོལ་དུ་ཞུགས་མེད་

པའམ་མྱུར་སྐྱོབ་གློད་དཔྱད་དུལ་དེ་འཕྲུལ་སྒྱུལ་འཁོར་ལོའི་བཙན་འདོམས་འགན་བཅོལ་གྱི་འགན་འཁྲིའི་བཅད་གྲངས་ཀྱི་ཁྱབ་ཁོངས་ལས་བརྒལ་ནས་དབང་ཆར་གནོད་འཚེ་ཕོག་མཁན་ལ་ཤི་རྨས་བྱུང་བར་མྱུར་སྐྱོབ་དང་དུར་འཇུག་སོགས་ཀྱི་འགྲོ་གྲོན་གཏོང་དགོས་ཚེ། གཞུང་ལམ་འཁྲིམ་འགྲུལ་དོན་རྐྱེན་གྱི་སྤྱི་ཚོགས་རོགས་སྐྱོབ་ཐེབས་རྩིས་གློད་དཔྱད་སྔ་འདོན་གཏོང་དགོས། གཞུང་ལམ་འཁྲིམ་འགྲུལ་དོན་རྐྱེན་གྱི་སྤྱི་ཚོགས་རོགས་སྐྱོབ་ཐེབས་རྩིས་གློད་དཔྱད་སྔ་རྟིང་བཏང་རྗེས་དེའི་དོ་དམ་ལས་ཁུངས་ཀྱིས་འཁྲིམ་འགྲུལ་དོན་རྐྱེན་གྱི་འགན་འཁྲི་འཁུར་དགོས་མཁན་ལ་གུན་གསབ་བདའ་འདེད་བྱས་ཆོག

རོགས་སྐྱོབ་ཐེབས་རྩའི་དངུལ་གྱི་ཡོང་ཁུངས་ལ། འཕྲུལ་སྒྱུལ་འཁོར་ལོའི་འཁྲིམ་འགྲུལ་དོན་རྐྱེན་གྱི་འགན་འཁྲི་གཞིར་བཟུང་བཙན་འདོམས་འགན་བཅོལ་གྱི་འགན་བཅོལ་དངུལ་གྱི་བསྡུར་ཚད་ངེས་ཅན་ལས་བཏོན་པའི་མ་དངུལ་དང་། གཏན་འབེབས་ལྟར་འཕྲུལ་སྒྱུལ་འཁོར་ལོའི་འགན་བཅོལ་འཁྲིམ་འགྲུལ་དོན་རྐྱེན་གྱི་བཙན་སྐྱུལ་འགན་བཅོལ་ནང་མ་ཞུགས་པའི་དོ་བདག་དང་དོ་དམ་མི་སྣའི་ཆད་གཅོད་དངུལ། དེ་བཞིན་རོགས་སྐྱོབ་ཐེབས་རྩའི་དོ་དམ་ཚན་པས་ཁྲིམས་ལྟར་གཞུང་ལམ་འཁྲིམ་འགྲུལ་དོན་རྐྱེན་འགན་འཁྲིའི་མི་སྣ་ལས་བདའ་འདེད་བཏང་བའི་མ་དངུལ་དང་རོགས་སྐྱོབ་ཐེབས་རྩའི་སྐྱེད་འཕེལ། མ་དངུལ་གཞན་དག་བཅས་ཚུད་ཡོད།

55. རིན་མེད་རྟ་ངས་འཁོར་ལ་བསྡད་ནས་རྨས་སྐྱོན་ཕོག་ན། ཁ་ལོ་པས་གནོད་འཚེ་ཐེབས་མཁན་ལ་སྐྱིན་ཆབ་འཇལ་དགོས་སམ།

《དམངས་དོན་ཁྲིམས་གཞུང་》གི་དོན་ཚན་ཅིག་སྟོང་ཉིས་བརྒྱ་དང་བཅུ་བདུན་པའི་གཏན་འབེབས་ལྟར། ལས་གཉེར་དང་སྐྱེལ་འདྲེན་བྱེད་པ་མིན་པའི་

འཕྲུལ་སྒྲུལ་འཁོར་ལོའི་རིགས་ལ་འགྲིམ་འགྲུལ་གྱི་དོན་རྐྱེན་བྱུང་སྟེ་རིན་དོད་མ་བླངས་པའི་རླངས་འཁོར་སྤྱོད་མཁན་ལ་གནོད་འཚེ་བཏང་རྗེས་ཀྱི་འགན་འཁྲི་དེ་འཕྲུལ་སྒྲུལ་འཁོར་ལོ་ཕྱོགས་ཀྱིས་འཁུར་དགོས་ན། དེའི་གུན་གསབ་སྤྲོད་འགན་ཡང་དུ་གཏོང་དགོས། འོན་ཀྱང་འཕྲུལ་སྒྲུལ་འཁོར་ལོ་བེད་སྤྱོད་བྱེད་མཁན་གྱིས་བསམ་བཞིན་དུ་བྱས་པའམ་ལས་འཛོལ་ཚབས་ཆེན་ཤོར་རིགས་འདིའི་ནང་མི་ཚུད།

《དམངས་དོན་ཁྲིམས་གཞུང་》གིས་སེམས་བཟང་ཐོབ་ཆ་མེད་པར་མི་གཞན་གྱི་སྐབས་བདེའི་ཆེད་རླངས་འཁོར་ལ་བཞུགས་སུ་བཅུག་སྟེ་འགྲིམ་འགྲུལ་གྱི་དོན་རྐྱེན་ལྷག་པའི་གནས་ཚུལ་རིགས་ལ་གཞིགས་ནས་གཏན་འབེབས་ཁ་གསལ་བྱས་ཡོད་པ་སྟེ། འགན་འཁྲི་ཁ་གསལ་གྱི་ཆ་རྐྱེན་འོག་སེམས་བཟང་ཅན་གྱི་དགེ་བསྒྲུབ་ལ་གཅེས་སྐྱོང་བྱས་ཡོད། དེ་ཡང་གཞན་ལ་རོགས་རམ་བྱེད་རྒྱུ་ནི་ཀྲུང་ཧྭ་མི་རིགས་ཀྱི་སྲོལ་རྒྱུན་སྤྱོད་བཟང་ཞིག་ཡིན་ཞིང་། གཅིག་ནས་གནོད་འཚེ་ཐོག་མཁན་གྱི་ཁེ་དབང་ལ་སྲུང་སྐྱོབ་ཐུབ་ཆེད་དང་གཉིས་ནས་མི་ཚང་མས་གཞན་ལ་རོགས་རམ་བྱེད་པར་སྐུལ་འདེད་ཐུབ་ཆེད་དམངས་དོན་ཁྲིམས་གཞུང་གིས་སྐྱེལ་འདྲེན་མིན་པའི་འཕྲུལ་སྒྲུལ་འཁོར་རིགས་ཀྱིས་རིན་མེད་ངང་འགྲུལ་པ་ཁྱུགས་ནས་བཟོས་པའི་གནོད་འཚེའི་འགན་འཁུར་གྱི་སྒྲིག་སྲོལ་ཁ་སྣོན་བྱས་ཡོད། རིན་མེད་པར་འགྲུལ་པ་ཁྱུགས་ཏེ་འགྲིམ་འགྲུལ་དོན་རྐྱེན་བྱུང་ནས་འགྲུལ་པར་གནོད་འཚེ་བཟོས་ཚེ། འཕྲུལ་འཁོར་དེའི་ཕྱོགས་གཅིག་གི་འགན་འཁྲིར་གཏུགས་ན། གུན་གསབ་ཀྱི་འགན་འཁྲི་ཇི་ཡང་དུ་གཏོང་དགོས། འོན་ཀྱང་འདིའི་ནང་འཕྲུལ་སྒྲུལ་འཁོར་ལོ་བེད་སྤྱོད་གཏོང་མཁན་གྱིས་བསམ་བཞིན་དུའམ་ཚབས་ཆེའི་ནོར་འཁྲུལ་གྱི་གནས་ཚུལ་ཚུད་མེད། ངོ་སྣང་བྱེད་དགོས་རྒྱུར། གཏན་འབེབས་འདི་ནི་སྐྱེལ་འདྲེན་མིན་པའི་འཕྲུལ་སྒྲུལ་འཁོར་རིགས་ལ་སྤྱོད་དགོས་པ་ལས་སྐྱེལ་འདྲེན་འཕྲུལ་སྒྲུལ་དཔེར་ན་འགྲུལ་སྐྱེལ་རླངས་འཁོར་དང་ཟོག་འདྲེན་རླངས་འཁོར་སོགས་ལ་འདི་སྤྱོད་མི་རུང་།

ལེའུ་དྲུག་པ། སྨན་བཅོས་གནོད་རྐྱེན་གྱི་འགན་འཁྲི།

56.སྨན་རྫོན་མི་སྣས་ལས་འཛོལ་ཤོར་བའི་དབང་གིས་ནད་པར་སྨན་བཅོས་བྱེད་པའི་ཁྲོད་གནོད་འཚེ་ཐོག་ཚེ་སྨན་ཁང་ལ་འགན་འཁྲི་བདའ་འདེད་གཏོང་ཆོག་གམ།

《དམངས་དོན་ཁྲིམས་གཞུང་》གི་དོན་ཚན་ཆིག་སྟོང་ཉིས་བརྒྱ་དང་བཅོ་བརྒྱད་པར་གཏན་འབེབས་བྱས་པ་ལྟར། སྨན་བཅོས་ལས་ཀའི་ཁྲོད་དུ་ནད་པར་གནོད་འཚེ་ཐོག་ཅིང་། སྨན་བཅོས་ལས་ཁུངས་དང་ཡང་ན་དེའི་སྨན་བཅོས་མི་སྣར་ནོར་འཛོལ་ཡོད་ན། སྨན་བཅོས་ལས་ཁུངས་ཀྱིས་སྐྱིན་ཚབ་སྤྲོད་འགན་འཁུར་དགོས།

《དམངས་དོན་ཁྲིམས་གཞུང་》ནང་དུ་སྨན་བཅོས་ལས་འཛོལ་གྱི་དབང་ཆར་གནོད་འཚེ་ཐོག་པར་གཏན་འབེབས་གསལ་པོ་བྱས་ཡོད་ཅིང་། ནད་པས་ནད་བརྟག་སྨན་བཅོས་བྱེད་རིང་དུ་ནད་བརྟག་སྨན་བཅོས་སྒྲིག་གཞིའི་ནོར་འཛོལ་དབང་གིས་དབང་ཆར་གནོད་འཚེ་ཐོག་ན། སྨན་བཅོས་སྒྲིག་གཞིས་དབང་ཆར་བཙན་གནོད་ཀྱི་འགན་འཁྲི་འཁུར་དགོས། སྨན་བཅོས་མི་སྣའི་ནོར་འཛོལ་ནི་སྨན་བཅོས་ལས་ཁུངས་ཀྱིས་ནད་པར་དབང་གནོད་ཁག་འགན་འཁུར་དགོས།

57.སྨན་བཅོས་མི་སྣས་སྨན་བཅོས་བྱེད་པའི་བརྒྱུད་རིམ་ཁྲོད་ངེས་པར་དུ་ནད་པར་གསལ་བཤད་བྱེད་པའི་ངོས་འགན་འཁུར་དགོས་སམ།

《དམངས་དོན་ཁྲིམས་གཞུང་》གི་དོན་ཚན་ཆིག་སྟོང་ཉིས་བརྒྱ་དང་བཅུ་

དགུ་པར་གཏན་འབེབས་བྱས་པ་ལྟར། སྨན་བཅོས་ལས་ཀའི་ཁྲོད་དུ་སྨན་བཅོས་མི་སྣས་ནད་པར་ནད་བབ་དང་སྨན་བཅོས་བྱེད་ཐབས་གསལ་བཤད་བྱ་དགོས། གཤགས་བཅོས་དང་། དམིགས་བསལ་གྱི་བརྟག་དཔྱད། དམིགས་བསལ་གྱི་སྨན་བཅོས་བཅས་བྱ་དགོས་ཚེ། སྨན་བཅོས་མི་སྣས་སྨན་བཅོས་ཀྱི་ཉེན་ཁ་དང་ཚབ་བྱེད་སྨན་བཅོས་ཐུས་གཞི་སོགས་ཀྱི་གནས་ཚུལ་དུས་ཐོག་ཏུ་ནད་པར་གསལ་བཤད་བྱ་དགོས་པ་དང་འབྲེལ་དེའི་མོས་མཐུན་ཁ་གསལ་ཐོབ་དགོས། ནད་པར་གསལ་བཤད་བྱེད་མི་ཐུབ་པའམ་མི་འོས་པའི་རིགས་བྱུང་ན། ནད་པའི་གཉེན་ཉེར་གསལ་བཤད་བྱ་དགོས་པ་དང་འབྲེལ་དེའི་མོས་མཐུན་ཁ་གསལ་ཐོབ་དགོས།

སྨན་བཅོས་མི་སྣས་གོང་གསལ་ནང་གསེས་དོན་ཚན་གྱི་འོས་འགན་མ་བསྒྲུབས་པར་ནད་པར་གནོད་འཚེ་བཏང་རིགས་བྱུང་ན། སྨན་བཅོས་ལས་ཁུངས་ཀྱིས་སྐྱིན་ཚབ་སྤྲོད་འགན་འཁུར་དགོས།

ནད་པའི་གནས་ཚུལ་ཤེས་རྟོགས་དང་མོས་མཐུན་བྱེད་དབང་ལ་འགན་སྲུང་བྱེད་ཆེད། 《དམངས་དོན་ཁྲིམས་གཞུང་》ནང་སྨན་དོན་མི་སྣའི་གསལ་བཤད་འོས་འགན་གཏན་འབེབས་གསལ་པོ་བྱས་ཡོད། སྨན་བཅོས་མི་སྣས་ནད་བརྟག་སྨན་བཅོས་བྱེད་རིང་ནད་པར་ནད་གཞི་དང་སྨན་བཅོས་བྱེད་ཐབས་གསལ་བཤད་བྱ་དགོས། གཤགས་བཅོས་དང་། དམིགས་བསལ་གྱི་བརྟག་དཔྱད། དམིགས་བསལ་གྱི་སྨན་བཅོས་བཅས་བྱ་དགོས་རིགས་ལ། སྨན་བཅོས་མི་སྣས་དུས་ཐོག་ཏུ་ནད་པར་སྨན་བཅོས་ཀྱི་ཉེན་ཁ་དང་ཚབ་བྱེད་སྨན་བཅོས་ཀྱི་ཐུས་གཞི་སོགས་ཀྱི་གནས་ཚུལ་གསལ་བཤད་ཞིབ་ཕྲ་བྱ་དགོས་པ་མ་ཟད། དེའི་མོས་མཐུན་ཁ་གསལ་ཡང་ཐོབ་དགོས། ནད་པར་གསལ་བཤད་བྱེད་མི་ཐུབ་པའམ་བྱེད་མི་འོས་པ་ཡིན་ན། ནད་པའི་གཉེན་ཉེར་གསལ་བཤད་བྱེད་དགོས་པ་མ་ཟད། དེའི་མོས་མཐུན་ཁ་གསལ་ཡང་ཐོབ་དགོས། ནད་པས་རིན་གོང་ཅུང་མཐོ་བའི་དམིགས་བསལ་གྱི་སྨན་བཅོས་བྱེད་སྐབས། སྨན་བཅོས་སྡེ་ཁག་གིས་ནད་པའི་ཚབ་བྱེད་

རང་བཞིན་གྱི་ཇུས་གཞི་གཞན་དག་རང་དོན་གྱི་དཔལ་འབྱོར་གནས་ཚུལ་དང་། རྣམ་ཐོག་པའི་གནས་ཚུལ་ལ་གཞིགས་ནས་རང་མོས་ཀྱིས་གདམ་གསེས་བྱེད་ཆོག་པ་མ་བཤད་པར། ནད་པའི་གནས་ཚུལ་རྒྱུས་ཡོན་དང་མོས་མཐུན་བྱེད་དབང་ལ་གནོད་འཚེ་བཏང་སྟེ། ནོར་འཛོལ་བྱུང་ནས་ནད་པའི་ཚད་བརྒལ་གྱི་དཔལ་འབྱོར་གྱོང་གུན་བཟློས་ན། སྨན་བཅོས་སྡེ་ཁག་གིས་སྐྱིན་ཚབ་སྤྲོད་འགན་འཁུར་དགོས།

58. སྨན་ཁང་གིས་འཆི་ཐག་ཉེ་བའི་ནད་པ་སྐྱབ་པའི་ཐག་གཅོད་བྱེད་དབང་ཡོད་དམ།

《དམངས་དོན་ཁྲིམས་གཞུང་》གི་དོན་ཚན་ཆིག་སྟོང་ཉིས་བརྒྱ་དང་ཉེ་ཤུ་པར་གཏན་འབེབས་ལྟར། འཆི་ལ་ཁད་ཀྱི་ནད་པ་མྱུར་སྐྱོབ་བྱེད་པ་སོགས་གནས་ཚུལ་ཛ་དྲག་ཅན་ལ་ཐུག་པའི་དབང་གིས་ནད་པའམ་དེའི་གཉེན་ཉེའི་བསམ་འཆར་ཐོབ་ཐབས་མེད་ཚེ། སྨན་བཅོས་ལས་ཁུངས་ཀྱི་འགན་འཁུར་པའམ་དབང་སྤྲོད་པའི་འགན་འཁུར་པའི་ཆོག་མཆན་ཐོབ་ན་འཕྲལ་མར་འོས་བབ་ཀྱི་སྨན་བཅོས་བྱེད་ཐབས་སྤྱོད་ཆོག

"ནད་པའི་གཉེན་ཉེའི་བསམ་འཆར་ཐོབ་མི་ཐུབ་པའི་"གནས་ཚུལ་ནང་གཉེན་ཉེ་གསལ་པོ་མེད་པ་དང་། དུས་ཐོག་ཏུ་གཉེན་ཚན་ཉེ་གྲུས་དང་འབྲེལ་གཏུག་བྱེད་མི་ཐུབ་པ། གཉེན་ཉེ་ཡིས་བསམ་འཆར་མི་འདོན་པ། གཉེན་ཚན་ཉེ་གྲུས་བསམ་འཆར་གཅིག་མཐུན་མ་བྱུང་བ། བཙའ་ཁྲིམས་དང་ཁྲིམས་སྲོལ་ནང་གཏན་ལ་ཕབ་པའི་གནས་ཚུལ་གཞན་དག་བཅས་ཡིན། 《དམངས་དོན་ཁྲིམས་གཞུང་》ནང་གཏན་འབེབས་བྱས་དོན། ནད་པའི་ཚེ་སྲོག་ལ་ཉེན་ཁ་འཕྲད་པ་སོགས་ཀྱི་ཛ་དྲག་གནས་ཚུལ་འཕྲད་སྐབས། ནད་པའམ་ཡང་ན་དེའི་གཉེན་ཉེའི་བསམ་འཆར་ཐོབ་མི་ཐུབ་པའི་སྐབས་སྨན་བཅོས་སྒྲིག་གཞིའི་འགན་འཁུར་བའམ་

ཡང་ན་དབང་བཙོལ་བའི་འགན་འཁུར་བའི་ཆོག་མཆན་ཐོབ་ཆེ་འཕྲུལ་མར་དེ་མཚུངས་ཀྱི་སྨན་བཅོས་བྱ་ཐབས་སྤྱོད་ཆོག་དེས་སྨན་བཅོས་སྒྲིག་གཞིའི་བྱ་སྤྱོད་ཚད་ལྡན་དུ་གཏོང་རྒྱུར་ཕན་པ་མ་ཟད། སྲོག་ཉེན་ཡོད་པ་སོགས་ཛ་དྲག་གི་གནས་ཚུལ་འོག་ནད་པ་དུས་ཐོག་ཏུ་སྐྱོབ་བཅོས་ཐུབ་ནས་ནད་པའི་ཚེ་སྲོག་དང་བདེ་ཐང་གི་ཁེ་དབང་སྲུང་སྐྱོང་བྱ་རྒྱུར་ཡང་ཕན་པ་ཡོད།

59. སྨན་པས་སྐབས་དེའི་སྨན་བཅོས་ཚུ་ཚད་དང་འཚམ་པའི་སྨན་བཅོས་འོས་འགན་བསྒྲུབས་ཐུབ་མེད་པས་ནད་པར་གནོད་འཚེ་ཕོག་ན། སུ་ལ་འགན་འཁྲི་བདའ་འདེད་གཏོང་དགོས་སམ།

《དམངས་དོན་ཁྲིམས་གཞུང་》གི་དོན་ཚན་ཆིག་སྟོང་ཉིས་བརྒྱ་དང་ཉེར་གཅིག་པར་གཏན་འབེབས་བྱས་པ་ལྟར། སྨན་བཅོས་མི་སྣས་སྨན་བཅོས་ལས་ཀའི་ཁྲོད་དུ་དུས་སྐབས་དེའི་སྨན་བཅོས་ཚུ་ཚད་དང་འོས་བབ་ཀྱི་སྨན་བཅོས་འོས་འགན་མ་བསྒྲུབས་པའི་རྐྱེན་གྱིས་ནད་པར་གནོད་འཚེ་ཕོག་རིགས་བྱུང་ན། སྨན་བཅོས་ལས་ཁུངས་ཀྱིས་སྐྱིན་ཚབ་སྤྲོད་འགན་འཁུར་དགོས།

སྐབས་དེའི་སྨན་བཅོས་ཚུ་ཚད་ཅི་འདྲ་ཡིན་པ་བརྟར་ཤ་གཅོད་དགོས་ན། སྐབས་དེའི་སྨན་བཅོས་ཚུ་ཚད་ཀྱི་འོག་ཏུ་སྨན་དོན་པས་ངེས་པར་དུ་དོ་སྣང་བྱེད་དགོས་པའི་འོས་འགན་གང་དག་འཁུར་དགོས་པ་བརྟར་ཤ་གཅོད་དགོས། དུས་སྐབས་མི་འདྲ་བའི་སྨན་བཅོས་ཚུ་ཚད་ཐད་སྨན་དོན་པས་ནུས་ཤུགས་ཡོད་རྒྱུ་འདོན་པའམ་ཡང་ན་ནུས་ཤུགས་གང་ཡོད་འདོན་ཐུབ་པའི་དོ་སྣང་འོས་འགན་གྱི་ཁྱབ་ཁོངས་མི་འདྲ་བ་རེད། དུས་སྐབས་མི་འདྲ་བའི་སྨན་བཅོས་ཚུ་ཚད་ཀྱིས་སྨན་བཅོས་མི་སྣའི་དོ་སྣང་བྱེད་པའི་འོས་འགན་གྱི་ཁྱབ་ཁོངས་ཆེ་ཆུང་ཐག་གཅོད་བྱས་ཡོད་པས། སྨན་བཅོས་མི་སྣས་སྐབས་དེའི་སྨན་བཅོས་ཚུ་ཚད་ལས་བརྒལ་ཏེ་

བསྒྲུབ་ཐུབ་པའི་ལུགས་མཐུན་གྱི་དོ་སྣང་ཁྱབ་ཁོངས་ལས་བརྒལ་ཏེ་འགན་འཁྲི་འཁུར་དུ་འཇུག་མི་རུང་། སྨན་དོན་མི་སྣས་ལུགས་མཐུན་དང་དོ་སྣང་བྱེད་པའི་འོས་འགན་ཁྱབ་ཁོངས་ལ་ཞིབ་བཤེར་བྱེད་པའི་ཚད་གཞི་དེ་ཡང་ཕྱི་རོལ་ཡུལ་གྱི་ཚད་གཞི་ཞིག་ཡིན་པས། སྐབས་དེའི་སྨན་བཅོས་ཁྲིམས་སྲོལ་དང་སྨན་བཅོས་རྒྱུན་སྲོལ་ཚད་གཞིར་འཛིན་དགོས།

60. འོས་སྦྱོར་གཏན་འཁེལ་བྱས་པའི་སྨན་བཅོས་སྡེ་ཁག་ལ་ནོར་འཁྲུལ་ཡོད་པའི་གནས་ཚུལ་གང་དག་ཡོད་དམ།

《དམངས་དོན་ཁྲིམས་གཞུང་》གི་དོན་ཚན་ཆིག་སྟོང་ཉིས་བརྒྱ་དང་ཉེར་གཉིས་པར་གཏན་འབེབས་བྱས་པ་ལྟར། སྨན་བཅོས་ལས་ཀའི་ཁྲོད་ནད་པར་ཐེབས་པའི་གནོད་འཚེ་དེ་གཤམ་གསལ་གྱི་གནས་ཚུལ་གང་རུང་ཞིག་གི་རྐྱེན་ལས་བྱུང་བ་ཡིན་ཚེ། སྨན་བཅོས་ལས་ཁུངས་ལ་ནོར་འཁྲུལ་ཡོད་པར་རིགས་འདེད་བྱེད་དགོས་ཏེ།

（གཅིག）བཅའ་ཁྲིམས་དང་། སྲིད་འཛིན་ཁྲིམས་སྲོལ། སྒྲིག་ཡིག་བཅས་དང་དེ་བཞིན་འབྲེལ་ཡོད་སྨན་བཅོས་སྒྲིག་ལམ་གཞན་དག་གི་གཏན་འབེབས་དང་འགལ་བ།

（གཉིས།）རྩོད་གཞི་དང་འབྲེལ་ཡོད་ཀྱི་ནད་ཐོའི་ཡིག་རིགས་སྦས་སྐུང་དམ་མཁོ་འདོན་མི་བྱེད་པ།

（གསུམ།）ནད་ཐོའི་ཡིག་རིགས་བོར་བརླག་དང་རྫུན་བཟོ། སྒྱུར་བཅོས་སམ་ཁྲིམས་འགལ་གྱིས་མེད་པར་བཟོས་རིགས།

དོན་ཚན་འདིའི་ནང་གསེས་དོན་ཚན་དང་པོའི་གཏན་འབེབས་ལས་འགལ་བའི་བཅའ་ཁྲིམས་དང་། ཁྲིམས་སྲོལ། སྒྲིག་སྲོལ་བཅས་དང་དེ་བཞིན་འབྲེལ་ཡོད

ནད་བརྟག་སྨན་བཅོས་ཀྱི་ཚད་གཞི་གཞན་དག་གི་གཏན་འབེབས་ནི་སྨན་བཅོས་ལས་ཁུངས་ལ་ནོར་འཛོལ་ཡོད་པའི་ཕྱི་ཚུལ་གྱི་དཔང་རྟགས་ཤིག་ཡིན་པ་མ་ཟད། ཕྱི་རོས་ཀྱི་དཔང་རྟགས་ནུས་ལྡན་ཞིག་ཀྱང་ཡིན། དེར་བརྟེན་དོན་ཚན་འདིས་གནས་ཚུལ་དེ་རིགས་འོག་སྨན་བཅོས་ལས་ཁུངས་ལ་ནོར་འཁྲུལ་ཡོད་པར་ཚོད་དཔག་གཏན་འཁེལ་བྱ་རྒྱུའི་གཏན་འབེབས་བྱས་ཡོད།

དོན་ཚན་འདིའི་ནང་གསེས་དོན་ཚན་གཉིས་པ་དང་གསུམ་པའི་ནང་སྨན་བཅོས་ལས་ཁུངས་ཀྱིས་ཚོད་གཞི་དང་འབྲེལ་བ་ཡོད་པའི་ནད་པོའི་དཔྱད་ཡིག་སྲས་སྐྱུང་ངམ་མཁོ་འདོན་མི་བྱེད་པ་དང་། ནད་པོའི་དཔྱད་ཡིག་རྫུན་བཟོ་དང་གཡོ་བཅོས་སམ་ཡང་ན་མེད་པ་བཟོས་པའི་རིགས་ལ་གཏན་འབེབས་བྱས་ཡོད། གནས་ཚུལ་དེ་གཉིས་ཀྱི་ཐོག་ནས་ཕྱོགས་གཅིག་ནས་སྨན་བཅོས་ལས་ཁུངས་ཀྱི་ངན་སེམས་མཚོན་པ་དང་། ཕྱོགས་གཞན་ཞིག་ནས་ནད་པར་སྨན་བཅོས་ཚོད་གཞི་དང་འབྲེལ་བ་ཡོད་པའི་དཔང་རྟགས་དང་དཔྱད་གཞིའི་ཡིག་རིགས་ལེན་དཀའ་བར་གྱུར་པ་རེད། སྐབས་དེར་ནད་པར་དཔང་རྟགས་འདོན་དུ་བཙུག་ན་ལུགས་དང་མི་མཐུན་པ་རེད། དེར་བརྟེན། སྨན་བཅོས་སྡེ་ཁག་ལ་ནོར་འཁྲུལ་ཡོད་པར་རིགས་འདེད་བྱེད་དགོས། དེ་དང་ཆབས་ཅིག་སྨན་དོན་མི་སྣས་ལས་ཀའི་ཁྲིད་བཅའ་ཁྲིམས་དང་། ཁྲིམས་སྲོལ། སྒྲིག་སྲོལ། དེ་བཞིན་ནད་བརྟག་སྨན་བཅོས་ཚད་གཞི་བཅས་ལ་བརྩི་སྲུང་ནན་པོ་ཞུས་ནས་ཚོད་གཞི་མི་ཐོན་པ་བྱ་ཆེད། ནད་པོའི་དཔྱད་ཡིག་ཚད་ལྡན་ནན་པོ་བཟོ་དགོས།

61.ཚད་མི་ལོན་པའི་སྨན་བཅོས་ཡོ་བྱད་སྤྱད་ནས་ནད་པར་གནོད་སྐྱོན་བཟོས་རིགས་སུ་ལ་འགན་འཁྲི་བདའ་འདེད་གཏོང་དགོས་སམ།

《དམངས་དོན་ཁྲིམས་གཞུང་》གི་དོན་ཚན་ཆིག་སྟོང་ཉིས་བརྒྱ་དང་ཉེར་

གསུམ་པར་གཏན་འབེབས་བྱས་པ་ལྟར། སྨན་རྫས་དང་། དུག་སེལ་ཐོན་རྫས། སྨན་བཅོས་ཡོ་ཆས་སོགས་ཀྱི་སྐྱོན་ཆའམ་ཚད་མི་ལོན་པའི་ཁྲག་གཙགས་ནས་ནད་པར་གནོད་འཚེ་ཐོག་རིགས་བྱུང་ན། ནད་པས་སྨན་རྫས་ཚོང་ཞུགས་ཚོག་འཐུས་དབང་ཡིག་འཛིན་མཁན་དང་། ཐོན་སྐྱེད་བྱེད་མཁན་ནམ་ཁྲག་མཁོ་འདོན་བྱེད་མཁན་བཅས་ལ་སྐྱིན་ཚབ་སྤྲོད་རོགས་ཞུས་ཆོག་ལ། སྨན་བཅོས་ལས་ཁུངས་ལའང་སྐྱིན་ཚབ་སྤྲོད་རོགས་ཞུས་ཆོག ནད་པས་སྨན་བཅོས་ལས་ཁུངས་ལ་སྐྱིན་ཚབ་སྤྲོད་དགོས་པའི་རེ་བ་ཞུས་ནས་སྨན་བཅོས་ལས་ཁུངས་ཀྱིས་སྐྱིན་ཚབ་སྤྲད་རྗེས། འགན་འཁྲི་འཁུར་དགོས་པའི་སྨན་རྫས་ཚོང་ཞུགས་ཚོག་འཐུས་དབང་ཡིག་འཛིན་མཁན་དང་ཐོན་སྐྱེད་བྱེད་མཁན་ནམ་ཁྲག་མཁོ་འདོན་བྱེད་མཁན་ལས་ཁུངས་ལ་སྐྱིན་ཚབ་བདའ་འདེད་བྱས་ཆོག ཚད་མི་ལོན་པའི་སྨན་རྫས་ཡོ་བྱད་གཞན་གྱི་སྨན་ཁང་དུ་འཁོར་རྒྱུག་བྱས་ནས་ནད་པར་གནོད་འཚེ་ཐེབས་པའམ་ཡང་ན་ནད་པས་ཁྲག་བླུགས་ནས་གནད་དོན་བྱུང་ཚེ། སྨན་ཁང་གིས་རྒྱུན་དུ་འགན་འཁྲི་དེ་ཐོན་སྐྱེད་བཟོ་གྲྭ་དང་། ཟུངས་ཁྲག་ས་ཚིགས་ཀྱི་ཕྱོགས་སུ་འབུད་པས་ནད་པ་གྲོང་གསབ་ལེན་པའི་དཀའ་ཚད་ཧེ་མཐོར་འགྲོ་གི་ཡོད། གནས་ཚུལ་འདིར་དམིགས་ནས་《དམངས་དོན་ཁྲིམས་གཞུང་》ནང་གཏན་འབེབས་བྱས་དོན། སྨན་རྫས་དང་། དུག་སེལ་སྨན་རྫས། སྨན་བཅོས་ཡོ་བྱད་བཅས་ཀྱི་སྐྱོན་ཆའམ་ཡང་ན་མིར་ཚད་མི་ལོན་པའི་ཁྲག་བླུགས་ནས་ནད་པར་གནོད་སྐྱོན་བཟོས་ན། ནད་པས་ཐོན་སྐྱེད་བྱེད་མཁན་ནམ་ཡང་ན་ཁྲག་མཁོ་འདོན་བྱེད་མཁན་སྒྲིག་གཞིར་སྐྱིན་ཚབ་སྤྲོད་རྒྱུའི་རེ་བ་ཞུས་ཆོག་ལ་སྨན་བཅོས་སྒྲིག་གཞིར་སྐྱིན་ཚབ་སྤྲོད་རྒྱུའི་རེ་བ་ཡང་ཞུས་ཆོག ནད་པས་སྨན་བཅོས་ལས་ཁུངས་ལ་སྐྱིན་ཚབ་སྤྲོད་དགོས་པའི་རེ་བ་ཞུས་ན། སྨན་བཅོས་ལས་ཁུངས་ཀྱིས་སྐྱིན་ཚབ་འཇལ་རྗེས་ཁག་འགན་ཡོད་པའི་ཐོན་སྐྱེད་བྱེད་མཁན་ནམ་ཟུངས་ཁྲག་འདོན་སྤྲོད་བྱེད་མཁན་ལས་ཁུངས་ལ་སྐྱིན་ཚབ་བདའ་འདེད་བྱེད་དབང་ཡོད། 《དམངས་དོན་ཁྲིམས་གཞུང་》ནང་སྨན་བཅོས་གནོད་

སྐྱོན་གྱི་འགན་འཁྲིའི་སྐོར་གཏན་འབེབས་བྱས་པ་དེས་སྨན་པ་དང་ནད་པའི་བར་གྱི་འགལ་བ་ཞི་སྐྱོད་དུ་གཏོང་རྒྱུ་དང་། དུས་ཐོག་ཏུ་དྲང་གཞག་དང་ལུགས་མཐུན་གྱི་སྒོ་ནས་སྨན་བཅོས་དང་གཟིགས་སྐྱོང་གི་རྩོད་གཞི་ཐག་གཅོད་བྱ་རྒྱུར་ཕན་པ་ཡོད།

62. ནད་པས་སྨན་བཅོས་ལ་གཉོགས་འདེགས་མ་བྱས་པས་རྨས་སྐྱོན་ཐོག་ན། སྨན་ཁང་གིས་འགན་འཁྲི་འཁུར་དགོས་སམ།

《དམངས་དོན་ཁྲིམས་གཞུང་》གི་དོན་ཚན་ཆིག་སྟོང་ཉིས་བརྒྱ་དང་ཉེར་བཞིའི་ནང་གསེས་དོན་ཚན་དང་པོའི་ཡང་ཚན་དང་པོར་གཏན་འབེབས་ལྟར། ནད་པའམ་ཡང་ན་དེའི་གཉེན་ཉེ་ཡིས་སྨན་བཅོས་ལས་ཁུངས་ཀྱིས་དཔྱད་བཅོས་ཀྱི་ཚད་དང་མཐུན་པའི་དཔྱད་བཅོས་བྱེད་པར་གཉོགས་འདེགས་མ་བྱས་པས། ནད་པར་དཔྱད་བཅོས་བྱེད་སྐབས་ཁྲོད་དུ་གནོད་འཚེ་ཐེབས་ན། སྨན་བཅོས་ལས་ཁུངས་ཀྱིས་སྐྱིན་ཚབ་འཇལ་བའི་འགན་འཁྲི་འཁུར་མི་དགོས།

ནད་བརྟག་སྨན་བཅོས་བྱེད་རིང་། རྒྱུན་དུ་ནད་པ་ཁ་ཤས་ཀྱིས་སྨན་བཅོས་མི་སྣའི་ནད་བརྟག་སྨན་བཅོས་དང་ནད་གཡོག་བྱེད་པའི་བརྒྱུད་རིམ་ཁྲོད། ཡང་ས་ཆ་དེ་རང་གི་སྨན་དོན་མི་སྣར་ནད་གཞི་དང་། ནད་རྟགས། ནད་རྒྱུས་སོགས་གསལ་བཤད་བྱེད་པའམ་ཡང་ན་སྨན་པའི་ངག་བཞིན་སྨན་མི་འཐུང་བ་དང་། དགོས་ངེས་ཀྱི་བརྟག་དཔྱད་སྨན་བཅོས་མི་བྱེད་པ་སོགས་ཀྱི་གནས་ཚུལ་བརྗོད་པ། ཡང་ན་དེའི་གཉེན་ཉེས་རྐྱེན་པས་སྨན་དོན་མི་སྣས་ནད་པའི་བསམ་ཡུལ་ལས་འདས་པའི་གནས་ཚུལ་ཐོན་སྐབས་ནད་པའི་ནད་རྐྱེན་ངོ་མ་ཧྲིལ་དཀའ་བར་གྱུར་ནས་སྨན་བཅོས་སམ་ཡང་ན་མྱུར་སྐྱོབ་ཀྱི་དུས་ཆད་ནར་འགྱངས་བྱས་ཏེ་ནད་པ་རང་ཉིད་ལ་མཇུག་འབྲས་ངན་པ་བཟོ་གི་ཡོད། གནས་ཚུལ་འདི་འདྲའི་འོག་སྨན་

དོན་པར་ནོར་འཁྲུལ་མེད་པའི་དབང་གིས་སྨན་བཅོས་ལས་འཛོལ་གྱི་ཚད་ལ་སླེབས་མེད་པས་བཅའ་ཁྲིམས་ཐོག་གི་འགན་འཁྲི་འཁུར་མི་དགོས།

63. སྲོག་ཉེན་ལ་ཐུག་པའི་ནད་པར་གང་ཐུབ་ཀྱིས་སྨན་བཅོས་བྱས་མོད། འོན་ཀྱང་ནད་བརྟག་སྨན་བཅོས་བྱེད་རིང་ནད་པར་གནོད་སྐྱོན་ཕོག་ན། སྨན་ཁང་གིས་ཁག་འགན་འཁུར་དགོས་སམ།

《དམངས་དོན་ཁྲིམས་གཞུང་》གི་དོན་ཚན་ཆིག་སྟོང་ཉིས་བརྒྱ་དང་ཉེར་བཞིའི་ནང་གསེས་དོན་ཚན་1པོའི་ཡང་ཚན་2པའི་གཏན་འབེབས་ལྟར་ན། སྨན་བཅོས་མི་སྣས་སྲོག་ཉེན་ལ་ཐུག་པའི་ནད་པ་སོགས་མྱུར་སྐྱོབ་བྱེད་པའི་གནས་ཚུལ་འོག་ལུགས་མཐུན་གྱི་དཔྱད་བཅོས་འོས་འགན་བསྒྲུབས་ཟིན་པས། ནད་པར་སྨན་བཅོས་བྱེད་པའི་ཁྲོད་དུ་གནོད་འཚེ་ཐེབས་ན། སྨན་བཅོས་ལས་ཁུངས་ཀྱིས་སྐྱིན་ཚབ་འཇལ་བའི་འགན་འཁྲི་འཁུར་མི་དགོས།

དོན་དངོས་ཀྱི་འཚོ་བའི་ནང་། ཅུང་རྒྱུན་མཐོང་གི་སྲོག་སྐྱོབ་སྨན་བཅོས་བྱས་ནས་ཉེན་ཁ་ཆེ་བའི་ནད་པར་གནོད་སྐྱོན་བཟོས་པའི་གནས་ཚུལ། གལ་ཏེ་ནད་པ་གློ་བུར་དུ་སྙིང་འཕར་མཚམས་ཆད་པའི་དབང་གིས་ས་ལ་འགྱེལ་ན། སྨན་པས་སྙིང་དང་གློ་བའི་སླར་གསོ་ཡི་བཀོལ་སྤྱོད་ཚད་གཞི་ལྟར་མྱུར་སྐྱོབ་བྱས་ནས་ནད་པའི་རྩིབ་ཏུས་ཆག་པའི་གནས་ཚུལ་དེ་རིགས་ལ་དམིགས་ནས། ནད་པ་མང་པོ་ཞིག་གི་ཁྱིམ་མིས་སྲོག་སྐྱོབ་སྨན་བཅོས་བྱས་པ་ལས་བཟོས་པའི་གནོད་སྐྱོན་གཞན་དག་ལ་ཡིད་མི་ཆེས་པ་རེད། དོན་དངོས་ཐོག་རྩིབ་ཏུས་ཆག་པ་ནི་སྙིང་དང་གློ་བ་སླར་གསོ་བྱེད་པའི་བརྒྱུད་རིམ་ཁྲོད་རྒྱུན་དུ་བྱུང་བའི་གནོད་སྐྱོན་ཞིག་རེད། སྨན་པས་ལུགས་དང་མཐུན་པའི་སྨན་བཅོས་འོས་འགན་འཁུར་ཡོད། 《དམངས་དོན་སྐོར་གྱི་ཁྲིམས་གཞུང་》ནང་གཏན་འབེབས་བྱས་པ་ལྟར་ན། སྨན་ཁང་གིས་དེར་

སྐྱིན་ཚབ་སྤྲོད་འགན་མི་འཁུར་བ་རེད།

64. སྐབས་དེའི་སྨན་བཅོས་ཚུ་ཚད་ཀྱི་རྐྱེན་པས་ནད་པར་གནོད་འཚེ་ཕོག་ན། སྨན་ཁང་གིས་སྐྱིན་ཚབ་སྤྲོད་འགན་འཁུར་དགོས་སམ།

《དམངས་དོན་ཁྲིམས་གཞུང་》གི་དོན་ཚན་ཆིག་སྟོང་ཉིས་བརྒྱ་དང་ཉེར་བཞིའི་ནང་གསེས་གསུམ་པར་གཏན་འབེབས་བྱས་པ་ལྟར། སྐབས་དེའི་སྨན་བཅོས་ཚུ་ཚད་ལས་བརྒལ་ཏེ་ནད་བརྟག་སྨན་བཅོས་བྱེད་དཀའ་བའི་དབང་གིས་ནད་པར་སྨན་བཅོས་བྱེད་སྐབས་གནོད་སྐྱོན་ཕོག་ན། སྨན་བཅོས་ལས་ཁུངས་ཀྱིས་སྐྱིན་ཚབ་སྤྲོད་འགན་མ་འཁུར་ན་ཆོག

སྨན་བཅོས་བྱ་སྤྱོད་ལ་ལག་རྩལ་རང་བཞིན་དང་། ཉེན་ཁ་ཆེ་བའི་རང་བཞིན། རྙོག་འཛིང་ཆེ་བའི་རང་བཞིན། ཚོད་འཛིན་མི་ཐུབ་པའི་རྒྱུ་རྐྱེན་བཅས་ཆེན་པོ་ལྡན་ཡོད་ལ། ད་དུང་སྔོག་ཞིབ་ཀྱི་ཁྱབ་ཁོངས་མང་པོ་ཞིག་ལ་འཚོལ་ཞིབ་བྱེད་དགོས་པ་དང་། སྨན་བཅོས་བྱས་འབྲས་ལ་སྐབས་འགར་གཏན་འཁེལ་ལེགས་གྲུབ་དང་སྔོན་དཔག་མི་ཐུབ་པའི་རང་བཞིན་ལྡན་ཡོད། དེང་རབས་གསོ་རིག་གི་ལག་རྩལ་ཚུ་ཚད་ཀྱི་འཕེལ་རྒྱས་ལ་ཚད་བཀག་རང་བཞིན་ཡོད། མིག་སྔར་ད་དུང་བརྒྱ་ཆ་བརྒྱའི་སྨན་བཅོས་ལེགས་འགྲུབ་ཀྱི་ཚད་ལ་སླེབས་མེད། བཅའ་ཁྲིམས་ཀྱིས་སྨན་བཅོས་མི་སྣས་སྤྱད་པའི་ནད་བརྟག་སྨན་བཅོས་ཀྱི་བྱ་སྤྱོད་ལ་ནོར་འཁྲུལ་ཡོད་མེད་ལ་བརྟར་ཞིབ་གཅོད་སྐབས། དེའི་གསོ་རིག་ཚན་རིག་ཉིད་འཕེལ་རྒྱས་ཇི་འདྲ་བྱུང་ཡོད་མེད་དང་། སྐབས་དེའི་སྨན་བཅོས་ཚུ་ཚད་དང་མཚུངས་པའི་ནད་བརྟག་སྨན་བཅོས་ཀྱི་འོས་འགན་བསྒྲུབས་ཡོད་མེད་ལ་གཞིགས་ནས་འོས་འགན་དེ་བསྒྲུབས་ཡོད་ན། སྨན་བཅོས་ལས་ཁུངས་དང་དེའི་སྨན་བཅོས་མི་སྣར་ནོར་འཁྲུལ་མེད་པར་བརྩི་རྒྱུ་དང་། ནད་པའི་གནོད་སྐྱོན་ལ་སྐྱིན་ཚབ་སྤྲོད་འགན་མི་འཁུར་རྒྱུ།

65. ནད་པས་སྨན་ཁང་དུ་སོང་ནས་སྨན་པའི་མངག་བཅོལ་བརྩི་སྲུང་མ་ཞུས་པར་གནོད་འཚེ་ཕོག་ན་སྨན་ཁང་གིས་སྐྱིན་ཆབ་སྤྲོད་འགན་འཁུར་དགོས་སམ།

《དམངས་དོན་ཁྲིམས་གཞུང་》དུ་སྨན་ཁང་གིས་ནད་པར་ནད་བརྟག་སྨན་བཅོས་བྱེད་རིང་། ནད་པས་སྨན་པའི་བསམ་འཆར་ལ་མི་ཉན་པར་སྨན་བཅོས་ལ་གཞོགས་འདེགས་མི་བྱེད་པའི་གནས་ཚུལ་བྱུང་བ་དཔེར་ན་རང་འདོད་ལྟར་སྨན་འཕྲུང་མཚམས་འཇོག་པ་དང་། རང་འདོད་ལྟར་ཁ་ལག་ཟ་བ། རང་འདོད་ལྟར་ལུགས་རྒྱག་པ། སྨན་བཅོས་སྡེ་ཁག་དང་སྨན་པས་ངེས་པར་དུ་བཤད་པའི་མཇུག་འབྲས་འགན་འཁུར་དགོས། ནད་པས་སྨན་པའི་བཀའ་ལ་མ་ཉན་པར་ནད་གཞི་སྡུག་ཏུ་སོང་བ་རྒྱ་ཡན་དུ་བཏང་ན། སྨན་བཅོས་སྡེ་ཁག་གམ་ཡང་ན་དེའི་སྨན་བཅོས་མི་སྣས་ཀྱང་སྐྱིན་ཆབ་འཇལ་བའི་འགན་འཁྲི་འཁུར་དགོས།

66. ནད་པར་རང་ཉིད་ཀྱི་གཟུགས་བཅོས་ནད་ཐོ་ཀློག་བཤེར་དང་བསྐྱར་དཔར་བྱེད་པའི་དབང་ཆ་ཡོད་དམ།

《དམངས་དོན་ཁྲིམས་གཞུང་》གི་དོན་ཚན་ཆིག་སྟོང་ཉེར་བརྒྱད་དང་ཉེར་བཞིའི་ནང་གསེས་དོན་ཚན་གཉིས་པའི་གཏན་འབེབས་ལྟར། དོན་ཚན་གོང་མའི་ཡང་ཚན་དང་པོའི་གནས་ཚུལ་ལྟ་བུ། སྨན་བཅོས་ཚན་པ་དང་དེ་མིན་གྱི་སྨན་དོན་པར་ནོར་འཛོལ་བྱུང་བའི་རིགས་ལ། བབ་མཚུངས་ཀྱི་སྒྲུབ་གསབ་འགན་འཁྲི་འཁུར་དགོས།

ནད་པས་གོང་གསལ་ནང་གསེས་དོན་ཚན་ནང་གཏན་འབེབས་བྱས་པའི་ནད་ཐོའི་དཔྱད་ཡིག་ཀློག་བཤེར་དང་བསྐྱར་དཔར་བྱ་རྒྱུའི་རེ་བ་བཏོན་ཚེ་སྨན་བཅོས་ལས་ཁུངས་ཀྱིས་དུས་ཐོག་ཏུ་མཁོ་འདོན་བྱ་དགོས།

ནད་པར་རང་གི་སྨོ་བསྙེན་ནད་ཐོ་དང་། སྨན་ཁང་དུ་སྡོད་པའི་ལོ་རྒྱུས་ཀྱི་གནས་ཚུལ། ལུས་པོའི་དྲོད་ཚད་ཀྱི་ཐོ། སྨན་བཅོས་ཡ་ཐོ། བརྟག་དཔྱད་སྙན་ཞུ། གསོ་རིག་བརྙན་པར་གྱི་བརྟག་དཔྱད་ཡིག་ཆ། དམིགས་བསལ་གྱི་བརྟག་དཔྱད་མོས་མཐུན་ཡི་གེ གཤག་བཅོས་མོས་མཐུན་ཡི་གེ གཤག་བཅོས་དང་སྤྲིད་སྨན་གྱི་ཐོ་འགོད་ཡིག་ཆ། ནད་གཞིའི་དཔྱད་ཡིག ནད་སྐྱོང་ཟིན་ཐོ་བཅས་དང་དེ་བཞིན་རྒྱལ་སྲིད་སྲིད་སྲུང་ཁང་གི་འཕྲོད་བསྟེན་སྲིད་འཛིན་སྡེ་ཁག་གིས་གཏན་འབེབས་བྱས་པའི་ནད་ཐོའི་དཔྱད་ཡིག་གཞན་དག་བསྐྱར་དཔར་དང་འདྲ་བཟོ་བྱེད་དབང་ཡོད།

67. སྨན་ཁང་གིས་ནད་པའི་མི་སྒེར་གྱི་ཆ་འཕྲིན་ལ་གསང་བ་བྱ་དགོས་སམ།

《དམངས་དོན་ཁྲིམས་གཞུང་》གི་དོན་ཚན་ཆིག་སྟོང་ཉིས་བརྒྱ་དང་ཉེར་དྲུག་པའི་གཏན་འབེབས་ལྟར་ན། སྨན་བཅོས་ལས་ཁུངས་དང་དེའི་སྨན་བཅོས་མི་སྣས་ནད་པའི་གསང་བ་དང་མི་སྒེར་གྱི་ཆ་འཕྲིན་གསང་བ་དམ་སྲུང་བྱ་དགོས། ནད་པའི་གསང་དོན་དང་མི་སྒེར་གྱི་ཆ་འཕྲིན་ཕྱིར་བསྒྲགས་པའམ་ཡང་ན་ནད་པའི་མོས་མཐུན་མ་ཐོབ་པར་དེའི་ནད་ཐོའི་དཔྱད་ཡིག་སྤྱི་བསྒྲགས་བྱས་ན། དབང་གནོད་ཁག་འགན་འཁུར་དགོས།

སྨན་བཅོས་ལས་ཁུངས་དང་དེའི་སྨན་བཅོས་མི་སྣས་ནད་པའི་མི་སྒེར་གྱི་ཆ་འཕྲིན་གསང་རྒྱུའི་འོས་འགན་ཡོད་པ་དང་། ནད་པའི་གསང་བ་དང་མི་སྒེར་གྱི་ཆ་འཕྲིན་ཕྱིར་བསྒྲགས་པའམ་ཡང་ན་ནད་པའི་ནད་ཐོའི་དཔྱད་ཡིག་རང་དགར་ཡོངས་བསྒྲགས་བྱེད་པ་ནི་ཙུང་ཚབས་ཆེ་བའི་དབང་ཆར་བཙན་གནོད་བྱེད་པ་ཞིག་ཡིན་པས་ནད་པའི་ལས་ཀ་དང་། སློབ་སྦྱོང་། འཚོ་བ་བཅས་ལ་ཤུགས་རྐྱེན་ཆེན་པོ་བཟོ་སྲིད། བྱ་སྤྱོད་དེ་རིགས་བཀག་འགོག་བྱ་ཆེད། 《དམངས་དོན་ཁྲིམས་

གཞུང་》ནང་གཏན་འབེབས་བྱས་པ་ལྟར་ནད་པའི་གསང་བ་དང་མི་སྒེར་གྱི་ཆ་འཕྲིན་ནམ་ཡང་ན་ནད་ཐོའི་དཔྱད་ཡིག་ཕྱིར་བསྒྲགས་བྱས་ན། བྱ་སྤྱོད་དེས་ནད་པར་གནོད་འཚེ་བཟོས་མིན་ལ་མ་བལྟོས་པར་སྨན་བཅོས་སྒྲིག་གཞི་དང་དེའི་སྨན་དོན་མི་སྣས་དབང་ཆར་བཙན་གནོད་བྱེད་པའི་འགན་འཁྲི་འཁུར་དགོས། ནད་པར་དབང་གནོད་བྱེད་ལས་དེ་རིགས་ཐོག་སྐབས། འབྲེལ་ཡོད་དཔང་རྟགས་འཚོལ་བསྡུ་བྱས་ནས་ཁྲིམས་ཁང་དུ་གཏུག་བཤེར་བྱས་ཆོག

68. སྨན་པར་དགོས་མེད་ཀྱི་ནད་པར་བརྟག་དཔྱད་བྱེད་པའི་དབང་ཆ་ཡོད་དམ།

《དམངས་དོན་ཁྲིམས་གཞུང་》གི་དོན་ཚན་ཆིག་སྟོང་ཉིས་བརྒྱ་དང་ཉེར་བདུན་པའི་གཏན་འབེབས་ལྟར་ན། སྨན་བཅོས་ལས་ཁུངས་དང་དེའི་སྨན་བཅོས་མི་སྣས་དཔྱད་བཅོས་ཀྱི་ཚད་གཞི་དང་འགལ་ནས་དགོས་མེད་ཀྱི་ཞིབ་བཤེར་བྱས་མི་ཆོག

སྨན་བཅོས་ལས་ཁུངས་དང་དེའི་སྨན་བཅོས་མི་སྣས་སྨན་བཅོས་ཚད་གཞི་དང་འགལ་ནས་དགོས་མེད་ཀྱི་ཞིབ་བཤེར་བྱས་མི་ཆོག སྨན་ཁང་གིས་དགོས་ངེས་ཀྱི་ཞིབ་བཤེར་རྣམ་གྲངས་ལག་བསྟར་བྱེད་པ་ནི་དབང་གནོད་བྱ་སྤྱོད་ཀྱི་ཁོངས་སུ་གཏོགས། དགོས་མེད་ཀྱི་ཞིབ་བཤེར་རྣམ་གྲངས་ལ་ཡང་བསྐྱར་ཐོ་འགོད་བྱེད་པ་དང་། ཡང་བསྐྱར་རྗེས་འགྱུར་བརྟག་དཔྱད་དང་། བརྟག་དཔྱད། སྨན་བཅོས་བཅས་བྱེད་པའམ་ཡང་ན་དཔང་རྟགས་མེད་པའི་རྗེས་འགྱུར་བརྟག་དཔྱད་དང་། བརྟག་དཔྱད། སྨན་བཅོས་བཅས་བྱེད་པ་དང་། སྨན་ཁང་དུ་བསྡད་པའམ་ཡང་ན་དམིགས་འཛུགས་བྱས་མེད་པའི་སྨན་ཁང་དུ་སྡོད་པ་སོགས་དབྱེ་འབྱེད་བྱས་ཏེ་དགོས་མེད་ཀྱི་སྨན་བཅོས་ཞབས་ཞུ་བྱེད་པའམ་མཁོ་འདོན་བྱེད་པ་སོགས་ཚུད་ཡོད། སྨན་ཁང་དང་སྨན་པས་ཚད་དང་འགལ་ནས་ནད་པར་དགོས་མེད་ཀྱི་

བརྟག་དཔྱད་བྱས་ཏེ། ནད་པར་དགོས་མེད་ཀྱི་སྨན་བཅོས་འགྲོ་གྲོན་གཏོང་དགོས་པའམ་ཡང་ན་གནོད་སྐྱོན་བཟོས་ན། ནད་པར་འགྲོ་གྲོན་འཐོལ་པ་ཕྱིར་སྤྲོད་པའམ་ཡང་ན་གུན་གསབ་ལེན་པའི་དབང་ཆ་ཡོད།

69. སྨན་ཁང་དུ་ཁྲིམས་འགལ་གྱི་ཟིང་ཆ་བསླངས་ན་བཅའ་ཁྲིམས་ཀྱི་འགན་འཁྲི་འཁུར་དགོས་སམ།

《དམངས་དོན་ཁྲིམས་གཞུང་》གི་དོན་ཚན་ཆིག་སྟོང་ཉིས་བརྒྱ་དང་ཉེར་བརྒྱད་པར་གཏན་འབེབས་བྱས་དོན། སྨན་བཅོས་ལས་ཁུངས་དང་དེའི་སྨན་བཅོས་མི་སྣའི་ཁྲིམས་མཐུན་ཁེ་དབང་ལ་བཅའ་ཁྲིམས་ཀྱིས་སྲུང་སྐྱོབ་བྱ་རྒྱུ། སྨན་བཅོས་སྒྲིག་ལམ་ལ་འགལ་རྐྱེན་བཟོ་བ་དང་། སྨན་བཅོས་མི་སྣའི་ལས་ཀ་དང་འཚོ་བར་འགོག་རྐྱེན་བཟོ་བ། སྨན་བཅོས་མི་སྣའི་ཁྲིམས་མཐུན་ཁེ་དབང་ལ་གནོད་འཚེ་གཏོང་བ་བཅས་བྱས་ཚེ་ཁྲིམས་ལྟར་ཁྲིམས་འབྲེལ་འགན་འཁྲི་འཁུར་དགོས།

"སྨན་ཁང་དུ་ཟིང་སློང་བའི" བྱེད་པོ་ནི་ཕྱིར་བཏང་ནད་པ་དང་། ཁྱིམ་མི། དེ་བཞིན་གཉེན་ཉེ་སྤུན་མཆེད་བཅས་ཡིན། རྒྱུན་དུ་མཐོང་བའི་"སྨན་བཅོས་ཟིང་བསླངས"ཀྱི་བྱེད་ཐབས་གཙོ་བོ་ནི་སྨན་བཅོས་ལས་དོན་མི་སྣའི་མི་ལུས་བདེ་འཇགས་ལ་གནོད་འཚེ་གཏོང་བ་དང་། སྨན་བཅོས་ལས་དོན་མི་སྣར་རྗེས་འདེད་ཉེས་རྡུང་གཏོང་བ། སྨན་བཅོས་བྱ་ཡུལ་དུ་གཤིན་པོ་དུར་སྐྱེལ་གྱི་བྱེད་སྒོ་སྒྲིལ་བ། (སྨན་ཁང་དུ་གདུང་ཁང་འཛུགས་པ་དང་། སྒྲིག་སྲོལ་ལས་འགལ་ཏེ་ཕུང་པོ་འཇོག་པ། རྗེས་འཇུག་གི་ཤོག་བུ་བསྒྲིགས་པ། འདས་མཆོད་མེ་ཏོག་ཕྲེང་བ་འཇོག་པ་སོགས་) སྨན་བཅོས་བྱ་ཡུལ་གྱི་སྒྲིག་ཆས་ལ་གཏོར་བཤིག་གཏོང་བ། (རྒྱུ་ནོར་གཏོར་བ་དང་སྨན་བཅོས་སྒྲིག་ཆས་ལ་གཏོར་བཤིག་གཏོང་བ) སྨན་བཅོས་བྱ་ཡུལ་དུ་སྡོད་པ། (ནད་དཔྱད་ཁང་དང་གསོ་བཅོས་སྨན་པའི་གཞུང་

ལས་ཁང་། འགོ་ཁྲིད་གཞུང་ལས་ཁང་དུ་བཀག་ནས་བསྡད་པ། མི་གཞན་སྨན་པ་བསྟེན་པར་འགོག་རྐྱེན་བཟོ་བ་སོགས།) སོགས་ལ་རྟུང་རྫེག་གཏོང་དགོས། “སྨན་ཁང་དུ་ཟིང་སློང་བའི” བྱ་སྤྱོད་ཀྱིས་གལ་ཏེ་སྨན་བཅོས་སྒྲིག་གཞིའི་སྨན་བཅོས་སྒྲིག་ཆས་དང་སྤྱི་པའི་སྒྲིག་ཆས་སོགས་ཀྱི་རྒྱུ་ནོར་ལ་གཏོར་སྐྱོན་བཟོས་པ་དང་དེ་བཞིན་སྨན་དོན་པའི་ལུས་ལ་གནོད་འཚེ་བཟོས་ཚེ་སྔེ་ཁྲིད་དེ་ཟིང་ཆ་སློང་མཁན་གྱིས་ཉེས་དོན་འགན་འཁྲི་ཡང་འཁུར་རྒྱུ་ཕུད་ད་དུང་དམངས་དོན་གུན་གསབ་ཀྱི་འགན་འཁྲི་འཁུར་དགོས། སྨན་བཅོས་སྒྲིག་གཞིའི་རྒྱུན་གཏན་གྱི་སྨན་བཅོས་སྒྲིག་ལམ་དཀྲུག་པ་དང་སྨན་དོན་མི་སྣའི་མི་ཚེའི་བདེ་འཛུགས་ལ་གནོད་འཚེ་གཏོང་བའི་བྱེད་སྤྱོད་གང་ཞིག་ཡིན་རུང་ཚང་མར་བཅའ་ཁྲིམས་ཀྱི་ཆད་པ་ཕོག་རྒྱུ་རེད།

ལེའུ་བདུན་པ། ཁོར་ཡུག་སྦགས་བཙོག་དང་སྐྱེ་ཁམས་གཏོར་སྐྱོན་བཏང་རིགས་ཀྱི་འགན་འཁྲིའི་སྐོར།

70. བཟོ་གྲྭས་བཙོག་ཆུ་ཕྱིར་གློད་ནས་ཉེ་འགྲམ་གྱི་སྡོད་དམངས་ལ་ན་ཚ་ཕོག་ན། བཟོ་གྲྭས་དབང་གནོད་ཁག་འགན་འཁུར་དགོས་སམ།

《དམངས་དོན་ཁྲིམས་གཞུང་》གི་དོན་ཚན་ཆིག་སྟོང་ཉིས་བརྒྱ་དང་ཉེར་དགུ་པའི་གཏན་འབེབས་ལྟར། ཁོར་ཡུག་བཙོག་པས་བསླད་པ་དང་སྐྱེ་ཁམས་གཏོར་སྐྱོན་བཏང་བའི་རྐྱེན་གྱིས་སྐྱེ་བོ་གཞན་ལ་གནོད་འཚེ་བཏང་ན། དབང་ཆར་གནོད་འཚེ་གཏོང་མཁན་གྱིས་དབང་གནོད་ཀྱི་འགན་འཁྲི་འཁུར་དགོས།

ཁོར་ཡུག་སྦག་བཙོག་ལ་འཚོ་བའི་ཁོར་ཡུག་གི་སྦག་བཙོག་ཐེབས་པ་ཚུད་ཡོད་ལ། སྐྱེ་ཁམས་ཁོར་ཡུག་ལ་སྦགས་བཙོག་ཐེབས་པ་ཡང་ཚུད་ཡོད། ཁོར་ཡུག་བཙོག་པས་སྦགས་པའི་རྐྱེན་གྱིས་གནོད་སྐྱོན་བཟོས་རིགས་བྱུང་ན། སྦག་བཙོག་བཟོ་མཁན་གྱིས་དབང་གནོད་ཁག་འགན་འཁུར་དགོས། ཁོར་ཡུག་སྦག་བཙོག་གི་འགན་འཁྲི་དེ་དམིགས་བསལ་གྱི་དབང་གནོད་འགན་འཁྲི་ཞིག་ཡིན་པའི་ཆ་ནས། དེའི་དམིགས་བསལ་རང་བཞིན་དེ་ཐོག་མར་ནོར་འཁྲུལ་མེད་པའི་འགན་འཁྲིའི་རྩ་དོན་སྤྱོད་པ་ཡིན། ནོར་འཛོལ་མེད་པའི་འགན་འཁྲིའི་རྩ་དོན་ལྟར། གནོད་འཚེ་ཕོག་མཁན་ལ་གནོད་སྐྱོན་གྱི་དོན་དངོས་བྱུང་བ་དང་། སྦག་བཙོག་བཟོ་མཁན་གྱི་བྱ་སྤྱོད་དང་གནོད་སྐྱོན་ཕོག་པའི་དོན་དངོས་དབར་རྒྱུ་འབྲས་ཀྱི་འབྲེལ་བ་ཡོད་པས། སྦག་བཙོག་བཟོ་མཁན་ལ་ནོར་འཁྲུལ་ཡོད་མེད་མི་ལྟ་བར་ཚང་མས་དབང་གནོད་ཁག་འགན་འཁུར་དགོས། དེར་བརྟེན། སྦག་བཙོག་བཟོ་མཁན་གྱིས་འགན་

འཁྲི་འཕྲུར་བ་ནི་ཁོར་ཡུག་སྲུང་སྐྱོང་བྱེད་པའི་གཞི་རྩའི་རྩ་དོན་ཡིན། སྦག་བཙོག་གི་བྱ་སྤྱོད་སྤེལ་བ་དང་སྤྱི་ཚོགས་ཐུན་མོང་གི་ཁེ་ཕན་ལ་གནོད་འཚེ་བཏང་བ་ཡིན་ན། ངེས་པར་དུ་དེར་བསྟུན་གྱི་སྦག་བཙོག་བཟོས་པའི་འགན་འཁྲི་འཕྲུར་དགོས།

71. ཁོར་ཡུག་སྦག་བཙོག་བཟོས་པའི་གནོད་སྐྱོན་གྱིས་སྐྱིན་ཆབ་སྤྲོད་པའི་དཔང་རྟགས་འདོན་འགན་ནི་ཇི་ལྟར་བགོ་དགོས་སམ།

《དམངས་དོན་ཁྲིམས་གཞུང་》གི་དོན་ཚན་ཆིག་སྟོང་ཉིས་བརྒྱ་དང་སུམ་ཅུ་པའི་གཏན་འབེབས་ལྟར། ཁོར་ཡུག་བཙོག་པས་སྦགས་པ་དང་སྐྱེ་ཁམས་གཏོར་སྐྱོན་བཏང་བའི་རྐྱེན་གྱིས་རྩོད་གཞི་བྱུང་རིགས། བྱ་སྤྱོད་སྤེལ་མཁན་གྱིས་བཅའ་ཁྲིམས་ནང་དུ་འཁོད་པའི་འགན་འཁྲི་འཕྲུར་མི་དགོས་པའམ་འགན་འཁྲི་ཡང་དུ་གཏོང་རྒྱུའི་གནས་ཚུལ་དང་དེའི་བྱ་སྤྱོད་དང་གནོད་འཚེ་བྱུང་ཚུལ་བར་རྒྱུ་འབྲས་ཀྱི་འབྲེལ་བ་མེད་ལུགས་ལ་དཔང་རྟགས་འདོན་འགན་འཕྲུར་དགོས།

སྦགས་བཙོག་གི་གནོད་སྐྱོན་ལ་འགན་འཕྲུར་མི་དགོས་པའི་རྒྱུ་མཚན་ཐད་རང་རྒྱལ་གྱི་བཅའ་ཁྲིམས་ནང་དུ་གཏན་འབེབས་གསལ་ཞིང་ནན་པོ་བྱས་ཡོད་དེ། གཙོ་བོ་གནས་ཚུལ་རིགས་གསུམ་ཚུད་ཡོད་པ་ནི།

(1) འགོག་ཐབས་བྲལ་བའི་འགལ་རྐྱེན། འགོག་ཐབས་བྲལ་བའི་རང་བྱུང་གི་གནོད་འཚེར་དུས་ཐོག་ཏུ་ལུགས་མཐུན་གྱི་བྱེད་ཐབས་སྤྱད་ཀྱང་ད་དུང་ཁོར་ཡུག་སྦག་བཙོག་གི་གནོད་འཚེ་ལས་གཡོལ་ཐབས་མེད་ན། འགན་འཁྲི་འཕྲུར་མི་དགོས། དོ་སྣང་བྱེད་དགོས་པ་ཞིག་ལ། བཙོག་འབུད་བྱེད་མཁན་གྱིས་ནང་གསེས་དོན་ཚན་འདིའི་གཏན་འབེབས་ལྟར་འགན་འཁྲི་མེད་པར་བཟོས་ན། ངེས་པར་དུ་འགོག་ཐབས་བྲལ་བའི་རང་བྱུང་གནོད་སྐྱོན་ནི་གྱོང་གུན་བཟོས་པའི་རྒྱུ་རྐྱེན་ཉག་ཅིག་ཡིན་པ་ར་སྤྲོད་བྱ་དགོས་པ་མ་ཟད། འགོག་ཐབས་བྲལ་བའི་རང་བྱུང་གནོད་

སྐྱོན་ཐོན་རྗེས་བཅོས་འབྱུང་བྱེད་མཁན་གྱིས་དུས་ཐོག་ཏུ་ལུགས་མཐུན་གྱི་བྱེད་ཐབས་སྤྱད་དགོས། གལ་ཏེ་འགོག་ཐབས་བྲལ་བའི་རང་བྱུང་གནོད་འཚེ་སེལ་རྗེས་ད་དུང་རྒྱུ་རྐྱེན་གཞན་དག་དབང་གིས་གནོད་སྐྱོན་བཟོས་པར་བཅོས་འབྱུང་བྱེད་མཁན་གྱིས་དུས་ཐོག་ཏུ་ལུགས་མཐུན་གྱི་བྱེད་ཐབས་མ་སྤྱད་ན། སྔར་བཞིན་བབ་མཚུངས་ཀྱི་འགན་འཁྲི་འཁུར་དགོས།

(2) སྣགས་བཅོས་སྐྱོང་གུན་ནི་གནོད་འཚེ་ཕོག་མཁན་རང་ཉིད་ཀྱི་འགན་འཁྲི་ལས་བྱུང་བ་ཡིན། ཡང་ཅིག་བཤད་ན། ཆུའི་སྣག་བཅོས་ཀྱི་གནོད་སྐྱོན་ནི་གནོད་འཚེ་ཐེབས་མཁན་གྱིས་རྐང་བཙུགས་ནས་བཟོས་པ་ཡིན་ན། སྣག་བཅོས་མེད་པར་བཟོ་མཁན་གྱིས་སྐྱིན་ཚབ་འཛལ་བའི་འགན་འཁུར་མི་དགོས། གནོད་འཚེ་ཕོག་མཁན་གྱིས་རྐང་བཙུགས་ནས་བྱས་པའམ་ཡང་ན་ལས་འཛོལ་དབང་གིས་སྐྱོང་གུན་བཟོས་པའི་འགན་མེད་པར་བཟོས་པའི་དོན་ཚན་དེ་ཆུའི་སྣག་བཅོས་ལ་སྤྱད་འཐུས་པ་མ་ཟད། དེ་མིན་གྱི་ཁོར་ཡུག་སྣག་བཅོས་གཞན་ལའང་སྤྱད་འཐུས།

(3)ཕྱུང་གསུམ་པས་བསམ་བཞིན་དུའམ་ཡང་ན་ལས་འཛོལ་ལས་བྱུང་བ་ཡིན། ཕྱུང་གསུམ་པའི་ནོར་འཛོལ་དབང་གིས་ཁོར་ཡུག་བཅོས་པས་སྣག་ནས་གནོད་སྐྱོན་བཟོས་རིགས་བྱུང་ན། དབང་ཆར་གནོད་འཚེ་ཕོག་མཁན་གྱིས་སྣག་བཅོས་བཟོ་མཁན་ལ་སྐྱིན་ཚབ་སྤྲོད་དགོས་པའི་རེ་འདུན་ཞུས་ཆོག་ལ། ཕྱུང་གསུམ་པ་ལའང་སྐྱིན་ཚབ་སྤྲོད་དགོས་པའི་རེ་བ་ཞུས་ཆོག སྣག་བཅོས་བཟོ་མཁན་གྱིས་སྐྱིན་ཚབ་འཛལ་རྗེས། གང་ཟག་གསུམ་པར་སྐྱིན་ཚབ་བདའ་འདེད་བྱེད་དབང་ཡོད།

72. སྣག་བཅོས་བཟོ་མཁན་གཉིས་ཡན་གྱིས་ཁོར་ཡུག་བཅོས་པས་སྣགས་ནས་གནོད་སྐྱོན་བཟོས་རིགས་ཀྱི་ཁག་འགན་ཇི་ལྟར་བགོ་དགོས་སམ།

《དམངས་དོན་ཁྲིམས་གཞུང་》གི་དོན་ཚན་ཆིག་སྟོང་ཉིས་བརྒྱ་དང་སོ་

གཅིག་པའི་གཏན་འབེབས་ལྟར། དབང་ཆར་གནོད་འཚེ་གཏོང་མཁན་གཉིས་ཡན་གྱིས་ཁོར་ཡུག་བཙོག་པས་སྦག་པ་དང་སྐྱེ་ཁམས་གཏོར་སྐྱོན་བཏང་རིགས་བྱུང་ན། འགན་ཆེ་ཆུང་གང་ཞིག་འཁུར་དགོས་མིན་གཏན་འཁེལ་བྱེད་སྐབས་སྦགས་བཙོག་དངོས་རིགས་ཀྱི་སྣ་ཁ་དང་། གར་ཚད། འབུད་ཚད། སྐྱེ་ཁམས་གཏོར་སྐྱོན་གཏོང་ཐབས། གཞི་ཁྱོན། ཚད་གཞི། དེ་མིན་གང་དེའི་བྱ་སྤྱོད་ཀྱིས་གནོད་འཚེ་བཏང་བའི་ངན་འབྲས་ལ་ཐོན་པའི་ནུས་པ་སོགས་ཀྱི་རྒྱུ་རྐྱེན་ལ་གཞིགས་དགོས།

མདོར་ན། 《དམངས་དོན་ཁྲིམས་གཞུང》དུ་གཏན་འབེབས་བྱས་པ་ལྟར། མི་གཉིས་སམ་ཡང་ན་གཉིས་ཡན་གྱིས་ཁོར་ཡུག་ལ་སྦག་བཙོག་བཟོས་པ་ཡིན་ན། སྦག་བཙོག་དངོས་པོའི་སྣ་རིགས་དང་། གཏོང་འབུད་བྱེད་ཚད་སོགས་ཀྱི་རྒྱུ་རྐྱེན་ལ་གཞིགས་ནས་སྦག་བཙོག་བཟོ་མཁན་གྱིས་འགན་འཁྲི་ཆེ་ཆུང་གཏན་འཁེལ་བྱ་དགོས།

73. བསམ་བཞིན་དུ་ཁོར་ཡུག་ལ་སྦག་བཙོག་བཟོས་ནས་མཇུག་འབྲས་ཚབས་ཆེན་བཟོས་རིགས་ལ་ཆད་པ་ནན་པོ་གཅོད་དགོས་པའི་གླང་བྱ་བརྗོད་ཚིག་གམ།

《དམངས་དོན་ཁྲིམས་གཞུང་》གི་དོན་ཚན་ཆིག་སྟོང་ཉིས་བརྒྱ་དང་སོ་གཉིས་པའི་གཏན་འབེབས་ལྟར། དབང་ཆར་གནོད་འཚེ་གཏོང་མཁན་གྱིས་བཅའ་ཁྲིམས་ཀྱི་གཏན་འབེབས་དང་འགལ་ནས་བསམ་བཞིན་དུ་ཁོར་ཡུག་བཙོག་པས་སྦགས་པ་དང་སྐྱེ་ཁམས་གཏོར་སྐྱོན་བཏང་ནས་ངན་འབྲས་ཚབས་ཆེན་བཟོས་ན། དབང་ཆར་གནོད་འཚེ་ཕོག་མཁན་ལ་བབ་མཚུངས་ཀྱི་ཆད་གཅོད་རང་བཞིན་གྱི་གུན་གསབ་སྤྲོད་དགོས་ཞེས་རེ་འདུན་ཞུ་དབང་ཡོད།

ཁོར་ཡུག་ནི་མིའི་རིགས་འཚོ་གནས་བྱེད་པའི་རང་བྱུང་གི་རྒྱུ་རྐྱེན་སྣ་ཚོགས་ཀྱི་སྤྱི་ཁོག་ཡིན་པ་དང་། ཁོར་ཡུག་ལ་སྲུང་སྐྱོང་དང་ལེགས་བཅོས་ཏན་ཏིག་བྱ་རྒྱུ་ནི་མི་དམངས་མང་ཚོགས་ཀྱི་ཚེ་སྲོག་གི་བདེ་ཐང་དང་། སྤྱི་ཚོགས་ཀྱི་འཆམ་

མཐུན་བདེ་འཛུགས། གྲུང་ཧྭ་མི་རིགས་ཀྱི་རྒྱུན་མཐུད་འཕེལ་རྒྱས་བཅས་དང་འབྲེལ་བ་ཡོད། མིག་སྔར། རང་རྒྱལ་ནི་ཁོར་ཡུག་སྡུག་བཅོག་ཚབས་ཆེ་དང་། སྐྱེ་ཁམས་མ་ལག་ཉམས་ཞན་དུ་གྱུར་པའི་གནས་བབ་ཛ་དྲག་ཅན་གནས་བཞིན་ཡོད། 《དམངས་དོན་ཁྲིམས་གཞུང་》ནང་དུ་སྐྱེ་ཁམས་ཁོར་ཡུག་ལ་གནོད་འཚེ་བཏང་བར་ཆད་གཅོད་རང་བཞིན་གྱི་གུན་གསབ་ལམ་ལུགས་གཏན་འབེབས་བྱས་ཡོད་པ་དང་། དབང་གནོད་བྱེད་མཁན་གྱིས་བསམ་བཞིན་དུ་རྒྱལ་ཁབ་ཀྱི་གཏན་འབེབས་དང་འགལ་ཏེ་སྐྱེ་ཁམས་ཁོར་ཡུག་ལ་གནོད་འཚེ་བཏང་ན། དབང་ཆར་གནོད་འཚེ་ཐོག་མཁན་ལ་བབ་མཚུངས་ཀྱི་ཆད་གཅོད་རང་བཞིན་གྱི་གུན་གསབ་འཛལ་རེ་ཞུ་དབང་ཡོད་པ་དང་། དུས་མཚུངས་སྐྱེ་ཁམས་ཁོར་ཡུག་ལ་གནོད་སྐྱོན་ཐོག་པའི་ཉམས་གསོ་དང་གུན་གསབ་ལམ་ལུགས་ཀྱང་ཁ་གསལ་བཟོ་དགོས། རི་སྔོན་ཆུ་དྭངས་ནི་གསེར་རི་དངུལ་རི་ཡིན་པས། རང་རྒྱལ་གྱིས་ཁོར་ཡུག་སྲུང་སྐྱོང་ལ་སྔར་བས་མཐོང་ཆེན་བྱེད་པ་དང་། ཁོར་ཡུག་ལ་བསམ་བཞིན་དུ་སྡུག་བཅོག་བཟོ་མཁན་གྱིས་དེ་མཚུངས་ཀྱི་བཅའ་ཁྲིམས་འགན་འཁྲི་འཁུར་དགོས་པ་དང་། སྔོན་བཙུད་ཁོར་ཡུག་ལ་མི་བསྐྱོས་པར་རྫོངས་ཚོད་ཀྱིས་ཐབས་ཇུས་འདིང་བ་དང་མཇུག་འབྲས་ཚབས་ཆེན་བཟོ་མཁན་ལ་ངེས་པར་དུ་དེའི་འགན་འཁྲི་བདའ་འདེད་གཏོང་དགོས།

74. ཕྱིང་གསུམ་པའི་ནོར་འཛོལ་གྱིས་ཁོར་དུ་ཡུག་ལ་གནོད་འཚེ་ཐེབས་ན། དབང་གནོད་ཐོག་མཁན་གྱིས་སུ་ལ་སྐྱིན་ཚབ་སྤྲོད་དུ་འཇུག་དགོས་སམ།

《དམངས་དོན་ཁྲིམས་གཞུང་》གི་དོན་ཚན་ཆིག་སྟོང་ཉིས་བརྒྱ་དང་སོ་གསུམ་པའི་གཏན་འབེབས་ལྟར། ཕྱིང་གསུམ་པའི་ནོར་འཁྲུལ་དབང་གིས་ཁོར་ཡུག

བཙོག་པས་སྦགས་པ་དང་སྐྱེ་ཁམས་གཏོར་སྐྱོན་བཏང་རིགས་བྱུང་ན། དབང་ཆར་གནོད་འཚེ་ཕོག་མཁན་གྱིས་དབང་ཆར་གནོད་འཚེ་གཏོང་མཁན་ལ་སྐྱིན་ཚབ་སྤྲོད་རོགས་ཞུས་ཆོག་ལ། ཕྱུང་གསུམ་པ་ལའང་སྐྱིན་ཚབ་སྤྲོད་རོགས་ཞུས་ཆོག དབང་ཆར་གནོད་འཚེ་གཏོང་མཁན་གྱིས་སྐྱིན་ཚབ་སྤྲད་རྗེས་ཕྱུང་གསུམ་པར་སྐྱིན་ཚབ་བདའ་འདེད་བྱས་ཆོག

ལག་ལེན་དངོས་ཀྱི་ཁྲོད་དུ་ཁོར་ཡུག་སྦག་བཙོག་གཏོང་བའི་བྱ་སྤྱོད་ཁ་ཤས་ནི་སྦག་བཙོག་བཟོ་མཁན་དང་དབང་ཆར་གནོད་འཚེ་ཕོག་མཁན་ཕུད་པའི་ཕྱུང་གསུམ་པའི་ནོར་འཁྲུལ་ལས་བྱུང་བ་རེད། གནས་ཚུལ་འདི་འདྲའི་འོག དབང་ཆར་གནོད་འཚེ་ཕོག་མཁན་གྱི་ཁྲིམས་མཐུན་ཁེ་དབང་ལ་སྲུང་སྐྱོང་གང་ལེགས་བྱེད་ཆེད། དབང་ཆར་གནོད་འཚེ་ཕོག་མཁན་གྱིས་དབང་ཆར་གནོད་འཚེ་ཕོག་མཁན་ལ་སྐྱིན་ཚབ་སྤྲོད་དགོས་པའི་རེ་བ་ཞུས་ཆོག་ལ། ཕྱུང་གསུམ་པར་སྐྱིན་ཚབ་སྤྲོད་དགོས་པའི་རེ་བ་ཞུས་ཆོག་ཅེས་གཏན་འབེབས་བྱས་ཡོད། དབང་ཆར་གནོད་འཚེ་གཏོང་མཁན་གྱིས་སྐྱིན་ཚབ་འཇལ་རྗེས་ཕྱུང་གསུམ་པར་སྐྱིན་ཚབ་བདའ་འདེད་གཏོང་དབང་ཡོད།

75. སྐྱེ་ཁམས་ཁོར་ཡུག་ལ་གནོད་འཚེ་བཏང་ཚེ་ཉམས་གསོའི་འགན་འཁྲི་ཇི་ལྟར་འཁུར་དགོས་སམ།

ཁོར་ཡུག་གི་གནས་ཚུལ་ཇེ་སྡུག་ཏུ་འགྲོ་བ་དང་། སྐྱེ་ཁམས་ཀྱི་ནུས་པ་ཇེ་ཞན་དུ་འགྲོ་བ་སོགས་ཀྱི་གནད་དོན་ཡང་ཡང་ཐོན་གྱི་ཡོད་པ་དེ་དག་གིས། ང་ཚོས་སྐྱེ་ཁམས་ཉམས་གསོའི་འགན་འཁྲི་འཁུར་སྟངས་གཏན་འཁེལ་བྱེད་པའི་དགོས་གཏུག་རང་བཞིན་དང་དགོས་ངེས་རང་བཞིན་དྲན་སྐུལ་བྱེད་ཀྱི་ཡོད། སྐྱེ་ཁམས་ཁྱབ་ཁོངས་ཀྱི་རྣམ་པ་གསར་བའི་གནོད་སྐྱོན་ལ་ཐུན་མོང་མ་ཡིན་པའི་མཚན་གཞི་

ཡོད་དེ། ང་ཚོས་གནོད་སྐྱོན་འདིའི་རིགས་ལ་སྐྱེ་ཁམས་ཁོར་ཡུག་གི་གནོད་སྐྱོན་ཞེས་འབོད། སྐྱེ་ཁམས་ཁོར་ཡུག་ལ་གནོད་སྐྱོན་བཟོས་པའི་གྱོད་དོན་ཐག་གཅོད་པར་ཡང་མི་རྣམས་ཀྱིས་སྐྱེ་ཁམས་དཔལ་ཡོན་ལ་དོ་ཁུར་བྱེད་པ་དང་བསྟུན་ནས་མཐོང་ཆེན་བྱེད་བཞིན་ཡོད། ཕན་འབྲས་ཆེ་ཞིང་ཚད་མཐོ་ཤོས་ཀྱི་སྒོ་ནས་སྐྱེ་ཁམས་ཁོར་ཡུག་ལ་གནོད་འཚེ་བཏང་བ་ལས་བྱུང་བའི་གནད་དོན་རབ་དང་རིམ་པ་ཐག་གཅོད་བྱ་ཆེད། སྐྱེ་ཁམས་ཉམས་གསོའི་འགན་འཁྲི་འཁུར་སྟངས་ཤིག་ཐོན་ཡོད།

《དམངས་དོན་ཁྲིམས་གཞུང་》གི་དོན་ཚན་ཆིག་སྟོང་ཉིས་བརྒྱ་དང་སོ་བཞི་པའི་གཏན་འབེབས་ལྟར། རྒྱལ་ཁབ་ཀྱི་གཏན་འབེབས་དང་འགལ་ནས་སྐྱེ་ཁམས་ཁོར་ཡུག་ལ་གནོད་འཚེ་བཏང་སོང་། སྐྱེ་ཁམས་ཁོར་ཡུག་ཉམས་གསོ་བྱེད་ཐུབ་ན། རྒྱལ་ཁབ་ཀྱིས་གཏན་ལ་ཕབ་པའི་ལས་ཁུངས་སམ་བཅའ་ཁྲིམས་ནང་དུ་འཁོད་པའི་རྩ་འཛུགས་ལ་དབང་ཆར་གནོད་འཚེ་གཏོང་མཁན་གྱིས་ལུགས་མཐུན་གྱི་དུས་བཀག་ནང་ཉམས་གསོའི་འགན་འཁྲི་འཁུར་དགོས་ཞེས་རེ་འདུན་ཞུ་དབང་ཡོད། དབང་ཆར་གནོད་འཚེ་གཏོང་མཁན་གྱིས་དུས་བཀག་ལྟར་ཉམས་གསོ་མ་བྱས་ན། རྒྱལ་ཁབ་ཀྱིས་གཏན་ལ་ཕབ་པའི་ལས་ཁུངས་སམ་བཅའ་ཁྲིམས་ནང་དུ་འཁོད་པའི་རྩ་འཛུགས་ཀྱིས། རང་འགུལ་ལམ་སྐྱེ་བོ་གཞན་ལ་ལས་བཅོལ་གྱིས་ཉམས་གསོ་བྱས་ཆོག དེར་མཁོ་བའི་གྲོན་དངུལ་དག་ནི་དབང་ཆར་གནོད་འཚེ་གཏོང་མཁན་གྱིས་གཏོང་དགོས།

འབྲེལ་ཡོད་ཁྲིམས་འཛིན་འགྲེལ་པའི་ནང་"སྐྱེ་ཁམས་ཁོར་ཡུག་སླར་གསོ"བྱ་རྒྱུ་དེ་སྐྱེ་ཁམས་ཁོར་ཡུག་ལ་གནོད་འཚེ་ཐོག་པར་སྐྱིན་གསབ་འཇལ་བའི་འགན་འཁྲི་འཁུར་སྟངས་ཤིག་ཏུ་བརྩི་ཡི་ཡོད། སྐྱེ་ཁམས་ཁོར་ཡུག་སླར་གསོ་ཐུབ་སྐབས་ཉམས་གསོའི་འགན་འཁྲི་འཁུར་དགོས་པ་མ་ཟད། སྐྱེ་ཁམས་ཁོར་ཡུག་ཞབས་ཞུའི་ནུས་པའི་གྱོང་གུན་ཁ་གསབ་བྱེད་དགོས་པ་དང་། སྐྱེ་ཁམས་ཁོར་ཡུག་སླར་གསོ་མི་ཐུབ་པའི་སྐབས་སྐྱེ་ཁམས་ཁོར་ཡུག་གི་ནུས་པའི་ཡུན་རིང་རང་བཞིན་གྱི་གནོད་

འཚོ་ལས་བཟོས་པའི་གྱོང་གུན་ཁ་གསབ་བྱེད་དགོས་པ་མ་ཟད། "ཉམས་གསོའི་ཕན་འབྲས་ཐོན་རྗེས་ཀྱི་སྔོན་རྩིས་འགྲོ་གྲོན"དེ་ཉམས་གསོའི་གྲོན་དངུལ་གྱི་ཁྱབ་ཁོངས་ནང་འཇུག་དགོས་པ་ཁ་གསལ་བཟོ་དགོས། སྐྱིན་ཚབ་འཇལ་དངུལ་དེ་བཅའ་ཁྲིམས་དང་ཁྲིམས་སྲོལ་དང་སྲིག་སྲོལ་ལྟར་འཇལ་སྤྲོད་དང་། དོ་དམ། བེད་སྤྱོད་བཅས་བྱ་དགོས།

76. སྐྱེ་ཁམས་ཁོར་ཡུག་ལ་གནོད་སྐྱོན་བཟོས་པར་སྐྱིན་ཚབ་སྤྲོད་འགན་གང་དག་འཁུར་དགོས་སམ།

《དམངས་དོན་ཁྲིམས་གཞུང་》གི་དོན་ཚན་ཆིག་སྟོང་ཉིས་བརྒྱ་དང་སོ་ལྔ་པའི་གཏན་འབེབས་ལྟར། རྒྱལ་ཁབ་ཀྱི་གཏན་འབེབས་དང་འགལ་ནས་སྐྱེ་ཁམས་ཁོར་ཡུག་ལ་གནོད་འཚེ་བཏང་ན། རྒྱལ་ཁབ་ཀྱིས་གཏན་ལ་ཕབ་པའི་ལས་ཁུངས་སམ་བཅའ་ཁྲིམས་ནང་དུ་འཁོད་པའི་རྩ་འཛུགས་ལ་དབང་ཆར་གནོད་འཚེ་གཏོང་མཁན་གྱིས་གཤམ་གསལ་གྱི་གྱོང་གུན་དང་འགྲོ་གྲོན་སྐྱིན་ཚབ་སྤྲོད་དགོས་ཞེས་རེ་འདུན་ཞུ་དབང་ཡོད་པ་སྟེ།

（གཅིག）སྐྱེ་ཁམས་ཁོར་ཡུག་ལ་གནོད་འཚེ་ཐེབས་པ་ནས་སླར་གསོ་བྱས་ཚར་བའི་དུས་ཚོད་ལ་ཞབས་ཞུའི་ནུས་པ་ཤོར་ནས་བྱུང་བའི་གྱོང་གུན་རིགས།

（གཉིས།）སྐྱེ་ཁམས་ཁོར་ཡུག་གི་བྱེད་ནུས་ལ་ཡུན་གནས་རང་བཞིན་གྱི་གནོད་སྐྱོན་ཕོག་པའི་གྱོང་གུན་བཟོས་རིགས།

（གསུམ།）སྐྱེ་ཁམས་ཁོར་ཡུག་གི་གནོད་སྐྱོན་བརྟག་དཔྱད་དང་། ཚོད་སྡོམ་དཔྱད་དཔོག་སོགས་ཀྱི་འགྲོ་གྲོན།

（བཞི།）སྡུག་བསྔོག་གཙང་སེལ་དང་། སྐྱེ་ཁམས་ཁོར་ཡུག་ཉམས་གསོ་བྱེད་པའི་འགྲོ་གྲོན།

（ལྔ།）གནོད་སྐྱོན་འབྱུང་བ་དང་རྒྱ་སྐྱེད་འགྲོ་བར་སྔོན་འགོག་བྱེད་པར་ཕྱིན་པའི་བབ་མཚུངས་ཀྱི་འགྲོ་སྒོ།

རྒྱལ་ཁབ་ཀྱི་གཏན་འབེབས་དང་འགལ་ནས་སྐྱེ་ཁམས་ཁོར་ཡུག་ལ་གནོད་སྐྱོན་བཟོས་རིགས་ལ། ཞུ་སྦྱོར་སྤྱི་མས་སྐྱེ་ཁམས་ཁོར་ཡུག་ལ་གནོད་སྐྱོན་བཏང་བར་སྐྱིན་ཚབ་སྤྲོད་པའི་གཏུག་བཤེར་བྱས་ན། དབང་གནོད་ཕོག་མཁན་གྱིས་དབང་གནོད་མཁན་ལ་གནོད་འཚེ་གཏོང་མཚམས་འཇོག་པ་དང་། འགོག་རྐྱེན་སེལ་བ། ཉེན་ཁ་སེལ་བ། སླར་གསོ་བྱེད་པ། དགོངས་དག་ཞུགས་བདེན་ཞུ་བ། གྲོང་གུན་གསབ་འཇལ་སོགས་ཀྱི་དམངས་དོན་འགན་འཁྲི་འཁུར་དགོས་པའི་རེ་བ་ཞུས་ཆོག གཞན་ཡང《དམངས་དོན་ཁྲིམས་གཞུང་》ནང་དུ་དུང་སྐྱེ་ཁམས་ཁོར་ཡུག་ལ་གནོད་འཚེ་བཏང་བའི་གུན་གསབ་འགྲོ་སྒོ་དང་། སླར་གསོའི་རང་བཞིན་གྱི་འགྲོ་སྒོ། ནུས་པའི་རང་བཞིན་གྱི་འགྲོ་སྒོ། རམ་འདེགས་རང་བཞིན་གྱི་འགྲོ་སྒོ། ལུགས་མཐུན་གྱི་འགྲོ་སྒོ་སོགས་ཚུད་ཡོད་པ་རེད།

ལེའུ་བརྒྱད་པ། ཉེན་ཁ་ཆེབས་ཆེའི་འགན་འཁྲིའི་སྐོར།

77. ཉེན་ཁ་ཤིན་ཏུ་ཆེ་བའི་ལས་ཀ་བྱས་ནས་མི་གཞན་ལ་གནོད་སྐྱོན་བཟོས་ན་འགན་འཁྲི་འཁུར་དགོས་སམ།

《དམངས་དོན་ཁྲིམས་གཞུང་》གི་དོན་ཚན་ཅིག་སྟོང་ཉིས་བརྒྱ་དང་སོ་དྲུག་པའི་གཏན་འབེབས་ལྟར། ཉེན་ཁ་ཆེབས་ཆེའི་ལས་ཀ་བྱེད་རིང་མི་གཞན་ལ་གནོད་འཚེ་བཏང་ན་དབང་གནོད་ཀྱི་འགན་འཁྲི་འཁུར་དགོས།

ཚད་མཐོའི་ཉེན་ཁ་ཆེ་བའི་ལས་ཀ་ཞེས་པ་ནི་ཉེ་འགྲམ་གྱི་ཁོར་ཡུག་ལ་ཉེན་ཁ་ཧ་ཅང་ཆེན་པོ་ཡོད་ཅིང་། དགོས་ངེས་ཀྱི་བདེ་འཇགས་འགོག་སྲུང་བྱ་ཐབས་སྤྱོད་སྐབས་གཞི་ནས་བྱེད་ཐུབ་པའི་ལས་ཀ་ལ་ཟེར། དཔེར་ན། ཐོག་རྒྱག་མཐོན་པོའི་ཨར་ལས་དང་། བཀོལ་སྤྱོད། མཐོ་གནོན་གློག་སྐྱེལ། འབར་སླ་བ་དང་། གས་སླ་བ། དུག་ཤེད་ཆེ་བ། འཕྲོ་འགྱེད་རང་བཞིན་གྱི་དངོས་རྫས་ཐོན་སྐྱེད་དང་། སྐྱེལ་འདྲེན། གསོག་འཇོག མི་འཁོར་དང་གནམ་གྲུ་གཙོས་མྱུར་བགྲོད་སྐྱེལ་འདྲེན་ཡོ་བྱད་འཁོར་སྐྱོད་སོགས་ཡིན། 《དམངས་དོན་ཁྲིམས་གཞུང་》ནང་གཏན་འབེབས་བྱས་དོན། ཚད་མཐོའི་ཉེན་ཁ་ཆེ་བའི་ལས་ཀ་བྱས་ནས་མི་གཞན་གྱི་ལུས་ཁམས་ལ་གནོད་སྐྱོན་བཟོས་ཚེ། གནོད་སྐྱོན་གྱི་ཐོག་པ་དོན་དངོས་ཡིན་པ་དང་། དེ་དང་གནོད་འཚེའི་མཇུག་འབྲས་ལ་རྒྱུ་འབྲས་ཀྱི་འབྲེལ་བ་ཡོད་ཕྱིན། བྱ་སྤྱོད་སྤེལ་མཁན་གྱིས་དམངས་དོན་འགན་འཁྲི་འཁུར་དགོས། ཉེན་ཁ་ཆེ་བའི་ལས་སྒྲུབ་ཀྱི་འགན་འཁྲིའི་བྱེད་པོ་དང་ཁག་འགན་མེད་པར་བཟོ་བའི་འགག་གནད་འགག་ཕུད། གནོད་སྐྱོན་དེ་གནོད་འཚེ་ཐོག་མཁན་གྱི་ལས་འཇོལ་ལམ་ཡང་

ན་ལས་འཛོལ་ཚབས་ཆེན་གྱིས་བཟོས་ཀྱང་བྱ་སྤྱོད་སྤེལ་མཁན་གྱི་དམངས་དོན་འགན་འཁྲི་མེད་པར་བཟོས་མི་ཆོག གལ་ཏེ་བྱ་སྤྱོད་སྤེལ་མཁན་གྱིས་གནོད་སྐྱོན་དེ་གནོད་འཚེ་ཕོག་མཁན་གྱིས་ཤེས་བཞིན་དུ་བཟོས་པ་ར་སྤྲོད་བྱེད་ཐུབ་ན་དམངས་དོན་གྱི་འགན་འཁྲི་འཁུར་མི་དགོས།

78.དམངས་སྤྱོད་རྩལ་ཐྲན་སྒྲིག་བཀོད་ཐད་ལས་འཛོལ་ཐོན་ཚེ་གནོད་འཚེ་ཕོག་མཁན་གྱིས་སུ་ལ་འགན་འཁྲི་བདའ་འདེད་གཏོང་དགོས་སམ།

《དམངས་དོན་ཁྲིམས་གཞུང་》གི་དོན་ཚན་ཆིག་སྟོང་ཉིས་བརྒྱ་དང་སོ་བདུན་པའི་གཏན་འབེབས་ལྟར། དམངས་སྤྱོད་རྩལ་ཐྲན་སྒྲིག་བཀོད་དང་ཡང་ན་རྩལ་ཐྲན་སྒྲིག་བཀོད་ཀྱི་རྩལ་ཐྲན་རྒྱུ་ཆ་སྐྱེལ་འདྲེན་བྱས་ཏེ་རྩལ་ཐྲན་གྱི་ལས་འཛོལ་ཐོན་ནས་སྐྱེ་བོ་གཞན་ལ་གནོད་འཚེ་བཏང་ན། དམངས་སྤྱོད་རྩལ་ཐྲན་སྒྲིག་བཀོད་ལས་གཉེར་དང་སྐྱེལ་འདྲེན་བྱེད་མཁན་སྡེ་ཚན་གྱིས་དབང་གནོད་ཀྱི་འགན་འཁྲི་འཁུར་དགོས། ཡིན་ནའང་གནོད་འཚེ་དེ་ནི་དམག་འཁྲུག་དང་དྲག་ཆས་གདོང་གཏུག་དང་ཟིང་འཁྲུག་སོགས་ཀྱི་གནས་ཚུལ་ལམ་གནོད་འཚེ་ཕོག་མཁན་གྱིས་རང་བཙུགས་ནས་བཟོས་མིན་ར་སྤྲོད་བྱེད་ཐུབ་ན་འགན་འཁྲི་འཁུར་མི་དགོས།

དམངས་སྤྱོད་རྩལ་ཐྲན་སྒྲིག་བཀོད་ལ་རྩལ་ཐྲན་ལས་འཛོལ་བྱུང་ནས་སྐྱེ་བོ་གཞན་ལ་གནོད་སྐྱོན་བཟོས་ན། དམངས་སྤྱོད་རྩལ་ཐྲན་སྒྲིག་བཀོད་གཉེར་སྐྱོང་བྱེད་མཁན་གྱིས་དབང་གནོད་ཁག་འགན་འཁུར་དགོས། འདིར་བཤད་པའི"ཁེ་དབང་ལ་བཙན་གནོད་བཏང་བའི་འགན་འཁྲི"ཞེས་པ་ནི་ཀུན་གསལ་གྱི་འགན་འཁྲི་ཁོ་ན་མིན། རྩལ་ཐྲན་གྱི་ལས་འཛོལ་བྱུང་བས་མཐའ་སྐོར་གྱི་ཁོར་ཡུག་ལ་གནོད་སྐྱོན་ཏ་ཅང་ཆེན་པོ་བཟོ་སྲིད་པས། དམངས་སྤྱོད་རྩལ་ཐྲན་སྒྲིག་བཀོད་

གཉེར་སྐྱོང་བྱེད་མཁན་གྱིས་ལས་འཛོལ་བྱུང་རྗེས་གནོད་འཚེ་ཕོག་མཁན་ལ་གུན་གསབ་འཇལ་བྱ་དགོས་པར་མ་ཟད། ལས་འཛོལ་བྱུང་སྐབས་གནོད་འཚེ་གཏོང་མཚམས་འཛོག་པ་དང་ཉེན་ཁ་སེལ་ཐབས་བྱེད་པ་སོགས་ཀྱི་བྱེད་ཐབས་ཧུར་ཐག་གིས་སྤྱོད་དགོས་པ་མ་ཟད། གནོད་འཚེ་ཕོག་མཁན་ལ་རོགས་སྐྱོབ་ཧུར་ཐག་ཀྱང་བྱ་དགོས། གནོད་འཚེ་ཐེབས་མཁན་གྱི་ཁེ་དབང་ལ་ལྟ་རྟོག་བྱ་ཆེད། རྒྱལ་སྤྱིའི་ཀུན་སྤྱོད་ཀྱི་བྱེད་སྟངས་ནི་ཁྲིམས་འཛུགས་བརྒྱུད་ནས་དམངས་སྤྱོད་རྟུལ་ཕྲན་སྒྲིག་ཆས་ཀྱི་སྲིན་ཚབ་ཚད་བཀག་གཏན་འབེབས་བྱས་པ་ཡིན་ལ། རང་རྒྱལ་དུ་ཡང་དེ་ལྟར་ཡིན། 2020ལོར་རྒྱལ་སྲིད་སྤྱི་ཁྱབ་ཁང་གིས་མཆན་བཀོད་བཀའ་ལན་གནང་ནས་རྟུལ་ཕྲན་གློག་ཁང་གཉེར་སྐྱོང་མཁན་གྱིས་རྟུལ་ཕྲན་ལས་འཛོལ་ཐེངས་གཅིག་ལས་བྱུང་བའི་གུན་གསབ་མཐོ་ཤོས་ནི་མི་དམངས་ཤོག་སྒོར་དུང་ཕྱུར་3ཡིན་ཞེས་གཏན་འབེབས་བྱས་པ་རེད། རྟུལ་ཕྲན་ལས་འཛོལ་གྱི་གནོད་སྐྱོན་གྱི་སྲིན་ཚབ་འཇལ་དགོས་པའི་དངུལ་གྲངས་དེ་གཏན་འབེབས་ལྟར་སྲིན་ཚབ་འཇལ་དགོས་པའི་དངུལ་གྲངས་མཐོ་ཤོས་ལས་བརྒལ་བ་ཡིན་ན། རྒྱལ་ཁབ་ནས་བཅད་གྲངས་མཐོ་ཤོས་མི་དམངས་ཤོག་སྒོར་དུང་ཕྱུར་8ཀྱི་ནོར་སྲིད་ཁ་གསབ་སྤྲོད་ཀྱི་ཡོད།

79. མཁའ་འགྲུལ་ལས་འཛོལ་གྱིས་འགྲུལ་པར་རྨས་སྐྱོན་བཟོས་ན་འགན་འཁྲི་སུས་འཁུར་དགོས་སམ།

《དམངས་དོན་ཁྲིམས་གཞུང་》གི་དོན་ཚན་ཆིག་སྟོང་ཉིས་བརྒྱ་དང་སོ་བརྒྱད་པའི་གཏན་འབེབས་ལྟར། དམངས་སྤྱོད་མཁའ་འགྲུལ་འཕྲུལ་ཆས་ཀྱིས་མི་གཞན་ལ་གནོད་འཚེ་བཏང་ན། དམངས་སྤྱོད་མཁའ་འགྲུལ་འཕྲུལ་ཆས་ཀྱི་གཉེར་སྐྱོང་པས་དབང་གནོད་ཀྱི་འགན་འཁྲི་འཁུར་དགོས། ཡིན་ནའང་གནོད་འཚེ་དེ་ནི་གནོད་འཚེ་ཕོག་མཁན་གྱིས་བསམ་བཞིན་དུ་བཟོས་པ་ཡིན་ལུགས་ར་སྤྲོད་བྱེད་

ཐུབ་ན་འགན་འཁྲི་འཁུར་མི་དགོས།

མཁའ་འགྲུལ་ཡོ་བྱད་ལ་ལས་འཛོལ་བྱུང་རྗེས། འགྲུལ་པའི་ཚེ་སྲོག་དང་། བདེ་ཐང་། ལུས་ཁམས་བཅས་ལ་གནོད་སྐྱོན་ཕོག་སྲིད་པ་དང་། འགྲུལ་པ་དང་མཁའ་འགྲུལ་ཀུང་སིའི་བར་གྱི་སྐྱེལ་འདྲེན་གན་རྒྱའི་འབྲེལ་བར་གཞིགས་ནས། མཁའ་འགྲུལ་ཀུང་སིས་འགྲུལ་པས་ཁ་ཆད་བྱས་པའི་དུས་ཚོད་ལྟར་བདེ་འཇགས་དང་སྐྱེལ་རྒྱུའི་འོས་འགན་ཡོད། སྤྱིར་བཏང་གི་མཁའ་ཐོག་གི་ལས་འཛོལ་ཐོན་རྗེས་མཁའ་འགྲུལ་ཀུང་སིས་འགྲུལ་པར་ཤི་རྨས་བྱུང་བ་དང་ཇོག་ཁྲིས་དང་རྒྱུ་ནོར་གྱི་གྱོང་གུན་ཕོག་པར་འགན་འཁུར་དགོས། འགྲུལ་པས་སྲིག་འགལ་གྱི་འགན་འཁྲི་འཁུར་བའམ་ཡང་ན་དབང་ཆར་བཙན་གནོད་ཀྱི་འགན་འཁྲི་གཞིར་བཟུང་མཁའ་འགྲུལ་ཀུང་སིར་སྐྱིན་ཚབ་སྤྲོད་རྒྱུའི་རེ་བ་བཏོན་ཆོག མཁའ་འགྲུལ་ཀུང་སིར་བབ་མཚུངས་ཀྱི་དབང་གནོད་ཁག་འགན་འཁུར་དགོས་པའི་རེ་ཞུ་བྱས་ཆོག འོན་ཀྱང་། གལ་ཏེ་མཁའ་འགྲུལ་ཀུང་སིས་གནོད་སྐྱོན་དེ་གནོད་འཚེ་ཐེབས་མཁན་གྱིས་རང་བཙུགས་ནས་བཟོས་པ་བདེན་དཔང་བྱེད་ཐུབ་ན། མཁའ་འགྲུལ་ཀུང་སིས་འགན་འཁྲི་འཁུར་མི་དགོས།

80. ཉེན་ཆེའི་དངོས་རྫས་འཁྱོག་བཅོམ་བྱས་རྗེས་མི་གཞན་ལ་ཤི་རྨས་བྱུང་ན་སུ་ཞིག་གིས་འགན་འཁྲི་འཁུར་དགོས་སམ།

《དམངས་དོན་ཁྲིམས་གཞུང་》གི་དོན་ཚན་ཆིག་སྟོང་ཉིས་བརྒྱ་དང་སོ་དགུ་པའི་གཏན་འབེབས་ལྟར། འབར་སླ་བ་དང་། གས་སླ་བ། དུག་ཆེན། འཕྲོ་མཆེད་རང་བཞིན་ཆེ་བ། རྡུལ་སླ་བ། ནད་སྣོད་ཤུགས་ཆེ་བ་སོགས་ཉེན་ཁ་ཚབས་ཆེན་ལྡན་པའི་དངོས་རྫས་བདག་བཟུང་ངམ་བེད་སྤྱོད་བྱས་ནས་སྐྱེ་བོ་གཞན་ལ་གནོད་འཚེ་བཏང་རིགས་བྱུང་ན། བདག་བཟུང་བྱེད་མཁན་ནམ་བེད་སྤྱོད་བྱེད་

མཁན་གྱིས་དབང་གནོད་ཀྱི་འགན་འཁྲི་འཁུར་དགོས། ཡིན་ནའང་གནོད་འཚེ་དེ་ནི་གནོད་འཚེ་ཕོག་མཁན་གྱིས་བསམ་བཞིན་དུ་བཟོས་པའམ་འགོག་ཐབས་བྲལ་བའི་རྐྱེན་ངན་ལས་བྱུང་བ་ཡིན་ལུགས་ར་སྤྲོད་བྱེད་ཐུབ་ན་འགན་འཁྲི་འཁུར་མི་དགོས། གནོད་འཚེ་བྱུང་བའི་ཐད་དབང་ཆར་གནོད་འཚེ་ཕོག་མཁན་ལ་ལས་འཛོལ་ཚབས་ཆེན་བྱུང་ཡོད་ན། བདག་བཟུང་བྱེད་མཁན་ནམ་བེད་སྤྱོད་བྱེད་མཁན་གྱི་འགན་འཁྲི་ཡང་དུ་བཏང་ཆོག

ཚད་མཐོའི་ཉེན་ཆེའི་དངོས་རྫས་ལ་གས་སླ་བ་དང་། འབར་སླ་བ། དུག་ཤེད་ཆེ་བ། འཕྲོ་འགྱེད་རང་བཞིན་ཆེ་བ། རུལ་སླ་བ། ནད་སྲོང་ཤུགས་ཆེ་བ་སོགས་ཉེན་ཁ་ཆེ་བའི་ཁྱད་ཆོས་ལྡན་པས། སྐྱེལ་འདྲེན་དང་། གསོག་འཇོག ཐོན་སྐྱེད། གཉེར་སྐྱོང་། བེད་སྤྱོད། ཐག་གཅོད་བཅས་བྱེད་སྐབས་མི་ཤི་ལུས་རྨས་དང་། རྒྱུ་ནོར་གཏོར་བརླག་གམ་ཡང་ན་ཁོར་ཡུག་སྦག་བཙོག་བཟོ་སླ་བས་དམིགས་བསལ་གྱི་ཆེད་ལས་འགོག་སྲུང་དང་ཉར་ཚགས་བྱ་དགོས། ཚད་མཐོའི་ཉེན་ཆེའི་དངོས་རྫས་ཀྱིས་མི་གཞན་གྱི་ལུས་ཁམས་ལ་གནོད་སྐྱོན་བཟོ་ཉེན་ཏ་ཅང་ཆེན་པོ་ཡོད། དེར་བརྟེན་རྒྱལ་ཁབ་ཀྱིས་ཉེན་ཆེའི་དངོས་རྫས་བདག་བཟུང་བྱེད་མཁན་དང་བེད་སྤྱོད་བྱེད་མཁན་ལ་རེ་བ་ནན་པོ་བཏོན་ཡོད། ཕྱིར་བཏང་དུ་བཤད་ན་ཉེན་ཆེའི་དངོས་རྫས་ཀྱི་རྐྱེན་གྱིས་མི་ལ་གནོད་སྐྱོན་བཟོས་པ་ནི་ཉེན་ཆེའི་དངོས་རྫས་བདག་བཟུང་བྱེད་མཁན་ནམ་བེད་སྤྱོད་བྱེད་མཁན་གྱིས་འགན་འཁུར་དགོས་པ་དང་། རྟག་ཏུ་ཉེན་ཆེའི་དངོས་རྫས་དོ་དམ་བྱེད་མཁན་ནམ་དོ་བདག་གིས་འགན་འཁུར་དགོས་པ་ཡིན། གལ་ཏེ་ཉེན་ཁ་ཏ་ཅང་ཆེ་བའི་དངོས་རྫས་ཀྱིས་སྐྱེ་བོ་གཞན་ལ་གནོད་སྐྱོན་བཟོས་ན། བདག་བཟུང་བྱེད་མཁན་ནམ་བེད་སྤྱོད་བྱེད་མཁན་གྱིས་དབང་གནོད་ཁག་འགན་འཁུར་དགོས།

ཡིན་ནའང་། གལ་ཏེ་གནོད་སྐྱོན་དེ་གནོད་འཚེ་ཐེབས་མཁན་གྱིས་བསམ་བཞིན་དུ་བཟོས་པའམ་ཡང་ན་འགོག་ཐབས་བྲལ་བའི་རྐྱེན་ངན་ལ་བརྟེན་ནས་

བཟོས་པ་ཡིན་ཚུལ་བདེན་དཔང་བྱེད་ཐུབ་ན། ཚད་མཐོའི་ཉེན་ཆེའི་དངོས་རྫས་བདག་བཟུང་བྱེད་མཁན་ནམ་ཡང་ན་བེད་སྤྱོད་མཁན་གྱིས་འགན་འཁྲི་འཁུར་མི་དགོས། དབང་ཆར་གནོད་འཚེ་ཐོག་མཁན་གྱིས་གནོད་སྐྱོན་བྱུང་བར་ལས་འཛོལ་ཚབས་ཆེན་ཤོར་ཡོད་ན། བདག་བཟུང་བྱེད་མཁན་ནམ་བེད་སྤྱོད་བྱེད་མཁན་གྱི་ཁག་འགན་ཡང་དུ་བཏང་ཆོག

81. འགྲུལ་པས་བསམ་བཞིན་དུ་ལྕགས་ལམ་བརྒྱུད་དེ་རང་ཤི་བརྒྱབ་ན་ལྕགས་ལམ་གཉེར་སྐྱོང་མཁན་གྱིས་འགན་འཁྲི་འཁུར་དགོས་སམ།

《དམངས་དོན་ཁྲིམས་གཞུང་》གི་དོན་ཚན་ཆིག་སྟོང་ཉིས་བརྒྱ་དང་བཞི་བཅུ་པའི་གཏན་འབེབས་ལྟར། བར་སྣང་དང་། མཐོ་གནོན། ས་འོག་ཀོ་འདྲུ་བཅས་ཀྱི་ལས་ཀའམ་མྱུར་སྐྱོད་འཁོར་ལམ་གྱི་དཔོར་འདྲེན་ཡོ་བྱད་སྤྱད་ནས་མི་གཞན་ལ་གནོད་འཚེ་བཏང་རིགས་བྱུང་ན། གཉེར་སྐྱོང་པས་དབང་གནོད་ཀྱི་འགན་འཁྲི་འཁུར་དགོས། ཡིན་ནའང་གནོད་འཚེ་དེ་ནི་གནོད་འཚེ་ཐོག་མཁན་གྱིས་ཆེད་བཙུགས་ནས་སམ་འགོག་ཐབས་བྲལ་བའི་རྐྱེན་ངན་ལས་བྱུང་བ་ཡིན་ལུགས་ར་སྤྲོད་བྱེད་ཐུབ་ན་འགན་འཁྲི་འཁུར་མི་དགོས། གནོད་འཚེ་བྱུང་བའི་ཐད་དབང་ཆར་གནོད་འཚེ་ཐོག་མཁན་ལ་ལས་འཛོལ་ཡོད་ན། གཉེར་སྐྱོང་པའི་འགན་འཁྲི་ཡང་དུ་བཏང་ཆོག

འགྲུལ་པ་རྣམས་ལ་ལྕགས་ལམ་གྱི་འཁོར་གཏོང་ལས་འཛོལ་བྱུང་ནས་མི་ཤི་ལུས་རྨས་བྱུང་ན་ལྕགས་ལམ་གྱི་སྐྱེལ་འདྲེན་པས་སྐྱིན་ཚབ་སྤྲོད་འགན་འཁུར་དགོས། འོན་ཀྱང་། གལ་ཏེ་ལྕགས་ལམ་སྐྱེལ་འདྲེན་མཁན་གྱིས་གནོད་འཚེ་ཐེབས་མཁན་གྱིས་བཟོས་པའི་གྱོང་གུན་དེ་གནོད་འཚེ་ཐེབས་མཁན་གྱིས་བསམ་བཞིན་དུ་བཟོས་པ་ཡིན་ལུགས་བདེན་དཔང་ཐུབ་ཚེ། ལྕགས་ལམ་ལས་གཉེར་མཁན་

གྱིས་གྲོང་གུན་དེར་དབང་གནོད་ཀྱི་འགན་འཁྲི་འཁུར་མི་དགོས། གལ་ཏེ་གནོད་སྐྱོན་ཕོག་མཁན་གྱི་གནོད་སྐྱོན་བྱུང་བའི་ཐད་ལས་འཛོལ་ཚབས་ཆེན་ཤོར་བའི་ར་སྤྲོད་བྱེད་ཐུབ་ན་ལུགས་ལམ་གྱི་འཕོར་སྐྱོད་བྱེད་མཁན་གྱི་ཁག་འགན་ཡང་དུ་བཏང་ཆོག

82. ཉེན་ཚབ་ཆེ་བའི་དངོས་པོ་བོར་བརླག་ཏུ་སོང་ནས་མི་གཞན་ལ་གནོད་འཚེ་ཕོག་ན། སུས་འགན་འཁུར་དགོས།

《དམངས་དོན་ཁྲིམས་གཞུང་》གི་དོན་ཚན་ཆིག་སྟོང་ཉིས་བརྒྱ་དང་ཞེ་གཅིག་པའི་གཏན་འབེབས་ལྟར། ཉེན་ཁ་ཆེན་པོ་ལྡན་པའི་དངོས་རྫས་བོར་བ་དང་དབྱུགས་ནས་མི་གཞན་ལ་གནོད་འཚེ་བཏང་རིགས་བྱུང་ན། དེའི་བདག་པོས་དབང་གནོད་ཀྱི་འགན་འཁྲི་འཁུར་དགོས། བདག་པོས་ཉེན་ཁ་ཆེན་པོ་ལྡན་པའི་དངོས་རྫས་མི་གཞན་ལ་རྩིས་སྤྲོད་བྱས་ནས་དོ་དམ་བྱེད་དུ་བཅུག་ན། དོ་དམ་པས་དབང་གནོད་ཀྱི་འགན་འཁྲི་འཁུར་དགོས། བདག་པོར་ནོར་འཛོལ་ཡོད་ན་དོ་དམ་པ་དང་མཉམ་དུ་གཅིག་ལ་གཅིག་འབྲེལ་གྱི་འགན་འཁྲི་འཁུར་དགོས།

ཚད་མཐོའི་ཉེན་ཁ་ཆེ་བའི་དངོས་རྫས་ཐོན་སྐྱེད་དང་། གསོག་ཉར། ཐག་གཅོད་བཅས་བྱེད་པའི་བདེ་འཛུགས་ངོས་གཞིར་གཞིགས་ནས། བདག་པོས་བདེ་འཛུགས་ཀྱི་བྱེད་ཐབས་དགོས་ངེས་སྒྲུད་དེ་རང་ཉིད་ལ་དབང་ཞིང་ཉེན་ཁ་ཏ་ཅང་ཆེ་བའི་དངོས་རྫས་ཉར་ཚགས་དམ་ཡང་ན་ཐག་གཅོད་བྱ་དགོས། གལ་ཏེ་འབྲེལ་ཡོད་གཏན་འབེབས་དང་འགལ་ནས་ཉེན་ཁ་ཏ་ཅང་ཆེ་བའི་དངོས་རྫས་དོར་བའམ་བོར་བརླག་ཏུ་སོང་སྟེ་མི་གཞན་ལ་གནོད་སྐྱོན་བཟོས་ན། དབང་གནོད་ཁག་འགན་འཁུར་དགོས། འདིར་བཤད་པའི་“དབང་ཆར་བཙན་གནོད་བྱེད་པའི་འགན་འཁྲི”ཞེས་པར་གནོད་འཚེ་ཕོག་མཁན་ལ་སྐྱིན་ཚབ་སྤྲོད་རྒྱུ་ཚུད་

ཡོད་པ་མ་ཟད། ཧུར་ཐག་དང་ཀུན་གསལ་བྱེད་ཐབས་ཀྱང་ཚུད་ཡོད་པས། འཕྲལ་མར་ཉེན་ཁ་ཏ་ཅང་ཆེ་བའི་དངོས་རྫས་ཕྱིར་བསྡུས་ཏེ་གནོད་སྐྱོན་ཇེ་ཆེར་མི་འགྲོ་བ་བྱེད་དགོས། གལ་ཏེ་ཉེན་ཁ་ཏ་ཅང་ཆེ་བའི་དངོས་རྫས་བོར་བརླག་ཏུ་སོང་ན། འཕྲལ་མར་སྒྲིག་འཛུགས་བྱས་ནས་བོར་བརླག་གི་ཉེན་ཁ་ཏ་ཅང་ཆེ་བའི་དངོས་རྫས་རྩད་གཅོད་བྱེད་པ་དང་། ཉེན་བཟ་གཏོང་བའི་བྱ་ཐབས་གང་ཡོད་སྤྱོད་དགོས། དུས་མཚུངས་སུ་འཕྲལ་མར་སྤྱི་བདེ་དང་ཁོར་ཡུག་སྲུང་སྐྱོང་སོགས་འབྲེལ་ཡོད་གཙོ་སྐྱོང་སྡེ་ཁག་ལ་སྙན་སེང་ཞུ་དགོས་པ་མ་ཟད། བབ་བསྟུན་བྱེད་ཐབས་སྤྱོད་རྒྱུར་ཡང་གཞོགས་འདེགས་བྱེད་དགོས།

83. དངོས་རྫས་ཉེན་ཁ་ཅན་སྐྱེ་བོ་གཞན་ལ་སྤྲད་དེ་ནོ་དམ་བྱེད་དུ་བཅུག་ནས་གནོད་སྐྱོན་བཟོས་ན་སུས་ཁག་འགན་འཁུར་དགོས་སམ།

《དམངས་དོན་ཁྲིམས་གཞུང་》གི་དོན་ཚན་ཆིག་སྟོང་ཉིས་བརྒྱ་དང་ཞེ་གཅིག་པའི་གཏན་འབེབས་ལྟར། ཉེན་ཁ་ཆེན་པོ་ལྡན་པའི་དངོས་རྫས་བོར་བ་དང་དབྱུགས་ནས་སྐྱེ་བོ་གཞན་ལ་གནོད་འཚེ་བཏང་རིགས་བྱུང་ན། དེའི་བདག་པོས་དབང་གནོད་ཀྱི་འགན་འཁྲི་འཁུར་དགོས། བདག་པོས་ཉེན་ཁ་ཆེན་པོ་ལྡན་པའི་དངོས་རྫས་མི་གཞན་ལ་རྩིས་སྤྲོད་བྱས་ནས་ནོ་དམ་བྱེད་དུ་བཅུག་ན། ནོ་དམ་པས་དབང་གནོད་ཀྱི་འགན་འཁྲི་འཁུར་དགོས། བདག་པོར་ནོར་འཛོལ་ཡོད་ན་ནོ་དམ་པ་དང་མཉམ་དུ་གཅིག་ལ་གཅིག་འབྲེལ་གྱི་འགན་འཁྲི་འཁུར་དགོས།

ཐོན་སྐྱེད་གཉེར་སྐྱོང་བྱེད་སྒོའི་ནང་ཉེན་ཆེའི་དངོས་རྫས་ཀྱི་བདག་པོས་ཐོན་སྐྱེད་དང་གཉེར་སྐྱོང་བྱེད་པའི་དགོས་མཁོར་གཞིགས་ནས་རང་གི་ཚད་མཐོའི་ཉེན་ཁ་ཡོད་པའི་དངོས་རྫས་ཡོད་ཚད་མི་གཞན་ལ་ནོ་དམ་བྱེད་དུ་འཇུག་གི་ཡོད། གལ་ཏེ་བདག་པོས་ཚད་མཐོའི་ཉེན་ཁ་ཡོད་པའི་དངོས་རྫས་འབོར་ཆེན་

གསོག་ཉར་བྱེད་པའི་ཆ་རྐྱེན་འཛོམས་མེད་ཚེ། ཐོན་སྐྱེད་བྱེད་པར་མཁོ་བའི་ཚད་མཐོའི་ཉེན་ཁ་ཡོད་པའི་དངོས་རྫས་དེ་ཆ་རྐྱེན་འཛོམས་པའི་གསོག་ཉར་སྡེ་ཚན་ལ་ཉར་ཚགས་བྱ་རྒྱུར་སྤྲོད་དགོས། བདག་པོས་མངག་བཅོལ་བྱས་པ་ལྟར། ཉེན་ཁ་ཏ་ཙང་ཆེ་བའི་དངོས་རྫས་བདག་བཟུང་དང་དོ་དམ་བྱེད་མཁན་སྡེ་ཁག་ཚན་པ་དེ་ཉེན་ཁ་ཏ་ཙང་ཆེ་བའི་དངོས་རྫས་དོ་དམ་བྱེད་མཁན་དུ་གྱུར་ཡོད།དཔེར་ན། ཆེད་ལས་ཀྱི་ཉེན་ཆེའི་རྫས་འགྱུར་དངོས་རྫས་མཛོད་ཉར་ཀུང་སི་དང་ཉེན་ཆེའི་རྫས་འགྱུར་དངོས་རྫས་དཔོར་འདྲེན་ཀུང་སི་སོགས་ཡིན། ཉེན་ཁ་ཏ་ཙང་ཆེ་བའི་དངོས་རིགས་དོ་དམ་བྱེད་མཁན་ལ་བབ་མཐུན་གྱི་ཐབ་ཐང་ཡོད་དགོས་པ་མ་ཟད། རྒྱལ་ཁབ་ཀྱི་འབྲེལ་ཡོད་བདེ་འཇགས་ཀྱི་ཚད་གཞི་ལྟར་མི་གཞན་གྱིས་ཐྲད་པའི་ཉེན་ཁ་ཏ་ཙང་ཆེ་བའི་དངོས་རིགས་ལ་དོ་དམ་འོས་འཚམ་ཡང་བྱ་དགོས། བདག་པོས་ཉེན་ཁ་ཆེ་བའི་དངོས་རྫས་སྐྱེ་བོ་གཞན་ལ་དོ་དམ་བྱེད་དུ་བཅུག་ན། བབ་མཚུངས་ཀྱི་ཐབ་ཐང་ལྡན་པའི་དོ་དམ་སྡེ་ཚན་འདེམས་དགོས་པ་མ་ཟད། ཉེན་ཁ་ཏ་ཙང་ཆེན་པོ་ཡོད་པའི་དངོས་རྫས་ཀྱི་མིང་དང་། ངོ་བོ། གྲངས་འབོར། གནོད་ཚབས། བབ་བསྐྱུན་བྱེད་ཐབས་སོགས་ཀྱི་གནས་ཚུལ་ཇི་མ་ཇི་བཞིན་གསལ་བཤད་ཀྱང་བྱེད་དགོས། གལ་ཏེ་བདག་པོས་དམིགས་ཚད་དང་མཐུན་པའི་དོ་དམ་པ་མ་བདམས་པའམ་ཡང་ན་འབྲེལ་ཡོད་གནས་ཚུལ་ཇི་མ་ཇི་བཞིན་གསལ་བཤད་མ་བྱས་ན་བདག་པོར་ནོར་འཁྲུལ་ཡོད། གལ་ཏེ་དོ་དམ་པས་ཉེན་ཁ་ཏ་ཙང་ཆེ་བའི་དངོས་རྫས་དོར་བ་དང་བོར་བརླག་ཏུ་སོང་ནས་སྐྱེ་བོ་གཞན་ལ་གནོད་སྐྱོན་བཟོས་རིགས་བྱུང་ན། བདག་པོ་དང་དོ་དམ་པ་གཅིག་ལ་གཅིག་འབྲེལ་གྱི་འགན་འཁྲི་འཁུར་དགོས།

84. ཉེན་ཁ་ཏ་ཅང་ཆེ་བའི་དངོས་རིགས་ཀྱི་བདག་པོས་ཚད་མཐོའི་ཉེ་སྲུང་བྱེད་པའི་འགན་འཁྲི་མ་འཁུར་བར་སྐྱེ་བོ་གཞན་ལ་གནོད་སྐྱོན་བཟོས་པར་ཡང་འགན་འཁྲི་བདའ་འདེད་གཏོང་དགོས་སམ།

《དམངས་དོན་ཁྲིམས་གཞུང་》གི་དོན་ཚན་ཆིག་སྟོང་ཉིས་བརྒྱ་དང་ཞེ་གཉིས་པའི་གཏན་འབེབས་ལྟར། ཉེན་ཁ་ཆེན་པོ་ལྡན་པའི་དངོས་རྫས་ཁྲིམས་དང་མི་མཐུན་པར་བདག་བཟུང་བྱས་ནས་མི་གཞན་ལ་གནོད་འཚེ་བཏང་ན། ཁྲིམས་དང་མི་མཐུན་པར་བདག་བཟུང་བྱེད་མཁན་གྱིས་དབང་གནོད་ཀྱི་འགན་འཁྲི་འཁུར་དགོས། བདག་པོ་དང་དོ་དམ་པས་ཁྲིམས་དང་མི་མཐུན་པར་བདག་བཟུང་བྱེད་རིགས་སྔོན་འགོག་བྱེད་པར་ཉེ་སྲུང་ཆེན་པོ་བྱེད་པའི་འོས་འགན་བསྒྲུབས་ཚུལ་ར་སྤྲོད་བྱེད་མི་ཐུབ་ན། ཁྲིམས་དང་མི་མཐུན་པར་བདག་བཟུང་བྱེད་མཁན་དང་མཉམ་དུ་གཅིག་ལ་གཅིག་འབྲེལ་གྱི་འགན་འཁྲི་འཁུར་དགོས།

ཉེན་ཁ་ཏ་ཅང་ཆེ་བའི་དངོས་རྫས་ཀྱི་བདེ་འཇགས་ཚད་གཞི་ལྟར་ན། བདག་པོའམ་ཡང་ན་དོ་དམ་པས་བདག་གིར་བཟུང་བའི་ཉེན་ཁ་ཏ་ཅང་ཆེ་བའི་དངོས་རྫས་ལ་ཚད་མཐོའི་ཉེ་སྲུང་བྱེད་པའི་འོས་འགན་འཁུར་དགོས་པ་དང་། བདེ་འཇགས་ཀྱི་བྱ་ཐབས་ནན་པོ་སྤྱད་ནས་ཉེན་ཁ་ཏ་ཅང་ཆེ་བའི་དངོས་རྫས་ཉར་ཚགས་ཡག་པོ་བྱེད་དགོས་ལ་ཉེན་ཁ་ཏ་ཅང་ཆེ་བའི་དངོས་རྫས་དམིགས་བསལ་གྱི་ས་ཁོངས་སུ་འཇོག་དགོས་པ་མ་ཟད། ཆེད་བཀོད་མི་སྣས་དོ་དམ་བྱས་ནས་ཉེན་ཁ་ཏ་ཅང་ཆེ་བའི་དངོས་རྫས་རྐུ་ཁྱེར་རམ་ཁྲིམས་དང་མི་མཐུན་པར་ཉར་གསོག་བྱེད་པར་སྔོན་འགོག་བྱེད་དགོས། གལ་ཏེ་བདག་པོའམ་དོ་དམ་བྱེད་མཁན་གྱིས་ཚད་མཐོའི་ཉེ་སྲུང་བྱེད་པའི་འོས་འགན་མ་བསྒྲུབས་པར། ཉེན་ཁ་ཏ་ཅང་ཆེ་བའི་དངོས་རྫས་ཁྲིམས་འགལ་གྱིས་བདག་བཟུང་བྱས་ན། སྤྱི་ཚོགས་ལ་གནོད་འཚེ་ཏ་ཅང་ཆེན་པོ་བཟོ་སྲིད་པ་དང་། ཉེ་འཁོར་གྱི་མི་དམངས་མང་ཚོགས་ཀྱི་མི་ལུས་

རྒྱུ་ནོར་དང་སྤྱི་པའི་བདེ་འཇགས་ལ་འཛིགས་སྣང་ཚབས་ཆེན་བཟོ་སྲིད། དེར་བརྟེན། བདག་པོ་དང་དོ་དམ་པའི་འགན་འཁྲི་ཇི་ལྟར་བཏང་ནས། རང་ཉིད་ཀྱི་ནོར་འཛོལ་བྱ་སྤྱོད་ལ་འགན་འཁུར་དུ་འཇུག་དགོས། བདག་པོ་དང་དོ་དམ་བྱེད་མཁན་གྱིས་མི་གཞན་གྱིས་ཁྲིམས་དང་མི་མཐུན་པར་བདག་བཟུང་བྱེད་པ་སྔོན་འགོག་བྱེད་པར་དོ་སྣང་ཆེན་པོ་བྱེད་པའི་འོས་འགན་བསྒྲུབས་པ་ར་སྤྲོད་བྱེད་མི་ཐུབ་ན། ཁྲིམས་དང་མི་མཐུན་པར་བདག་བཟུང་བྱེད་མཁན་དང་མཉམ་དུ་གཅིག་ལ་གཅིག་འབྲེལ་གྱི་འགན་འཁྲི་འཁུར་དགོས།

85. ཚོག་མཚན་མ་ཐོབ་པར་ཚད་མཐོའི་ཉེན་ཁ་ཆེ་བའི་ལས་ཡུལ་དུ་གནོད་འཚེ་ཐོག་ན། དོ་དམ་པས་ངེས་པར་དུ་འགན་འཁྲི་འཁུར་དགོས་སམ།

《དམངས་དོན་ཁྲིམས་གཞུང་》གི་དོན་ཚན་ཆིག་སྟོང་ཉིས་བརྒྱ་དང་ཞེ་གསུམ་པའི་གཏན་འབེབས་ལྟར། ཆག་འགྲོལ་མ་ཐོབ་པར་ཉེན་ཁ་ཆེན་པོ་ལྡན་པའི་ལས་སྒྲུབ་ས་ཁོངས་སམ་ཉེན་ཁ་ཆེན་པོ་ལྡན་པའི་དངོས་ཟོག་གསོག་ཉར་བྱེད་སར་བསྐྱོད་ནས་གནོད་འཚེ་ཐེབས་ཚེ། དོ་དམ་པས་སྔོན་འགོག་བྱེད་ཐབས་འདང་ངེས་སྤྱད་པ་མ་ཟད་ཉེན་བརྡ་གང་ལེགས་གཏོང་བའི་འོས་འགན་ཡང་བསྒྲུབས་ཚུལ་ར་སྤྲོད་བྱེད་ཐུབ་ན། འགན་འཁྲི་ཡང་དུ་བཏང་ཆོག་པའམ་འགན་འཁུར་མི་དགོས།

ཚད་མཐོའི་ཉེན་ཁའི་དངོས་པོས་ནི་འཁོར་གྱི་འཁོར་ཡུག་ལ་ཉེན་ཁ་ཧ་ཅང་ཆེན་པོ་བཟོ་གི་ཡོད་ཅིང་། མི་རྣམས་ཀྱིས་དེར་ལུགས་མཐུན་གྱི་དོ་སྣང་བྱས་ཀྱང་སྐབས་འགར་གནོད་སྐྱོན་མི་ཡོང་བ་བྱེད་དཀའ། དེར་བརྟེན། ཉེན་ཁ་ཤིན་ཏུ་ཆེ་བའི་འགུལ་སྐྱོད་ས་ཁོངས་སམ་ཉེན་ཁ་ཤིན་ཏུ་ཆེ་བའི་དངོས་རྫས་གསོག་འཇོག་ས་ཁོངས་ཀྱི་དོ་དམ་པས་དེར་བདེ་འཇགས་ཀྱི་བྱེད་ཐབས་འདང་ངེས་སྤྱོད་དགོས་པ་མ་ཟད། ཉེན་བརྡ་གཏོང་བའི་འོས་འགན་གང་ལེགས་ཀྱང་འཁུར་དགོས། དེ་ལྟར་མ་བྱས་ཚེ་

ལས་འཛོལ་ཐོན་ནས་མི་གཞན་ལ་གནོད་འཚེ་ཕོག་ཚེ་དོ་དམ་བྱེད་མཁན་ཚང་མས་ངེས་པར་དུ་འགན་འཁྲི་འཁུར་དགོས། འོན་ཀྱང་ཉེན་ཁ་ཆེས་ཆེ་བའི་འགུལ་སྐྱོད་ས་ཁོངས་སམ་ཉེན་ཁ་ཆེས་ཆེ་བའི་དངོས་རྫས་གསོག་འཇོག་ས་ཁོངས་ནི་ཕྱིར་བཏང་དུ་མང་ཚོགས་ཀྱི་འགུལ་སྐྱོད་བྱེད་ས་དང་ཁག་སོར་སོར་གནས་ཡོད། གལ་ཏེ་དོ་དམ་པས་བདེ་འཛགས་ཀྱི་བྱེད་ཐབས་སྤྱད་པར་མ་ཟད། ཉེན་བརྡ་གཏོང་བའི་འོས་འགན་ཁུར་ཡོད་པའི་གནས་ཚུལ་འོག གནོད་འཚེ་ཐེབས་མཁན་གྱིས་ཚོག་མཚན་མ་བརྒྱུད་པར་ཚོད་མཐོའི་ཉེན་ཁའི་ས་ཁོངས་ཀྱི་ནང་དུ་འཛུལ་བའི་བྱ་སྤྱོད་ཀྱིས། གནོད་འཚེ་ཐེབས་མཁན་ལ་གནོད་འཚེ་ཐེབས་པའི་སྐོར་ལ་ནོར་འཁྲུལ་ཡོད་པ་གསལ་བཤད་བྱས་ཡོད། གནས་ཚུལ་དེའི་འོག་དོ་དམ་པས་བདེ་འཛགས་ཀྱི་བྱ་ཐབས་འདང་ངེས་སྤྱད་དགོས་པ་མ་ཟད་ཉེན་བརྡ་གཏོང་བའི་འོས་འགན་གང་ལེགས་ཀྱང་བསྒྲུབས་ཡོད་ལུགས་ར་སྤྲོད་བྱེད་ཐུབ་ཚེ་འགན་འཁྲི་ཡང་དུ་གཏོང་བའམ་ཡང་ན་འགན་འཁུར་མི་དགོས།

86. རང་རྒྱལ་གྱི་བཅའ་ཁྲིམས་ནང་ཉེན་ཁ་ཏ་ཅང་ཆེ་བའི་ཁག་འགན་འཁུར་རྒྱུའི་བཅའ་ཁྲིམས་གཞིར་བཟུང་སྲིན་ཚབ་སྤྲོད་རྒྱུའི་བཅད་གྲངས་གཏན་འབེབས་ཇི་ལྟར་བྱས་ཡོད་དམ།

《དམངས་དོན་ཁྲིམས་གཞུང་》གི་དོན་ཚན་ཅིག་སྟོང་ཉིས་བརྒྱ་དང་ཞེ་བཞི་པའི་གཏན་འབེབས་ལྟར། ཉེན་ཁ་ཚབས་ཆེའི་འགན་འཁྲི་འཁུར་རྒྱུའི་ཐད། བཅའ་ཁྲིམས་སུ་སྲིན་ཚབ་སྤྲོད་རྒྱུའི་གྲངས་བཅད་གཏན་འབེབས་བྱས་ཡོད་ན་གཏན་འབེབས་བཞིན་འགྲོ་དགོས། འོན་ཀྱང་བྱ་སྤྱོད་སྤྱེལ་མཁན་གྱིས་བསམ་བཞིན་དུ་བྱས་པའམ་ལས་འཛོལ་ཚབས་ཆེན་ཤོར་རིགས་འདིའི་ནང་མི་ཚུད།

རང་རྒྱལ་གྱི་འབྲེལ་ཡོད་བཅའ་ཁྲིམས་ཀྱི་གཏན་འབེབས་ལྟར། ཚོད་མཐོའི་

ཉེན་ཁའི་འགན་འཁྲི་འཁུར་བའི་བཅའ་ཁྲིམས་སུ་གཏན་འབེབས་བྱས་པའི་སྐྱིན་ཚབ་སྤྲོད་པའི་བཅད་གྲངས་ལ་གཙོ་བོ་གཉམ་གསལ།

(1) ཉེན་རྟུལ་གནོད་སྐྱོན་གྱི་སྐྱིན་གསབ། ཉེན་སློག་ས་ཚོགས་ཀྱི་སྐྱེལ་འདྲེན་མཁན་དང་། ཉེན་རྟུལ་རྫས་ལྗགས་སྐྱེལ་འདྲེན་བྱེད་མཁན། ལས་སྣོན་འཕར་མ་བྱས་པའི་སྐྱེལ་འདྲེན་མཁན་གྱིས་ཉེན་རྟུལ་ལས་འཛོལ་ཐེངས་གཅིག་ལས་བྱུང་བའི་ཉེན་རྟུལ་ལས་འཛོལ་གྱི་གནོད་སྐྱོན་གྱི་སྐྱིན་ཚབ་འཇལ་བའི་དཔྱལ་གྲངས་མཐོ་ཤོས་ནི་མི་དམངས་ཤོག་སྒོར་དུང་ཕྱུར་3ཡིན། གཉེར་སྐྱོང་པ་གཞན་དག་གིས་ཉེན་རྟུལ་ལས་འཛོལ་ཐེངས་གཅིག་ལས་བྱུང་བའི་ཉེན་རྟུལ་ལས་འཛོལ་གནོད་སྐྱོན་གྱི་སྐྱིན་ཚབ་འཇལ་དཔྱལ་མཐོ་ཤོས་མི་དམངས་ཤོག་སྒོར་དུང་ཕྱུར་གཅིག་ཡིན། ཉེན་རྟུལ་ལས་འཛོལ་གྱི་གནོད་སྐྱོན་གྱི་སྐྱིན་ཚབ་འཇལ་དགོས་པའི་དཔྱལ་གྲངས་དེ་གཏན་འབེབས་བྱས་པའི་སྐྱིན་ཚབ་འཇལ་དགོས་པའི་དཔྱལ་གྲངས་མཐོ་ཤོས་ལས་བརྒལ་བ་ཡིན་ན། རྒྱལ་ཁབ་ཀྱིས་བཅད་གྲངས་མཐོ་ཤོས་མི་དམངས་ཤོག་སྒོར་དུང་ཕྱུར་8ཀྱི་ནོར་སྲིད་ཀྱི་ཁ་གསབ་སྤྲོད་པ་ཡིན།

(2) ལྕགས་ལམ་འགྲིམ་འགྲུལ་དོན་རྐྱེན་གྱི་གུན་གསབ། དོན་རྐྱེན་གྱིས་ལྕགས་ལམ་གྱི་འགྲུལ་པ་ཤི་རྨས་བྱུང་བ་དང་རང་གི་ཁྱེར་བའི་འགྲུལ་ཆས་ལ་གྱོང་གུན་བཟོས་རིགས། ལྕགས་ལམ་སྐྱེལ་འདྲེན་ཁེ་ལས་ཀྱིས་ལྕགས་ལམ་འགྲུལ་པ་རེ་རེའི་ཤི་རྨས་ཀྱི་གུན་ཚབ་འགན་འཁྲིའི་ཚད་བཀག་དཔྱལ་དེ་མི་དམངས་ཤོག་སྒོར་ཁྲི་15ཡིན། ལྕགས་ལམ་འགྲུལ་པས་ཁྱེར་བའི་འགྲུལ་ཆས་ཀྱི་གྱོང་གུན་གྱི་གུན་ཚབ་འགན་འཁྲིའི་ཚད་བཀག་དཔྱལ་དེ་མི་དམངས་ཤོག་སྒོར་2000ཡིན།

(3) རྒྱལ་ནང་གི་མཁའ་འགྲུལ་ལས་འཛོལ་གྱི་སྐྱིན་ཚབ། འགྲུལ་པ་མི་རེ་ངོ་རེར་སྐྱིན་ཚབ་སྤྲོད་འགན་འཁུར་བའི་བཅད་གྲངས་ནི་མི་དམངས་ཤོག་སྒོར་ཁྲི་40ཡིན་པ་དང་། འགྲུལ་པ་རེ་རེའི་ལུས་ཐོག་འབྲལ་མེད་དུ་འཁྱེར་བའི་དངོས་རྫས་ལ་སྐྱིན་ཚབ་སྤྲོད་འགན་འཁུར་བའི་བཅད་གྲངས་ནི་མི་དམངས་ཤོག་སྒོར་

3000ཡིན། འགྲུལ་པས་དཔོར་སྐྱེལ་བྱེད་པའི་ལམ་ཆས་དང་དངོས་ཟོག་སྐྱེལ་འདྲེན་བྱེད་པར་སྐྱིན་ཚབ་སྤྲོད་འགན་འཁུར་བའི་བཅད་གྲངས་ནི་སྤྱི་རྒྱ་རེར་མི་དམངས་ཤོག་སྒོར་100རེ་ཡིན།

(4) མཚོ་ཐོག་སྐྱེལ་འདྲེན་གྱི་གུན་གསབ་སྤྲོད་འཇལ་སྐོར། མཚོ་ཐོག་འགྲུལ་པ་སྐྱེལ་འདྲེན་བྱེད་ཐེངས་རེ་རེའི་ནང་སྐྱེལ་འདྲེན་བྱེད་སྐབས་སྐྱེལ་འདྲེན་འགན་འཁུར་མཁན་གྱིས་སྐྱིན་ཚབ་སྤྲོད་འགན་འཁུར་བའི་བཅད་གྲངས་ནི་གཤམ་གསལ་གཏན་འབེབས་ལྟར་ལག་བསྟར་བྱ་རྒྱུ་སྟེ། འགྲུལ་པ་ཤི་རྨས་བྱུང་བ་ཡིན་ན། འགྲུལ་པ་རེར་མི་དམངས་ཤོག་སྒོར་4000ལས་བརྒལ་མི་ཆོག འགྲུལ་པས་རང་ཁྱེར་གྱི་འགྲུལ་ཆས་བོར་བརླག་གམ་ཆག་ སྐྱོན་བྱུང་བ་ཡིན་ན། འགྲུལ་པ་རེ་རེར་མི་དམངས་ཤོག་སྒོར་800ལས་བརྒལ་མི་ཆོག

ལེའུ་དགུ་པ། གསོ་ཚགས་བྱེད་པའི་སྒྲིག་ཆགས་ཀྱིས་གནོད་འཚེ་བཏང་བའི་འགན་འཁྲིའི་སྐོར།

87. གསོ་ཚགས་སྒྲིག་ཆགས་ཀྱིས་ཁྲིམ་མཚམས་ལ་རྒྱུགས་ཆེ། དབང་གནོད་ཁག་འགན་སུས་འཁུར་དགོས་སམ།

《དམངས་དོན་ཁྲིམས་གཞུང་》གི་དོན་ཚན་ཆིག་སྟོང་ཉིས་བརྒྱ་དང་ཞེ་ལྔ་པའི་གཏན་འབེབས་ལྟར། གསོ་ཚགས་བྱེད་པའི་སྒྲིག་ཆགས་ཀྱིས་མི་གཞན་ལ་གནོད་འཚེ་བཏང་ཚེ། སྒྲིག་ཆགས་གསོ་མཁན་ནམ་དོ་དམ་པས་དབང་གནོད་ཀྱི་འགན་འཁྲི་འཁུར་དགོས། ཡིན་ནའང་གནོད་འཚེ་དེ་ནི་གནོད་འཚེ་ཕོག་མཁན་གྱིས་བསམ་བཞིན་དུ་བཟོས་པའམ་དེའི་ལས་འཛོལ་ཚབས་ཆེན་གྱི་དབང་གིས་བཟོས་པ་ཡིན་ལུགས་ར་སྤྲོད་བྱེད་ཐུབ་ན་འགན་འཁྲི་འཁུར་མི་དགོས་པའམ་འགན་འཁྲི་ཡང་དུ་བཏང་ཆོག

གསོ་ཚགས་བྱེད་པའི་སྒྲིག་ཆགས་ཀྱིས་མི་གཞན་ལ་གནོད་སྐྱོན་བཟོས་ན། སྒྲིག་ཆགས་གསོ་མཁན་ནམ་དོ་དམ་བྱེད་མཁན་གྱིས་དབང་གནོད་ཁག་འགན་འཁུར་དགོས། འོན་ཀྱང་གནོད་སྐྱོན་དེ་ནི་དབང་ཆར་གནོད་འཚེ་ཕོག་མཁན་གྱིས་བསམ་བཞིན་དུ་བཟོས་པའམ་ཡང་ན་ལས་འཛོལ་ཚབས་ཆེན་ཤོར་བ་ལས་བྱུང་བ་ཡིན་པའི་ར་སྤྲོད་བྱེད་ཐུབ་ན་ཁག་འགན་འཁུར་མི་དགོས་པའམ་ཡང་ན་ཁག་འགན་ཡང་དུ་བཏང་ཆོག དེར་བརྟེན་གནོད་འཚེ་ཕོག་མཁན་གྱིས་གསོ་ཚགས་སྒྲིག་ཆགས་གསོ་ཚགས་བྱེད་མཁན་གྱི་དྲན་སྐུལ་དང་ཉེན་བརྡ་ལ་མ་ཉན་པར་རང་འགུལ་ངང་སྒྲིག་ཆགས་ལ་ཕོག་ཐུག་བཟོས་ཚེ་གསོ་ཚགས་སྒྲིག་ཆགས

གསོ་ཚགས་བྱེད་མཁན་དང་དོ་དམ་བྱེད་མཁན་གྱིས་འགན་འཁྲི་འཁུར་མི་དགོས་པའམ་ཡང་ན་འགན་འཁྲི་ཡང་དུ་གཏོང་ཆོག་གི་ཡོད།

88. ཁྱི་མ་བཏགས་པར་སྐྱོད་ནས་མི་ལ་བརྒྱུགས་ཚེ། ཁྱིའི་བདག་པོས་འགན་ཁུར་དགོས་སམ།

《དམངས་དོན་ཁྲིམས་གཞུང་》གི་དོན་ཚན་ཆིག་སྟོང་ཉིས་བརྒྱ་དང་ཞེ་དྲུག་པའི་གཏན་འབེབས་ལྟར། དོ་དམ་སྐོར་གྱི་གཏན་འབེབས་དང་འགལ་ནས་སྲོག་ཆགས་ལ་བདེ་འཛུགས་ཡོང་ཐབས་མ་སྤྱད་པར་མི་གཞན་ལ་གནོད་འཚེ་བཏང་རིགས་བྱུང་ན། སྲོག་ཆགས་གསོ་མཁན་ནམ་དོ་དམ་པས་དབང་གནོད་ཀྱི་འགན་འཁྲི་འཁུར་དགོས། ཡིན་ནའང་གནོད་འཚེ་དེ་ནི་གནོད་འཚེ་ཕོག་མཁན་གྱིས་བསམ་བཞིན་དུ་བཟོས་པ་ཡིན་ལུགས་ར་སྤྲོད་བྱེད་ཐུབ་ན་འགན་འཁྲི་ཡང་དུ་བཏང་ཆོག དུས་རྒྱུན་གྱི་འཚོ་བའི་ནང་། རྒྱུན་དུ་ནས་ཚུལ་མིན་དུ་ཁྱི་གསོ་བའི་བྱ་སྤྱོད་ལྟག་ཡོད་པ་སྟེ། དཔེར་ན། གསོ་ཚགས་སྲོག་ཆགས་རང་དགར་རྩེད་དུ་འཇུག་པ་ལས་ཁྱི་ཁྲིད་དུ་མི་འཇུག་པས་གཅེས་ཁྱིས་ལམ་འགྲོ་བར་རྒྱུག་པའི་གནས་ཚུལ་རྒྱུན་དུ་མཐོང་རྒྱུ་ཡོད་ཅིང་། རང་རྒྱལ་གྱི་《དམངས་དོན་སྐོར་གྱི་ཁྲིམས་གཞུང་》ནང་དུ་སྣང་ཚུལ་དེ་རིགས་ལ་གཏན་འབེབས་གསལ་པོ་བྱས་ཡོད་དེ། སྲོག་ཆགས་ལ་བདེ་འཛུགས་ཀྱི་བྱེད་ཐབས་མ་སྤྱད་པར་མི་གཞན་ལ་གནོད་སྐྱོན་བཟོས་ན། སྲོག་ཆགས་གསོ་མཁན་ནམ་དོ་དམ་བྱེད་མཁན་གྱིས་དབང་གནོད་ཁག་འགན་འཁུར་དགོས། ཡང་ཅིག་བཤད་ན། བདག་པོས་ཁྱི་ཁྲིད་དེ་ཐག་པ་མ་བཅིངས་པར་མི་གཞན་ལ་གནོད་སྐྱོན་བཟོས་ན། སྲོག་ཆགས་ལ་བདེ་འཛུགས་ཀྱི་བྱེད་ཐབས་མ་སྤྱད་པར་མི་གཞན་ལ་གནོད་སྐྱོན་བཟོས་པར་ངོས་འཛིན་བྱས་ཆོག་པས། བདག་པོས་དབང་གནོད་ཁག་འགན་འཁུར་དགོས།

89. ཁྱི་ངར་པོས་མི་ལ་བསྣུགས་ཚེ། ཁྱིའི་བདག་པོས་འགན་འཁྲི་འཁུར་དགོས་སམ།

《དམངས་དོན་ཁྲིམས་གཞུང་》གི་དོན་ཚན་ཆིག་སྟོང་ཉིས་བརྒྱ་དང་ཞེ་བདུན་པའི་གཏན་འབེབས་ལྟར། གསོ་ཚགས་བྱེད་མི་ཆོག་པའི་ཁྱི་ངར་པོ་སོགས་ཉེན་ཁ་ཆེ་བའི་སྲོག་ཆགས་ཀྱིས་མི་གཞན་ལ་གནོད་འཚེ་བཏང་ན། སྲོག་ཆགས་གསོ་མཁན་ནམ་དོ་དམ་པས་དབང་གནོད་ཀྱི་འགན་འཁྲི་འཁུར་དགོས།

རྒྱུན་གཏན་གྱི་འཚོ་བའི་ཁྲོད་དུ། ཁྱིའི་རིགས་ཀྱི་གཅེས་ཉར་སྲོག་ཆགས་གསོ་བའི་གྲོང་མི་ཇེ་མང་དུ་ནས་ཇེ་མང་འགྲོ་ཞིང་། དེ་ལས་བྱུང་བའི་ཁྱི་ངན་གྱིས་མི་ལ་རྨས་སྐྱོན་བཟོ་བའི་དོན་རྐྱེན་ཡང་ཡང་ཐོན་བཞིན་ཡོད་པས། མི་དམངས་ཀྱི་བདེ་ཐང་ལ་ཉེན་ཁ་བཟོ་བཞིན་ཡོད། 《དམངས་དོན་ཁྲིམས་གཞུང་》ནང་ཁྱི་ངར་མ་གསོས་ནས་མི་ལ་རྨས་སྐྱོན་གཏོང་བའི་སྣང་ཚུལ་ལ་ཆེད་མངགས་གཏན་འབེབས་བྱས་ཡོད་ཅིང་། གསོ་ཚགས་བྱས་མི་ཆོག་པའི་ཁྱི་ངར་མ་སོགས་ཉེན་ཁ་ཅན་གྱི་སྲོག་ཆགས་ཀྱིས་མི་གཞན་ལ་གནོད་སྐྱོན་བཟོས་ཚེ། གནོད་འཚེ་ཕོག་མཁན་ལ་བསམ་བཞིན་དུ་ཀྱོང་གུན་བཟོས་པའམ་ཡང་ན་ལས་འཛོལ་ཚབས་ཆེན་བྱུང་ཡོད་མེད་ལ་མི་བལྟོས་པར་སྲོག་ཆགས་གསོ་མཁན་ནམ་དོ་དམ་བྱེད་མཁན་ཚང་མས་དབང་གནོད་ཁག་འགན་འཁུར་དགོས།

ཡུལ་སྐོར་བས་སྲོག་ཆགས་གླིང་ཁའི་གསལ་བརྗ་སྣང་མེད་དུ་བཏང་བ་དང་གླིང་ཁུལ་གྱི་གཏན་འབེབས་ལ་བརྩི་སྲུང་མ་ཞུས་པར་སྲོག་ཆགས་གླིང་ཁར་སྲོག་ཆགས་ཀྱི་འཇབ་རྐོལ་ཕོག་ནས་གནོད་འཚེ་བཟོས་པར། གལ་སྲིད་སྲོག་ཆགས་གླིང་ཕྱོགས་ཀྱིས་དོ་དམ་གྱི་འགན་འཁྲི་བསྒྲུབས་པ་ར་སྦྲོད་ཐུབ་ཚེ་དབང་ཆར་བཙན་གནོད་ཀྱི་འགན་འཁྲི་འཁུར་མི་དགོས། ཡང་ཅིག་བཤད་ན། སྲོག་ཆགས་གླིང་གི་འགན་འཁུར་མི་དགོས་པའི་གནད་དོན་ཕྱོགས་གཉིས་འདུས་པ་སྟེ། གཅིག་ནི་སྲོག

ཆགས་ཀྱིས་གནོད་འཚེ་བཟོས་པའི་གྱོད་དོན་མ་བྱུང་གོང་། སློག་ཆགས་གླིང་གིས་མངོན་གསལ་དོད་སར་འབྲེལ་ཡོད་ཀྱི་དོ་སྣང་བརྗ་ཁྱབ་བཞག་ཡོད་མེད་དང་། ཆེད་ལས་མི་སྣ་བཀོད་སྒྲིག་བྱེད་མིན། དུས་བཀག་ལྟར་མངོན་མེད་རྐྱེན་ངན་གྲལ་བཤེར་བྱེད་མིན་སོགས་ཡིན། གཉིས་ནི་དོན་རྐྱེན་བྱུང་རྗེས་ཀྱི་དོ་དམ་འགན་འཁྲི་སྟེ། སློག་ཆགས་ཀྱིས་གནོད་འཚེ་བཟོས་པའི་གྱོད་དོན་བྱུང་རྗེས། སློག་ཆགས་གླིང་དུ་དུས་ཐོག་ཏུ་མྱུར་སྐྱོབ་དང་སྨན་བཅོས་བྱ་དགོས་མིན་དང་། གནོད་འཚེ་ཕོག་མཁན་ལ་སྟར་ལས་ལྷག་པའི་རོགས་རམ་བྱ་དགོས་མིན། གལ་ཏེ་སློག་ཆགས་གླིང་ཕྱོགས་ཀྱིས་དོ་དམ་གྱི་འགན་འཁྲི་བསྒྲུབ་ཟིན་པ་ར་སྤྲོད་བྱེད་ཐུབ་ན། དབང་གནོད་ཁག་འགན་འཁུར་མི་དགོས།

90. ཡུལ་སྐོར་བས་བཀག་སྡོམ་བསླབ་བྱ་སྣང་མེད་དུ་བཞག་ནས་སློག་ཆགས་ཀྱིས་འཛབ་ཐོལ་བྱས་ཚེ། སློག་ཆགས་གླིང་གིས་དབང་གནོད་འགན་འཁྲི་འཁུར་དགོས་སམ།

《དམངས་དོན་ཁྲིམས་གཞུང་》གི་དོན་ཚན་ཆིག་སྟོང་ཉིས་བརྒྱ་དང་ཞེ་བརྒྱད་པའི་གཏན་འབེབས་ལྟར། སློག་ཆགས་གླིང་གའི་སློག་ཆགས་ཀྱིས་མི་གཞན་ལ་གནོད་འཚེ་བཏང་ཚེ། སློག་ཆགས་གླིང་གས་དབང་གནོད་ཀྱི་འགན་འཁྲི་འཁུར་དགོས། ཡིན་ནའང་དོ་དམ་གྱི་འགན་འཁྲི་བསྒྲུབས་ཡོད་ལུགས་ར་སྤྲོད་བྱེད་ཐུབ་ན་འགན་འཁྲི་འཁུར་མི་དགོས།

ཡུལ་སྐོར་བས་སློག་ཆགས་གླིང་ཁའི་གསལ་བརྡ་སྣང་མེད་དུ་བཏང་བ་དང་གླིང་ཁུལ་གྱི་གཏན་འབེབས་ལ་བརྩི་སྲུང་མ་ཞུས་པར་སློག་ཆགས་གླིང་ཁར་སློག་ཆགས་ཀྱི་འཛབ་ཐོལ་ཕོག་ནས་གནོད་འཚེ་བཟོས་པར། གལ་སྲིད་སློག་ཆགས་གླིང་

ཕྱོགས་ཀྱིས་དོ་དམ་གྱི་འགན་འཁྲི་བསྒྲུབས་པ་ར་སྒྲོད་ཐུབ་ཚེ་དབང་ཆར་བཙན་གནོད་ཀྱི་འགན་འཁྲི་འཁུར་མི་དགོས། ཡང་ཅིག་བཤད་ན། སློག་ཆགས་གླིང་གི་འགན་འཁུར་མི་དགོས་པའི་གནད་དོན་ཕྱོགས་གཉིས་འདུས་པ་སྟེ། གཅིག་ནི་སློག་ཆགས་ཀྱིས་གནོད་འཚེ་བཟོས་པའི་ཀྱོད་དོན་མ་བྱུང་གོང་། སློག་ཆགས་གླིང་གིས་མངོན་གསལ་དོད་སར་འབྲེལ་ཡོད་ཀྱི་དོ་སྣང་བརྡ་ཁྲབ་བཞག་ཡོད་མེད་དང་། ཆེད་ལས་མི་སྣ་བཀོད་སྒྲིག་བྱེད་མིན། དུས་བཀག་ལྟར་མངོན་མེད་རྐྱེན་ངན་གྲལ་བཤེར་བྱེད་མིན་སོགས་ཡིན། གཉིས་ནི་དོན་རྐྱེན་བྱུང་རྗེས་ཀྱི་དོ་དམ་འགན་འཁྲི་སྟེ། སློག་ཆགས་ཀྱིས་གནོད་འཚེ་བཟོས་པའི་ཀྱོད་དོན་བྱུང་རྗེས། སློག་ཆགས་གླིང་དུ་དུས་ཐོག་ཏུ་མྱུར་སྐྱོབ་དང་སྨན་བཅོས་བྱ་དགོས་མིན་དང་། གནོད་འཚེ་ཐོག་མཁན་ལ་སྟར་ལས་ལྷག་པའི་རོགས་རམ་བྱ་དགོས་མིན། གལ་ཏེ་སློག་ཆགས་གླིང་ཕྱོགས་ཀྱིས་དོ་དམ་གྱི་འགན་འཁྲི་བསྒྲུབས་ཟིན་པ་ར་སྒྲོད་བྱེད་ཐུབ་ན། དབང་གནོད་ཁག་འགན་འཁུར་མི་དགོས།

91. བདག་མེད་སྲོག་ཆགས་རྒྱས་ན་སུ་ཞིག་གིས་འགན་འཁྲི་འཁུར་དགོས་སམ།

《དམངས་དོན་ཁྲིམས་གཞུང་》གི་དོན་ཚན་ཆིག་སྟོང་ཉིས་བརྒྱ་དང་ཞེ་དགུ་པའི་གཏན་འབེབས་ལྟར། བདག་སྐྱོང་མི་བྱེད་པ་དང་ཕྱིར་བྲོས་པའི་སྲོག་ཆགས་ཀྱིས་དུས་ཡུན་དེའི་ནང་མི་གཞན་ལ་གནོད་འཚེ་བཏང་ན། སྔོན་གྱི་སྲོག་ཆགས་གསོ་མཁན་ནམ་དོ་དམ་པས་དབང་གནོད་ཀྱི་འགན་འཁྲི་འཁུར་དགོས།

སྲོག་ཆགས་བདག་སྐྱོང་མི་བྱེད་པ་དང་བྲོས་བྱོལ་བྱེད་པའི་རིང་ལ་མི་གཞན་ལ་གནོད་སྐྱོན་བཟོས་ན། དེ་སྔའི་སྲོག་ཆགས་གསོ་མཁན་ནམ་དོ་དམ་བྱེད་མཁན་གྱིས་དབང་གནོད་ཁག་འགན་འཁུར་དགོས། འོན་ཀྱང་སྲོག་ཆགས་འཁྱམ་པོ་དག་གི་བདག་པོ་སུ་ཡིན་ངོས་བཟུང་ཐད་དཀའ་ཁག་ཅུང་ཡོད། གལ་ཏེ་མི་ཞིག་གིས

དུས་ཡུན་རིང་པོར་སྤྲོག་ཆགས་འཁྱམ་པོ་དག་ལ་ལྟོ་སྟེར་ནས། འགུལ་སྐྱོད་དང་གནས་སྡོད་བྱེད་དུ་བཅུག་ན། ཁྱད་པར་ཅན་གྱི་གསོ་སྐྱོང་འབྲེལ་བ་གྲུབ་ཡོད་པ་མ་ཟད། དོན་དངོས་སྟེང་གི་གསོ་སྐྱོང་དུ་བསྒྱུར་ཡོད་པས། ཁེ་དབང་ལ་གནོད་པའི་འགན་འཁྲི་འཁུར་དགོས། དེ་མིན། ཆེད་ལས་མི་སྣས་དོ་དམ་བྱེད་པའི་ཁུལ། དཔེར་ན། ཁུལ་ཆུང་དང་། ཚོང་ར། རྐང་འཁོར་འཇོག་ས་སོགས་སུ་དོ་དམ་པར་བདེ་འཇགས་འགན་སྲུང་གི་འོས་འགན་ཡོད་པས། དོ་དམ་ས་ཁོངས་ནང་གི་སྤྲོག་ཆགས་འཁྱམ་པོ་ཕྱིར་འབུད་བྱས་ཏེ་གནས་ཚུལ་མི་ལྷག་པ་བྱེད་དགོས། གལ་ཏེ་དོ་དམ་པས་དེ་ལྟར་མ་བྱས་ཚེ། དེར་བསྟུན་གྱི་དབང་གནོད་འགན་འཁྲི་འཁུར་དགོས།

92. ཕུང་གསུམ་པའི་རྟེན་འབྲེལ་དབང་གིས་སྒྲོག་ཆགས་ཀྱིས་མི་གཞན་ལ་གནོད་སྐྱོན་བཟོས་ན་སུ་ལ་ཁག་འགན་བདའ་འདེད་བྱ་དགོས་སམ།

《དམངས་དོན་ཁྲིམས་གཞུང་》གི་དོན་ཚན་ཆིག་སྟོང་ཉིས་བརྒྱ་དང་ལྔ་བཅུ་པའི་གཏན་འབེབས་ལྟར། ཕུང་གསུམ་པའི་ནོར་འཛོལ་གྱི་རྐྱེན་གྱིས་སྤྲོག་ཆགས་ཀྱིས་མི་གཞན་ལ་གནོད་འཚེ་བཏང་རིགས་བྱུང་ན། དབང་ཆར་གནོད་འཚེ་ཕོག་མཁན་གྱིས་སྤྲོག་ཆགས་གསོ་མཁན་ནམ་དོ་དམ་པར་སྐྱིན་ཚབ་སྤྲོད་རོགས་ཞེས་ཞུས་ཆོག་ལ། གང་ཟག་གསུམ་པ་ལའང་སྐྱིན་ཚབ་སྤྲོད་རོགས་ཞེས་ཞུས་ཆོག སྤྲོག་ཆགས་གསོ་མཁན་ནམ་དོ་དམ་པས་སྐྱིན་ཚབ་འཇལ་རྗེས། གང་ཟག་གསུམ་པའི་སར་ནས་སྐྱིན་ཚབ་བདའ་འདེད་བྱེད་དབང་ཡོད།

ཕུང་གསུམ་པའི་ནོར་འཛོལ་མང་ཆེ་བ་ནི། བསམ་བཞིན་དུ་སྤྲོག་ཆགས་འཛིང་དུ་བཅུག་པ། འཕེན་པ། ལྟོ་སྟེར་བ་བཅས་ཀྱི་ཐད་ནས་བསླུ་བྲིད་བྱེད་ཀྱི་ཡོད། དེའི་མཇུག་འབྲས་ཀྱིས་མི་གཞན་ལ་མི་ལུས་དང་རྒྱུ་ནོར་གྱི་གནོད་འཚེ་ཐོག་གི་ཡོད། དེའི་ངོ་བོ་ནི་སྤྲོག་ཆགས་ལ་གནོད་འཚེ་གཏོང་བའི་བྱ་སྤྱོད་ཅིག་ཡིན། དེར་བརྟེན་དབང་ཆར་གནོད་

འཚོ་ཐོག་མཁན་གྱིས་གང་ཟག་གསུམ་པར་སྐྱིན་ཚབ་བདའ་འདེད་བྱས་ཆོག

93. སྒྲིག་ཆགས་གསོ་མཁན་གྱིས་གཏན་འཁེལ་གང་དག་ལ་བརྩི་སྲུང་བྱེད་

དགོས་སམ།

《དམངས་དོན་ཁྲིམས་གཞུང་》གི་དོན་ཚན་ཆིག་སྟོང་ཉིས་བརྒྱ་དང་ང་གཅིག་པའི་གཏན་འབེབས་ལྟར། སྒྲིག་ཆགས་གསོ་ཚགས་བྱེད་པར་བཅའ་ཁྲིམས་དང་ཁྲིམས་སྲོལ་ལ་བརྩི་སྲུང་དང་སྤྱི་ཚོགས་ཀྱི་སྤྱི་པའི་ཀུན་སྤྱོད་ལ་བརྩི་འཛོག་བྱ་དགོས་པ་ལས་མི་གཞན་གྱི་འཚོ་བར་འགོག་རྐྱེན་བཟོས་མི་ཆོག

གཅེས་ཉར་སྒྲིག་ཆགས་གསོ་ཚགས་བྱེད་པ་ནི་བརྩེ་སེམས་ཀྱི་མཚོན་ཚུལ་ཞིག་ཡིན་མོད། འོན་ཀྱང་བྱ་དངོས་ཚང་མར་ཕྱོགས་གཉིས་ཀྱི་རང་བཞིན་ལྡན་ཡོད་དེ། གཅེས་ཉར་སྒྲིག་ཆགས་ཀྱིས་མི་རྣམས་ལ་སྤྲོ་སྣང་དང་སེམས་གསོ་གཏོང་ཐུབ་ལ། མི་གཞན་ལ་གནོད་འཚེ་ཡང་བཟོ་སྲིད། འོན་ཀྱང་སྒྲིག་ཆགས་ཀྱི་བྱ་སྤྱོད་ཚང་མའི་ཆོད་འཛིན་ནི་སྒྲིག་ཆགས་གསོ་ཚགས་བྱེད་མཁན་གྱི་དོ་དམ་བྱེད་ཕྱོགས་ལ་བརྟེན་དགོས། མིག་སྔར་ཁྱི་གསོས་ནས་རྒྱས་པའི་གྱོད་དོན་ཉིན་བཞིན་ཇེ་མང་དུ་འགྲོ་བཞིན་པའི་གནས་ཚུལ་ལ་དམིགས་ནས། 《དམངས་དོན་ཁྲིམས་གཞུང་》ནང་དུ་སྒྲིག་ཆགས་གསོ་ཚགས་བྱེད་པར་བཅའ་ཁྲིམས་ལ་བརྩི་སྲུང་དང་སྤྱི་ཚོགས་ཀྱི་ཀུན་སྤྱོད་ལ་བརྩི་འཛོག་བྱེད་པ་ལས། མི་གཞན་གྱི་འཚོ་བར་གནོད་འཚེ་བཅས་བྱེད་མི་རུང་ཞེས་གཏན་འབེབས་བྱས་ཡོད། སྒྲིག་ཆགས་གསོ་ཉར་བྱས་ཡོད་ཕྱིན། གསོ་ཉར་བྱེད་མཁན་གྱིས་རང་ཉིད་ཀྱིས་སྤྱི་ཚོགས་ཐུན་མོང་གི་སྤྱོད་བཟང་ལ་བརྩི་སྲུང་དང་སྤྱི་པའི་ཁོར་ཡུག་ལ་སྲུང་སྐྱོང་བྱེད་པའི་སྤྱི་ཚོགས་ཀྱི་འགན་འཁྲི་ཉིས་བརྩེགས་འཁུར་ཡོད་པ་ཤེས་དགོས་པ་ལས། གཅེས་ཉར་སྒྲིག་ཆགས་ཀྱིས་མི་གཞན་གྱི་རྒྱུན་ལྡན་གྱི་འཚོ་བར་གནོད་འཚེ་གཏོང་དུ་འཇུག་མི་རུང་།

སྒྲིག་ཆགས་གསོ་མཁན་གྱིས་རང་འགུལ་དང་རང་ཉིད་ཀྱི་བྱ་སྤྱོད་ཚོད་ལྡན་དུ་གཏོང་དགོས་ལ། གཏན་འབེབས་ལྟར་སྒྲིག་ཆགས་གསོ་དགོས་ཏེ། དཔེར་ན། (1) སྒྲིག་ཆགས་གསོ་ཚགས་པའམ་ཡང་ན་དོ་དམ་པས་ཁྱི་ཁྲིད་ནས་ཕྱི་ལ་འགྲོ་སྐབས། མི་དར་མས་ཁྱིའི་ལྕགས་ཐག་བཟུང་ནས་ཁྲིད་དགོས་པ་མ་ཟད། རྒན་རྒོན་དང་། དབང་པོ་སྐྱོན་ཅན། སྦྲུམ་མ། བྱིས་པ་བཅས་ལ་གཡོལ་དགོས། (2) སྒྲིག་ཆགས་གསོ་མཁན་ནམ་དོ་དམ་བྱེད་མཁན་གྱིས་སྒྲིག་ཆགས་ལ་མི་གཞན་པའི་རྒྱུན་ལྡན་གྱི་འཚོ་བར་གནོད་སྐྱེལ་དུ་བཅུག་མི་ཆོག ཁྱིས་ཟུག་པའི་རྐྱེན་གྱིས་མི་གཞན་གྱི་ངལ་གསོ་ལ་ཤུགས་རྐྱེན་ཐེབས་སྐབས། ཁྱི་གསོ་མཁན་གྱིས་ནུས་ལྡན་གྱི་བྱེད་ཐབས་སྤྱད་ནས་བཀག་འགོག་བྱ་དགོས། (3) ལས་ཁྱི་ཕུད་པའ་ཁྱི་གཞན་ཁྲིད་ནས་ཚོང་ར་དང་ཚོང་ཁང་། ཁྲིམ་གཞུང་། མགྲོན་ཁང་། སྤྱི་གླིང་། སྤྱི་པའི་ན་ཁ། སློབ་གྲྭ། སྨན་ཁང་། འགྲེམས་སྟོན་ཁང་། གློག་བརྙན་གློས་གར་ཁང་། ལུས་རྩལ་ཁང་། སྟེ་ཁྲུལ་གྱི་སྤྱི་པའི་ལུས་སྦྱོང་ར་བ། རྩེད་ར། རླངས་འཁོར་སྒྲུག་ས་སོགས་མི་མང་འདུ་སར་སོང་མི་ཆོག ཁྱི་ཁྲིད་ནས་གླ་བྱེད་རླངས་འཁོར་ཆུང་གྲུས་ཕུད་པའི་སྤྱི་པའི་འགྲིམ་འགྲུལ་འཁོར་རིགས་ནང་བསྡད་མི་ཆོག ཁྱི་ཁྲིད་ནས་གླ་བྱེད་རླངས་འཁོར་ཆུང་བར་སྡོད་སྐབས། ཁ་ལོ་བའི་མོས་མཐུན་ཐོབ་དགོས་པ་མ་ཟད། ཁྱི་ལ་སྲུ་ར་གཡོག་ཡང་པའམ་ན་ཁྱིའི་ཁུག་མ་དང་གཟེབ་ནང་དུ་བཅུག་དགོས། (4) གསོ་ཚགས་པས་དུས་བཅད་ལྟར་ཁྱི་སྨྱོན་ནད་སྔོན་འགོག་བྱེད་པའི་རིམས་འགོག་སྨན་ཁབ་རྒྱག་དགོས་པ་ལས། ཁྱི་ལ་མནར་གཅོད་དང་གསོ་འགན་མི་འཁུར་བའི་རིགས་བྱས་མི་ཆོག (5) ཁྱི་ཁྲིད་ནས་ཕྱི་ལ་འགྲོ་དུས། ཁྱི་ལུད་དམ་ཁྱི་སྐྱག་དེ་གསོ་ཚགས་བྱེད་མཁན་གྱིས་མྱུར་དུ་གཙང་སེལ་བྱེད་དགོས།

ལེའུ་བཅུ་པ། ཨར་སྐྱུན་དངོས་པོ་དང་དངོས་རྫས་ཀྱིས་གནོད་སྐྱོན་བཟོས་པའི་འགན་འཁྲིའི་སྐོར།

94. ཨར་སྐྱུན་དངོས་པོའི་ལོག་སྟེ་མི་གཞན་ལ་གནོད་སྐྱོན་བཟོས་ན། སུས་ཁག་འགན་འཁུར་དགོས་སམ།

《དམངས་དོན་ཁྲིམས་གཞུང་》གི་དོན་ཚན་ཆིག་སྟོང་ཉིས་བརྒྱ་དང་ང་གཉིས་པའི་གཏན་འབེབས་ལྟར། ཨར་སྐྱུན་དངོས་པོ་དང་། བཟོ་བཀོད་དངོས་པོའམ་སྒྲིག་བཀོད་གཞན་དག་ལོག་པ་དང་བརྟིབས་པའི་རྐྱེན་གྱིས་མི་གཞན་ལ་གནོད་སྐྱོན་བཟོས་ན། ཨར་སྐྱུན་སྡེ་ཚན་དང་ཨར་ལས་སྡེ་ཚན་གྱིས་མཉམ་དུ་གཅིག་ལ་གཅིག་འབྲེལ་གྱི་འགན་འཁྲི་འཁུར་དགོས། འོན་ཀྱང་ཨར་སྐྱུན་སྡེ་ཚན་དང་ཨར་ལས་སྡེ་ཚན་གྱིས་སྤུས་ཚད་ལ་སྐྱོན་མེད་ལུགས་ར་སྤྲོད་བྱེད་ཐུབ་རིགས་ཕུད། ཨར་སྐྱུན་སྡེ་ཚན་དང་ཨར་ལས་སྡེ་ཚན་གྱིས་གྱོང་གུན་གསབ་རྗེས། འགན་འཁྲི་འཁུར་དགོས་མཁན་གཞན་ཡོད་ན་དེར་སྐྱིན་ཚབ་བདའ་འདེད་བྱེད་དབང་ཡོད།

བདག་པོ་དང་དོ་དམ་པ། བེད་སྤྱོད་བྱེད་མཁན་ནམ་ཕུང་གསུམ་པ་བཅས་ཀྱི་དབང་གིས་ཨར་སྐྱུན་དངོས་པོ་དང་། བཟོ་བཀོད་དངོས་པོའམ་སྒྲིག་བཀོད་གཞན་དག་ལོག་པ་དང་བརྟིབས་པའི་རྐྱེན་གྱིས་སྐྱེ་བོ་གཞན་ལ་གནོད་སྐྱོན་བཟོས་ན། བདག་པོ་དང་དོ་དམ་པ། བེད་སྤྱོད་བྱེད་མཁན་ནམ་ཕུང་གསུམ་པ་བཅས་ཀྱིས་དབང་གནོད་ཀྱི་འགན་འཁྲི་འཁུར་དགོས།

རང་རྒྱལ་གྱི་བཅའ་ཁྲིམས་ནང་བཟོ་སྐྲུན་ཨར་ལས་ཀྱི་སྤུས་ཚད་སྡར་བས་ཚད་ལྡན་དུ་བཏང་ཡོད། ཨར་པོའི་ལས་གྲྭའི་སྤྱིའི་སྐྱབ་འགན་གཙང་ལེན་བྱས་པའི་

ལས་གྲྭའི་སྤུས་ཚད་ནི་ལས་གྲྭའི་སྤྱིའི་སྒྲུབ་འགན་གཙང་ལེན་བྱེད་མཁན་སྡེ་ཚན་གྱིས་འགན་འཁུར་རྒྱུ་དང་། སྤྱིའི་སྒྲུབ་འགན་གཙང་ལེན་བྱེད་མཁན་སྡེ་ཚན་གྱིས་ཨར་པོའི་ལས་གྲྭ་སྡེ་ཚན་གཞན་དག་ལ་ཁག་བགོས་ནས་སྒྲུབ་འགན་གཙང་སྤྲོད་བྱས་པ་ཡིན་ན། ཁག་བགོས་ཀྱིས་སྒྲུབ་འགན་གཙང་ལེན་བྱས་པའི་ལས་གྲྭའི་སྤུས་ཚད་དང་ཁག་བགོས་ཀྱི་སྒྲུབ་འགན་གཙང་ལེན་བྱེད་མཁན་སྡེ་ཚན་ལ་རྗེས་སྙོགས་ཀྱི་འགན་འཁྲི་འཁུར་དགོས། ཁག་བགོས་ནས་སྒྲུབ་འགན་གཙང་ལེན་བྱེད་མཁན་སྡེ་ཚན་གྱིས་སྤྱིའི་སྒྲུབ་འགན་གཙང་ལེན་བྱེད་མཁན་སྡེ་ཚན་གྱིས་སྤུས་ཚད་དོ་དམ་བྱ་བ་དང་ལེན་ཞུ་དགོས་པ་དང་། ཨར་རྒྱག་ཁེ་ལས་ཀྱིས་ཨར་པོ་རྒྱག་པའི་སྤུས་ཀར་འགན་འཁུར་བྱ་རྒྱུ། ཨར་རྒྱག་ཁེ་ལས་ཀྱིས་ངེས་པར་དུ་ལས་གྲྭའི་ཇུས་བཀོད་དཔེ་རིས་དང་ཨར་ལས་ཀྱི་ལག་རྩལ་ཚད་གཞི་ལྟར་ཨར་པོ་རྒྱག་དགོས་པ་ལས་རྒྱུ་འཕྲི་སླ་བཅོས་བྱས་མི་ཆོག ལས་གྲྭའི་ཇུས་འགོད་བཟོ་བཅོས་རྒྱག་པར་ཐོག་མའི་ཇུས་འགོད་སྡེ་ཚན་གྱིས་འགན་འཁུར་དགོས་པ་ལས། ཨར་རྒྱག་ཁེ་ལས་ཀྱིས་ལས་གྲྭའི་ཇུས་འགོད་རང་མཚམས་ཀྱིས་བཟོ་བཅོས་བརྒྱབ་མི་ཆོག སྒྲུབ་འགན་གཙང་ལེན་བྱེད་མཁན་སྡེ་ཚན་གྱིས་སྒྲུབ་འགན་གཙང་ལེན་བྱས་པའི་ལས་གྲྭ་སྒྲུབ་འགན་བརྒྱུད་སྤྲོད་བྱས་པའམ་ཡང་ན་བཅའ་ཁྲིམས་འདིའི་གཏན་འབེབས་དང་འགལ་ཏེ་ཁག་བགོས་ནས་སྒྲུབ་འགན་གཙང་ལེན་བྱས་པའི་རིགས་ལ་ཡོ་བསྲང་བྱེད་དུ་འཇུག་རྒྱུ་དང་། ཁྲིམས་འགལ་ཐོབ་ཆ་གཞུང་བཞེས་གཏོང་རྒྱུ་དང་དཔྱལ་ཆད་གཅོད་པ་དང་སྦྲགས། ལས་མཚམས་བཞག་ནས་དག་ཐེར་བྱེད་དུ་བཅུག་སྟེ་བྱང་ཚད་ཀྱི་རིམ་པ་དམའ་རུ་བཏང་ཆོག ཉེས་ཚབས་ཆེ་བའི་རིགས་ལ་ཀློ་རིག་གི་ལག་ཁྱེར་ཕྱིར་བསྡུ་བྱ་རྒྱུ། ཉེས་ཚབས་ཆེ་བའི་རིགས་ལ་ཀློ་རིག་གི་ལག་ཁྱེར་ཕྱིར་བསྡུ་བྱ་རྒྱུ། ཁྲིམས་འགལ་གྱིས་སྒྲུབ་འགན་གཙང་ལེན་བྱས་ཡོད་ན། འགན་གཙང་གཞན་སྤྲོད་ཀྱི་ལས་གྲྭའམ་ཁྲིམས་འགལ་གྱིས་ཁག་བགོས་ནས་སྒྲུབ་འགན་གཙང་ལེན་བྱས་པའི་ཨར་ལས་གཏན་འབེབས་ཇི་བཞིན་སྤུས་ཀའི་ཚད་གཞི་དང་མ་མཐུན་པར་

གྲོང་གྲུབ་བཟོས་ཡོད་ན། སྐྱབ་འགན་གཞན་སྤྲོད་དམ་ཁག་བགོས་ནས་སྐྱབ་འགན་གཙང་ལེན་བྱེད་མཁན་སྡེ་ཚན་དང་མཉམ་དུ་རྗེས་འབྲེལ་གྱི་སྐྱིན་ཚབ་སྤྲོད་འགན་འཁུར་རྒྱུ།

95. ཨར་སྐྱུན་དངོས་པོའི་གྲུང་པགས་གོག་ནས་ལམ་འགྲོ་བར་ རྨས་སྐྱོན་བཟོས་ན་སུ་ཞིག་གིས་འགན་འཁྲི་འཁུར་དགོས་སམ།

《དམངས་དོན་ཁྲིམས་གཞུང་》གི་དོན་ཚན་ཆིག་སྟོང་ཉིས་བརྒྱ་དང་ང་གསུམ་པའི་གཏན་འབེབས་ལྟར། ཨར་སྐྱུན་དངོས་པོ་དང་། བཟོ་བཀོད་དངོས་པོའམ་སྒྲིག་བཀོད་གཞན་དག་དང་དེར་བཞག་པའི་དངོས་པོ་དང་བཀལ་བའི་དངོས་པོ་གང་ཞིག་མར་ལྷུངས་ནས་མི་གཞན་ལ་གནོད་སྐྱོན་བཟོས་ཏེ། དེའི་བདག་པོ་དང་དོ་དམ་པའམ་བེད་སྤྱོད་བྱེད་མཁན་གྱིས་རང་ཉིད་ལ་ནོར་འཛོལ་མེད་ལུགས་ར་སྤྲོད་བྱེད་མི་ཐུབ་ན། དབང་གནོད་ཀྱི་འགན་འཁྲི་འཁུར་དགོས། བདག་པོ་དང་དོ་དམ་པའམ་བེད་སྤྱོད་བྱེད་མཁན་གྱིས་གྲོང་གྲུབ་གསབ་རྗེས། འགན་འཁྲི་འཁུར་དགོས་མཁན་གཞན་དག་ཡོད་ན་དེ་དག་གི་ས་ནས་སྐྱིན་ཚབ་བདའ་འདེད་བྱེད་དབང་ཡོད།

ཨར་སྐྱུན་དངོས་པོའི་བཀོལ་སྤྱོད་དུས་ཚོད་ཇེ་རིང་དུ་འགྲོ་བ་དང་བསྟུན་ནས། ཨར་སྐྱུན་དངོས་པོའི་ཕྱིའི་གྲུང་གི་སོ་ཕག་དང་གྲུང་གི་པགས་པ། བཀལ་བའི་བརྡ་ཁྱབ་སོགས་རིམ་བཞིན་ལྷུང་ཉེན་ཇེ་ཆེར་འགྲོ་བཞིན་ཡོད། ཨར་སྐྱུན་དངོས་པོའི་དོ་དམ་མི་སྣ་ཞིག་ཡིན་པའི་ཆ་ནས། སྲུང་སྐྱོབ་བྱེད་ཡུན་ནང་དམ་ཡང་ན་ཉམས་གསོའི་དུས་ཚོད་ལོངས་རྗེས། དངོས་ལས་ཀྱང་སེར་ཨར་སྐྱུན་དངོས་པོའི་ཕྱི་ངོས་ཀྱི་ཉམས་གསོ་བྱེད་པའི་འོས་འགན་པ་མ་ཡིན་མོད། འོན་ཀྱང་དངོས་ལས་ཀྱང་སེར་སྲུང་སྐྱོབ་བྱེད་པའི་འོས་འགན་དང་བདེ་འཇགས་འགན་སྲུང་གི་འོས་འགན་ཡོད། འོས་འགན་དེ་རིགས་སྡེ་ཁུལ་གྱི་ཁེ་ལས་བདག་པོ་དང་སྡེ་ལས་སྤྱོད་མཁན་ལ་

དམིགས་པ་མ་ཟད། སྤྱི་ཁྱུལ་ཕྱིའི་ལམ་འགྲོ་བ་དང་རྒྱུ་ནོར་ལའང་དམིགས་པ་ཡིན། ཀྱང་ཕྱིའི་སོ་ཕག་དང་ཀྱང་པགས། འགེལ་དངོས་སོགས་ལྷུངས་ནས་མིའི་མི་ལུས་ལ་གནོད་སྐྱོན་བཟོས་པའམ་ཡང་ན་རྒྱུ་ནོར་ལ་གྱོང་གུན་བཟོས་པའི་གནས་ཚུལ་འོག ཨར་སྐྲུན་དངོས་པོའི་བདག་དབང་མཁན་དང་། དོ་དམ་མཁན། བཀོལ་སྤྱོད་མཁན་གྱིས་རང་ཉིད་ལ་ནོར་འཛོལ་མེད་པའི་ར་སྤྲོད་བྱ་མི་ཐུབ་པའི་རིགས་ལ་དབང་གནོད་འགན་འཁྲི་འཁུར་དགོས། གལ་ཏེ་ཨར་སྐྲུན་དངོས་པོའི་འགེལ་དངོས་དང་ཀྱང་པགས་སོགས་ལྷུངས་སུ་བཙུག་པའི་འགན་འཁྲི་ཡོད་པ་ཞེས་ཚེ། བདག་པོ་དང་། དོ་དམ་པའམ་ཡང་ན་བེད་སྤྱོད་མཁན་གྱིས་སྐྱིན་ཚབ་འཇལ་རྗེས། འགན་འཁྲི་ཡོད་མཁན་ལ་སྐྱིན་ཚབ་བདའ་འདེད་བྱེད་དབང་ཡོད།

96. མཐོ་ས་ནས་དངོས་པོ་འཕངས་ཏེ་རྨས་སྐྱོན་ཕོག་ན་སུ་བཅལ་ནས་གྱོང་གུན་གསབ་ལེན་བྱེད་དགོས་སམ།

ཐོག་བརྩེགས་ཁང་ཆེན་མང་དུ་སོང་བ་དང་བསྟུན་ནས་མཁའ་དབྱིངས་སུ་དངོས་པོ་འཕངས་ནས་མི་ལ་རྨས་སྐྱོན་བཟོ་བའི་དོན་རྐྱེན་ཇེ་མང་དུ་འགྲོ་བཞིན་ཡོད། འོན་ཀྱང་སྐབས་སྐབས་སུ་མཁའ་ཐོག་ནས་དངོས་པོ་འཕངས་ཏེ་མི་ལ་རྨས་སྐྱོན་གཏོང་མཁན་གཏན་འཁེལ་བྱེད་དཀའ་བས། 《དམངས་དོན་ཁྲིམས་གཞུང་》གིས་གནོད་འཚེ་ཕོག་མཁན་གྱི་ཁྲིམས་མཐུན་ཁེ་དབང་ལ་སྲུང་སྐྱོབ་བྱེད་ཆེད། མཁའ་ཐོག་ནས་དངོས་པོ་དབྱུགས་ཏེ་མི་གཞན་ལ་གནོད་འཚེ་གཏོང་བའི་འགན་འཁྲི་འཁུར་རྒྱུའི་གཏན་འབེབས་བྱས་ཡོད།

《དམངས་དོན་ཁྲིམས་གཞུང་》གི་དོན་ཚན་ཆིག་སྟོང་ཉིས་བརྒྱ་དང་ང་བཞི་པའི་གཏན་འབེབས་ལྟར། འཛུགས་སྐྲུན་ཐོག་ཁང་ནས་དངོས་རྫས་མར་གཡུག་མི་ཆོག འཛུགས་སྐྲུན་ཐོག་ཁང་ནས་དངོས་རྫས་མར་འཕངས་པའམ་འཛུགས་སྐྲུན་

དངོས་པོའི་ཐོག་ནས་མར་ལྷུངས་པའི་དངོས་པོས་མི་གཞན་ལ་གནོད་སྐྱོན་བཟོས་ན། དབང་ཆར་གནོད་འཚེ་གཏོང་མཁན་གྱིས་ཁྲིམས་ལྟར་དབང་གནོད་ཀྱི་འགན་འཁྲི་འཁུར་དགོས། བརྟག་དཔྱད་བྱས་ཀྱང་དབང་ཆར་གནོད་འཚེ་བཏང་མཁན་ངོ་མ་སུ་ཡིན་མིན་གཏན་འཁེལ་བྱེད་མི་ཐུབ་པའི་སྐབས། རང་ཉིད་དབང་ཆར་གནོད་འཚེ་བཏང་མཁན་མིན་ལུགས་ར་སྤྲོད་བྱེད་ཐུབ་པ་ཕུད། གནོད་སྐྱོན་བཟོ་མཁན་གྱི་འཛུགས་སྐྲུན་ཐོག་ཁང་བེད་སྤྱོད་མཁན་གྱིས་སྐྱིན་གསབ་སྤྲོད་དགོས། གནོད་སྐྱོན་འབྱུང་སྲིད་པའི་འཛུགས་སྐྲུན་ཐོག་ཁང་བེད་སྤྱོད་མཁན་གྱིས་སྐྱིན་ཚབ་འཇལ་རྗེས། དབང་ཆར་གནོད་འཚེ་བཏང་མཁན་གྱི་ས་ནས་སྐྱིན་ཚབ་བདའ་འདེད་བྱེད་དབང་ཡོད།

སྤེ་ལས་ཞབས་ཞུའི་ཁེ་ལས་སོགས་འཛུགས་སྐྲུན་དངོས་པོ་དོ་དམ་པས་ངེས་པར་དུ་དགོས་ངེས་ཀྱི་ཉེན་མེད་བྱེད་ཐབས་སྤྱད་དེ་གོང་གསལ་ནང་གསེས་དོན་ཚན་དུ་གཏན་འབེབས་བྱས་པའི་གནས་ཚུལ་མི་ཐོན་པ་བྱ་དགོས། དགོས་ངེས་ཀྱི་ཉེན་མེད་བྱེད་ཐབས་མ་སྤྱད་ན། ཁྲིམས་ལྟར་ཉེན་མེད་འོས་འགན་མ་བསྒྲུབས་པའི་དབང་གནོད་ཀྱི་འགན་འཁྲི་འཁུར་དགོས།

དོན་ཚན་འདིའི་ནང་གསེས་དོན་ཚན་དང་པོའི་ནང་འཁོད་པའི་གནས་ཚུལ་རིགས་བྱུང་ན། སྤྱི་བདེ་ལས་ཁུངས་སོགས་ཀྱིས་ཁྲིམས་ལྟར་དུས་ཐོག་ཏུ་བརྟག་དཔྱད་བྱས་ནས་འགན་འཁྲི་འཁུར་དགོས་མཁན་རྩད་གཅོད་གསལ་པོ་བྱ་དགོས།

མི་དམངས་མང་ཚོགས་ཀྱི"མགོ་ཐོག་གི་བདེ་འཇགས"འགན་ལེན་བྱ་ཆེད། དམངས་དོན་ཁྲིམས་གཞུང་གིས་མཁའ་ཐོག་ནས་དངོས་པོ་གཡུག་པའི་འགན་འཁྲིའི་སྒྲིག་སྲོལ་སྔར་བས་འཐུས་ཚང་དུ་བཏང་ཡོད་ཅིང་། ཐོག་མར། འཛུགས་སྐྲུན་ཐོག་ཁང་ནས་དངོས་པོ་གཡུག་མི་ཆོག་པའི་གཏན་ཁེལ་གསལ་པོ་བྱས་ཡོད། དེ་ནས། དངོས་རྫས་གཡང་སར་གཡུགས་ནས་སྐྱེ་བོ་གཞན་ལ་གནོད་སྐྱོན་བཟོས་ན། དབང་ཆར་གནོད་འཚེ་གཏོང་མཁན་གྱིས་བཅའ་ཁྲིམས་ལྟར་དབང་གནོད་ཁག་འགན་འཁུར་དགོས། དབང་གནོད་མཁན་གཏན་ཁེལ་བྱེད་དཀའ་བའི་རིགས་ལ་

གནོད་འཚེ་བཟོ་སྲིད་པའི་འཛུགས་སྐྲུན་ཐོག་ཁང་བཀོལ་སྤྱོད་མཁན་གྱིས་གྲུན་གསབ་སྤྲོད་དགོས། མཐའ་མཇུག་དབང་གནོད་མཁན་སུ་ཡིན་མིན་ཤེས་རྟོགས་བྱུང་རྗེས་སུ་དབང་གནོད་མཁན་ལ་སྐྱིན་ཚབ་བདའ་འདེད་བྱེད་དབང་ཡོད་པ་དང་། གསུམ་ནས། སྤྱི་བདེ་ལས་ཁུངས་སོགས་འབྲེལ་ཡོད་ལས་ཁུངས་ཀྱིས་མཁའ་ཐོག་ནས་དངོས་པོ་གཡུག་པའི་དོན་རྐྱེན་ལ་དུས་ལྟར་བརྟག་དཔྱད་བྱས་ཏེ། དབང་གནོད་འགན་འཁྲི་ཞིབ་བཤེར་བྱ་རྒྱུའི་གཏན་འབེབས་ཁ་སྣོན་བྱ་དགོས། མཇུག་ཏུ། ལས་རིགས་ཞབས་ཞུའི་ཁེ་ལས་སོགས་བཟོ་བཀོད་དོ་དམ་པར་དགོས་ངེས་ཀྱི་བདེ་འཇགས་འགན་སྲུང་བྱེད་ཐབས་ཁ་གསབ་བྱས་ཏེ་བྱ་སྤྱོད་དེ་རིགས་མི་འབྱུང་བ་བྱ་དགོས། དེ་ལྟར་མ་བྱས་ན་ཁྲིམས་ལྟར་བབ་མཚུངས་ཀྱི་དབང་གནོད་ཁག་འགན་འཁུར་དགོས།

97. སྤྲུངས་དངོས་ལོག་ནས་གཞན་ལ་གནོད་སྐྱོན་བཟོས་ན། སྤྲུངས་མཁན་གྱིས་འགན་འཁྲི་འཁུར་དགོས་སམ།

《དམངས་དོན་ཁྲིམས་གཞུང་》གི་དོན་ཚན་ཆིག་སྟོང་ཉིས་བརྒྱ་དང་ང་ལྔ་པའི་གཏན་འབེབས་ལྟར། སྤྲུངས་པའི་དངོས་པོ་ལོག་པ་དང་། འགྲིལ་བ། འདྲེད་པ་བཅས་ཀྱིས་སྐྱེ་བོ་གཞན་ལ་གནོད་འཚེ་བཏང་རིགས། རྩིག་མཁན་གྱིས་རང་ཉིད་ལ་ནོར་འཛོལ་མེད་ལུགས་ར་སྤྲོད་བྱེད་མི་ཐུབ་ན་དབང་གནོད་ཀྱི་འགན་འཁྲི་འཁུར་དགོས།

དངོས་ཟས་སྤྲུངས་ནས་མིར་གནོད་སྐྱོན་བྱུང་བ་དེ་ནི་སྤྱིར་བཏང་གི་དབང་གནོད་བྱ་སྤྱོད་ཅིག་མིན་ཏེ། དེ་ནི་དམིགས་བསལ་གྱི་དངོས་པོ་ཞིག་གིས་བཟོས་པའི་གནོད་སྐྱོན་གྱི་འགན་འཁྲི་ཞིག་ཡིན། སྤྱིར་བཏང་གི་ནོར་འཁྲུལ་འགན་འཁྲིའི་རྩ་དོན་སྤྱད་ནས་འགན་འཁྲི་འཁུར་དུ་བཅུག་མི་ཆོག་ཅིང་། གནོད་འཚེ་ཐོག་མཁན་གྱིས་སྐྱིན་ཚབ་སྤྲོད་རྒྱུའི་རེ་འདུན་འབུལ་ཆོག དངོས་ཟས་སྤྲུངས་བའི་

བདག་པོའམ་ཡང་ན་དོ་དམ་པས་གནོད་འཚེ་བཟོས་པའི་དོན་དངོས་ར་སྤྲོད་བྱ་མི་དགོས་པར། གལ་ཏེ་གནོད་འཚེ་བཏང་བའི་དོན་དངོས་དེ་དངོས་པོའི་བདག་པོའམ་ཡང་ན་དོ་དམ་པས་དངོས་རྫས་སྤུངས་ནས་བཟོས་པ་ཡིན་ན། བདག་པོའམ་ཡང་ན་དོ་དམ་པས་དངོས་རྫས་དེར་བཀོལ་སྤྱོད་ཀྱི་འབྲེལ་བ་ཡོད་པ་སྟེ། བདག་དབང་མཁན་ནམ་ཡང་ན་དོ་དམ་པའི་རང་སྟེང་དུ་ནོར་འཁྲུལ་ཡོད་པར་རིགས་འདེད་བྱ་དགོས།

བདག་པོའམ་ཡང་ན་དོ་དམ་པས་རང་ཉིད་ལ་ནོར་འཛོལ་མེད་ལུགས་སླེང་སྟེ་ར་སྤྲོད་བྱ་མི་ཐུབ་ཚེ། མི་ལུས་གནོད་སྐྱོན་གྱི་གུན་གསབ་འགན་འཁྲི་འཁུར་དགོས། རང་ཉིད་ལ་ནོར་འཛོལ་མེད་ལུགས་ར་སྤྲོད་ཐུབ་ན། དེའི་མི་ལུས་ལ་གནོད་སྐྱོན་བཟོས་པར་སྐྱིན་ཚབ་སྤྲོད་པའི་འགན་འཁྲི་མེད་པར་བཟོས་ཆོག

98. སྤྱི་པའི་འགྲོ་ལམ་དུ་འགོག་རྐྱེན་བཟོ་བའི་དངོས་རྫས་སྤུངས་འཛོག་དང་། འབོ་བ། ལྷུང་བ་བཅས་བྱས་ནས་སྐྱེ་བོ་གཞན་ལ་གནོད་སྐྱོན་བཟོས་ན་སུ་ཞིག་གིས་ཁག་འགན་འཁུར་དགོས་སམ།

《དམངས་དོན་ཁྲིམས་གཞུང་》གི་དོན་ཚན་ཆིག་སྟོང་ཉིས་བརྒྱ་དང་ང་དྲུག་པའི་གཏན་འབེབས་ལྟར། སྤྱི་པའི་འགྲོ་ལམ་དུ་དངོས་པོ་སྤུངས་པ་དང་། འབོ་བ། ལྷུང་བ་བཅས་བྱས་པའི་རྐྱེན་གྱིས་འགྲོ་འོང་ལ་འགོག་རྐྱེན་བཟོས་ན། བྱ་སྤྱོད་སྤེལ་མཁན་གྱིས་དབང་གནོད་ཀྱི་འགན་འཁྲི་འཁུར་དགོས། སྤྱི་པའི་བགྲོད་ལམ་དོ་དམ་པས་གཙང་བཤེར་དང་འགོག་སྲུང་། ཉེན་བརྡ་གཏོང་བ་སོགས་བྱེད་པའི་འོས་འགན་བསྒྲུབས་ཟིན་པ་ར་སྤྲོད་བྱེད་མི་ཐུབ་ན་བབ་མཚུངས་ཀྱི་འགན་འཁྲི་འཁུར་དགོས།

གལ་ཏེ་འགྲོ་ལམ་སྟེང་དུ་དངོས་ཟོག་སྤུངས་འཛོག་དང་འབོ་བ། ལྷུང་བ་

སོགས་ཀྱིས་འགྲོ་ལམ་ལ་བཀག་འགོག་གིས་མི་གཞན་ལ་གནོད་འཚེ་བཟོས་ན། འགྲོ་ལམ་སྟེང་གི་དངོས་རྫས་སྤུངས་འཇོག་དང་འབོ་བ། ལྷུང་བ་སོགས་ཀྱི་བྱ་སྤྱོད་སྤྱེལ་མཁན་གྱིས་སྐྱིན་ཚབ་འཇལ་བའི་འགན་འཁྲི་འཁུར་དགོས། གལ་ཏེ་ཐུན་མོང་གི་འགྲོ་ལམ་སྟེང་དུ་སྤུངས་འཇོག་དང་འབོ་བ། ལྷུང་བ་སོགས་ཀྱིས་འགྲོ་ལམ་ཤར་བསྒྲོད་ལ་འགོག་རྐྱེན་བཟོས་ནས་མི་གཞན་ལ་གནོད་སྐྱོན་བཟོས་པ་དང་། དུས་མཚུངས་སུ་འགྲོ་ལམ་དོ་དམ་པས་གཙང་བཤེར་དང་འགོག་སྲུང་།ཉེན་བརྡ་སོགས་ཀྱི་འོས་འགན་བསྒྲུབས་ཡོད་པ་ར་སྤྲོད་བྱེད་མི་ཐུབ་ན། འགྲོ་ལམ་དོ་དམ་པས་སྐྱིན་ཚབ་འཇལ་བའི་འགན་འཁྲི་འཁུར་དགོས།

99. སྨོན་ཤིང་ཆག་ནས་རྨས་སྐྱོན་ཐོག་མཁན་ལ་འགན་འཁྲི་བདའ་འདེད་གཏོང་དགོས་སམ།

《དམངས་དོན་ཁྲིམས་གཞུང་》གི་དོན་ཚན་ཆིག་སྟོང་ཉིས་བརྒྱ་དང་ང་བདུན་པའི་གཏན་འབེབས་ལྟར། སྨོན་ཤིང་ཆག་པ་དང་ཡོག་པ། ཡང་ན་སིལ་ཏོག་མར་ལྷུངས་པ་སོགས་ཀྱི་རྐྱེན་གྱིས་མི་གཞན་ལ་གནོད་འཚེ་བཏང་རིགས། སྨོན་ཤིང་གི་བདག་པོའམ་དོ་དམ་པས་རང་ཉིད་ལ་ནོར་འཛོལ་མེད་ལུགས་ར་སྤྲོད་བྱེད་མི་ཐུབ་ན་དབང་གནོད་ཀྱི་འགན་འཁྲི་འཁུར་དགོས།

སྨོན་ཤིང་གིས་མི་གཞན་ལ་གནོད་སྐྱོན་བཟོས་པའི་དབང་གནོད་ཁག་འགན་ཐད་ནོར་འཁྲུལ་གྱི་འགན་འཁྲི་རིགས་འདེད་རྩ་དོན་སྤྱད་ན་འཐུས། ཡང་ཅིག་བཤད་ན། གནོད་འཚེ་ཐེབས་མཁན་གྱིས་ཁེ་དབང་ལ་གནོད་འཚེ་བཏང་བར་སྐྱིན་ཚབ་འཇལ་དགོས་པའི་རེ་བ་ཞུས་ན། ཤིང་སྡོང་ཆག་པ་དང་བསྒྱུར་བ། འབྲས་བུ་ལྷུང་བ་བཅས་ནི་བདག་པོའམ་ཡང་ན་དོ་དམ་པའི་ནོར་འཁྲུལ་གྱིས་བཟོས་པ་བདེན་དཔང་ར་སྤྲོད་བྱེད་མི་དགོས་པར། རང་ཉིད་ལ་ཐེབས་པའི་གནོད་སྐྱོན་དོན་

དངོས་དཔང་རྟགས་ཀྱིས་ར་སྤྲོད་བྱ་དགོས། གལ་ཏེ་ཤིང་སྡོང་གི་བདག་པོའམ་ཡང་ན་དོ་དམ་པས་རང་ཉིད་ལ་ནོར་འཛོལ་མེད་པ་ར་སྤྲོད་བྱེད་མི་ཐུབ་ན། ཁེ་དབང་ལ་གནོད་འཚེ་བཏང་བར་སྐྱིན་ཚབ་འཇལ་བའི་འགན་འཁྲི་འཁུར་དགོས། གྲོང་ཁྱེར་གྱི་སྤྱི་པའི་སྡོ་བསྐྱུར་དང་སྡེ་ཁུལ་གྱི་སྡོ་བསྐྱུར་ཁྲོད་ཀྱི་ཤིང་ནགས་ཀྱི་བདག་པོའམ་ཡང་ན་དོ་དམ་པས་ལྡོན་ཤིང་ལ་ལུགས་མཐུན་གྱི་དོ་དམ་དང་སྲུང་སྐྱོང་གི་འགན་འཁྲི་འཁུར་ནས་དུས་བཀག་བཞིན་གྲལ་བཤེར་དང་དུས་ཐོག་ཏུ་མི་མངོན་པའི་ཉེན་ཁ་སེལ་དགོས། དེ་ལྟར་མ་བྱས་ཚེ་ལྡོན་ཤིང་བཅག་ནས་མི་ལ་རྨས་སྐྱོན་བཟོ་བའི་དབང་ཆར་བཙན་གནོད་ཀྱི་དོན་རྐྱེན་ཐོན་ཚེ་ཁྲིམས་ལྟར་སྐྱིན་ཚབ་འཇལ་བའི་འགན་འཁྲི་འཁུར་དགོས།

100. བགྲོད་ལམ་སྟེང་ས་འོག་སྒྲིག་ཆས་སྒོག་འདོན་དང་ཞིག་གསོ་བྱས་ནས་སྒྲིག་སྦྱོར་བྱེད་པ་སོགས་ཀྱིས་མི་གཞན་ལ་གནོད་སྐྱོན་ཐེབ་ན། ཨར་ལས་བྱེད་མཁན་གྱིས་ཁག་འགན་འཁུར་དགོས་སམ།

《དམངས་དོན་ཁྲིམས་གཞུང་》གི་དོན་ཚན་ཆིག་སྟོང་ཉིས་བརྒྱ་དང་ང་བརྒྱད་པའི་གཏན་འབེབས་ལྟར། མི་མང་འཛོམས་སའམ་འགྲོ་ལམ་ཐོག་སྔོག་འདོན་དང་ས་འོག་གི་སྒྲིག་བཀོད་ཉམས་གསོ་དང་སྒྲིག་སྦྱོར་སོགས་བྱས་པའི་རྐྱེན་གྱིས་གཞན་ལ་གནོད་འཚེ་བཏང་ཚེ། ཨར་ལས་པས་མཚོན་རྟགས་མངོན་གསལ་ཅན་དང་བདེ་སྲུང་བྱེད་ཐབས་སྲུད་ལུགས་ར་སྤྲོད་བྱེད་མི་ཐུབ་ན་དབང་གནོད་ཀྱི་འགན་འཁྲི་འཁུར་དགོས།

ཁྲིན་པ་སོགས་ས་འོག་གི་སྒྲིག་བཀོད་ཀྱི་རྐྱེན་གྱིས་སྐྱེ་བོ་གཞན་ལ་གནོད་འཚེ་ཐོག་པར། དོ་དམ་པས་དོ་དམ་བྱེད་འགན་བསྒྲུབས་ལུགས་ར་སྤྲོད་བྱེད་མི་ཐུབ་ན་དབང་གནོད་ཀྱི་འགན་འཁྲི་འཁུར་དགོས།

བསྒྲོད་ལམ་ནི་ཆེད་དམིགས་མིན་པའི་མི་འདུ་འཛོམས་དང་འགྲོ་སྐྱོད་བྱེད་ས་ཡིན་པས། ལས་ཡུལ་དེ་དག་ཏུ་ཨར་ལས་བྱས་ན། མི་གཞན་ལ་གནོད་འཚེ་བཟོ་སྲིད་པས་ན་མི་གཞན་གྱི་བདེ་འཇགས་ལ་ཐུར་ལས་ལྷག་པར་དོ་སྣང་བྱ་དགོས། གལ་ཏེ་ཨར་ལས་ཏུ་ཁག་གིས་མངོན་གསལ་གྱི་ཨར་རྒྱག་མཚོན་རྟགས་བཀོད་མེད་ལ། བདེ་སྲུང་བྱེད་ཐབས་ཀྱང་སྤྱད་མེད་ན། དབང་ཆར་གནོད་འཚེ་ཐོག་མཁན་གྱི་གྱོང་གུན་ལ་ཁག་འགན་འཁུར་དགོས།

ཟུར་བཀོད།

ཀྲུང་ཧྭ་མི་དམངས་སྤྱི་མཐུན་རྒྱལ་ཁབ་ཀྱི་དམངས་དོན་ཁྲིམས་གཞུང་།

(ཚན་བཏུས།)

(2020ལོའི་ཟླ་5ཚེས་28ཉིན་རྒྱལ་ཡོངས་མི་དམངས་འཐུས་མི་ཚོགས་ཆེན་སྐབས་བཅུ་གསུམ་པའི་གྲོས་ཚོགས་ཐེངས་གསུམ་པའི་ཐོག་གྲོས་འཆམ་བྱུང་།)

ལེ་ཚན་བདུན་པ། དབང་གནོད་འགན་འཁྲི།

ལེའུ་དང་པོ། སྤྱིར་བཏང་གི་གཏན་འབེབས།

དོན་ཚན་ཆིག་སྟོང་ཆིག་བརྒྱ་དང་རེ་བཞི་པ། ལེ་ཚན་འདིར་དམངས་དོན་ཁེ་དབང་ལ་གནོད་འཚེ་བཏང་བ་ལས་བྱུང་བའི་དམངས་དོན་གྱི་འབྲེལ་བ་སྙོམས་སྒྲིག་བྱ་རྒྱུ་ཡིན།

དོན་ཚན་ཆིག་སྟོང་ཆིག་བརྒྱ་དང་རེ་ལྔ་པ། བྱ་སྤྱོད་སྤེལ་མིས་ནོར་འཁྲུལ་གྱི་དབང་གིས་མི་གཞན་གྱི་དམངས་དོན་ཁེ་དབང་ལ་གནོད་རྐྱེན་བཟོས་པ་ཡིན་ན་དབང་གནོད་འགན་འཁྲི་འཁུར་དགོས།

བཅའ་ཁྲིམས་ཀྱི་གཏན་འབེབས་ལྟར་བྱ་སྤྱོད་སྤེལ་མི་ལ་ནོར་འཁྲུལ་ཡོད་པར་རིགས་འདེད་བྱས་པ་ལ། དེས་རང་ཉིད་ལ་ནོར་འཁྲུལ་མེད་པ་བདེན་དཔང་བྱེད་མི་ཐུབ་པ་ཡིན་ན་དབང་གནོད་འགན་འཁྲི་འཁུར་དགོས།

དོན་ཚན་ཆིག་སྟོང་ཆིག་བརྒྱ་དང་རེ་དྲུག་པ། བྱ་སྤྱོད་སྤེལ་མིས་མི་གཞན་གྱི་

དམངས་དོན་ཁེ་དབང་ལ་གནོད་རྐྱེན་བཟོས་པ་ལ། བྱ་སྤྱོད་སྤེལ་མིར་ནོར་འཛོལ་ཡོད་ཀྱང་རུང་མེད་ཀྱང་རུང་། བཅའ་ཁྲིམས་སུ་དབང་གནོད་འགན་འཁྲི་འཁུར་དགོས་པར་གཏན་འབེབས་བྱས་ཡོད་པ་ཡིན་ན། དེའི་གཏན་འབེབས་གཞིར་འཛིན་དགོས།

དོན་ཚན་ཆིག་སྟོང་ཆིག་བརྒྱ་དང་རེ་བདུན་པ། དབང་གནོད་བྱ་སྤྱོད་ཀྱིས་མི་གཞན་གྱི་ལུས་ཕུང་དང་རྒྱུ་ནོར་གྱི་བདེ་འཇགས་ལ་ཉེན་ཁ་བཟོས་པ་ཡིན་ན། དབང་གནོད་ཕོག་མི་ལ་དབང་གནོད་གཏོང་མིས་གནོད་འཚེ་གཏོང་མཚམས་འཇོག་པ་དང་། འགོག་རྐྱེན་སེལ་བ། ཉེན་ཁ་སེལ་བ་སོགས་ཀྱི་དབང་གནོད་འགན་འཁྲི་འཁུར་དགོས་པའི་རེ་འདུན་ཞུ་དབང་ཡོད།

དོན་ཚན་ཆིག་སྟོང་ཆིག་བརྒྱ་དང་རེ་བརྒྱད་པ། མི་གཉིས་ཡན་གྱིས་དབང་གནོད་བྱ་སྤྱོད་མཉམ་སྤེལ་བྱས་ནས་མི་གཞན་ལ་གནོད་རྐྱེན་བཟོས་པ་ཡིན་ན། ཞོར་འབྲུད་འགན་འཁྲི་འཁུར་དགོས།

དོན་ཚན་ཆིག་སྟོང་ཆིག་བརྒྱ་དང་རེ་དགུ་པ། མི་གཞན་ལ་ངན་སྐུལ་དང་རོགས་རམ་བྱས་ནས་དབང་གནོད་བྱ་སྤྱོད་སྤེལ་དུ་བཅུག་པ་ཡིན་ན། བྱ་སྤྱོད་སྤེལ་མི་དང་མཉམ་དུ་ཞོར་འབྲུད་འགན་འཁྲི་འཁུར་དགོས།

དམངས་དོན་བྱ་སྤྱོད་སྤེལ་ནུས་མེད་པའི་མི་དང་དམངས་དོན་བྱ་སྤྱོད་སྤེལ་ནུས་ཚོད་འཛིན་བྱས་པའི་མིར་ངན་སྐུལ་དང་རོགས་རམ་བྱས་ནས་དབང་གནོད་བྱ་སྤྱོད་སྤེལ་དུ་བཅུག་པ་ཡིན་ན། དབང་གནོད་འགན་འཁྲི་འཁུར་དགོས། དམངས་དོན་བྱ་སྤྱོད་སྤེལ་ནུས་མེད་པའི་མི་དང་དམངས་དོན་བྱ་སྤྱོད་སྤེལ་ནུས་ཚོད་འཛིན་བྱས་པའི་མི་དེའི་ལྟ་སྐྱོང་བས་ལྟ་སྐྱོང་འགན་འཁྲི་འཁྱོལ་མེད་ན། དེར་མཐུན་གྱི་འགན་འཁྲི་འཁུར་དགོས།

དོན་ཚན་ཆིག་སྟོང་ཆིག་བརྒྱ་དང་བདུན་ཅུ་པ། མི་གཉིས་ཡན་གྱིས་མི་གཞན་གྱི་ལུས་ཕུང་དང་རྒྱུ་ནོར་གྱི་བདེ་འཇགས་ལ་ཉེན་ཁ་བཟོ་བའི་བྱ་སྤྱོད་སྤེལ་བ་དང་།

དེ་དག་ལས་མི་གཅིག་གམ་མི་དུ་མའི་བྱ་སྤྱོད་ཀྱིས་མི་གཞན་ལ་གནོད་རྐྱེན་བཟོས་པ་ལ། བྱེ་བྲག་གི་དབང་གནོད་གཏོང་མི་སུ་ཡིན་གཏན་ཁེལ་བྱེད་ཐུབ་ཚེ། དབང་གནོད་གཏོང་མིས་འགན་འཁྲི་འཁུར་དགོས། བྱེ་བྲག་གི་དབང་གནོད་གཏོང་མི་སུ་ཡིན་གཏན་ཁེལ་བྱེད་མི་ཐུབ་ཚེ། བྱ་སྤྱོད་སྤྱེལ་མིས་ཞོར་འདྲུད་འགན་འཁྲི་འཁུར་དགོས།

དོན་ཚན་ཆིག་སྟོང་ཆིག་བརྒྱ་དང་དོན་གཅིག་པ། མི་གཉིས་ཡན་གྱིས་སོ་སོ་བཞིན་དུ་དབང་གནོད་བྱ་སྤྱོད་སྤྱེལ་ནས་གནོད་རྐྱེན་གཅིག་པ་བཟོས་པ་དང་། མི་སོ་སོའི་དབང་གནོད་བྱ་སྤྱོད་ཀྱིས་གནོད་རྐྱེན་ཆ་ཚང་བཟོ་ཐུབ་ངེས་ཡིན་ན། བྱ་སྤྱོད་སྤྱེལ་མིས་ཞོར་འདྲུད་འགན་འཁྲི་འཁུར་དགོས།

དོན་ཚན་ཆིག་སྟོང་ཆིག་བརྒྱ་དང་དོན་གཉིས་པ། མི་གཉིས་ཡན་གྱིས་སོ་སོ་བཞིན་དུ་དབང་གནོད་བྱ་སྤྱོད་སྤྱེལ་ནས་གནོད་རྐྱེན་གཅིག་པ་བཟོས་པ་ལ། འགན་འཁྲི་ཆེ་ཆུང་གཏན་འཁེལ་བྱེད་ཐུབ་པ་ཡིན་ན། མི་སོ་སོས་དེར་མཐུན་གྱི་འགན་འཁྲི་འཁུར་དགོས། འགན་འཁྲི་ཆེ་ཆུང་གཏན་འཁེལ་བྱེད་མི་ཐུབ་པ་ཡིན་ན། འགན་འཁྲི་ཆ་སྙོམས་ཀྱིས་འཁུར་དགོས།

དོན་ཚན་ཆིག་སྟོང་ཆིག་བརྒྱ་དང་དོན་གསུམ་པ། གནོད་འཚེ་གཅིག་པ་བྱུང་བའམ་རྒྱ་ཆེ་རུ་བཏང་བའི་ཐད་ལ་དབང་གནོད་ཕོག་མཁན་ལ་ནོར་འཛོལ་ཡོད་ན། དབང་གནོད་གཏོང་མིའི་འགན་འཁྲི་ཆག་ཡང་བཏང་ཆོག

དོན་ཚན་ཆིག་སྟོང་ཆིག་བརྒྱ་དང་དོན་བཞི་པ། གནོད་རྐྱེན་ནི་གནོད་འཚེ་ཕོག་མིས་བསམ་བཞིན་དུ་བཟོས་པ་ཡིན་ན། བྱ་སྤྱོད་སྤྱེལ་མིས་འགན་འཁྲི་འཁུར་མི་དགོས།

དོན་ཚན་ཆིག་སྟོང་ཆིག་བརྒྱ་དང་དོན་ལྔ་པ། གནོད་རྐྱེན་ནི་ཕྱུང་གསུམ་པའི་རྐྱེན་གྱིས་བཟོས་པ་ཡིན་ན། ཕྱུང་གསུམ་པས་དབང་གནོད་འགན་འཁྲི་འཁུར་དགོས།

དོན་ཚན་ཆིག་སྟོང་ཆིག་བརྒྱ་དང་དོན་དྲུག་པ། ཉེན་ཁ་ངེས་ཅན་ལྡན་པའི་རིག་གནས་ལུས་རྩལ་གྱི་བྱེད་སྒོར་རང་མོས་ཀྱིས་ཞུགས་པ་ལ། དེར་ཞུགས་མཁན་གཞན་དག་གི་བྱ་སྤྱོད་ཀྱི་དབང་གིས་གནོད་རྐྱེན་ཕོག་པ་ཡིན་ན། གནོད་འཚེ་ཕོག་མིས་དེར་ཞུགས་མཁན་གཞན་དག་ལ་དབང་གནོད་འགན་འཁྲི་འཁུར་དགོས་པའི་རེ་འདུན་ཞུས་མི་ཆོག ཡིན་ན་ཡང་དེར་ཞུགས་མཁན་གཞན་དག་གིས་བསམ་བཞིན་དུ་བྱས་པའམ་ལས་འགོལ་ཆབས་ཆེན་ཤོར་བའི་དབང་གིས་གནོད་རྐྱེན་བྱུང་བ་འདིའི་ཁོངས་སུ་མི་ཚུད།

བྱེད་སྒོ་སྒྲིག་འཛུགས་བྱེད་མཁན་གྱི་འགན་འཁྲིའི་ཐད་ལ་བཅའ་ཁྲིམས་འདིའི་དོན་ཚན་ཆིག་སྟོང་ཆིག་བརྒྱ་དང་གོ་བརྒྱད་པ་ནས་དོན་ཚན་ཆིག་སྟོང་ཉིས་བརྒྱ་དང་དང་པོའི་བར་གྱི་གཏན་འབེབས་སྤྱོད་འཁྱུས།

དོན་ཚན་ཆིག་སྟོང་ཆིག་བརྒྱ་དང་དོན་བདུན་པ། ཁྲིམས་མཐུན་ཁེ་དབང་ལ་གནོད་འཚེ་ཕོག་ཅིང་། གནས་ཚུལ་ཛ་དྲག་ཆེ་ལ་དུས་ཐོག་ཏུ་རྒྱལ་ཁབ་ལས་ཁུངས་ཀྱི་སྲུང་སྐྱོབ་འཐོབ་མི་ཐུབ་པ་ལ། འཕྲལ་མར་བྱེད་ཐབས་མ་སྤྱད་ན་དེའི་ཁྲིམས་མཐུན་ཁེ་དབང་ལ་གསབ་ཐབས་བྲལ་བའི་གནོད་རྐྱེན་ཕོག་སྲིད་པ་ཡིན་ན། གནོད་འཚེ་ཕོག་མིས་རང་ཉིད་ཀྱི་ཁྲིམས་མཐུན་ཁེ་དབང་སྲུང་སྐྱོབ་བྱེད་པའི་དགོས་ངེས་ཀྱི་ཁྱབ་ཁོངས་ནང་དུ་དབང་གནོད་གཏོང་མིའི་ནོར་རྫས་བཀག་ཉར་བྱེད་པ་སོགས་ལུགས་མཐུན་གྱི་བྱེད་ཐབས་སྤྱད་ཆོག ཡིན་ན་ཡང་འཕྲལ་མར་རྒྱལ་ཁབ་ཀྱི་འབྲེལ་ཡོད་ལས་ཁུངས་ལ་ཐག་གཅོད་བྱེད་དགོས་པའི་རེ་འདུན་ཞུ་དགོས།

གནོད་འཚེ་ཕོག་མིས་བྱེད་ཐབས་འོས་མེད་སྤྱད་པས་མི་གཞན་པར་གནོད་རྐྱེན་བཟོས་པ་ཡིན་ན། དབང་གནོད་འགན་འཁྲི་འཁུར་དགོས།

དོན་ཚན་ཆིག་སྟོང་ཆིག་བརྒྱ་དང་དོན་བརྒྱད་པ། བཅའ་ཁྲིམས་འདི་དང་བཅའ་ཁྲིམས་གཞན་དག་ནང་དུ་འགན་འཁྲི་འཁུར་མི་དགོས་པའམ་འགན་འཁྲི་ཆག་ཡང་གཏོང་དགོས་པའི་གནས་ཚུལ་ཐད་ལོགས་སུ་གཏན་འབེབས་བྱས་ཡོད་པ

ཡིན་ན། དེའི་གཏན་འབེབས་གཞིར་འཛིན་དགོས།

ལེའུ་གཉིས་པ། གནོད་རྐྱེན་སྐྱིན་གསབ།

དོན་ཚན་ཆིག་སྟོང་ཆིག་བརྒྱ་དང་དོན་དགུ་པ། མི་གཞན་ལ་གནོད་འཚེ་བཏང་ནས་མི་ལུས་ལ་གནོད་རྐྱེན་བཟོས་ན། སྨན་བཅོས་འགྲོ་གྲོན་དང་། ནད་གཡོག་འགྲོ་གྲོན། འགྲིམ་འགྲུལ་འགྲོ་གྲོན། འཚོ་བཅུད་འགྲོ་གྲོན། ནད་སྡོད་བཟའ་བཏུང་གསབ་དཔུལ་སོགས་སྨན་བཅོས་དང་ལུས་གསོ་ལ་བཏང་བའི་ལུགས་མཐུན་གྱི་འགྲོ་གྲོན་དང་། ལས་ཐེབས་ཆག་ནས་ཉུང་དུ་སོང་བའི་ཡོང་འབབ་བཅས་ཀྱི་གྱོང་གུན་སྐྱིན་གསབ་བྱེད་དགོས། དབང་པོར་སྐྱོན་བཟོས་པ་ཡིན་ན། ཞོར་འདེགས་ཡོ་ཆས་ཀྱི་འགྲོ་གྲོན་དང་དབང་པོར་སྐྱོན་བཟོས་པའི་སྐྱིན་གསབ་གྲོན་དཔུལ་ཡང་སྐྱིན་གསབ་བྱེད་དགོས། ཤི་སྐྱོན་བཟོས་ན། འདས་འཇུག་འགྲོ་གྲོན་དང་མི་སྟོང་འཇལ་དགོས།

དོན་ཚན་ཆིག་སྟོང་ཆིག་བརྒྱ་དང་བརྒྱད་ཅུ་པ། དབང་གནོད་བྱ་སྤྱོད་གཅིག་གིས་མི་དུ་མར་ཤི་སྐྱོན་བཟོས་པ་ཡིན་ན། གྲངས་འབོར་འདྲ་མཚུངས་ཀྱི་མི་སྟོང་དངུལ་གྲངས་གཏན་ཁེལ་བྱས་ཆོག

དོན་ཚན་ཆིག་སྟོང་ཆིག་བརྒྱ་དང་གྱ་གཅིག་པ། དབང་གནོད་ཕོག་མི་ཤི་བ་ཡིན་ན། དེའི་གཉེན་ཚན་དག་ལ་དབང་གནོད་གཏོང་མིས་དབང་གནོད་འགན་འཁྲི་འཁུར་དགོས་པའི་རེ་འདུན་འདོན་དབང་ཡོད། དབང་གནོད་ཕོག་མི་དེ་རྩ་འཛུགས་ཡིན་ཞིང་། རྩ་འཛུགས་དེ་ཁ་ཁར་བཙུགས་ཤིང་ཟླ་སྒྲིལ་བཏང་ཡོད་པ་ཡིན་ན། ཁེ་དབང་རྒྱུན་འཛིན་བྱེད་མཁན་རྩ་འཛུགས་ལ་དབང་གནོད་གཏོང་མིས་དབང་གནོད་འགན་འཁྲི་འཁུར་དགོས་པའི་རེ་འདུན་འདོན་དབང་ཡོད།

དབང་གནོད་ཕོག་མི་ཤི་བ་ཡིན་ན། དབང་གནོད་ཕོག་མིའི་སྨན་བཅོས་འགྲོ་གྲོན་དང་འདས་འཇུག་འགྲོ་གྲོན་སོགས་ལུགས་མཐུན་གྱི་འགྲོ་གྲོན་བཏང་བའི་མི་ལ་དབང་གནོད་གཏོང་མིས་འགྲོ་གྲོན་སྐྱིན་གསབ་བྱེད་དགོས་པའི་རེ་འདུན་འདོན་དབང་ཡོད། ཡིན་ན་ཡང་དབང་གནོད་གཏོང་མིས་འགྲོ་གྲོན་དེ་དག་བཏང་ཚར་བ་འདིའི་ཁོངས་སུ་མི་ཚུད།

དོན་ཚན་ཅིག་སྟོང་ཅིག་བརྒྱ་དང་གྱ་གཉིས་པ། མི་གཞན་གྱི་མི་ལུས་ཁེ་དབང་ལ་གནོད་འཚེ་བཏང་ནས་རྒྱུ་ནོར་ལ་གྱོང་གུན་བཟོས་པ་ཡིན་ན། དབང་གནོད་ཕོག་མི་ལ་དེ་ལས་ཐེབས་པའི་གྱོང་གུན་དང་ཡང་ན་དབང་གནོད་གཏོང་མི་ལ་དེ་ལས་ཐོབ་པའི་ཁེ་ཕན་དང་བསྟུན་ནས་སྐྱིན་གསབ་བྱེད་དགོས། དབང་གནོད་ཕོག་མི་ལ་དེ་ལས་ཐེབས་པའི་གྱོང་གུན་དང་ཡང་ན་དབང་གནོད་གཏོང་མི་ལ་དེ་ལས་ཐོབ་པའི་ཁེ་ཕན་གཏན་འཁེལ་གསལ་ངེས་བྱེད་དཀའ་བ་དང་། དབང་གནོད་ཕོག་མི་དང་དབང་གནོད་གཏོང་མིའི་བར་དུ་སྐྱིན་གསབ་གྲངས་ཚད་ཐད་གྲོས་ཁ་མ་མཐུན་པར་མི་དམངས་ཁྲིམས་ཁང་ལ་གཏུག་བཤེར་བྱས་པ་ཡིན་ན། མི་དམངས་ཁྲིམས་ཁང་གིས་གནས་ཚུལ་དངོས་གཞིར་བཟུང་ནས་སྐྱིན་གསབ་གྲངས་ཚད་གཏན་ཁེལ་བྱེད་དགོས།

དོན་ཚན་ཅིག་སྟོང་ཅིག་བརྒྱ་དང་གྱ་གསུམ་པ། རང་བྱུང་མིའི་མི་ལུས་ཁེ་དབང་ལ་གནོད་འཚེ་བཏང་ནས་བསམ་པའི་གནོད་རྐྱེན་ཚབས་ཆེན་བཟོས་པ་ཡིན་ན། དབང་གནོད་ཕོག་མི་ལ་བསམ་པའི་གནོད་རྐྱེན་སྐྱིན་གསབ་བྱེད་དགོས་པའི་རེ་འདུན་འདོན་དབང་ཡོད།

བསམ་བཞིན་དུ་བྱས་པའམ་ལས་འཛོལ་ཚབས་ཆེན་ཤོར་བའི་དབང་གིས་རང་བྱུང་མི་ལ་མི་ཚེའི་དོན་སྙིང་ལྡན་པའི་རྒྱུ་རྫས་ངེས་ཅན་ལ་གནོད་འཚེ་བཏང་ནས་བསམ་པའི་གནོད་རྐྱེན་ཚབས་ཆེན་བཟོས་པ་ཡིན་ན། དབང་གནོད་ཕོག་མི་ལ་བསམ་པའི་གནོད་རྐྱེན་སྐྱིན་གསབ་བྱེད་དགོས་པའི་རེ་འདུན་འདོན་དབང་ཡོད།

དོན་ཚན་ཆིག་སྟོང་ཆིག་བརྒྱ་དང་གྱ་བཞི་པ། མི་གཞན་གྱི་རྒྱུ་ནོར་ལ་གནོད་འཚེ་བཏང་བ་ཡིན་ན། རྒྱུ་ནོར་གྱི་གྱོང་གུན་ནི་གྱོང་གུན་བྱུང་དུས་ཀྱི་ཚོང་རའི་རིན་གོང་ངམ་ལུགས་མཐུན་རྣམ་པ་གཞན་དག་གི་ཐོག་ནས་རྩིས་རྒྱག་དགོས།

དོན་ཚན་ཆིག་སྟོང་ཆིག་བརྒྱ་དང་གྱ་ལྔ་པ། མི་གཞན་གྱི་ཤེས་བྱའི་ཐོན་དབང་ལ་བསམ་བཞིན་དུ་གནོད་འཚེ་བཏང་བ་དང་། གནས་ཚུལ་ཚབས་ཆེན་ཡིན་ན། དབང་གནོད་ཕོག་མི་ལ་དེར་མཐུན་གྱི་ཆད་གཅོད་རང་བཞིན་གྱི་སྐྱིན་གསབ་བྱེད་དགོས་པའི་རེ་འདུན་འདོན་དབང་ཡོད།

དོན་ཚན་ཆིག་སྟོང་ཆིག་བརྒྱ་དང་གྱ་དྲུག་པ། གནོད་འཚེ་བྱུང་བའི་ཐད་དུ་གནོད་འཚེ་ཕོག་མི་དང་བྱ་སྤྱོད་སྤྱེལ་མི་གཉིས་ཀར་ནོར་འཁྲུལ་མེད་པ་ཡིན་ན། བཅའ་ཁྲིམས་ཀྱི་གཏན་འབེབས་ལྟར་ཕྱོགས་གཉིས་ཀས་གྱོང་གུན་མཉམ་འཁུར་བྱེད་དགོས།

དོན་ཚན་ཆིག་སྟོང་ཆིག་བརྒྱ་དང་གྱ་བདུན་པ། གནོད་རྐྱེན་བྱུང་རྗེས། དོ་བདག་བར་དུ་སྐྱིན་གསབ་གྲོན་དངུལ་སྤྲོད་སྟངས་སྐོར་ལ་གྲོས་མོལ་བྱས་ཆོག གྲོས་ཁ་མ་མཐུན་ན། སྐྱིན་གསབ་གྲོན་དངུལ་སྤྲོད་ཐེངས་གཅིག་གིས་རྩིས་སྤྲོད་བྱེད་དགོས། སྤྲོད་ཐེངས་གཅིག་གིས་རྩིས་སྤྲོད་བྱེད་པར་དངོས་འབྲེལ་དཀའ་ངལ་ཡོད་ན། དུས་བགོས་རྩིས་སྤྲོད་བྱས་ཆོག ཡིན་ནའང་དབང་གནོད་ཕོག་མི་ལ་དེར་མཐུན་གྱི་འགན་ལེན་འདོན་སྤྲོད་བྱེད་དགོས་པའི་རེ་འདུན་འདོན་དབང་ཡོད།

ལེའུ་གསུམ་པ། འགན་འཁུར་བྱེད་པོའི་དམིགས་བསལ་གཏན་འབེབས།

དོན་ཚན་ཆིག་སྟོང་ཆིག་བརྒྱ་དང་གྱ་བརྒྱད་པ། དམངས་དོན་བྱ་སྤྱོད་སྤྱེལ་ནུས་མེད་པའི་མི་དང་དམངས་དོན་བྱ་སྤྱོད་སྤྱེལ་ནུས་ཚོད་འཛིན་བྱས་པའི་མིས་མི་

གཞན་ལ་གནོད་རྐྱེན་བཏང་བ་ཡིན་ན། ལྟ་སྐྱོང་བས་དབང་གནོད་འགན་འཁྲི་འཁུར་དགོས། ལྟ་སྐྱོང་བས་ལྟ་སྐྱོང་གི་འགན་འཁྱོལ་ཡོད་ན། དེའི་དབང་གནོད་འགན་འཁྲི་ཆག་ཡང་བཏང་ཆོག

རྒྱ་ནོར་ལྡན་པའི་དམངས་དོན་བྱ་སྤྱོད་སྤྱིལ་ནུས་མེད་པའི་མི་དང་དམངས་དོན་བྱ་སྤྱོད་སྤྱིལ་ནུས་ཆོད་འཛིན་བྱས་པའི་མིས་མི་གཞན་ལ་གནོད་རྐྱེན་བཟོས་པ་ཡིན་ན། ཁོ་རང་གི་རྒྱ་ནོར་ལས་སྐྱིན་གསབ་འགྲོ་གྲོན་སྤྲོད་དགོས། མི་འདང་བའི་ཆ་ནི་ལྟ་སྐྱོང་བས་སྐྱིན་གསབ་བྱེད་དགོས།

དོན་ཚན་ཆིག་སྟོང་ཆིག་བརྒྱ་དང་གྱ་དགུ་པ། དམངས་དོན་བྱ་སྤྱོད་སྤྱིལ་ནུས་མེད་པའི་མི་དང་དམངས་དོན་བྱ་སྤྱོད་སྤྱིལ་ནུས་ཆོད་འཛིན་བྱས་པའི་མིས་མི་གཞན་ལ་གནོད་རྐྱེན་བཟོས་པ་ལ། ལྟ་སྐྱོང་བས་ལྟ་སྐྱོང་འགན་འཁྲི་མི་གཞན་ལ་མངག་བཅོལ་བྱས་ཡོད་པ་ཡིན་ན། ལྟ་སྐྱོང་བས་དབང་གནོད་འགན་འཁྲི་འཁུར་དགོས། མངག་བཅོལ་ལེན་མི་ལ་ནོར་འཁྲུལ་ཡོད་ན་དེར་མཐུན་གྱི་འགན་འཁྲི་འཁུར་དགོས།

དོན་ཚན་ཆིག་སྟོང་ཆིག་བརྒྱ་དང་དགུ་བཅུ་པ། དམངས་དོན་བྱ་སྤྱོད་སྤྱིལ་ནུས་ཆ་ཚང་ཡོད་པའི་མིས་རང་ཉིད་ཀྱི་བྱ་སྤྱོད་ལ་གནས་སྐབས་སུ་ཚོར་བ་ཉམས་པའམ་ཚོད་མ་ཟིན་པར་གྱུར་ནས་མི་གཞན་ལ་གནོད་རྐྱེན་བཟོས་པའི་ཐད་དུ་ནོར་འཛོལ་ཡོད་པ་ཡིན་ན། དབང་གནོད་འགན་འཁྲི་འཁུར་དགོས། ནོར་འཛོལ་མེད་པ་ཡིན་ན། བྱ་སྤྱོད་སྤྱིལ་མིའི་དཔལ་འབྱོར་གྱི་གནས་ཚུལ་གཞིར་བཟུང་ནས་གནོད་འཚེ་ཕོག་མི་ལ་གུན་གསབ་འོས་འཚམ་བྱེད་དགོས།

དམངས་དོན་བྱ་སྤྱོད་སྤྱིལ་ནུས་ཆ་ཚང་ཡོད་པའི་མིས་ར་བཟི་བ་དང་སྦྲིད་སྨན་ནམ་དབང་རྩའི་སྨན་གང་དཀར་བསྟེན་ནས་རང་ཉིད་ཀྱི་བྱ་སྤྱོད་ལ་གནས་སྐབས་སུ་ཚོར་བ་ཉམས་པའམ་ཚོད་མ་ཟིན་པར་གྱུར་ནས་མི་གཞན་ལ་གནོད་རྐྱེན་བཟོས་པ་ཡིན་ན། དབང་གནོད་འགན་འཁྲི་འཁུར་དགོས།

དོན་ཚན་ཆིག་སྟོང་ཆིག་བརྒྱ་དང་གོ་གཅིག་པ། མི་བཀོལ་སྤྱོ་ཚན་གྱི་ལས་བྱེད་མི་སྣས་ལས་ཀའི་ལས་འགན་སྒྲུབ་པ་ལས་མི་གཞན་ལ་གནོད་རྐྱེན་བཟོས་པ་ཡིན་ན། མི་བཀོལ་སྤྱོ་ཚན་གྱིས་དབང་གནོད་འགན་འཁྲི་འཁུར་དགོས། མི་བཀོལ་སྤྱོ་ཚན་གྱིས་དབང་གནོད་འགན་འཁྲི་ཁུར་རྗེས། བསམ་བཞིན་དུ་བྱས་པའམ་ལས་འཛོལ་ཚབས་ཆེན་ཤོར་བའི་ལས་བྱེད་མི་སྣར་སྐྱིན་གསབ་བདའ་འདེད་བྱས་ཆོག

ངལ་ལས་མངག་གཏོང་བྱེད་རིང་དུ། མངག་གཏོང་བྱ་ཡུལ་ལས་བྱེད་མི་སྣས་ལས་ཀའི་ལས་འགན་སྒྲུབ་པ་ལས་མི་གཞན་ལ་གནོད་རྐྱེན་བཟོས་པ་ཡིན་ན། ངལ་ལས་མངག་གཏོང་དང་ལེན་བྱེད་མཁན་མི་བཀོལ་སྤྱོ་ཚན་གྱིས་དབང་གནོད་འགན་འཁྲི་འཁུར་དགོས། ངལ་ལས་མངག་གཏོང་བྱེད་མཁན་སྤྱོ་ཚན་ལ་ནོར་འཛོལ་ཡོད་པ་ཡིན་ན། དེར་མཐུན་གྱི་འགན་འཁྲི་འཁུར་དགོས།

དོན་ཚན་ཆིག་སྟོང་ཆིག་བརྒྱ་དང་གོ་གཉིས་པ། མི་སྒེར་གྱི་བར་དུ་ངལ་ལས་ཀྱི་འབྲེལ་བ་ཆགས་ཚེ། ངལ་ལས་མཁོ་འདོན་བྱེད་མཁན་ཕྱོགས་ཀྱིས་ངལ་ལས་ཀྱི་རྐྱེན་གྱིས་མི་གཞན་ལ་གནོད་རྐྱེན་བཟོས་པ་ཡིན་ན། ངལ་ལས་དང་ལེན་བྱེད་མཁན་ཕྱོགས་ཀྱིས་དབང་གནོད་འགན་འཁྲི་འཁུར་དགོས། ངལ་ལས་དང་ལེན་བྱེད་མཁན་ཕྱོགས་ཀྱིས་དབང་གནོད་འགན་འཁྲི་ཁུར་རྗེས། བསམ་བཞིན་དུ་བྱས་པའམ་ལས་འཛོལ་ཚབས་ཆེན་ཤོར་བའི་ངལ་ལས་མཁོ་འདོན་བྱེད་མཁན་ཕྱོགས་ལ་སྐྱིན་གསབ་བདའ་འདེད་བྱས་ཆོག ངལ་ལས་མཁོ་འདོན་བྱེད་མཁན་ཕྱོགས་ལ་ངལ་ལས་ཀྱི་རྐྱེན་གྱིས་གནོད་འཚེ་ཕོག་ན། ཕྱོགས་གཉིས་ཀའི་རང་རང་སོ་སོའི་ནོར་འཛོལ་ལྟར་དེར་མཐུན་གྱི་འགན་འཁྲི་འཁུར་དགོས།

ངལ་ལས་མཁོ་འདོན་བྱེད་རིང་དུ་ཕྱུང་གསུམ་པའི་བྱ་སྤྱོད་ཀྱི་རྐྱེན་གྱིས་ངལ་ལས་མཁོ་འདོན་བྱེད་མཁན་ཕྱོགས་ལ་གནོད་རྐྱེན་བཟོས་པ་ཡིན་ན། ངལ་ལས་མཁོ་འདོན་བྱེད་མཁན་ཕྱོགས་ལ་ཕྱུང་གསུམ་པས་དབང་གནོད་འགན་འཁྲི་འཁུར་དགོས་པའི་རེ་འདུན་འདོན་དབང་ཡོད་ལ། ངལ་ལས་དང་ལེན་

བྱེད་མཁན་ཕྱོགས་ཀྱིས་སྐྱིན་གསབ་བྱེད་དགོས་པའི་རེ་འདུན་འདོན་དབང་ཡང་ཡོད། ངལ་ལས་དང་ལེན་བྱེད་མཁན་ཕྱོགས་ཀྱིས་སྐྱིན་གསབ་སྤྲོད་རྗེས་ཕུང་གསུམ་པར་སྐྱིན་གསབ་བདའ་འདེད་བྱས་ཆོག

དོན་ཚན་ཆིག་སྟོང་ཆིག་བརྒྱ་དང་གོ་གསུམ་པ། སྒྲུབ་འགན་ལེན་མིས་ལས་དོན་ཡོངས་འགྲུབ་བྱེད་རིམ་ནང་དུ་ཕུང་གསུམ་པར་གནོད་རྐྱེན་བཟོས་པའམ་རང་ཉིད་ལ་གནོད་རྐྱེན་བཟོས་པ་ཡིན་ན། མངག་བཟོ་བྱེད་མིས་དབང་གནོད་འགན་འཁྲི་འཁུར་མི་དགོས། ཡིན་ན་ཡང་མངག་བཟོ་བྱེད་མི་ལ་མངག་བཟོ་དང་། མཇུབ་སྟོན་ནམ་འདེམས་བསྒྲོ་བཅས་བྱེད་པའི་ཐད་དུ་ནོར་འཛོལ་ཡོད་པ་ཡིན་ན། དེར་མཐུན་གྱི་འགན་འཁྲི་འཁུར་དགོས།

དོན་ཚན་ཆིག་སྟོང་ཆིག་བརྒྱ་དང་གོ་བཞི་པ། དྲ་སྤྱོད་བདག་པོ་དང་དྲ་བའི་ཞབས་ཞུ་མཁོ་འདོན་བྱེད་མཁན་གྱིས་དྲ་བ་ལ་བརྟེན་ནས་མི་གཞན་གྱི་དམངས་དོན་ཁེ་དབང་ལ་གནོད་འཚེ་བཏང་བ་ཡིན་ན། དབང་གནོད་འགན་འཁྲི་འཁུར་དགོས། བཅའ་ཁྲིམས་ཀྱིས་ལོགས་སུ་གཏན་འབེབས་བྱས་ཡོད་པ་ཡིན་ན། དེའི་གཏན་འབེབས་གཞིར་འཛིན་དགོས།

དོན་ཚན་ཆིག་སྟོང་ཆིག་བརྒྱ་དང་གོ་ལྔ་པ། དྲ་སྤྱོད་བདག་པོས་དྲ་བའི་ཞབས་ཞུ་ལ་བརྟེན་ནས་དབང་གནོད་བྱ་སྤྱོད་སྤེལ་བ་ཡིན་ན། ཁེ་དབང་བདག་པོ་ལ་དྲ་སྤེལ་ཞབས་ཞུ་མཁོ་འདོན་བྱེད་མཁན་གྱིས་བསུབ་འཐེན་བྱེད་པ་དང་། སྒྲིབ་གཡོགས་རྒྱག་པ། སྦྲེལ་མཐུད་གཅོད་པ་སོགས་ཉེར་མཁོའི་བྱེད་ཐབས་སྤྱོད་དགོས་པའི་བརྡ་སྦྱོར་གཏོང་དབང་ཡོད། བརྡ་སྦྱོར་གྱི་ནང་དུ་དབང་གནོད་གྲུབ་པའི་ཐོག་མའི་དཔང་རྟགས་དང་ཁེ་དབང་བདག་པོའི་ཐོབ་ཐང་དངོས་ཀྱི་ཆ་འཕྲིན་ཡོད་དགོས།

དྲ་བའི་ཞབས་ཞུ་མཁོ་འདོན་བྱེད་མཁན་གྱིས་བརྡ་སྦྱོར་འབྱོར་རྗེས་སུ་བརྡ་སྦྱོར་དེ་དུས་ཐོག་ཏུ་འབྲེལ་ཡོད་ཀྱི་དྲ་སྤྱོད་བདག་པོ་ལ་བརྒྱུད་གཏོང་བྱེད་དགོས་

པར་མ་ཟད། དབང་གནོད་གྲུབ་པའི་ཐོག་མའི་དཔང་རྟགས་དང་ཞབས་ཞུའི་རྣམ་གྲངས་གཞིར་བཟུང་ནས་ཉེར་མཁོའི་བྱེད་ཐབས་ཀྱང་སྤྱོད་དགོས། དུས་ཐོག་ཏུ་ཉེར་མཁོའི་བྱེད་ཐབས་མ་སྤྱད་པ་ཡིན་ན། རྒྱ་ཆེ་རུ་ཕྱིན་པའི་གནོད་རྐྱེན་གྱི་ཆར་དྲ་སྤྱོད་བདག་པོ་དེ་དང་ལྷན་དུ་ཞོར་འདྲུད་འགན་འཁྲི་འཁུར་དགོས།

ཁེ་དབང་བདག་པོས་བརྡ་སྒྱུར་ནོར་འཁྲུལ་ཅན་བཏང་བའི་རྐྱེན་གྱིས་དྲ་སྤྱོད་བདག་པོའམ་དྲ་བའི་ཞབས་ཞུ་མཁོ་འདོན་བྱེད་མཁན་ལ་གནོད་རྐྱེན་བཟོས་པ་ཡིན་ན། དབང་གནོད་འགན་འཁྲི་འཁུར་དགོས། བཅའ་ཁྲིམས་ཀྱིས་ལོགས་སུ་གཏན་འབེབས་བྱས་ཡོད་པ་ཡིན་ན། དེའི་གཏན་འབེབས་གཞིར་འཛིན་དགོས།

དོན་ཚན་ཆིག་སྟོང་ཆིག་བརྒྱ་དང་གོ་དྲུག་པ། དྲ་སྤྱོད་བདག་པོ་ལ་བརྒྱུད་གཏོང་བརྡ་སྒྱུར་འགྱུར་རྗེས། དྲ་བའི་ཞབས་ཞུ་མཁོ་འདོན་བྱེད་མཁན་ལ་དབང་གནོད་བྱ་སྤྱོད་སྤེལ་མེད་པའི་གསལ་བསྒྲགས་འདོན་སྤྲོད་བྱས་ཆོག གསལ་བསྒྲགས་ནང་དུ་དབང་གནོད་བྱ་སྤྱོད་སྤེལ་མེད་པའི་ཐོག་མའི་དཔང་རྟགས་དང་དེ་བཞིན་དྲ་སྤྱོད་བདག་པོའི་ཐོབ་ཐང་དངོས་ཀྱི་ཆ་འཕྲིན་ཡོད་དགོས།

དྲ་བའི་ཞབས་ཞུ་མཁོ་འདོན་བྱེད་མཁན་ལ་གསལ་བསྒྲགས་འབྱོར་རྗེས། གསལ་བསྒྲགས་དེ་བརྡ་སྒྱུར་གཏོང་མཁན་གྱི་ཁེ་དབང་བདག་པོ་ལ་བརྒྱུད་གཏོང་བྱེད་དགོས་པར་མ་ཟད། ཁོ་ལ་འབྲེལ་ཡོད་སྒོ་ཁག་ལ་ཞུ་གཏུག་བྱས་ཆོག་པའམ་མི་དམངས་ཁྲིམས་ཁང་ལ་གཏུག་བཤེར་བྱས་ཆོག་པའི་གོ་བརྡ་སྤྲོད་དགོས། ཁེ་དབང་བདག་པོ་ལ་བརྒྱུད་གཏོང་གསལ་བསྒྲགས་དེ་འབྱོར་རྗེས་ཀྱི་ལུགས་མཐུན་དུས་བཀག་ནང་དུ། དྲ་བའི་ཞབས་ཞུ་མཁོ་འདོན་བྱེད་མཁན་ལ་ཁེ་དབང་བདག་པོས་ཞུ་གཏུག་གམ་གཏུག་བཤེར་བྱས་ཟིན་པའི་བརྡ་སྒྱུར་མ་འགྱུར་བ་ཡིན་ན། དུས་ཐོག་ཏུ་བྱེད་ཐབས་གང་སྤྱད་སྤྱོད་མཚམས་འཇོག་དགོས།

དོན་ཚན་ཆིག་སྟོང་ཆིག་བརྒྱ་དང་གོ་བདུན་པ། དྲ་བའི་ཞབས་ཞུ་འདོན་སྤྲོད་བྱེད་མཁན་གྱིས་དྲ་སྤྱོད་བདག་པོས་རང་ཉིད་ཀྱི་དྲ་བའི་ཞབས་ཞུ་ལ་བརྟེན་ནས་

མི་གཞན་གྱི་དམངས་དོན་ཁེ་དབང་ལ་གནོད་འཚེ་གཏོང་བ་ཤེས་པའམ་ཤེས་དགོས་པའི་ཚེ། ཉེར་མཁོའི་བྱེད་ཐབས་མ་སྤྱད་པ་ཡིན་ན། དྲ་སྤྱོད་བདག་པོ་དེ་དང་ལྷན་དུ་ཞོར་འབྲུད་འགན་འཁྲི་འཁུར་དགོས།

དོན་ཚན་ཆིག་སྟོང་ཆིག་བརྒྱ་དང་གོ་བརྒྱད་པ། མགྲོན་ཁང་དང་། ཚོང་ཁང་། དངུལ་ཁང་། རླངས་འཁོར་འབབ་ཚུགས། གནམ་གྲུ་ཐང་། ལུས་རྩལ་ཐང་། རོལ་རྩེད་གནས་ཁང་སོགས་གཉེར་སྐྱོང་གནས་ཡུལ་དང་སྤྱི་པའི་གནས་ཡུལ་གྱི་གཉེར་སྐྱོང་བྱེད་མི་དང་དོ་དམ་བྱེད་མིའམ་མང་ཚོགས་རང་བཞིན་གྱི་བྱེད་སྒོ་སྒྲིག་འཛུགས་བྱེད་མཁན་བཅས་ཀྱིས་བདེ་འཇགས་འགན་སྲུང་གི་འོས་འགན་མ་འཁྱོལ་བར་མི་གཞན་ལ་གནོད་རྐྱེན་བཟོས་པ་ཡིན་ན། དབང་གནོད་འགན་འཁྲི་འཁུར་དགོས།

ཕྱུང་གསུམ་པའི་བྱ་སྤྱོད་ཀྱི་རྐྱེན་གྱིས་མི་གཞན་ལ་གནོད་རྐྱེན་བཟོས་པ་ཡིན་ན། ཕྱུང་གསུམ་པས་དབང་གནོད་འགན་འཁྲི་འཁུར་དགོས་པ་དང་། གཉེར་སྐྱོང་བྱེད་མི་དང་དོ་དམ་བྱེད་མིའམ་སྒྲིག་འཛུགས་བྱེད་མཁན་བཅས་ཀྱིས་བདེ་འཇགས་འགན་སྲུང་གི་འོས་འགན་མ་འཁྱོལ་བ་ཡིན་ན། དེར་མཐུན་གྱི་ཁ་གསབ་འགན་འཁྲི་འཁུར་དགོས། གཉེར་སྐྱོང་བྱེད་མཁན་དང་དོ་དམ་བྱེད་མིའམ་སྒྲིག་འཛུགས་བྱེད་མཁན་གྱིས་ཁ་གསབ་འགན་འཁྲི་ཁུར་རྗེས། ཕྱུང་གསུམ་པར་སྐྱིན་གསབ་བདའ་འདེད་བྱས་ཆོག

དོན་ཚན་ཆིག་སྟོང་ཆིག་བརྒྱ་དང་གོ་དགུ་པ། དམངས་དོན་བྱ་སྤྱོད་སྤེལ་ནུས་མེད་པའི་མིས་བྱིས་པ་ཁང་དང་། སློབ་གྲྭའམ་སློབ་གསོའི་སྒྲིག་གཞི་གཞན་དག་ཏུ་སློབ་སྦྱོང་དང་འཚོ་བ་སྐྱེལ་རིང་དུ་ཁོའི་མི་ལུས་ལ་གནོད་རྐྱེན་ཕོག་པ་ཡིན་ན། བྱིས་པ་ཁང་དང་སློབ་གྲྭའམ་སློབ་གསོའི་སྒྲིག་གཞི་གཞན་དག་བཅས་ཀྱིས་དབང་གནོད་འགན་འཁྲི་འཁུར་དགོས། ཡིན་ན་ཡང་སློབ་གསོ་དང་དོ་དམ་གྱི་འགན་འཁྲི་འཁྱོལ་ཡོད་པ་བདེན་དཔང་བྱེད་ཐུབ་པ་ཡིན་ན། དབང་གནོད་འགན་འཁྲི་འཁུར་མི་དགོས།

དོན་ཚན་ཆིག་སྟོང་ཉིས་བརྒྱ་པ། དམངས་དོན་བྱ་སྤྱོད་སྤེལ་ནུས་ཚོད་འཛིན་བྱས་པའི་མིས་སློབ་གྲྭའམ་སློབ་གསོའི་སྒྲིག་གཞི་གཞན་དག་ཏུ་སློབ་སྦྱོང་དང་འཚོ་བ་སྐྱེལ་རིང་དུ་ཁོའི་མི་ལུས་ལ་གནོད་རྐྱེན་ཐོག་པ་ཡིན་ན། སློབ་གྲྭའམ་སློབ་གསོའི་སྒྲིག་གཞི་གཞན་དག་གིས་སློབ་གསོ་དང་དོ་དམ་གྱི་འགན་འཁྲི་འཁྱོལ་མེད་ཚེ། དབང་གནོད་འགན་འཁྲི་འཁུར་དགོས།

དོན་ཚན་ཆིག་སྟོང་ཉིས་བརྒྱ་དང་དང་པོ། དམངས་དོན་བྱ་སྤྱོད་སྤེལ་ནུས་མེད་པའི་མིའམ་དམངས་དོན་བྱ་སྤྱོད་སྤེལ་ནུས་ཚོད་འཛིན་བྱས་པའི་མིས་བྱིས་པ་ཁང་དང་སློབ་གྲྭའམ་སློབ་གསོའི་སྒྲིག་གཞི་གཞན་དག་ཏུ་སློབ་སྦྱོང་དང་འཚོ་བ་སྐྱེལ་རིང་དུ། བྱིས་པ་ཁང་དང་སློབ་གྲྭའམ་སློབ་གསོའི་སྒྲིག་གཞི་གཞན་དག་བཅས་ལས་གཞན་པའི་ཕྱུང་གསུམ་པས་ཁོའི་མི་ལུས་ལ་གནོད་རྐྱེན་བཟོས་པ་ཡིན་ན། ཕྱུང་གསུམ་པས་དབང་གནོད་འགན་འཁྲི་འཁུར་དགོས་པ་དང་། བྱིས་པ་ཁང་དང་སློབ་གྲྭའམ་སློབ་གསོའི་སྒྲིག་གཞི་གཞན་དག་བཅས་ཀྱིས་དོ་དམ་བྱེད་འགན་འཁྱོལ་མེད་པ་ཡིན་ན། དེར་མཐུན་གྱི་ཁ་གསབ་འགན་འཁྲི་འཁུར་དགོས། བྱིས་པ་ཁང་དང་སློབ་གྲྭའམ་སློབ་གསོའི་སྒྲིག་གཞི་གཞན་དག་བཅས་ཀྱིས་ཁ་གསབ་འགན་འཁྲི་ཁུར་རྗེས། ཕྱུང་གསུམ་པར་སྐྱིན་གསབ་བདའ་འདེད་བྱས་ཆོག

ལེའུ་བཞི་པ། ཐོན་རྫས་ཀྱི་འགན་འཁྲི།

དོན་ཚན་ཆིག་སྟོང་ཉིས་བརྒྱ་དང་གཉིས་པ། ཐོན་རྫས་ལ་སྐྱོན་ཆ་ཡོད་པའི་རྐྱེན་གྱིས་མི་གཞན་ལ་གནོད་རྐྱེན་བཟོས་པ་ཡིན་ན། ཐོན་སྐྱེད་བྱེད་མཁན་གྱིས་དབང་གནོད་འགན་འཁྲི་འཁུར་དགོས།

དོན་ཚན་ཆིག་སྟོང་ཉིས་བརྒྱ་དང་གསུམ་པ། ཐོན་རྫས་ལ་སྐྱོན་ཡོད་པའི་རྐྱེན་གྱིས་མི་གཞན་ལ་གནོད་རྐྱེན་བཟོས་པ་ཡིན་ན། དབང་གནོད་ཐོག་མིས་ཐོན་རྫས་ཐོན་སྐྱེད་བྱེད་མཁན་ལ་སྐྱིན་གསབ་བྱེད་དགོས་པའི་རེ་འདུན་བཏོན་ཆོག

ལ། ཐོན་ཟས་འཚོང་མཁན་ལའང་སྐྱིན་གསབ་བྱེད་དགོས་པའི་རེ་འདུན་བཏོན་ཚོག

ཐོན་ཟས་ཀྱི་སྐྱོན་ཆ་དེ་ཐོན་སྐྱེད་བྱེད་མཁན་གྱིས་བཟོས་པ་ཡིན་ན། འཚོང་མིས་སྐྱིན་གསབ་བྱས་རྗེས་སུ་ཐོན་སྐྱེད་བྱེད་མཁན་ལ་སྐྱིན་གསབ་བདའ་འདེད་བྱེད་དབང་ཡོད། འཚོང་མིའི་ནོར་འཛོལ་གྱི་དབང་གིས་ཐོན་ཟས་ལ་སྐྱོན་ཆ་བྱུང་བ་ཡིན་ན། ཐོན་སྐྱེད་བྱེད་མཁན་གྱིས་སྐྱིན་གསབ་བྱས་རྗེས་སུ་འཚོང་མི་ལ་སྐྱིན་གསབ་བདའ་འདེད་བྱེད་དབང་ཡོད།

དོན་ཚན་ཆིག་སྟོང་ཉིས་བརྒྱ་དང་བཞི་པ། སྐྱེལ་འདྲེན་བྱེད་མཁན་དང་བགར་འཇུག་བྱེད་མཁན་སོགས་ཕྱུང་གསུམ་པའི་ནོར་འཛོལ་གྱི་དབང་གིས་ཐོན་ཟས་ལ་སྐྱོན་ཆ་བྱུང་ནས་མི་གཞན་ལ་གནོད་རྐྱེན་བཟོས་པ་ཡིན་ན། ཐོན་ཟས་ཀྱི་ཐོན་སྐྱེད་བྱེད་མཁན་དང་འཚོང་མིས་སྐྱིན་གསབ་བྱས་རྗེས་སུ་ཕྱུང་གསུམ་པར་སྐྱིན་གསབ་བདའ་འདེད་བྱེད་དབང་ཡོད།

དོན་ཚན་ཆིག་སྟོང་ཉིས་བརྒྱ་དང་ལྔ་པ། ཐོན་ཟས་ལ་སྐྱོན་ཆ་ཡོད་པའི་རྐྱེན་གྱིས་མི་གཞན་གྱི་མི་ལུས་དང་རྒྱུ་ནོར་གྱི་བདེ་འཇགས་ལ་ཉེན་ཁ་བཟོས་པ་ཡིན་ན། དབང་གནོད་ཕོག་མི་ལ་ཐོན་སྐྱེད་བྱེད་མཁན་དང་འཚོང་མིས་གནོད་འཚེ་གཏོང་མཚམས་འཇོག་པ་དང་། འགོག་རྐྱེན་སེལ་བ། ཉེན་ཁ་སེལ་བ་སོགས་ཀྱི་དབང་གནོད་འགན་འཁྲི་འཁུར་དགོས་པའི་རེ་འདུན་འདོན་དབང་ཡོད།

དོན་ཚན་ཆིག་སྟོང་ཉིས་བརྒྱ་དང་དྲུག་པ། ཐོན་ཟས་དེ་འཁོར་རྒྱུག་ཏུ་བཏང་རྗེས་སྐྱོན་ཆ་ཡོད་པ་ཤེས་ཚེ། ཐོན་སྐྱེད་བྱེད་མཁན་དང་འཚོང་མིས་དུས་ཐོག་ཏུ་འཚོང་མཚམས་འཇོག་པ་དང་། ཉེན་བརྡ་གཏོང་བ། ཕྱིར་བསྡུ་བྱེད་པ་སོགས་གསབ་བཅོས་བྱེད་ཐབས་སྤྱོད་དགོས། དུས་ཐོག་ཏུ་གསབ་བཅོས་བྱེད་ཐབས་མ་སྤྱོད་པའམ་གསབ་བཅོས་བྱེད་ཐབས་འཕེར་པོ་མེད་པའི་རྐྱེན་གྱིས་གནོད་རྐྱེན་རྒྱ་ཆེ་རུ་ཕྱིན་པ་ཡིན་ན། གནོད་འཚེ་རྒྱ་ཆེ་རུ་ཕྱིན་པའི་ཆ་ལའང་དབང་གནོད་

འགན་འཁྲི་འཁུར་དགོས།

གོང་གསལ་ནང་ཚན་གྱི་གཏན་འབེབས་ལྟར་ཕྱིར་བསྡུའི་བྱེད་ཐབས་སྤྱད་པ་ཡིན་ན། གནོད་འཚེ་ཕོག་མིས་དེ་ལ་བཏང་བའི་ཉེར་མཁོའི་འགྲོ་གྲོན་ནི་ཐོན་སྐྱེད་བྱེད་མཁན་དང་འཚོང་མིས་འཁུར་དགོས།

དོན་ཚན་ཅིག་སྟོང་ཉིས་བརྒྱ་དང་བདུན་པ། ཐོན་རྫས་ལ་སྐྱོན་ཆ་ཡོད་པ་ཤེས་བཞིན་དུ་སྔར་བཞིན་ཐོན་སྐྱེད་དང་ཁྲིན་འཚོང་བྱེད་པའམ། ཡང་ན་གོང་གསལ་ནང་ཚན་གྱི་གཏན་འབེབས་ལྟར་གསབ་བཅོས་བྱེད་ཐབས་མ་སྤྱད་པས། མི་གཞན་ཤི་སྐྱོན་བྱུང་བའམ་བདེ་ཐང་ལ་གནོད་འཚེ་ཚབས་ཆེན་བཟོས་པ་ཡིན་ན། དབང་གནོད་ཕོག་མི་ལ་དེར་མཐུན་གྱི་ཆད་གཅོད་རང་བཞིན་གྱི་སྐྱིན་གསབ་བྱེད་དགོས་པའི་རེ་འདུན་འདོན་དབང་ཡོད།

ལེའུ་ལྔ་པ། འཕྲུལ་སྐྱུལ་འཁོར་ལོའི་འགྲིམ་འགྲུལ་དོན་རྐྱེན་གྱི་འགན་འཁྲི།

དོན་ཚན་ཅིག་སྟོང་ཉིས་བརྒྱ་དང་བརྒྱད་པ། འཕྲུལ་སྐྱུལ་འཁོར་ལོར་འགྲིམ་འགྲུལ་དོན་རྐྱེན་བྱུང་ནས་གནོད་རྐྱེན་བཟོས་ན། གཞུང་ལམ་འགྲིམ་འགྲུལ་བདེ་འཇགས་སྐོར་གྱི་བཅའ་ཁྲིམས་དང་བཅའ་ཁྲིམས་འདིའི་འབྲེལ་ཡོད་གཏན་འབེབས་ལྟར་སྐྱིན་གསབ་འགན་འཁྲི་འཁུར་དགོས།

དོན་ཚན་ཅིག་སྟོང་ཉིས་བརྒྱ་དང་དགུ་པ། བོགས་མ་དང་གཡར་བ་སོགས་ཀྱི་གནས་ཚུལ་གྱི་རྐྱེན་གྱིས་འཕྲུལ་སྐྱུལ་འཁོར་ལོའི་བདག་པོ་དང་དོ་དམ་བྱེད་མི་དང་བཀོལ་སྤྱོད་བྱེད་མི་བཅས་མི་གཅིག་མ་ཡིན་ཚེ། འགྲིམ་འགྲུལ་དོན་རྐྱེན་བྱུང་ནས་གནོད་རྐྱེན་བཟོས་ཤིང་། ཁག་འགན་ནི་འཕྲུལ་སྐྱུལ་འཁོར་ལོའི་ཕྱོགས་ལ་འཁྲི་བ་ཡིན་ན། འཕྲུལ་སྐྱུལ་འཁོར་ལོ་བཀོལ་སྤྱོད་བྱེད་མིས་སྐྱིན་གསབ་འགན་འཁྲི་འཁུར་དགོས། འཕྲུལ་སྐྱུལ་འཁོར་ལོའི་བདག་པོ་དང་དོ་དམ་བྱེད་མིར་

གནོད་རྐྱེན་བཟློས་པའི་ཐད་དུ་ནོར་འཛོལ་ཡོད་པ་ཡིན་ན། དེར་མཐུན་གྱི་སྐྱིན་གསབ་འགན་འཁྲི་འཁུར་དགོས།

དོན་ཚན་ཆིག་སྟོང་ཉིས་བརྒྱ་དང་བཅུ་པ། ཉོ་བདག་བར་དུ་ཉོ་འཚོང་ངམ་བྱེད་ཐབས་གཞན་དག་གི་རྣམ་པའི་ཐོག་ནས་འཕྲུལ་སྐུལ་འཁོར་ལོ་བཤུག་སྤྲོད་བྱས་ཐོག་འཁོར་རིགས་རྗེས་སྤྲོད་ཀྱང་བྱས་ཚར་མོད་ཀྱང་ཐོ་འགོད་བསྒྱུབས་མེད་པ་ལ། འགྲིམ་འགྲུལ་དོན་རྐྱེན་བྱུང་ནས་གནོད་རྐྱེན་བཟློས་ཤིང་། ཁག་འགན་ནི་འཕྲུལ་སྐུལ་འཁོར་ལོའི་ཕྱོགས་ལ་འཁྲི་བ་ཡིན་ན། བཤུག་ལེན་བྱེད་མིས་སྐྱིན་གསབ་འགན་འཁྲི་འཁུར་དགོས།

དོན་ཚན་ཆིག་སྟོང་ཉིས་བརྒྱ་དང་བཅུ་གཅིག་པ། ཟུར་བརྟེན་གྱི་རྣམ་པའི་ཐོག་ནས་གཞུང་ལམ་འགྲིམ་འགྲུལ་ལས་སྒོ་གཉེར་སྐྱོང་བྱེད་པའི་འཕྲུལ་སྐུལ་འཁོར་ལོར་འགྲིམ་འགྲུལ་གྱི་དོན་རྐྱེན་བྱུང་ནས་གནོད་རྐྱེན་བཟློས་ཤིང་། ཁག་འགན་ནི་འཕྲུལ་སྐུལ་འཁོར་ལོའི་ཕྱོགས་ལ་འཁྲི་བ་ཡིན་ན། ཟུར་བརྟེན་བྱེད་མི་དང་ཟུར་བརྟེན་བྱ་ཡུལ་གྱི་མིས་མཉམ་དུ་ཞོར་འདྲུད་འགན་འཁྲི་འཁུར་དགོས།

དོན་ཚན་ཆིག་སྟོང་ཉིས་བརྒྱ་དང་བཅུ་གཉིས་པ། ཆོག་མཆན་མ་ཐོབ་པར་མི་གཞན་པའི་འཕྲུལ་སྐུལ་འཁོར་ལོ་བཏང་སྟེ་འགྲིམ་འགྲུལ་གྱི་དོན་རྐྱེན་བྱུང་ནས་གནོད་རྐྱེན་བཟློས་ཤིང་། ཁག་འགན་ནི་འཕྲུལ་སྐུལ་འཁོར་ལོའི་ཕྱོགས་ལ་འཁྲི་བ་ཡིན་ན། འཕྲུལ་སྐུལ་འཁོར་ལོ་བཀོལ་སྤྱོད་བྱེད་མིས་སྐྱིན་གསབ་འགན་འཁྲི་འཁུར་དགོས། འཕྲུལ་སྐུལ་འཁོར་ལོའི་བདག་པོ་དང་དོ་དམ་བྱེད་མིར་གནོད་རྐྱེན་བཟློས་པའི་ཐད་དུ་ནོར་འཛོལ་ཡོད་པ་ཡིན་ན། དེར་མཐུན་གྱི་སྐྱིན་གསབ་འགན་འཁྲི་འཁུར་དགོས། ཡིན་ན་ཡང་ལེའུ་འདིར་ལོགས་སུ་གཏན་འབེབས་བྱས་ཡོད་པ་འདིའི་ཁོངས་སུ་མི་ཚུད།

དོན་ཚན་ཆིག་སྟོང་ཉིས་བརྒྱ་དང་བཅུ་གསུམ་པ། འཕྲུལ་སྐུལ་འཁོར་ལོར་འགྲིམ་འགྲུལ་དོན་རྐྱེན་བྱུང་ནས་གནོད་རྐྱེན་བཟློས་ཤིང་། ཁག་འགན་ནི་འཕྲུལ་སྐུལ་

འཁོར་ལོའི་ཕྱོགས་ལ་འཁྲི་བ་ཡིན་ན། སྔོན་ལ་འཕྲུལ་སྒྲུལ་འཁོར་ལོའི་བཙན་འཁྲི་འགན་བཅོལ་གྱི་འགན་བཅོལ་འཛིན་མིས་འཕྲུལ་སྒྲུལ་འཁོར་ལོའི་བཙན་འཁྲི་འགན་བཅོལ་གྱི་འགན་འཁྲིའི་བཅད་གྲངས་ཀྱི་ཁྱབ་ཁོངས་ནང་དུ་སྐྱིན་གསབ་བྱེད་དགོས། མ་འདང་བའི་ཆ་དེ་འཕྲུལ་སྒྲུལ་འཁོར་ལོའི་ཚོང་ལས་འགན་བཅོལ་གྱི་འགན་བཅོལ་འཛིན་མིས་འགན་བཅོལ་གན་རྒྱའི་གྲོས་དོན་ལྟར་སྐྱིན་གསབ་བྱེད་དགོས། ད་དུང་མ་འདང་བའམ་འཕྲུལ་སྒྲུལ་འཁོར་ལོར་ཚོང་ལས་འགན་བཅོལ་བཞག་མེད་པ་ཡིན་ན། དབང་གནོད་གཏོང་མིས་སྐྱིན་གསབ་བྱེད་དགོས།

དོན་ཚན་ཆིག་སྟོང་ཉིས་བརྒྱ་དང་བཅུ་བཞི་པ། སྒྲིག་སྦྱོར་བྱས་པའམ་བེད་ཛོགས་པའི་ཚད་ལ་སླེབས་པའི་འཕྲུལ་སྒྲུལ་འཁོར་ལོ་ཉོ་འཚོང་དམ་བྱེད་ཐབས་གཞན་པའི་ཐོག་ནས་བཤུག་སྤྲོད་བྱས་པ་ལ། འགྲིམ་འགྲུལ་གྱི་དོན་རྐྱེན་བྱུང་ནས་གནོད་རྐྱེན་བཟོས་པ་ཡིན་ན། བཤུག་སྤྲོད་བྱེད་མི་དང་བཤུག་ལེན་བྱེད་མིས་མཉམ་དུ་ཞོར་འདྲུད་འགན་འཁྲི་འཁུར་དགོས།

དོན་ཚན་ཆིག་སྟོང་ཉིས་བརྒྱ་དང་བཅོ་ལྔ་པ། བརྐུས་པ་དང་འཕྲོག་པའམ་ཇག་བརྒྱབ་པའི་འཕྲུལ་སྒྲུལ་འཁོར་ལོར་འགྲིམ་འགྲུལ་གྱི་དོན་རྐྱེན་བྱུང་ནས་གནོད་རྐྱེན་བཟོས་པ་ཡིན་ན། རྐུན་མ་དང་འཕྲོག་མིའམ་ཇག་པས་སྐྱིན་གསབ་འགན་འཁྲི་འཁུར་དགོས། རྐུན་མ་དང་འཕྲོག་མིའམ་ཇག་པ་བཅས་པ་འཕྲུལ་སྒྲུལ་འཁོར་ལོ་བཀོལ་སྤྱོད་བྱེད་མི་དང་མི་གཅིག་མིན་པ་དང་། འཕྲུལ་སྒྲུལ་འཁོར་ལོར་འགྲིམ་འགྲུལ་གྱི་དོན་རྐྱེན་བྱུང་ནས་གནོད་རྐྱེན་བཟོས་ཤིང་། ཁག་འགན་དེ་འཕྲུལ་སྒྲུལ་འཁོར་ལོའི་ཕྱོགས་ལ་འཁྲི་ན། རྐུན་མ་དང་འཕྲོག་མིའམ་ཇག་པ་བཅས་དང་འཕྲུལ་སྒྲུལ་འཁོར་ལོ་བཀོལ་སྤྱོད་བྱེད་མིས་མཉམ་དུ་ཞོར་འདྲུད་འགན་འཁྲི་འཁུར་དགོས།

འགན་བཅོལ་འཛིན་མིས་འཕྲུལ་སྒྲུལ་འཁོར་ལོའི་བཙན་འཁྲི་འགན་བཅོལ་གྱི་འགན་འཁྲིའི་བཅད་གྲངས་ཀྱི་ཁྱབ་ཁོངས་ནང་དུ་མྱུར་སྐྱོབ་འགྲོ་གྲོན་སྔ་འདོན

བྱས་པ་ཡིན་ན། འགྲིམ་འགྲུལ་དོན་རྐྱེན་གྱི་འགན་འཁྲི་འཁུར་མི་ལ་སྐྱིན་གསབ་བདའ་འདེད་བྱས་ཆོག

དོན་ཚན་ཅིག་སྟོང་ཉིས་བརྒྱ་དང་བཅོ་ལྔ་པ། འཕྲུལ་སྐྱུལ་འཁོར་ལོའི་ཁ་ལོ་བ་འགྲིམ་འགྲུལ་དོན་རྐྱེན་བྱུང་རྗེས་བྲོས་བྱོལ་བྱས་པ་དང་། འཕྲུལ་སྐྱུལ་འཁོར་ལོ་དེར་བཙན་འཁྲི་འགན་བཅོལ་བཞག་ཡོད་ན། འགན་བཅོལ་འཛིན་མིས་འཕྲུལ་སྐྱུལ་འཁོར་ལོའི་བཙན་འཁྲི་འགན་བཅོལ་གྱི་འགན་འཁྲིའི་བཅད་གྲངས་ཀྱི་ཁྱབ་ཁོངས་ནང་དུ་སྐྱིན་གསབ་བྱེད་དགོས། འཕྲུལ་སྐྱུལ་འཁོར་ལོའི་གནས་ཚུལ་མི་གསལ་བའམ་འཕྲུལ་སྐྱུལ་འཁོར་ལོ་དེར་བཙན་འཁྲི་འགན་བཅོལ་བཞག་མེད་པའམ། ཡང་ན་མྱུར་སྐྱོབ་འགྲོ་གྲོན་དེ་འཕྲུལ་སྐྱུལ་འཁོར་ལོའི་བཙན་འཁྲི་འགན་བཅོལ་གྱི་འགན་འཁྲིའི་བཅད་གྲངས་ཀྱི་ཁྱབ་ཁོངས་ལས་བརྒལ་བ་ལ། དབང་གནོད་ཕོག་མི་ལ་མི་ལུས་ཤི་རྨས་ཀྱི་མྱུར་སྐྱོབ་དང་འདས་འཇུག་སོགས་ཀྱི་འགྲོ་གྲོན་གཏོང་དགོས་པ་ཡིན་ན། གཞུང་ལམ་འགྲིམ་འགྲུལ་དོན་རྐྱེན་གྱི་སྤྱི་ཚོགས་རོགས་སྐྱོབ་ཐེབས་རྩས་སྔ་འདོན་བྱེད་དགོས། གཞུང་ལམ་འགྲིམ་འགྲུལ་དོན་རྐྱེན་གྱི་སྤྱི་ཚོགས་རོགས་སྐྱོབ་ཐེབས་རྩས་སྔ་འདོན་བྱས་རྗེས། དེའི་དོ་དམ་ལས་ཁུངས་ཀྱིས་འགྲིམ་འགྲུལ་དོན་རྐྱེན་གྱི་འགན་འཁྲི་འཁུར་མི་ལ་སྐྱིན་ཚབ་བདའ་འདེད་བྱས་ཆོག

དོན་ཚན་ཅིག་སྟོང་ཉིས་བརྒྱ་དང་བཅོ་བདུན་པ། ཁེ་གཉེར་མིན་པའི་འཕྲུལ་སྐྱུལ་འཁོར་ལོ་ལ་འགྲིམ་འགྲུལ་དོན་རྐྱེན་བྱུང་སྟེ་རིན་མེད་དུ་འཁྱེར་བའི་འགྲུལ་པ་ལ་གནོད་རྐྱེན་བཟོས་ཤིང་། ཁག་འགན་ནི་འཕྲུལ་སྐྱུལ་འཁོར་ལོའི་ཕྱོགས་ལ་འཁྲི་ན། དེའི་སྐྱིན་གསབ་འགན་འཁྲི་ཆག་ཡང་གཏོང་དགོས། ཡིན་ན་ཡང་འཕྲུལ་སྐྱུལ་འཁོར་ལོ་བཀོལ་སྤྱོད་བྱེད་མིས་བསམ་བཞིན་དུ་བྱས་པའམ་ལས་འཛོལ་ཚབས་ཆེན་ཡོད་པ་འདིའི་ཁོངས་སུ་མི་ཚུད།

ལེའུ་དྲུག་པ། སྨན་བཅོས་གནོད་རྐྱེན་གྱི་འགན་འཁྲི།

དོན་ཚན་ཆིག་སྟོང་ཉིས་བརྒྱ་དང་བཅོ་བརྒྱད་པ། སྨན་བཅོས་ལས་སྒོའི་ནང་དུ་ནད་པར་གནོད་རྐྱེན་བཟོས་ཤིང་། སྨན་བཅོས་ལས་ཁུངས་དང་ཡང་ན་དེའི་སྨན་བཅོས་མི་སྣར་ནོར་འཛོལ་ཡོད་པ་ཡིན་ན། སྨན་བཅོས་ལས་ཁུངས་ཀྱིས་སྐྱིན་གསབ་འགན་འཁྲི་འཁུར་དགོས།

དོན་ཚན་ཆིག་སྟོང་ཉིས་བརྒྱ་དང་བཅུ་དགུ་པ། སྨན་བཅོས་ལས་སྒོའི་ནང་དུ་སྨན་ལས་མི་སྣས་ནད་པར་ནད་བབས་དང་སྨན་བཅོས་བྱེད་ཐབས་གསལ་བཤད་བྱེད་དགོས། གཤགས་བཅོས་དང་། དམིགས་བསལ་གྱི་ཞིབ་བཤེར། དམིགས་བསལ་གྱི་སྨན་བཅོས་བཅས་བྱེད་དགོས་པ་ཡིན་ན། སྨན་བཅོས་མི་སྣས་སྨན་བཅོས་ཀྱི་ཉེན་ཁ་དང་ཚབ་བྱེད་སྨན་བཅོས་འཆར་གཞི་སོགས་ཀྱི་གནས་ཚུལ་དུས་ཐོག་ཏུ་ནད་པར་གསལ་བཤད་བྱེད་དགོས་པ་དང་འབྲེལ་དེའི་མོས་མཐུན་ཁ་གསལ་འཐོབ་དགོས། ནད་པར་གསལ་བཤད་བྱེད་མི་ཐུབ་པའམ་བཤད་མི་འོས་པ་ཡིན་ན། ནད་པའི་གཉེན་ཚན་ལ་གསལ་བཤད་བྱེད་དགོས་པ་དང་འབྲེལ་དེའི་མོས་མཐུན་ཁ་གསལ་འཐོབ་དགོས།

སྨན་བཅོས་མི་སྣས་གོང་གསལ་ནང་ཚན་གྱི་འོས་འགན་མ་བསྒྲུབས་པར་ནད་པར་གནོད་རྐྱེན་བཟོས་པ་ཡིན་ན། སྨན་བཅོས་ལས་ཁུངས་ཀྱིས་སྐྱིན་གསབ་འགན་འཁྲི་འཁུར་དགོས།

དོན་ཚན་ཆིག་སྟོང་ཉིས་བརྒྱ་དང་ཉི་ཤུ་པ། འཆི་ལ་ཉེ་བའི་ནད་པ་མྱུར་སྐྱོབ་བྱེད་པ་སོགས་གནས་ཚུལ་ཛ་དྲག་གི་རྐྱེན་གྱིས་ནད་པའམ་དེའི་གཉེན་ཚན་གྱི་བསམ་འཆར་འཐོབ་མི་ཐུབ་པ་ཡིན་ན། སྨན་བཅོས་ལས་ཁུངས་ཀྱི་འགན་འཁུར་པའམ་དབང་བསྐུར་འགན་འཁུར་པའི་ཆོག་མཆན་ཐོབ་འཕྲལ་དེར་མཐུན་གྱི་སྨན་

བཅོས་བྱེད་ཐབས་སྒྱུད་ཚོག

དོན་ཚན་ཆིག་སྟོང་ཉིས་བརྒྱ་དང་ཉེར་གཅིག་པ། སྨན་བཅོས་མི་སྣས་སྨན་བཅོས་ལས་སྒོའི་ནང་དུ་སྐབས་ཐོག་དེའི་སྨན་བཅོས་ཆུ་ཚད་དང་དེར་མཐུན་གྱི་བརྟག་བཅོས་འོས་འགན་མ་འཁྱོལ་བའི་རྐྱེན་གྱིས་ནད་པར་གནོད་རྐྱེན་བཟོས་པ་ཡིན་ན། སྨན་བཅོས་ལས་ཁུངས་ཀྱིས་སྐྱིན་གསབ་འགན་འཁྲི་འཁུར་དགོས།

དོན་ཚན་ཆིག་སྟོང་ཉིས་བརྒྱ་དང་ཉེར་གཉིས་པ། ནད་པར་བརྟག་བཅོས་ལས་སྒོའི་ནང་དུ་གནོད་རྐྱེན་ཕོག་པ་ལ། གཤམ་གསལ་གྱི་གནས་ཚུལ་གྲུས་ཤིག་ཡོད་ན། སྨན་བཅོས་ལས་ཁུངས་ལ་ནོར་འཛོལ་ཡོད་པར་རིགས་འདེད་བྱེད་དགོས།

(གཅིག) བཅའ་ཁྲིམས་དང་། སྲིད་འཛིན་ཁྲིམས་སྲོལ། སྒྲིག་ཡིག་བཅས་དང་དེ་བཞིན་འབྲེལ་ཡོད་བརྟག་བཅོས་ཚད་གཞི་གཞན་དག་གི་གཏན་འབེབས་དང་འགལ་བ།

(གཉིས།) རྩོད་གཞི་དང་འབྲེལ་བའི་ནད་ཐོའི་ཡིག་རིགས་སྦས་སྐུང་བྱེད་པའམ་མཁོ་འདོན་མི་བྱེད་པ།

(གསུམ།) ནད་ཐོའི་ཡིག་རིགས་བོར་བརླག་དང་རྫུན་བཟོ་དང་གཡོ་བཅོས་སམ་ཁྲིམས་འགལ་གྱིས་མེད་པར་གཏོང་བ།

དོན་ཚན་ཆིག་སྟོང་ཉིས་བརྒྱ་དང་ཉེར་གསུམ་པ། སྨན་རྫས་དང་། དུག་སེལ་ཐོན་རྫས། སྨན་བཅོས་ཡོ་ཆས་སོགས་ཀྱི་སྐྱོན་ཆ་དང་། ཡང་ན་ཚད་ལྡན་མིན་པའི་ཁྲག་བརྒྱབ་ནས་ནད་པར་གནོད་རྐྱེན་ཕོག་པ་ཡིན་ན། ནད་པས་སྨན་རྫས་ཚོང་ཞུགས་ཚོག་འཁྲོལ་འཛིན་མི་དང་། ཐོན་སྐྱེད་བྱེད་མཁན་ནམ་ཁྲག་མཁོ་འདོན་བྱེད་མཁན་བཅས་ལ་སྐྱིན་གསབ་བྱེད་དགོས་པའི་རེ་འདུན་ཞུས་ཚོག་ལ། སྨན་བཅོས་ལས་ཁུངས་ལའང་སྐྱིན་གསབ་བྱེད་དགོས་པའི་རེ་འདུན་ཞུས་ཚོག ནད་པས་སྨན་བཅོས་ལས་ཁུངས་ལ་སྐྱིན་གསབ་བྱེད་དགོས་པའི་རེ་འདུན་ཞུས་པར། སྨན་བཅོས་ལས་ཁུངས་ཀྱིས་སྐྱིན་གསབ་བྱས་རྗེས། འགན་འཁྲི་འཁུར་དགོས་

པའི་སྨན་རྫས་ཚོང་ཞུགས་ཚོག་འཁྲོལ་འཛིན་མི་དང་ཐོན་སྐྱེད་བྱེད་མཁན་ནམ་ཁྲག་མཁོ་འདོན་བྱེད་མཁན་ལས་ཁུངས་ལ་སྐྱིན་གསབ་བདའ་འདེད་བྱས་ཆོག

དོན་ཚན་ཆིག་སྟོང་ཉིས་བརྒྱ་དང་ཉེར་བཞི་པ། ནད་པར་སྨན་བཅོས་ལས་སྒོའི་ནང་དུ་གནོད་རྐྱེན་ཐོག་པ་ལ། གཤམ་གསལ་གྱི་གནས་ཚུལ་གྲུས་ཤིག་ཡོད་ན། སྨན་བཅོས་ལས་ཁུངས་ཀྱིས་སྐྱིན་གསབ་འགན་འཁྲི་འཁུར་མི་དགོས།

(གཅིག) ནད་པའམ་དེའི་གཉེན་ཚན་གྱིས་སྨན་བཅོས་ལས་ཁུངས་ཀྱིས་བརྟག་བཅོས་ཚད་གཞི་དང་མཐུན་པར་བརྟག་བཅོས་བྱེད་པར་གཞོགས་འདེགས་མི་བྱེད་པ།

(གཉིས།) སྨན་བཅོས་མི་སྣས་ཤི་ལ་ཉེ་བའི་ནད་པ་མྱུར་སྐྱོབ་བྱེད་པ་སོགས་གནས་ཚུལ་ཇ་དྲག་གི་སྐབས་སུ་ལུགས་མཐུན་གྱི་བརྟག་བཅོས་ཀྱི་འོས་འགན་འཁྱོལ་ཡོད་པ།

(གསུམ།) སྐབས་ཐོག་དེའི་སྨན་བཅོས་ཆུ་ཚད་ཀྱི་ཚོད་འཛིན་གྱི་དབང་གིས་བརྟག་བཅོས་བྱེད་དཀའ་བ།

གོང་གསལ་ནང་ཚན་གྱི་ཡང་ཚན་དང་པོའི་གནས་ཚུལ་འོག་སྨན་བཅོས་ལས་ཁུངས་དང་ཡང་ན་དེའི་སྨན་བཅོས་མི་སྣ་ལའང་ནོར་འཛོལ་ཡོད་པ་ཡིན་ན། དེར་མཐུན་གྱི་སྐྱིན་གསབ་འགན་འཁྲི་འཁུར་དགོས།

དོན་ཚན་ཆིག་སྟོང་ཉིས་བརྒྱ་དང་ཉེར་ལྔ་པ། སྨན་བཅོས་ལས་ཁུངས་དང་དེའི་སྨན་བཅོས་མི་སྣས་ནད་ཐོད་ཐོ་ཡིག་དང་། སྨན་པའི་ཁ་ཏའི་ཐོ་ཡིག བརྟག་དཔྱད་སྙན་ཞུ། གཤགས་བཅོས་དང་སྦྲིད་སྨན་ཟིན་ཐོ། ནད་ལུགས་ཡིག་རིགས། ནད་གཡོག་ཟིན་ཐོ་སོགས་ནད་ཐོའི་ཡིག་རིགས་གཏན་འབེབས་ལྟར་སྐྲང་འཁྲི་དང་འབྲེལ་ཉར་ཚགས་འཐུས་པོ་བྱེད་དགོས།

ནད་པས་གོང་གསལ་ནང་ཚན་གྱི་ནད་ཐོའི་ཡིག་རིགས་འཚོལ་ཀློག་དང་བསྐྱར་དཔར་བྱེད་པའི་རེ་བ་བཏོན་ཚེ། སྨན་བཅོས་ལས་ཁུངས་ཀྱིས་དུས་ཐོག་ཏུ

མཁོ་འདོན་བྱེད་དགོས།

དོན་ཚན་ཞིག་སྟོང་ཉིས་བརྒྱ་དང་ཉེར་དྲུག་པ། སྨན་བཅོས་ལས་ཁུངས་དང་དེའི་སྨན་བཅོས་མི་སྣས་ནད་པའི་སྒེར་གསང་དང་མི་སྒེར་གྱི་ཆ་འཕྲིན་གསང་སྲུང་བྱེད་དགོས། ནད་པའི་སྒེར་གསང་དང་མི་སྒེར་གྱི་ཆ་འཕྲིན་ཕྱིར་བསྒྲགས་བྱས་པ་དང་། ཡང་ན་ནད་པའི་མོས་མཐུན་མ་བྱུང་བར་དེའི་ནད་ཐོའི་ཡིག་རིགས་ཡོངས་བསྒྲགས་བྱས་པ་ཡིན་ན། དབང་གནོད་འགན་འཁྲི་འཁུར་དགོས།

དོན་ཚན་ཞིག་སྟོང་ཉིས་བརྒྱ་དང་ཉེར་བདུན་པ། སྨན་བཅོས་ལས་ཁུངས་དང་དེའི་སྨན་བཅོས་མི་སྣས་སྨན་བཅོས་ཀྱི་ཚད་གཞི་དང་འགལ་ནས་དགོས་པ་མེད་པའི་ཞིབ་བཤེར་བྱས་མི་ཆོག

དོན་ཚན་ཞིག་སྟོང་ཉིས་བརྒྱ་དང་ཉེར་བརྒྱད་པ། སྨན་བཅོས་ལས་ཁུངས་དང་དེའི་སྨན་བཅོས་མི་སྣའི་ཁྲིམས་མཐུན་ཁེ་དབང་ལ་བཅའ་ཁྲིམས་ཀྱིས་སྲུང་སྐྱོབ་བྱེད་པ་ཡིན།

སྨན་བཅོས་སྒྲིག་ལམ་ལ་བར་ཆད་བཟོ་བ་དང་། སྨན་བཅོས་མི་སྣའི་ལས་ཀ་དང་འཚོ་བར་འགོག་རྐྱེན་བཟོ་བ། སྨན་བཅོས་མི་སྣའི་ཁྲིམས་མཐུན་ཁེ་དབང་ལ་གནོད་འཚེ་གཏོང་བ་བཅས་ཡིན་ན། ཁྲིམས་ལྟར་བཅའ་ཁྲིམས་འགན་འཁྲི་འཁུར་དགོས།

ལེའུ་བདུན་པ། ཁོར་ཡུག་སྦགས་བཙོག་དང་སྐྱེ་ཁམས་གཏོར་བརླག་གི་འགན་འཁྲི།

དོན་ཚན་ཞིག་སྟོང་ཉིས་བརྒྱ་དང་ཉེར་དགུ་པ། ཁོར་ཡུག་སྦགས་བཙོག་བཟོས་པ་དང་སྐྱེ་ཁམས་གཏོར་བརླག་བྱས་པ་ལས་མི་གཞན་ལ་གནོད་རྐྱེན་བཟོས་ན། དབང་གནོད་གཏོང་མིས་དབང་གནོད་འགན་འཁྲི་འཁུར་དགོས།

དོན་ཚན་ཞིག་སྟོང་ཉིས་བརྒྱ་དང་སུམ་ཅུ་པ། ཁོར་ཡུག་སྦགས་བཙོག་བཟོས་པ

དང་སྐྱེ་ཁམས་གཏོར་བརླག་བྱས་པ་ལས་རྩོད་གཞི་བྱུང་བ་ལ། བྱ་སྤྱོད་སྤེལ་མིས་བཅའ་ཁྲིམས་ཀྱིས་གཏན་འབེབས་བྱས་པའི་འགན་འཁྲི་འཁུར་མི་དགོས་པའམ་འགན་འཁྲི་ཆག་ཡང་གཏོང་དགོས་པའི་གནས་ཚུལ་དང་། དེ་བཞིན་ཁོའི་བྱ་སྤྱོད་དང་གནོད་རྐྱེན་བར་དུ་རྒྱུ་འབྲས་ཀྱི་འབྲེལ་བ་མེད་པའི་ཆར་དཔང་འདོན་འགན་འཁྲི་འཁུར་དགོས།

དོན་ཚན་ཅིག་སྟོང་ཉིས་བརྒྱ་དང་སོ་གཅིག་པ། དབང་གནོད་གཏོང་མི་གཉིས་ཡན་གྱིས་ཁོར་ཡུག་སྦགས་བཙོག་བཟོས་པ་དང་སྐྱེ་ཁམས་གཏོར་བརླག་བྱས་པ་ཡིན་ན། འཁུར་རྒྱུའི་འགན་འཁྲི་ཆེ་ཆུང་ནི་སྦགས་བཙོག་དངོས་རྫས་ཀྱི་རིགས་སྣ་དང་། གར་ཚད། འབུད་ཚད་བཅས་དང་། སྐྱེ་ཁམས་གཏོར་བརླག་བྱེད་སྟངས་དང་། ཁྱབ་ཁོངས། ཚད་རིམ་བཅས་དང་། དེ་བཞིན་བྱ་སྤྱོད་ཀྱིས་གནོད་རྐྱེན་མཇུག་འབྲས་ལ་ཐོན་པའི་ནུས་པ་སོགས་ཀྱི་རྒྱུ་རྐྱེན་གཞིར་བཟུང་ནས་གཏན་འཁེལ་བྱེད་དགོས།

དོན་ཚན་ཅིག་སྟོང་ཉིས་བརྒྱ་དང་སོ་གཉིས་པ། དབང་གནོད་གཏོང་མིས་བཅའ་ཁྲིམས་ཀྱི་གཏན་འབེབས་དང་འགལ་ནས་བསམ་བཞིན་དུ་ཁོར་ཡུག་སྦགས་བཙོག་བཟོས་པ་དང་སྐྱེ་ཁམས་གཏོར་བརླག་བྱས་ནས་མཇུག་འབྲས་ཚབས་ཆེན་བཟོས་པ་ཡིན་ན། དབང་གནོད་ཕོག་མི་ལ་དེར་མཐུན་གྱི་ཆད་གཅོད་རང་བཞིན་གྱི་གུན་གསབ་འཇལ་དགོས་པའི་རེ་འདུན་འདོན་དབང་ཡོད།

དོན་ཚན་ཅིག་སྟོང་ཉིས་བརྒྱ་དང་སོ་གསུམ་པ། ཕྱུང་གསུམ་པའི་ནོར་འཛོལ་གྱི་དབང་གིས་ཁོར་ཡུག་སྦགས་བཙོག་བཟོས་པ་དང་སྐྱེ་ཁམས་གཏོར་བརླག་བྱས་པ་ཡིན་ན། དབང་གནོད་ཕོག་མིས་དབང་གནོད་གཏོང་མི་ལ་སྐྱིན་གསབ་འཇལ་དགོས་པའི་རེ་བ་བཏོན་ཆོག་ལ། ཕྱུང་གསུམ་པ་ལའང་སྐྱིན་གསབ་འཇལ་དགོས་པའི་རེ་བ་བཏོན་ཆོག དབང་གནོད་གཏོང་མིས་སྐྱིན་གསབ་བྱས་རྗེས་ཕྱུང་གསུམ་པར་སྐྱིན་གསབ་བདའ་འདེད་བྱས་ཆོག

དོན་ཚན་ཆིག་སྟོང་ཉིས་བརྒྱ་དང་སོ་བཞི་པ། རྒྱལ་ཁབ་ཀྱི་གཏན་འབེབས་དང་འགལ་ནས་སྐྱེ་ཁམས་ཁོར་ཡུག་ལ་གནོད་རྐྱེན་བཟོས་པ་ལ། སྐྱེ་ཁམས་ཁོར་ཡུག་ཉམས་གསོ་བྱེད་ཐུབ་པ་ཡིན་ན། རྒྱལ་ཁབ་ཀྱིས་གཏན་འབེབས་བྱས་པའི་ལས་ཁུངས་སམ་བཅའ་ཁྲིམས་ཀྱིས་གཏན་འབེབས་བྱས་པའི་རྩ་འཛུགས་ལ་དབང་གནོད་གཏོང་མིས་ལུགས་མཐུན་གྱི་དུས་བཀག་ནང་དུ་ཉམས་གསོའི་འགན་འཁྲི་འཁུར་དགོས་པའི་རེ་འདུན་འདོན་དབང་ཡོད། དབང་གནོད་གཏོང་མིས་དུས་བཀག་ནང་དུ་ཉམས་གསོ་མ་བྱས་པ་ཡིན་ན། རྒྱལ་ཁབ་ཀྱིས་གཏན་འབེབས་བྱས་པའི་ལས་ཁུངས་སམ་བཅའ་ཁྲིམས་ཀྱིས་གཏན་འབེབས་བྱས་པའི་རྩ་འཛུགས་ཀྱིས་རང་ངོས་སམ་མི་གཞན་ལ་མངག་བཅོལ་གྱིས་ཉམས་གསོ་བྱས་ཆོག་ལ། འགྲོ་གྲོན་གང་དགོས་དབང་གནོད་གཏོང་མིས་འཁུར་དགོས།

དོན་ཚན་ཆིག་སྟོང་ཉིས་བརྒྱ་དང་སོ་ལྔ་པ། རྒྱལ་ཁབ་ཀྱི་གཏན་འབེབས་དང་འགལ་ནས་སྐྱེ་ཁམས་ཁོར་ཡུག་ལ་གནོད་རྐྱེན་བཟོས་པ་ལ། རྒྱལ་ཁབ་ཀྱིས་གཏན་འབེབས་བྱས་པའི་ལས་ཁུངས་སམ་བཅའ་ཁྲིམས་ཀྱིས་གཏན་འབེབས་བྱས་པའི་རྩ་འཛུགས་ལ་དབང་གནོད་གཏོང་མིས་གཤམ་གསལ་གྱི་གྱོང་གུན་དང་འགྲོ་གྲོན་སྐྱིན་གསབ་འཇལ་དགོས་པའི་རེ་འདུན་འདོན་དབང་ཡོད།

(གཅིག) སྐྱེ་ཁམས་ཁོར་ཡུག་ལ་གནོད་རྐྱེན་བཟོས་པ་ནས་ཉམས་གསོ་བྱས་ཚར་པའི་ཡུན་ཚད་ནང་དུ་ཞབས་ཞུའི་ནུས་པ་ཤོར་བ་ལས་བྱུང་བའི་གྱོང་གུན།

(གཉིས།) སྐྱེ་ཁམས་ཁོར་ཡུག་གི་བྱེད་ལས་ལ་ཡུན་གཏན་ཅན་གྱི་གནོད་རྐྱེན་བཟོས་པ་ལས་བྱུང་བའི་གྱོང་གུན།

(གསུམ།) སྐྱེ་ཁམས་ཁོར་ཡུག་གི་གནོད་རྐྱེན་བརྟག་དཔྱད་དང་གསལ་འབྱེད་དཔྱད་དཔོག་སོགས་བྱེད་པའི་གྲོན་དངུལ།

(བཞི།) སྒྲིགས་བཟོས་གཙང་སེལ་དང་སྐྱེ་ཁམས་ཁོར་ཡུག་ཉམས་གསོ་བྱེད་པའི་འགྲོ་གྲོན།

(ལྔ།) གནོད་རྐྱེན་འབྱུང་བ་དང་རྒྱ་ཆེ་རུ་འགྲོ་བ་བཀག་འགོག་བྱེད་པའི་ལུགས་མཐུན་གྱི་འགྲོ་གྲོན།

ལེའུ་བརྒྱད་པ། ཉེན་ཁ་ཆེན་པོའི་འགན་འཁྲི།

དོན་ཚན་ཆིག་སྟོང་ཉིས་བརྒྱ་དང་སོ་དྲུག་པ། ཉེན་ཁ་ཆེན་པོ་ཅན་གྱི་ལས་ཀ་བྱེད་རིང་མི་གཞན་ལ་གནོད་རྐྱེན་བཟོས་པ་ཡིན་ན། དབང་གནོད་འགན་འཁྲི་འཁུར་དགོས།

དོན་ཚན་ཆིག་སྟོང་ཉིས་བརྒྱ་དང་སོ་བདུན་པ། དམངས་སྤྱོད་རྡུལ་ཕྲན་གླིང་བཀོད་དང་ཡང་ན་རྡུལ་ཕྲན་གླིང་བཀོད་ཀྱི་རྡུལ་ཕྲན་རྒྱུ་ཆ་སྐྱེལ་འདྲེན་བྱས་ཏེ་རྡུལ་ཕྲན་གྱི་དོན་རྐྱེན་བྱུང་ནས་མི་གཞན་ལ་གནོད་རྐྱེན་བཟོས་ན། དམངས་སྤྱོད་རྡུལ་ཕྲན་གླིང་བཀོད་ཀྱི་ལས་གཉེར་སྡེ་ཚན་གྱིས་དབང་གནོད་འགན་འཁྲི་འཁུར་དགོས། ཡིན་ན་ཡང་གནོད་འཚེ་ནི་དམག་འཁྲུག་དང་དྲག་པོའི་གདོང་གཏུག་དང་ཟིང་འཁྲུག་སོགས་ཀྱི་གནས་ཚུལ་ལས་བྱུང་བའམ། ཡང་ན་གནོད་འཚེ་ཕོག་མིས་བསམ་བཞིན་དུ་བཟོས་པ་ཡིན་པ་བདེན་དཔང་བྱེད་ཐུབ་པ་ཡིན་ན་འགན་འཁྲི་འཁུར་མི་དགོས།

དོན་ཚན་ཆིག་སྟོང་ཉིས་བརྒྱ་དང་སོ་བརྒྱད་པ། དམངས་སྤྱོད་མཁའ་འགྲུལ་ཡོ་ཆས་ཀྱིས་མི་གཞན་ལ་གནོད་རྐྱེན་བཟོས་པ་ཡིན་ན། དམངས་སྤྱོད་མཁའ་འགྲུལ་ཡོ་ཆས་ཀྱི་ལས་གཉེར་པས་དབང་གནོད་འགན་འཁྲི་འཁུར་དགོས། ཡིན་ན་ཡང་གནོད་རྐྱེན་ནི་གནོད་འཚེ་ཕོག་མཁན་གྱིས་བསམ་བཞིན་དུ་བཟོས་པ་ཡིན་པ་བདེན་དཔང་བྱེད་ཐུབ་ན་འགན་འཁྲི་འཁུར་མི་དགོས།

དོན་ཚན་ཆིག་སྟོང་ཉིས་བརྒྱ་དང་སོ་དགུ་པ། འབར་སྣ་བ་དང་། གས་སྣ་བ། དུག་དྲག་པོ། འཕྲོ་འགྱེད་རང་བཞིན་ཆེ་བ། རུལ་རྐྱེན་ཆེན་པོ་ཅན། ནད་སློང་ཤུགས་ཆེ་བ་སོགས་ཉེན་ཁ་ཆེན་པོ་ལྡན་པའི་དངོས་ཟོག་བདག་འཛིན་ནམ་

བཀོལ་སྤྱོད་བྱས་ནས་མི་གཞན་ལ་གནོད་རྐྱེན་བཟོས་པ་ཡིན་ན། བདག་འཛིན་བྱེད་མིའམ་བཀོལ་སྤྱོད་བྱེད་མིས་དབང་གནོད་འགན་འཁྲི་འཁུར་དགོས། ཡིན་ན་ཡང་གནོད་རྐྱེན་ནི་གནོད་འཚེ་ཕོག་མིས་བསམ་བཞིན་དུ་བཟོས་པའམ་འགོག་ཐབས་བྲལ་བའི་ཤུགས་རྐྱེན་ལས་བྱུང་བ་ཡིན་པ་བདེན་དཔང་བྱེད་ཐུབ་ན་འགན་འཁྲི་འཁུར་མི་དགོས། དབང་གནོད་ཕོག་མིར་གནོད་རྐྱེན་འབྱུང་བའི་ཐད་དུ་ནོར་འཛོལ་ཚབས་ཆེན་ཡོད་པ་ཡིན་ན། བདག་འཛིན་བྱེད་མིའམ་བཀོལ་སྤྱོད་བྱེད་མིའི་འགན་འཁྲི་ཆག་ཡང་བཏང་ཆོག

དོན་ཚན་ཆིག་སྟོང་ཉིས་བརྒྱ་དང་བཞི་བཅུ་པ། བར་སྣང་དང་། མཐོ་གནོན། ས་འོག་སྔོག་འདྲུ་བཅས་ཀྱི་ལས་སྒོ་གཉེར་བའམ་མྱུར་སྐྱོད་འཁོར་ལམ་གྱི་སྐྱེལ་འདྲེན་ཡོ་བྱད་བཀོལ་སྤྱོད་བྱེད་པ་ལས་མི་གཞན་ལ་གནོད་རྐྱེན་བཟོས་པ་ཡིན་ན། ལས་གཉེར་པས་དབང་གནོད་འགན་འཁྲི་འཁུར་དགོས། ཡིན་ན་ཡང་གནོད་རྐྱེན་ནི་གནོད་འཚེ་ཕོག་མིས་བསམ་བཞིན་དུ་བཟོས་པའམ་འགོག་ཐབས་བྲལ་བའི་ཤུགས་རྐྱེན་ལས་བྱུང་བ་ཡིན་པ་བདེན་དཔང་བྱེད་ཐུབ་ན་འགན་འཁྲི་འཁུར་མི་དགོས། གནོད་རྐྱེན་བྱུང་བའི་ཐད་དུ་དབང་གནོད་ཕོག་མི་ལ་ནོར་འཛོལ་ཚབས་ཆེན་ཡོད་ན། ལས་གཉེར་པའི་འགན་འཁྲི་ཆག་ཡང་བཏང་ཆོག

དོན་ཚན་ཆིག་སྟོང་ཉིས་བརྒྱ་དང་ཞེ་གཅིག་པ། ཉེན་ཁ་ཆེན་པོ་ལྡན་པའི་དངོས་རྫས་བོར་བརླག་བྱུང་བ་དང་དབྱུགས་ནས་མི་གཞན་ལ་གནོད་རྐྱེན་བཟོས་པ་ཡིན་ན། དེའི་བདག་པོས་དབང་གནོད་འགན་འཁྲི་འཁུར་དགོས། བདག་པོས་ཉེན་ཁ་ཆེན་པོ་ལྡན་པའི་དངོས་རྫས་མི་གཞན་ལ་སྤྲད་ནས་དོ་དམ་བྱེད་དུ་བཅུག་པ་ཡིན་ན། དོ་དམ་བྱེད་མིས་དབང་གནོད་འགན་འཁྲི་འཁུར་དགོས། བདག་པོར་ནོར་འཛོལ་ཡོད་ན་དོ་དམ་བྱེད་མི་དང་མཉམ་དུ་ཞོར་འདྲུད་འགན་འཁྲི་འཁུར་དགོས།

དོན་ཚན་ཆིག་སྟོང་ཉིས་བརྒྱ་དང་ཞེ་གཉིས་པ། ཉེན་ཁ་ཆེན་པོ་ལྡན་པའི་དངོས་རྫས་ཁྲིམས་དང་མི་མཐུན་པར་བདག་འཛིན་བྱས་ནས་མི་གཞན་ལ་གནོད་རྐྱེན་

བཟོས་པ་ཡིན་ན། ཁྲིམས་དང་མི་མཐུན་པར་བདག་འཛིན་བྱེད་མིས་དབང་གནོད་འགན་འཁྲི་འཁུར་དགོས། བདག་པོ་དང་དོ་དམ་བྱེད་མིས་ཁྲིམས་དང་མི་མཐུན་པར་བདག་འཛིན་བྱེད་པ་སྔོན་འགོག་བྱེད་པར་དོ་སྣང་ཆེན་པོ་བྱེད་པའི་འོས་འགན་འཁྲོལ་ཡོད་ཚུལ་བདེན་དཔང་བྱེད་མི་ཐུབ་པ་ཡིན་ན། ཁྲིམས་དང་མི་མཐུན་པར་བདག་འཛིན་བྱེད་མི་དང་མཉམ་དུ་ཞོར་འདྲུད་འགན་འཁྲི་འཁུར་དགོས།

རྡོན་ཚན་ཆིག་སྟོང་ཉིས་བརྒྱ་དང་ཞེ་གསུམ་པ། ཚོག་འཁྲོལ་མ་ཐོབ་པར་ཉེན་ཁ་ཆེན་པོ་ལྡན་པའི་ལས་ཡུལ་ལམ་ཉེན་ཁ་ཆེན་པོ་ལྡན་པའི་དངོས་ཟོག་ཉར་ཡུལ་དུ་འཛུལ་ནས་གནོད་རྐྱེན་ཕོག་པ་ཡིན་ན། དོ་དམ་བྱེད་མིས་རང་ཉིད་ཀྱིས་བདེ་འཇགས་ཐབས་བཀོད་འདང་ངེས་ཤིག་སྤྱད་ཡོད་པར་མ་ཟད་ཉེན་བརྡ་གང་འཐུས་གཏོང་བའི་འོས་འགན་ཡང་བསྒྲུབས་ཡོད་ཚུལ་བདེན་དཔང་བྱེད་ཐུབ་པ་ཡིན་ན། འགན་འཁྲི་ཆག་ཡང་བཏང་ཆོག་པའམ་འགན་འཁྲི་མ་འཁུར་པས་ཆོག

དོན་ཚན་ཆིག་སྟོང་ཉིས་བརྒྱ་དང་ཞེ་བཞི་པ། ཉེན་ཁ་ཆེན་པོའི་འགན་འཁྲི་འཁུར་བའི་ཚེ། བཙའ་ཁྲིམས་སུ་སྐྱིན་གསབ་བཙད་གྲངས་གཏན་འབེབས་བྱས་ཡོད་པ་ཡིན་ན། དེའི་གཏན་འབེབས་གཞིར་འཛིན་དགོས། ཡིན་ན་ཡང་བྱ་སྤྱོད་སྤྱིལ་མིས་བསམ་བཞིན་དུ་བྱས་པའམ་ལས་འཛོལ་ཚབས་ཆེན་ཤོར་བ་འདིའི་ཁོངས་སུ་མི་ཚུད།

ལེའུ་དགུ་པ། གསོ་ཚགས་སྒྲོག་ཆགས་ཀྱི་
གནོད་རྐྱེན་གྱི་འགན་འཁྲི།

རྡོན་ཚན་ཆིག་སྟོང་ཉིས་བརྒྱ་དང་ཞེ་ལྔ་པ། གསོ་ཚགས་སྒྲོག་ཆགས་ཀྱིས་མི་གཞན་ལ་གནོད་རྐྱེན་བཟོས་པ་ཡིན་ན། སྒྲོག་ཆགས་གསོ་མིའམ་དོ་དམ་བྱེད་མིས་

དབང་གནོད་འགན་འཁྲི་འཁུར་དགོས། ཡིན་ན་ཡང་གནོད་རྐྱེན་ནི་གནོད་འཚོ་ཕོག་མིས་བསམ་བཞིན་དུ་བཟོས་པའམ་ཁོའི་ལས་འཛོལ་ཚབས་ཆེན་གྱི་དབང་གིས་བཟོས་པ་བདེན་དཔང་བྱེད་ཐུབ་ན་འགན་འཁྲི་འཁུར་མི་དགོས་པའམ་འགན་འཁྲི་ཆག་ཡང་བཏང་ཆོག

དོན་ཚན་ཆིག་སྟོང་ཉིས་བརྒྱ་དང་ཞེ་དྲུག་པ། དོ་དམ་སྐྱོར་གྱི་གཏན་འབེབས་དང་འགལ་ནས་སྲོག་ཆགས་ལ་བདེ་འཛུགས་བྱེད་ཐབས་མ་སྤྱད་པས་མི་གཞན་ལ་གནོད་རྐྱེན་བཟོས་ན། སྲོག་ཆགས་གསོ་མཁན་ནམ་དོ་དམ་བྱེད་མིས་དབང་གནོད་འགན་འཁྲི་འཁུར་དགོས། ཡིན་ནའང་གནོད་འཚོ་དེ་ནི་གནོད་འཚོ་ཕོག་མཁན་གྱིས་བསམ་བཞིན་དུ་བཟོས་པ་ཡིན་པ་བདེན་དཔང་བྱེད་ཐུབ་ན་འགན་འཁྲི་ཆག་ཡང་བཏང་ཆོག

དོན་ཚན་ཆིག་སྟོང་ཉིས་བརྒྱ་དང་ཞེ་བདུན་པ། གསོ་ཚགས་བྱས་མི་ཆོག་པའི་ཁྱི་ངར་པོ་སོགས་ཉེན་ཁ་ཆེ་བའི་སྲོག་ཆགས་ཀྱིས་མི་གཞན་ལ་གནོད་རྐྱེན་བཟོས་པ་ཡིན་ན། སྲོག་ཆགས་གསོ་མཁན་ནམ་དོ་དམ་བྱེད་མིས་དབང་གནོད་འགན་འཁྲི་འཁུར་དགོས།

དོན་ཚན་ཆིག་སྟོང་ཉིས་བརྒྱ་དང་ཞེ་བརྒྱད་པ། སྤྱན་གཟིགས་གླིང་གའི་སྲོག་ཆགས་ཀྱིས་མི་གཞན་ལ་གནོད་རྐྱེན་བཟོས་པ་ཡིན་ན། སྤྱན་གཟིགས་གླིང་གས་དབང་གནོད་འགན་འཁྲི་འཁུར་དགོས། ཡིན་ན་ཡང་དོ་དམ་འགན་འཁྲི་འཁྱོལ་ཡོད་པ་བདེན་དཔང་བྱེད་ཐུབ་ན་འགན་འཁྲི་འཁུར་མི་དགོས།

དོན་ཚན་ཆིག་སྟོང་ཉིས་བརྒྱ་དང་ཞེ་དགུ་པ། དབྱུགས་བཞག་པ་དང་ཕྱིར་ཤོར་བའི་སྲོག་ཆགས་ཀྱིས་དབྱུགས་པ་དང་ཤོར་བའི་རིང་དུ་མི་གཞན་ལ་གནོད་རྐྱེན་བཟོས་པ་ཡིན་ན། སྔོན་མའི་སྲོག་ཆགས་གསོ་མིའམ་དོ་དམ་བྱེད་མིས་དབང་གནོད་འགན་འཁྲི་འཁུར་དགོས།

དོན་ཚན་ཆིག་སྟོང་ཉིས་བརྒྱ་དང་ལྔ་བཅུ་པ། ཕྱུང་གསུམ་པའི་ནོར་འཛོལ་གྱི་

རྐྱེན་གྱིས་སྒྲིག་ཆགས་ཀྱིས་མི་གཞན་ལ་གནོད་རྐྱེན་བཟོས་པ་ཡིན་ན། དབང་གནོད་ཕོག་མིས་སྒྲིག་ཆགས་གསོ་མིའམ་དོ་དམ་བྱེད་མིར་སྐྱིན་གསབ་བྱེད་དགོས་པའི་རེ་བ་བཏོན་ཆོག་ལ། ཕྱུང་གསུམ་པ་ལའང་སྐྱིན་གསབ་བྱེད་དགོས་པའི་རེ་བ་བཏོན་ཆོག སྒྲིག་ཆགས་གསོ་མིའམ་དོ་དམ་བྱེད་མིས་སྐྱིན་གསབ་བྱས་རྗེས། ཕྱུང་གསུམ་པར་སྐྱིན་གསབ་བདའ་འདེད་བྱེད་དབང་ཡོད།

དོན་ཚན་ཆིག་སྟོང་ཉིས་བརྒྱ་དང་ང་གཅིག་པ། སྒྲིག་ཆགས་གསོ་ཚགས་བྱེད་ཆེ་བཅའ་ཁྲིམས་དང་ཁྲིམས་སྲོལ་ལ་བརྩི་སྲུང་དང་སྤྱི་ཚོགས་ཀྱི་སྤྱི་པའི་ཀུན་སྤྱོད་ལ་བརྩི་འཇོག་བྱེད་དགོས་ཤིང་། མི་གཞན་གྱི་འཚོ་བར་འགོག་རྐྱེན་བཟོས་མི་ཆོག

ལེའུ་བཅུ་པ། བཟོ་སྐྲུན་དངོས་པོ་དང་དངོས་ཆས་ཀྱི་གནོད་རྐྱེན་གྱི་འགན་འཁྲི།

དོན་ཚན་ཆིག་སྟོང་ཉིས་བརྒྱ་དང་ང་གཉིས་པ། བཟོ་སྐྲུན་དངོས་པོ་དང་། ཨར་སྐྲུན་དངོས་པོའམ་སྒྲིག་བཀོད་གཞན་དག་ཉིལ་པ་དང་བརྡིབས་པའི་རྐྱེན་གྱིས་མི་གཞན་ལ་གནོད་རྐྱེན་བཟོས་པ་ཡིན་ན། འཛུགས་སྐྲུན་སྡེ་ཚན་དང་ཨར་ལས་སྡེ་ཚན་གྱིས་མཉམ་དུ་ཞོར་འདྲུད་འགན་འཁྲི་འཁུར་དགོས། ཡིན་ན་ཡང་འཛུགས་སྐྲུན་སྡེ་ཚན་དང་ཨར་ལས་སྡེ་ཚན་གྱིས་སྤུས་ཚད་ལ་སྐྱོན་ཆ་མེད་པ་བདེན་དཔང་བྱེད་ཐུབ་པ་འདིའི་ཁོངས་སུ་མི་ཚུད། འཛུགས་སྐྲུན་སྡེ་ཚན་དང་ཨར་ལས་སྡེ་ཚན་གྱིས་སྐྱིན་གསབ་བྱས་རྗེས། འགན་འཁྲི་འཁུར་མི་གཞན་ཡོད་ན་དེར་སྐྱིན་གསབ་བདའ་འདེད་བྱེད་དབང་ཡོད།

བདག་པོ་དང་དོ་དམ་བྱེད་མི། བཀོལ་སྤྱོད་བྱེད་མིའམ་ཕྱུང་གསུམ་པ་བཅས་ཀྱི་རྒྱུ་རྐྱེན་གྱིས་བཟོ་སྐྲུན་དངོས་པོ་དང་། ཨར་སྐྲུན་དངོས་པོའམ་སྒྲིག་བཀོད་གཞན་དག་ཉིལ་པ་དང་བརྡིབས་ནས་མི་གཞན་ལ་གནོད་རྐྱེན་བཟོས་པ་

ཡིན་ན། བདག་པོ་དང་དོ་དམ་བྱེད་མི། བཀོལ་སྤྱོད་བྱེད་མིའམ་ཕྱུང་གསུམ་པ་བཅས་ཀྱིས་དབང་གནོད་འགན་འཁྲི་འཁུར་དགོས།

དོན་ཚན་ཆིག་སྟོང་ཉིས་བརྒྱ་དང་ང་གསུམ་པ། བཟོ་སྐྲུན་དངོས་པོ་དང་། ཨར་སྐྲུན་དངོས་པོའམ་སྒྲིག་བཀོད་གཞན་དག་དང་དེ་དག་གི་ཟུར་བརྟེན་དངོས་པོ་དང་བཀལ་འཕྱིང་དངོས་པོ་ས་ལ་ལྷུངས་པའམ་ཟགས་ནས་མི་གཞན་ལ་གནོད་རྐྱེན་བཟོས་པ་ལ། བདག་པོ་དང་དོ་དམ་བྱེད་མིའམ་བཀོལ་སྤྱོད་བྱེད་མིས་རང་ཉིད་ལ་ནོར་འཛོལ་མེད་པ་བདེན་དཔང་བྱེད་མི་ཐུབ་པ་ཡིན་ན་དབང་གནོད་འགན་འཁྲི་འཁུར་དགོས། བདག་པོ་དང་དོ་དམ་བྱེད་མིའམ་བཀོལ་སྤྱོད་བྱེད་མིས་སྐྱིན་གསབ་བྱས་རྗེས། འགན་འཁྲི་འཁུར་མི་གཞན་དག་ཡོད་པ་ཡིན་ན། འགན་འཁྲི་འཁུར་མི་གཞན་དག་ལ་སྐྱིན་གསབ་བདའ་འདེད་བྱེད་དབང་ཡོད།

དོན་ཚན་ཆིག་སྟོང་ཉིས་བརྒྱ་དང་ང་བཞི་པ། བཟོ་སྐྲུན་དངོས་པོ་ལས་དངོས་རྫས་ཕྱི་ལ་འཕེན་མི་ཆོག བཟོ་སྐྲུན་དངོས་པོ་ལས་དངོས་རྫས་ཕྱི་ལ་འཕངས་པའམ་བཟོ་སྐྲུན་དངོས་པོའི་སྟེང་ནས་མར་ལྷུངས་པའི་དངོས་རྫས་ཀྱིས་མི་གཞན་ལ་གནོད་རྐྱེན་བཟོས་པ་ཡིན་ན། དབང་གནོད་གཏོང་མིས་ཁྲིམས་ལྟར་དབང་གནོད་འགན་འཁྲི་འཁུར་དགོས། བརྟག་དཔྱད་བྱས་པ་བརྒྱུད་དབང་གནོད་གཏོང་མི་གཏན་འཁེལ་བྱེད་དཀའ་བ་ཡིན་ན། རང་ཉིད་དབང་གནོད་གཏོང་མི་མིན་པ་བདེན་དཔང་བྱེད་ཐུབ་པ་ཕུད། གནོད་རྐྱེན་གཏོང་སྲིད་པའི་བཟོ་སྐྲུན་དངོས་པོ་བཀོལ་སྤྱོད་བྱེད་མིས་སྐྱིན་གསབ་སྤྲོད་དགོས། གནོད་རྐྱེན་གཏོང་སྲིད་པའི་བཟོ་སྐྲུན་དངོས་པོ་བཀོལ་སྤྱོད་བྱེད་མིས་སྐྱིན་གསབ་སྤྲད་རྗེས། དབང་གནོད་གཏོང་མི་ལ་སྐྱིན་གསབ་བདའ་འདེད་བྱེད་དབང་ཡོད།

གཞིས་ལས་ཞབས་ཞུ་ཁེ་ལས་སོགས་བཟོ་སྐྲུན་དངོས་པོ་དོ་དམ་བྱེད་མིས་ངེས་པར་དུ་དགོས་ངེས་ཀྱི་བདེ་འཛུགས་ཐབས་བཀོད་སྤྱད་དེ་གོང་གསལ་ནང་ཚན་དུ་གཏན་འབེབས་བྱས་པའི་གནས་ཚུལ་འབྱུང་བ་བཀག་འགོག་བྱེད་

དགོས། དགོས་ངེས་ཀྱི་བདེ་འཛུགས་ཐབས་བཀོད་མ་སྦྱིད་པ་ཡིན་ན། ཁྲིམས་ལྟར་བདེ་འཛུགས་འོས་འགན་མ་བསྒྲུབས་པའི་དབང་གནོད་འགན་འཁྲི་འཁུར་དགོས།

དོན་ཚན་འདིའི་ནང་ཚན་དང་པོར་གཏན་འབེབས་བྱས་པའི་གནས་ཚུལ་བྱུང་བ་ཡིན་ན། སྤྱི་བདེ་ལས་ཁུངས་སོགས་ཀྱིས་ཁྲིམས་ལྟར་དུས་ཐོག་ཏུ་བརྟག་དཔྱད་བྱས་ནས་འགན་འཁྲི་འཁུར་མི་རྣམས་གཅོད་མཐའ་གསལ་བྱེད་དགོས།

དོན་ཚན་ཅིག་སྟོང་ཉིས་བརྒྱ་དང་ང་ལྔ་པ། སྤུངས་པའི་དངོས་པོ་ཉིལ་བ་དང་། འགྲིལ་བ། འདྲེད་པ་བཅས་ལས་མི་གཞན་ལ་གནོད་རྐྱེན་བཟོས་པ་ལ། སྤུང་མིས་རང་ཉིད་ལ་ནོར་འཛོལ་མེད་པ་བདེན་དཔང་བྱེད་མི་ཐུབ་ན་དབང་གནོད་འགན་འཁྲི་འཁུར་དགོས།

དོན་ཚན་ཅིག་སྟོང་ཉིས་བརྒྱ་དང་ང་དྲུག་པ། སྤྱི་པའི་ལམ་བུའི་སྟེང་དུ་འགྲོ་འོང་ལ་འགོག་རྐྱེན་བཟོ་བའི་དངོས་རྫས་སྤུང་བ་དང་། འབོ་བ། ལྷུང་བ་བཅས་བྱས་པའི་རྐྱེན་གྱིས་མི་གཞན་ལ་གནོད་རྐྱེན་བཟོས་པ་ཡིན་ན། བྱ་སྤྱོད་སྤེལ་མིས་དབང་གནོད་འགན་འཁྲི་འཁུར་དགོས། སྤྱི་པའི་ལམ་བུ་དོ་དམ་བྱེད་མིས་གཙང་བཤེར་དང་འགོག་སྲུང་། ཉེན་བརྡ་གཏོང་བ་སོགས་ཀྱི་འོས་འགན་འཁྱོལ་ཡོད་པ་བདེན་དཔང་བྱེད་མི་ཐུབ་ན་དེར་མཐུན་གྱི་འགན་འཁྲི་འཁུར་དགོས།

དོན་ཚན་ཅིག་སྟོང་ཉིས་བརྒྱ་དང་ང་བདུན་པ། ལྗོན་ཤིང་ཆག་པ་དང་འགྱེལ་བའམ། ཡང་ན་ཤིང་ཏོག་སར་ལྷུངས་པ་སོགས་ཀྱི་རྐྱེན་གྱིས་མི་གཞན་ལ་གནོད་རྐྱེན་བཟོས་པ་ཡིན་ན། ལྗོན་ཤིང་གི་བདག་པོའམ་དོ་དམ་བྱེད་མིས་རང་ཉིད་ལ་ནོར་འཛོལ་མེད་པ་བདེན་དཔང་བྱེད་མི་ཐུབ་ན་དབང་གནོད་འགན་འཁྲི་འཁུར་དགོས།

དོན་ཚན་ཅིག་སྟོང་ཉིས་བརྒྱ་དང་ང་བརྒྱད་པ། སྤྱི་པའི་འདུ་གནས་སམ་བགྲོད་ལམ་སྟོག་འདུ་དང་། ས་འོག་སྒྲིག་བཀོད་ཞིག་གསོ་དང་སྒྲིག་སྦྱོར་སོགས་བྱས་པ་ལས་མི་གཞན་ལ་གནོད་རྐྱེན་བཟོས་པ་ཡིན་ན། ཨར་ལས་རྒྱག་མིས་མཚོན་རྟགས་

མངོན་གསལ་ཅན་བཙུགས་པ་དང་བདེ་འཇགས་ཐབས་བཀོལ་སྤྱོད་པ་བདེན་དཔང་བྱེད་མི་ཐུབ་ན་དབང་གནོད་འགན་འཁྲི་འཁུར་དགོས།

སྨུག་དོང་དང་ཁྲིན་པ་སོགས་ས་འོག་གི་སྒྲིག་བཀོད་ཀྱིས་མི་གཞན་ལ་གནོད་རྐྱེན་བཟོས་པ་ཡིན་ན། དོ་དམ་བྱེད་མིས་དོ་དམ་འགན་འཁྲི་འཁྱོལ་ཡོད་པ་བདེན་དཔང་བྱེད་མི་ཐུབ་ན་དབང་གནོད་འགན་འཁྲི་འཁུར་དགོས།

ཞར་བྱུང་དོན་ཚན།

དོན་ཚན་ཆིག་སྟོང་ཉིས་བརྒྱ་དང་ང་དགུ་པ། དམངས་ཁྲིམས་ནང་བརྗོད་པའི“ཡན་”དང་། “མན།” “ནང་ཚུད།” “དུས་བཀག་ཡོངས་པ་”ཞེས་པའི་ནང་དུ་བརྗོད་གཞི་གྲངས་ཀ་ཚུད་པ་དང་། “མ་ཡོངས་པའམ་མ་སོན་པ་”དང་། “བརྒལ་བ།” “ཕུད་པ་”ཞེས་པའི་ནང་དུ་བརྗོད་གཞི་གྲངས་ཀ་ཚུད་མེད།

དོན་ཚན་ཆིག་སྟོང་ཉིས་བརྒྱ་དང་དྲུག་ཅུ་པ། བཅའ་ཁྲིམས་འདི་2021ལོའི་ཟླ་1ཚེས་1ཉིན་ནས་ལག་ལེན་དུ་བསྟར་རྒྱུ། 《གཉེན་སྒྲིག་སྐོར་གྱི་ཀྲུང་ཧྭ་མི་དམངས་སྤྱི་མཐུན་རྒྱལ་ཁབ་ཀྱི་བཅའ་ཁྲིམས་》དང་། 《རྒྱུལ་འཛིན་སྐོར་གྱི་ཀྲུང་ཧྭ་མི་དམངས་སྤྱི་མཐུན་རྒྱལ་ཁབ་ཀྱི་བཅའ་ཁྲིམས།》《ཀྲུང་ཧྭ་མི་དམངས་སྤྱི་མཐུན་རྒྱལ་ཁབ་ཀྱི་དམངས་ཁྲིམས་ཀྱི་སྤྱི་འགྲོས་རྩ་སྒྲོལ།》《ཉར་གསོའི་སྐོར་གྱི་ཀྲུང་ཧྭ་མི་དམངས་སྤྱི་མཐུན་རྒྱལ་ཁབ་ཀྱི་བཅའ་ཁྲིམས།》《ཁག་ཐེག་སྐོར་གྱི་ཀྲུང་ཧྭ་མི་དམངས་སྤྱི་མཐུན་རྒྱལ་ཁབ་ཀྱི་བཅའ་ཁྲིམས།》《གན་རྒྱའི་སྐོར་གྱི་ཀྲུང་ཧྭ་མི་དམངས་སྤྱི་མཐུན་རྒྱལ་ཁབ་ཀྱི་བཅའ་ཁྲིམས།》《དངོས་དབང་སྐོར་གྱི་ཀྲུང་ཧྭ་མི་དམངས་སྤྱི་མཐུན་རྒྱལ་ཁབ་ཀྱི་བཅའ་ཁྲིམས།》《དབང་གནོད་འགན་འཁྲིའི་སྐོར་གྱི་ཀྲུང་ཧྭ་མི་དམངས་སྤྱི་མཐུན་རྒྱལ་ཁབ་ཀྱི་བཅའ་ཁྲིམས།》

《ཀྲུང་ཧྭ་མི་དམངས་སྤྱི་མཐུན་རྒྱལ་ཁབ་ཀྱི་དམངས་ཁྲིམས་ཀྱི་སྤྱིའི་རྩ་དོན་》བཅས་དུས་མཚུངས་སུ་ལག་བསྟར་བྱེད་མཚམས་འཇོག་རྒྱུ་ཡིན།

衷心感谢中国法制出版社无偿提供本丛书中文版的电子版及相关图片

ཉེ་འོད་ཁྲིམས་ལུགས་ཤེས་བྱ་ཁྱབ་གདལ་དཔེ་ཚོགས།

དམངས་དོན་ཁྲིམས་གཞུང་ལས་དབང་གནོད་འགན་འཁྲིའི་སྐོར་གྱི་དྲི་བ་དྲིས་ལན།

ཇུས་འགོད།	པ་སངས་དབང་ཆེན།
སྒྲིག་རྩོམ་པ།	ཀྲུང་གོ་ཁྲིམས་ལུགས་དཔེ་སྐྲུན་ཁང་།
སྒྱུར་པ་པོ།	རྡོ་སྲིས་ཚེ་རིང་རྡོ་རྗེ། དཔལ་ལྡན་ལྷུན་གྲུབ།
རྩོམ་སྒྲིག་འགན་འཁུར་བ།	པ་སངས་དབང་ཆེན།
ཁ་ཤོག་ཇུས་འགོད།	སྐལ་བཟང་ནོར་བུ།
པར་འདེབས་འགན་འཁུར་བ།	ལྷ་མོ་ཆོས་སྒྲོན།
དཔེ་སྐྲུན་འགྲེམས་སྤེལ་ཚན་པ།	བོད་ལྗོངས་མི་དམངས་དཔེ་སྐྲུན་ཁང་། （ལྷ་ས་གླིང་སྐོར་བྱང་ལམ་སྒོ་ཨང་20པ།）
པར་འདེབས་ཚན་པ།	བོད་ལྗོངས་ཤིན་ཧྭ་པར་འདེབས་ཚད་ཡོད་མཐུན་གཉེར་ཁང་།
དེབ་ཚད།	880×1230 1/32
དཔར་ཤོག	6.625
ཡིག་གྲངས།	ཁྲི་126
པར་གཞི་སྒྲིག་ཐེངས།	2023ལོའི་ཟླ་6པར་པར་གཞི་1བསྒྲིགས།
དཔར་ཐེངས།	2023ལོའི་ཟླ་6པར་དཔར་ཐེངས་1བཏབ།
དཔར་གྲངས།	01—2，000
དཔེ་རྟགས།	ISBN 978-7-223-06873-4
བཅད་གོང་།	38.00